무주와 방랑

무주와 방랑

무주와 방랑

^{無住　放浪}

기독교 신학의 불교적 상상력

김승철 지음

동연

변선환(邊鮮煥) 박사님과 하인리히 오트(Heinrich Ott) 선생님께

머 리 말

  여기에 실린 글들은 필자가 그동안 이러저러한 기회에 발표했던 것 중에서 불교와의 대화를 통해서 기독교 신앙의 새로운 자기 이해를 모색해 본 글을 모은 것이다.

  주지하다시피 기독교 신앙은 그리스 철학과의 만남을 통해서 신학이라는 학문을 형성할 수 있었다. 그리스 철학은 기독교 신앙에게 자기 이해의 길과 자신을 타자에게 알리는 길을 만들어 가는 데 불가결의 요소였다. 독일의 교회사학자 하르낙이 명쾌하게 진단했듯이, 기독교 신앙이 교리를 형성하고 신학을 구축해 나갈 수 있었던 것은 기독교의 복음이 그리스 철학과 만나서 '헬라화'(Hellenisierung)되면서부터였던 것이다.

  기독교 신앙은 근세로 접어들어 자연과학과 만나기 시작하면서 또 다른 비약을 경험하게 된다. 과정철학으로 잘 알려진 화이트헤드는, 근대 자연과학이 유럽에서 발생할 수 있었던 두 가지 배경으로, 인격적인 신의 의한 세계창조를 믿는 기독교 신앙과, 예외 없이 모든 이에게 적용되는 운명의 냉혹함을 직시했던 그리스 비극의 전통을 거론한다. 그중 기독교 신앙을 하나의 중요한 탄생의 배경으로 하는 자연과학은 자신의 모태가 되는 기독교 신앙에 심대한 영향을 끼쳐 왔다. 그 영향은 기독교 신앙이 자연과학을 주로 자신에 대한 비판과 공격으로 느끼도록 만드는 바의 영향이었다. 기독교 신앙이 그리스 철학에 대해서 대체적으로 우호적이었던 것과는 달리, 자연과학에 대해서는 자신을 방어하지 않으면 안 된다고 느껴 왔고, 또 지금도 그렇게 느끼는 사람이 많다는 사실은, 자연과학이 기독교 신앙을 배경으로 태동했다는 사실을 감안해 본다면 대단히 흥미로운 점이다. 그러나 자연과학과의 만남은 기독교 신학에 새로운 자기 이해의 가능성을 제시해 왔으며, 지금도 그러하다.

종교 간의 대화의 효시(嚆矢)가 되었던 제2차 바티칸 공의회의 「비그리스도교와 교회와의 관계에 대한 선언」(*Nostra Aetate*)이 발표되었던 것도 내년이면 50년이 된다. 이 선언문이 명시하고 있듯이, 기독교 신앙은 오늘날 기독교 이외의 종교와 만나면서 자기 자신과 타자를 이해할 것을 요구받고 있다. 아니 사실 기독교 신앙은 이미 오래전부터 유구한 인류의 종교와 더불어 성장하고 변화를 경험해 왔다. 다만 그러한 사실을 직시하고 다양한 종교를 통해서 기독교 신앙의 자기 이해를 시도했던 경험이 일천(日淺)할 뿐이라고 하는 편이 적확한 표현이 될 것이다. 2,000년의 역사를 통해서 기독교가 그리스 철학과 만나고 자연과학과 대화하면서 자기 자신을 이해해 오고 자신의 정체성을 확립해 왔던 것처럼, 이제는 세계의 다양한 종교와 만나서 좀 더 깊은 자기 이해를 추구하는 가능성이 열리게 된 것이다. 그리고 사실 우리는 오늘날 이 분야에서 독창적이고 진지한 선행연구의 결과들을 다수 가지고 있다. "종교 간의 대화", "종교의 신학", "종교다원주의의 신학" 등으로 불리는 기독교 신학의 연구결과들이 이미 많이 존재하는 것이다.

이 책은 상기와 같은 선행연구로부터 배우고, 또 때로는 조심스럽게 비판적인 태도를 견지하면서, 불교와의 대화를 통해서 기독교 신앙의 자기 이해를 시도해 본 결과이다. 불교와의 대화를 시도한 이유는 필자 자신이 살고 있는 한국과 일본의 종교적·문화적 지평이 불교에 의해서 형성되어 왔다는 역사적이고 지리적인 사실에 기인하는 것임과 동시에, 아시아의 기독교인에게는 아시아의 종교·문화와의 대화를 통해서 아시아의 신앙, 아시아의 신학을 구축하라는 과제가 주어져 있다는 신학적 인식에서 말미암을 것이다.

불교와의 만남은 기독교 신학에게 지금까지와는 다른 철저성을 가지고 변화를 요구하고 있기 때문이다. 종교로서의 기독교가 종교로서의 불교를 만나 서로 대화하고 서로 배움으로써—종교라는 개념정의를 둘러싸고 오늘날 많은 논의가 이루어진다는 사실은 잠시 괄호에 넣고 생각한다고 하더라도—기독교 신학에게는 종교적인 차원에서의 철저한 환골탈태(換骨奪胎)가 요구되고 있는 것이다. 기독교는 불교를 만나 배움으로써 몇 가지 부수적인 사항을 첨가하는 것이 아니라, 신학적 개념(*loci theologici*) 전체의 탈구축과 재구축을 요구받고 있다. 기독교는 불교와의 만남을 통해서 자기 이해의 새로운 출발점에 서게 된 것이다. 불교와의 만남이라는 장에서 기독교 신학은 지금까지 신고 있었던 신을 벗고 새로운 가능성으로 가득한 공간으로 들어가고 있는 것이다. 새로운 가능성이란, 불교적 사고방식을 통해서 신학을 재구축하는 것과 더불어 불교적 상상력에 의한 신학적 글쓰기에 이르기까지를 포함하지 않으면 안 된다. 이러한 신학적 글쓰기에 대해서 시도해 본 것은, 새 술은 새 부대에 담지 않으면 안 되기 때문이다.

필자의 모자란 능력을 생각해 볼 때, 이러한 중차대한 과제를 제대로 수행하지 못했다는 비판은 당연히 필자가 감당해야 할 몫이다. 그러나 필자의 어줍지 않은 시도를 통해서라도 그러한 신학적 과제가 이

시대를 사는 우리가 공유해야 할 하나의 과제라는 사실이 독자에게 전달될 수 있다고 한다면, 필자의 과욕과 서투름에 대한 비판도 조금은 무디어지지 않을까 하고, 어리석게도 스스로를 위무해 보는 지금이기도 하다. 지금까지 발표해 왔던 글들을 한자리에 모으자니, 발표 당시의 정황이 되살아나 나름대로의 소회(所懷)가 없다고는 할 수 없겠으나, 무엇보다도 필자에게 신학과 불교에 대해서 가르쳐 주신 많은 분들께 이 자리를 빌려 심심한 감사를 드리고 싶다. 책을 출판함에 도움을 주신 난잔대학과 난잔종교문화연구소에게도 고마움을 표하고 싶다. 또한 부족한 글을 예쁜 책으로 펴내 주신 동연출판사의 김영호 사장님과 편집부의 조영균 씨께 감사를 드린다.

돌아보니 일본 나고야(名古屋)에 와서 생활한 지도 어느 새 십 수 년이 지났다. 이곳에서의 필자와 가족의 생활을 위해서 기도와 격려로 도와주시는 일본과 한국의 많은 분들께 필자는 어떻게 갚아야 할지 모를 사랑의 빚을 크게 지고 있다.

2015년 1월
名古屋의 南山宗教文化研究所에서
著者 씀

차 례

논 문 초 출 일 람

제1장_ 무주(無住)와 방랑: 즉비(卽非)의 논리와 해체의 신학

"無住와 彷徨: 즉비의 논리와 해체의 신학", 「종교신학연구」 제8호(서강대학교, 1995), 153-205면. (논문의 원제목인 '방황'을 '방랑'이라고 고쳐 실은 이유에 대해서는 본 논문의 서두에 기록했다.)
이후 이 논문은 1995년 5월, 일본 도쿄에서 열렸던 국제아시아철학종교학회(International Association for the Asian Philosophy and Religions)에서 "Erring and Non-Abiding: Deconstructing Theology and Zen Buddhism"으로 요약해 발표하였다. 영문 논문은 아래의 책에 실려 있다. The Theology of Korean Culture Society ed., *Theology of Korean Culture* (The Christian Literature Society of Korea, 2002), pp.116-126.

제2장_ 테오토고스(Theotokos)와 불모(佛母)

한국종교학회춘계학술발표대회(서울대학교) 1998년 5월.
이 논문은 1995년 10월, 독일 케벨라(Kevelaer) 시에서 개최된 〈케벨라 마리아 연구소 학술 심포지엄〉(Wissenschaftliches Symposium des Mariologischen Institutes Kevelaer)에서 발표했던 것을 확대·심화한 것이다. 독일에서 처음으로 발표했을 때의 제목은 "Maria und Bodhisattva: Menschsein im Christentum und Buddhismus"였다.

제3장_ 역사와 절대무

「신학사상」 제73호(한국신학연구소, 1991), 478-502면.

제4장_ 만해의 '님'과 실천적 다원주의

"만해 한용운의 선사상과 실천적 다원주의", 「원불교사상」 제21집(원광대학교, 1997), 563-596면.
이 논문은 1996년 〈불교-기독교학회〉(The Society for Buddist-Christian Studies)의 주최로 미국 시카고의 드 폴(De Paul) 대학에서 열렸던 제4회 국제 불교-기독교 콘퍼런스에서 발표했고, 그 후 동학회의 학회지인 *Buddhist-Christian Studies* vol.18(1998), pp.191-205에 "Bodhisattva and Practice-Oriented Pluralism: A Study of Zen Thought of Yong Woon Han and Its Significance for the Dialogue between Christianity and Buddhism"이라는 제목으로 실렸던 것을 초본으로 했다.

제5장_ 십우도와 신학

"절대무와 종교다원주의: 〈십우도〉의 이해를 중심으로", Hans Waldenfels, *Absolutes Nichts: Zur Grundlegung des Dialogs zwischen Buddhismus und Christentum* (Herder, 1976), 김승철 역, 『불교의 공과 하나님』(대원정사, 1993), 343-394면. (역자 해설 논문)

제6장_ 일본에서의 기독교와 불교의 대화

〈성공회대학 종교신학연구소 강연〉(2004년 9월).
그 후 이 강연 원고의 일부는 2008년 10월, 한국 유성에서 열렸던 한국기독교학회에서 〈한국 신학의 세계화를 위한 해외신학자 강연〉이라는 초청강연 형식으로 발표되었다. 한국기독교학회에서 읽었던 글의 제목은 "일본 기독교에 대한 소론: 이른바 '문화적 기독교'를 중심으로"였다.

제7장_ 토착화와 종교다원주의 그리고 그 이후: 변선환 박사의 신학사상에 대한 일고찰

변선환 아키브 편, 『변선환 종교신학』(한국신학연구소, 1996), 72-90면. 이 논문은 일본의 「복음과 세계」(福音と世界) 제5호(1998), 51-60면에 "土着化を越えて宗教多元主義へ"라는 제목으로 다시 실렸다.

제8장_ 분위기, 글, 시간: 불교적 상상력과 신학적 글쓰기 (1)

「유심」 제20호(2005년, 봄), 276-296면.

제9장_ 가을 강은 거울 빛을 열어서: 불교적 상상력과 신학적 글쓰기 (2)

「유심」 제23호(2005년, 겨울), 206-225면.

제 1 장

무주(無住)와 방랑*
— 즉비(卽非)의 논리와 해체의 신학

"一은 그대로 一이 아니고, 二는 단순히 二가 아니다. 이것이 불이법문
(不二法門)의 세계이다. 동양적인 것은 언제나 여기로부터 나오고 또
거기로 돌아간다. 왕환이상(往還二相)의 회향(回向)은 도처에 시시
각각으로 드러난다. 가서 돌아오지 않는 직선이 아니라 순환의 끝이 없
는 원환, 일원상(一圓相)이다. 이는 필경 병행성이 아니고 불이(不二)
의 원이다. 그래서 이 원에는 주변이 없다. 무한대의 원이다. 불교에서
는 이 무한대의 원을 공이라고 말한다. 공은 단순히 공허라는 의미가
아니다. … 이것은 이분성의 입장, 병행선의 관점으로부터 보는 한 결
단코 알 수 없다. 횡초적(橫超的) 체험을 하지 않으면 안 되는 것이다."

— 스즈키 다이세츠

"우리는 우리가 있는 곳에서—그곳이 어디든지 간에—시작하지 안 된
다. 흔적에 대한 사유는 … 우리에게 어떤 출발점을 절대적으로 정당화
하는 것이 불가능함을 가르쳐주었다. 우리가 어디에 있든지 그곳에서,
즉 우리가 이미 우리 자신이라고 믿고 있는 텍스트 안에서 말이다."

— 자크 데리다

1. 양경반조(兩鏡返照)

스즈키 다이세츠(鈴木大拙, 1870-1966) 선사는 금세기에 동양의 (선)불교를 구미에 소개하는 데에 결정적인 역할을 했다. 그는 어느 글에서 기독교라는 타종교를 배우는 것은 불교를 더 잘 아는 길이라고 쓴 적이 있다.

"오늘날의 불교인은 어떤 종교보다도 기독교를 충분히 연구하지 않으면 안 된다. 기독교를 아는 것은 이미 자기를 아는 것이다. **다른 거울에 비추어서 자기를 보는 것**이 되기 때문이다."(鈴木大拙, "キリスト教を學べ")

스즈키는 선각자였다. 그는 기독교나 기독교권 문화라는 '다른 거울'에 선이라는 자신의 모습을 비추어 줌으로써 기독교가 선이라는 '타자'를 인식하도록 가르쳐 줬다. 또한 그는 기독교라는 "다른 거울에 비추어서 스스로를 보는 것"이 중요한 일임을 간파했다. 그래서 동양의 선에 매료되어서 선불교적-기독교적 영성 형성에 선구적 작업을 수행했던 가톨릭 신부 토마스 머튼(Thomas Merton)이 스즈키가 세상을 떠나자 "우리 시대의 정신적이고 지적인 혁명에 적지 않은 공헌을 한" 인물로 평가했던 것이다.[1]

앞에서 인용했던 스즈키의 말을 정식화한다면 그는 기독교라는 타(他)〔非〕종교에 즉(卽)해서 인식되는 불교의 자기 정체성을 추구하고자 한 셈이다. 즉 그에게 관건이 되었던 것은 그가 마주 서 있는 기독교

---

1) 古屋安雄, 『宗教の神學』(ヨルダン社, 1985), 80頁에서 재인용.

와 즉비적인 관계를 이루는 불교 이해였던 것이다. 실제로 스즈키가 이러한 작업을 얼마나 이루어 놓았느냐는 판단을 일단 유보해 놓고 보더라도 우리는 위의 스즈키의 주장에서, 현대의 다원주의적 상황하의 종교 간 만남을 위한 혜안을 찾을 수 있다. 다양한 가치체계와 문화현상, 종교적 신념이 혼재되어 있는 이즈음 "다른 거울에 비추어서 자기를 보는 것"이야말로 우리에게 요구되는 존재방식이기 때문이다. 문제는 "다른 거울에 비추어서 자기를 보는 것"을 가능하게 만드는 실재 이해는 무엇인가 하는 점이다.

"다른 거울에 비추어서 자기를 보는 것"은 분명히 타자와 자기 사이의 배타적 자기동일성을 지양하고 있다. 자기는 타자의 낯섦을 배제하면서 자기동일성을 획득한다는 논리적 주체의 성립 근거가 여기에서는 뿌리째 흔들리는 것이다.

그렇다면 이러한 타자와 자기에 대한 새로운 관계는 여하한 실재 이해에서 가능한가? 본 소고는 이러한 물음에 초점을 맞추고 있다. 구체적으로 말하자면 본 소고는 스즈키 다이세츠의 선철학 중에서 중심적인 위치를 차지하고 있는 '즉비(即非)의 논리'를 매개로 해서, 최근 서구에서 활발하게 논의되고 있는 포스트모더니즘이나 해체주의를 동양적으로 수용하는 문제를 다루려는 목적으로 쓰였다. 이러한 논의의 배경에는 다원주의를 표방하는 포스트모더니즘이나 해체주의의 의도를 더욱 철저히 진행시킴으로써 좀 더 적극적으로 종교다원주의나 종교 간의 대화를 위한 실재 이해를 천착하려는 의도도 포함되어 있다. 다시 말해서 이 글은 서구에서 논의되기 시작한 다원주의의 문제점과 한계를 지양하고서 동양적 · 불교적인 것이라고 사료되는 '다원주의적 다원주의'를 뿌리내리기 위한 작업이기도 한 것이다.[2]

2. 즉비의 논리

1) 로고스의 해체로서 렘마와 즉비

선에 논리가 있는가? 선은 과연 논리성을 추구하는가? 만일 그렇다면 선이 추구하는 논리란 어떤 것인가? 이러한 물음에 대해서 간략하게나마 대답해야 하는 이유는 선이 지나치게 비논리적인 실재 이해의 방식으로 받아들여지고 있기 때문이다. 그러므로 스즈키가 전형적인 '선의 논리'라고 주창하는 즉비의 '논리'에 접근하기 위해서는 근본적으로 선의 논리란 무엇인지를 개략적으로나마 살펴보는 일도 도움이 될 것이다.

구미에 대한 스즈키의 선불교 해석이 심리학적으로 경도되었고 지나치게 '불립문자'(不立文字)나 '교외별전'(敎外別傳)류의 것으로 방향 지워져 있었다는 지적도 가능하다. 그러나 스즈키 스스로도 밝히고 있듯이 선이 평면적 논리를 거부하고 훨씬 차원 높은 논리를 주창한다는 것은 틀림없는 사실이다.

"선의 시각은 선의 시각 나름대로 특수한 것이기는 하지만 그것은 언제나 논리적인 시각에 대해서 반항적 태도를 취하는 것은 아니다. … 그

---

2) '다원주의적 다원주의'(pluralistic pluralism)란 저자가 아시아에서 기독교인의 자기정체성의 확립을 위한 일련의 글에서 시도하고 있는 사고방식이다. 이러한 문제의식에 대해서는 이 책에서도 다루고 있으나, 이 책 이외의 다음의 책과 논문을 참고하시오. 拙著, 『대지와 바람: 동양신학의 조형을 위한 해석학적 시도』(다산글방, 1994). 특히 251-264면; Seung Chul Kim, "How could we get over the monotheistic paradigm for the interreligious dialogue?" *Journal of Inter-religious Studies*, 13(2014), pp.20-33. 이 논문은 2013년 미국종교학회(American Academy of Religion)에서 발표했던 것을 게재한 것이다.

러나 모든 범주를 초월한다는 것은 모든 것에 대해서 그 내면적 근저를
이룬다는 의미이다. 선의 시각은 형식상의 통일이 아니라 작용상의 통
일이어야 한다. 논리적 시각은 그 근본 작용을 분별적 지에서 본다. 즉
작용 그 자체로부터 연속성의 체계를 보지 못하고 이 체계가 자발적으
로 전개하는 족적을 필름의 평면에 찍어서 보는 것이다. … 선의 시각
은 내면적 시각이다. 예를 들면 여기에 한 그루의 나무가 있고 그 잎이
나 가지, 줄기나 꽃, 씨앗 등을 검사해서 하나하나 그것을 분석적으로
도판으로 찍는 것이 객관적인 논리적 시각이라면, 이것과는 반대로 관
찰자 자신이 그 나무 자신이 되어서 그것이 내면적으로 발전해 나가는
과정을 자신이 느끼는 것이 선의 시각이라고 할 수 있을 것이다. 만일
논리에 정교한 분석력이 있다고 한다면, 선에는 가장 풍부한 창조적 상
상력이 있다고도 하겠다."(『選集』 9/22)3)

　그런데 여기에서 우리가 선의 '논리'라는 맥락에서 주목하고자 하는
것은—특히 '논리'(logic)라는 말이 서구적 맥락에서 사용되는 한—논
리의 논리성을 부여하는 현실 이해의 근본구조, 즉 현실의 구성원리로
서의 로고스(logos)이다. 로고스는 논리의 체(體)이고 논리는 로고스
의 작용〔用〕이기 때문이다. 그러므로 비록 우리가 범논리주의에 빠지
는 것은 아니라고 하더라도 논리는 현실의 로고스 구조 없이는 생각될
수 없는 일이다.
　현실의 로고스 구조의 작용으로서 논리는 서구에서 형식논리, 현실
경험의 논리(칸트), 그리고 변증법적 논리(헤겔)로 변천해 오면서 그
복잡성을 더해 갔지만 로고스의 용으로서 서구의 논리는 어디까지나

---

3) 스즈키의 글은 『鈴木大拙禪選集』(新裝版)(春秋社, 1975)에서 인용했다. 앞으로
　본문 가운데에 『選集』으로 표기하면서 인용하겠다.

존재에 근거한 논리이다. 그것은 근본적으로 'A는 A이다'라는 동일률에 근거해 있는 존재의 논리이다. A가 존재한다는 사실과 그것이 A라는 것은 동일하기 때문이다. 그뿐만 아니라 로고스는 항존적인 현전(presence)이다.[4]

로고스에 기초한 존재의 논리에서는 A는 A가 되기 위해서 非A와의 절대적인 비연속성을 필요로 한다. A의 존재와 A의 비존재는 동시에 성립할 수 없기 때문이다(모순율). A의 존재는 非A라는 비존재와 불연속성만을 지닌다. 헤겔의 변증법에 이르러 비로소 A와 非A는 동시에 생각되기에 이르렀지만 변증법 역시 A와 非A가 절대 존재로서의 A의 시간적 구체화라고 분절시킴으로써 非A는 A에 이르는 과정으로 간주되었기 때문에 결국 非A는 비존재의 그늘에 머물고 마는 것이다. 로고스의 논리는 이렇게 A와 非A, 즉 긍정과 부정이라는 이항의 대립에서 성립한다.[5]

---

4) 이하의 설명에 대해서는 山內得立, 『隨眠の哲學』(岩波書店, 1993), 11頁 이하를 참조. 또 高山岩男, 『場所的論理と呼應の論理』(創文社, 1976), 47頁 이하도 참조했다.

5) 이런 의미에서 변증법과 불교적인 실재 이해 사이의 관계를 살펴보는 것은 매우 중요한 의미를 지닌다. 왜냐하면 논리사상 처음으로 비존재의 존재를 고려하고자 했던 헤겔의 변증법 역시 존재의 논리, 다시 말해서 존재의 로고스 구조에 경도되었음을 밝히는 것은 선의 논리가 추구하는 독특성의 개략을 정하는 데 도움이 되기 때문이다. 그래서 헤겔의 변증법을 선불교를 바탕으로 하는 자신의 철학과 연관시켰던 일본의 교토학파(京都學派)의 창시자 니시다 기타로(西田幾多郎)의 사상을 살펴보기로 하자. (니시다의 철학은 그의 고교동창생인 스즈키와 연결지을 수 있는 점이 많다는 점에서 니시다와 변증법에 대한 고찰은 동시에 스즈키가 말하는 즉비의 논리와 변증법 사이의 관계 규정에도 도움을 줄 것이다.) 결론부터 말하자면 니시다는 변증법에 대해서 다분히 부정적이며 이것은 스즈키의 '즉비의 논리'와 변증법 사이의 불일치점을 잘 설명해 주고 있다. 西田幾多郎, "私の立場から見たヘゲルの弁證法", 『續 思索と體驗』(岩波書店, 1980), 76頁 이하.
　　니시다에 따르면 헤겔의 변증법적 실재 이해를 불교의 실재 이해의 관점에서 보면 인식의 대상(noema)에 치우쳤다고 비판된다. 그것은 사유 대상의 자기전개

따라서 A와 非A의 '중간'은 존재할 수 없다(배중률). 헤겔의 변증법

논리이기 때문이다. 그 이유는 아래와 같이 생각할 수 있다. 변증법적 운동은 먼저 자기 자신에 모순하는 것을 생각할 수 있어야만 가능하다. 그런데 이때 그 자기가 만일 주어적인 존재[有]라면 자기 자신에게 모순되는 것을 인정하는 일은 있을 수 없다. 왜냐하면 이 주어적인 존재는 일체의 변화하는 것의 근저에 있는 불변의 것, 즉 실체인데, 이 실체가 자기 자신을 한정한다고 생각되는 바에는 어떠한 모순도 있을 수 없기 때문이다. 이때에는 단지 변화와 운동은 가능하지만 자기 자신에게 모순을 발견하고, 그것에 의해서 자신이 한정되는 일은 있을 수 없다. 아리스토텔레스의 정의처럼 실체란 주어가 될 뿐 결코 술어가 될 수 없는 것이기 때문이다. 따라서 자기 자신의 모순을 보려면, 다시 말해서 자기 자신이 자신에 대해서 술어가 되기 위해서는, 자기가 자신을 볼 수 있는 '장소'를 바로 자기로 여기는 술어적 존재를 필요로 한다. 그리고 이때 술어적 자기는 존재가 아니라 무의 장소이다.

니시다는 무의 자각의 입장을 일반자의 장소적 한정, 또는 세계의 자기표현이라고 부른다. 즉 술어적 자기로서의 무는 세계의 근거가 자기 자신을 표현하고 동시에 한정하는 사건을 의미한다. 따라서 자기 자신에게 모순되는 것이 가능하기 위해서는 그 자기는 무가 되지 않으면 안 된다. 이때 자기 자신에게 모순하는 것은 '무의 장소의 자기 한정'이다. 니시다는 헤겔의 변증법을 비판하면서 자신의 '절대 무의 변증법'으로 문제점을 지양할 수 있다고 본다. 니시다는 다음과 같이 축약적으로 이야기 한다: "내 관점에서 보면 헤겔의 변증법은 너무 주어적이다. 즉 지나치게 노에마적이다. … 그와는 반대로 나는 참된 변증법은 이러한 입장이 돌파되는 데에서 시작해야 한다고 생각한다. 따라서 나는 이 논문에서 노에시스적 한정 또는 자기 자각의 한정에 대해서 말하였던 것이다. 그러나 내가 여기에서 노에시스적인 것으로 기술한 것은 노에마적인 것으로부터 추상화되는 것을 뜻하지 않는다. 자기의 자각은 결코 주어적인 것이 아니다. … 헤겔의 과정의 변증법에 반해서 나는 장소적 변증법을 주창하는 바이다. 거기에서는 일이 곧 다이며 다는 동시에 일이다"(93 頁).

다시 말해서 헤겔의 절대정신의 변증법이 '주어적'이고 '노에마적'이라는 것은 헤겔에게 변증법의 주체인 절대정신이 지나치게 객관적이요 대상적인 채로, 즉 '주어적 존재'로 남아 있다는 말이다. 즉 변증법의 핵심인 부정 내지 자기부정이 그 변증법의 주체에게는 외부적인 것으로 머물러 있다는 비판이다. 변증법의 주체인 절대정신이 참으로 부정되지 않는다면 그 변증법은 진정한 변증법이 아니다. "니시다가 헤겔식의 '과정적 변증법'을 비판하는 것은 그것이 개체를 일반자의 단순한 특수한 현상으로 보고 개체가 한정하는 독자성을 무시했기 때문이다." 佐藤眞理人, "純粹經驗", 峰島旭雄 編, 『東洋の論理: 西田幾多郎の世界』(北樹出版, 1981), 92頁. 그래서 니시다는 헤겔의 절대정신의 변증법은 절대정신이 자기 자신을 개현해 나가는, 그래서 헤겔 자신의 말대로 '이성의 간지'에 의해서 일체를 부정되지 않는 자기 자신의 전개를 위한 '과정'으로서 만들어버리는 '과정의 변증법'을 지양

이 모순율을 역전시켜서 모순을 현실구조의 적극적 요소로 받아들이면서 사유되었지만 배중률에 대한 역전은 아직 나타나지 않았다. 그 까닭은 방금도 말했던 것처럼 논리가 기본적으로 긍정과 부정의 양항 대립에 의해서 성립되어 있기 때문이다.

그러나 과연 배중률적 현실은 생각될 수 없는 것일까? 모순율의 역전이 A가 자기 자신 속에 자신과의 모순을 포함하고 있다는 식으로 발생했듯이 A의 자기동일성 속에 A와 대립되는 非A와의 '중간'이 존재하고, 이것에 의해서, 그 장에서, 비로소 A는 A로서 존재한다고 말할 수는 없을까?

바로 여기에서 우리는 이러한 이항대립이 아닌 좀 더 복합적인 현실 인식에 근거한 이른바 '렘마'(lemma)의 논리를 말할 수 있다.6) '렘마'라는 단어는 헬라어 람바노(λαμβανω)에서 유래한 말로, '직접적으로 파악하다'는 의미를 지니고 있다. 렘마는 긍정과 부정만으로 이루어진 논리를 가지고 동일률, 모순율, 배중률이라는 세 가지 법칙을 발견한 아리스토텔레스로부터 헤겔에 이르기까지의 서구 로고스 논리를 뛰어 넘어서 긍정과 부정의 '중'(中)을 사유할 수 있는 현실 이해이다. '중'은

해서 절대자와 현상계의 존재자 사이에 一卽多·多卽一의 관계가 성립되는 '장소적 변증법'을 제창한다. 따라서 이 '장소적 변증법'은 변증법의 주체인 자기 자신의 자각적 한정(=자기부정)을 동반하며 주어 자체가 절대적으로 부정되었기 때문에 '절대 무의 변증법'일 수밖에 없다(92頁). 이러한 의미에서 니시다는 키에르케고르의 불합리에 대한 자각이 헤겔의 노에마적 변증법에 대한 불가결의 보충이라고 보고 있다. 그러나 참된 의미에서의 변증법은 노에마적도 아니고 노에시스적인 것도 아닌, 다시 말해서 헤겔의 객관적 변증법과 키에르케고르의 주체적 변증법 모두를 지양하는 무의 자각적 한정, 즉 무의 술어적 자기 한정이다.
6) 山內得立, 같은 책, 97頁 이하; 동저자, 『ロゴスとレンマ』(岩波書店, 1974), 68頁 이하. 서구의 로고스 논리와 인도 불교의 렘마 논리에 대한 야마우치의 이 팽대한 비교연구서는 즉비의 논리가 지니고 있는 독특성을 밝히는 데 많은 시사를 주고 있기에 앞으로 상세한 연구가 필요하다.

헤겔의 변증법에서도 단지 매개의 차원에 그쳤지만 렘마의 논리에서는 이 '중'이야말로 논리의 핵심으로 부각되는 것이다.

야마우치에 따르면 용수(龍樹)의 중관철학이 말하는 '팔불'(八不: 不生不滅不常不斷不一不異不去不來)은 바로 서구의 논리가 극복하지 못하고 남겨놓은 배중률의 극복을 의미한다. 이것은 서구철학자들이 말하는 변증법이 결코 아니다. 변증법은 모순율의 역전에서 비롯되었지만 여전히 불(不)을 긍정에 대한 부정의 의미로만 판단할 수밖에 없는 로고스의 논리이기 때문이다.[7] 이와는 달리 용수의 '불'(不)은 렘마적 현실로서 그것은 '비'(非)로 읽지 않으면 안 된다. 왜냐하면 이때의 '불'은 긍정과 부정을 동시에 포괄하는, 다시 말해서 '즉비'의 '불'이기 때문이다.[8] 그것은 '중'이다.

야마우치에 따르면 대승의 논리는—반야의 논리는 이의 핵이다—렘마의 논리의 기본을 이루는 '4구분별'(四句分別)을 좀 더 세련화해서 사고방식으로 나열한 것이다. 4구분별이란 1) 긍정, 2) 부정, 3) 긍정이면서 부정, 4) 긍정도 부정도 아닌 것을 의미한다. 야마우치는 이중 제4항을 '양비'(兩非), 제3항을 '양시'(兩是)라고 부른다.

그뿐만 아니라 이것은 임제(臨濟)의 사료간(四料揀)에서 말하는 소식과 동일하다. 임제는 주체와 객체의 관계를 가지고 궁극적 실재와 그것을 추구하는 인간 마음의 존재양태를 네 가지로 표현했는바 그것은 1) 奪人不奪境, 2) 奪境不奪人, 3) 人境兩俱奪, 4) 人境俱不奪이다.[9] 스즈키도 이에 대해서 다음과 같이 주를 달았다.

---

7) Yamauchi Tokuryu, "Problems of Logic in Philosophy East and West", *Japanese Religions* vol.3(1963), No.3, p.5.

8) 山內得立, 『隨眠の哲學』, 102頁.

9) 山內得立, 『ロゴスとレンマ』, 282頁. 이것은 보조 지눌이 「眞心直說」 '眞心息妄' 편에서 진심을 찾는 '무심공부'(無心功夫)의 열 가지를 언급한 것 가운데에 세 번째

"사료간도 필경은 반야의 논리를 人境 위에서 본 것이라고 여겨진다. 인과 경을 나누어서 보는 세계는 이른바 상식의 세계이다. 이것을 함께 빼앗는다는 것은 상식분별의 세계를 절대적으로 부정하는 것이다. 절대적으로 부정하는 바로부터 절대의 긍정이 나와서 人境俱不奪이 된다. 즉 인은 인으로 서고 경은 경으로 선다. 차별의 세계가 그대로 평등, 평등이 그대로 차별이다."(『選集』 4/79)

그러나 로고스의 논리에서라면 첫 번째 항 '奪人不奪境'과 두 번째 항 '奪境不奪人' 이외에 세 번째, 네 번째 항은 존재할 수 없다. 인과 경이 奪과 不奪이라는 배중률적 관계를 역전시킬 수 있는 것은 바로 인과 경의 자성(自性)이 없기 때문이다. 유식(唯識)이 공의 존재를 설명하기 위해서 식의 존재를 강조한 반면, 중관철학은 공의 무자성을 강조함으로써 공의 비존재성을 부각시킨 차이를 또한 연상할 수 있을 것이다.10) 그러나 식이든 공이든, 그것은 불이(不二)의 관계를 말하는 동시에 不二이기에 공임을 말하고 있다.

이처럼 렘마의 논리란 긍정(A), 부정(非A), 긍정이면서 부정(A 그리고 非A), 긍정도 부정도 아닌 것(非A 그리고 非非A)이라는 네 가지 시각으로부터 현실을 본다. 따라서 후에 말하게 될 대승불교의 반야 논리로

로부터 일곱 번째 길, 곧 '泯心存境', '泯境存心', '泯心泯境', '存心存境'에 해당한다. 더욱이 여기에서 우리의 주의를 끄는 것은 지눌은 임제의 사료간보다 훨씬 많은 열 가지 길을 진심을 찾는 길로 제시하고 있다는 점이다('覺察', '休歇', '泯心存境', '泯境存心', '泯心泯境', '存心存境', '內外全體', '內外全用', '卽體卽用', '透出體用'). 게다가 그는 이 열 가지 길 모두는 각자의 근기에 따라서 어느 하나를 선택하면 된다고 말함으로써 실재 이해를 둘러싼 주장의 차이를 상대화함은 물론 그러한 상대화가 근기의 차이에 따른 것임을 밝혀 놓았다.

10) 山口 益, 『佛敎における無と有との對論』(山喜房佛書林, 1975 修訂版), 39頁 이하.

서 스즈키의 즉비 논리는 로고스적인 논리의 맥락이 아니라 렘마적인 논리에서 이해해야 한다. 로고스 논리의 견해로 보면 그것은 역설이므로 논리성을 박탈당하게 되지만 렘마적 견해에서는 당당한 논리성을 획득하는 것이다. 그것은 렘마적 논리가 단지 존재의 우위에 근거한 로고스의 논리와는 달리 긍정과 부정의 복합체를 논리적 단위로 삼기 때문이다. 즉 렘마적인 현실은 긍정과 부정이 동시적으로 존재하고 또 동시적으로 부재하는 현실이다.

야마우치는 그것을 "A가 非A를 존재의 이유로 한다"는 자각에서 비롯된 것이라고 보았다.[11] 즉 非A가 A의 근거라는 말이다. 그러므로 변증법의 논리는 모순의 원리를 역전시킴으로써 등장한, 그러나 그러한 한에서 여전히 로고스적인 논리, 즉 A를 非A의 근거로 보는 논리이지만, 렘마의 논리—반야의 논리—는 역으로 존재와 무를 함께 근거의 문제로 다루는 논리이다. 무와 유가 동시에 양립한다는 것은 모순이지만 그러나 무가 유의 근거라는 것은 모순이 아니라 논리적인 현실—렘마 논리적인 현실—일 뿐이다. 다시 말해서 로고스의 논리가 존재에 대한 직관에서 출발하는 논리라면 렘마의 논리는 존재와 그 근거와의 관계를 문제시하는 논리이다. 그리고 그 존재의 근거를 비존재, 즉 무에서 보는 것이다. 그래서 앞서의 '사료간'에서도 부정항〔兩俱奪〕이 긍정항〔俱不奪〕보다 먼저 등장함으로써 부정이 긍정을 선취하며 또 그의 근거임을 드러낸다. 야마우치는 그러한 현실 이해의 근본을 불교적인 무상(無常)에서 찾고 있다. 무상이란 존재자의 비존재성(덧없음)과 동시에 존재자의 존재성(늘 새로움)을 동시에 껴안고 있다.[12] 이 무상관

---

11) 山內得立, 『隨眠の哲學』, 112頁.
12) 동양적·불교적 실재 이해의 특징인 이 돈오적 시야를 잘 보여 주는 무상관은
    후에 거론하게 될 해체신학과의 연관에서 중요한 의미를 지닌다. 참조 西谷啓治,

을 「금강경」은 '상비상'(相非相)이라고 본 것이다.

이로써 우리는 현실이 지닌 로고스 구조의 작용으로서의 논리의 또 다른 국면을 접하게 된 셈이다. 그것은 존재의 근거로서의 비존재에 대한 자각이며, 또한 존재와 비존재를 동시에 생각해야만 하는 현실, 곧 구체적인 종교적 현실이다. 그런데 이러한 존재/비존재의 동시성에 대한 추구는 논리가 기대고 있는 현실의 로고스 구조 자체를 흩뜨려버린다. 왜냐하면 로고스 구조란 존재의 배타적 자기 동일성에 기초하고 있는바, 존재/비존재라는 절대적인 불연속성의 연속성이라는 것은 로고스 구조 자체를 파열시키기 때문이다. 바로 여기에 선불교적인 논리의 독특성이 있다. 또한 현실 이해의 로고스 중심주의(logocentrism)를 해체함으로써 신과 인간, 역사와 책의 종언을 주장하는 해체주의의 요체도 바로 여기에서 찾을 수 있다.

2) 「금강경」과 즉비의 논리

"대체 종래의 대상논리의 시각에서는 종교라는 것은 생각될 수 없다. 나는 여기에서 종교는 모순적 자기동일의 논리, 즉비의 논리가 아니어서는 안 된다는 것을 밝히고 싶다. 나는 즉비의 반야적 입장으로부터 사람, 즉 인격을 나타내고 싶다. 그리고 그것을 현실의 역사세계와 결합하고 싶은 것이다. … 특히 반야즉비의 논리라는 것은 흥미롭다. 우리는 그것을 서양논리에 대항하는 모습으로 논리적으로 만들어야 한다. 그렇지 않으면 동양사상이라고 해도 비과학적인 것이라고 여겨져서 세

정병조 역, 『종교란 무엇인가』(대원정사, 1993), 308면. 니시타니를 중심으로 불교의 역사관과 기독교의 역사 이해에 대한 대화 가능성을 다룬 글로는 拙稿, "역사와 절대무", 「신학사상」 73(1991), 478-505면 참조.

계적으로 발전할 힘을 갖지 못하게 된다."(西田幾多郎)

스즈키는 반야경 중에서「금강경」이 가장 간결한 경문으로 반야사상의 핵심을 표현한다고 여겼다. 그리고「금강경」의 진수—선의 진수—는 제13장 "부처가 말한 반야바라밀은 곧 반야바라밀이 아니요 그 이름이 반야바라밀이니라"(佛說般若波羅蜜多 卽非般若波羅蜜多 是名般若波羅蜜多)라는 문구 중에 드러난다고 보았다.[13] 스즈키는 이것을 '즉비의 논리'라고 정형화했다. 그에 따르면 "이것이 반야계 사상의 근간을 이루고 있는 논리이고, 또 선의 논리이며, 또한 일본적 영성의 논리이다."(『選集』 4/17) 스즈키는 이러한 즉비의 논리를「금강경」의 실재 이해의 방식이라고 여기고 나아가서는 반야계 사상 전체의 근본이라고 간주했던 것이다.[14]

---

13) 李箕永 譯解, 『金剛經』(韓國佛敎硏究院, 1978), 81면. 앞으로「금강경」에서의 인용은 본문 속에 괄호로 면수를 밝히면서 이 책을 따르겠다.

14) 불전에서 '즉'이라는 역어가 사용되었던 것도 구마라집(鳩摩羅什, 336-409)의 무렵인 것 같다. 참조 坂本幸男, "卽の意義及び構造について", 「印度學佛敎學硏究」 四-Ⅱ(1956), 34頁 이하. '즉비'라는 문자도 구마라집이 번역한「金剛般若蜜多經」에서 발견되는데 스즈키가 말한 대로 이러한 즉비의 논리라는 형식을 취하고 있는 구절들을 발췌해 보면 다음과 같다(괄호 안의 숫자는 章數). 참조 秋月龍珉, 『鈴木禪學と西田哲學』(春秋社, 1971), 75-77頁 이하.
    Ⅰ. 佛說般若波羅蜜多 卽非般若波羅蜜多 是名般若波羅蜜多(13)
       如來說世界, 卽非世界, 是名世界(13)
       如來說三十二相 卽是非相 是名三十二相(13)
       如來說第一波羅蜜 卽非第一波羅蜜 是名第一波羅蜜(14)
    Ⅱ. 諸微塵 如來說非微塵 是名微塵(13)
       忍辱波羅蜜 如來說非忍辱波羅蜜 是名忍辱波羅蜜(14)
    Ⅲ. 莊嚴佛國土者 卽非莊嚴 是名莊嚴(10)
       是實相者 卽是非相 是故如來說名實相(14)
       是福德卽非福德性 是故如來說福德多(8)
    Ⅳ. 如來所說身相 卽非身相(5)
       所謂佛法者 卽非佛法(8)

다른 곳에서 스즈키는 '즉비의 논리'를 다음과 같이 말하고 있다.

"… 인간 존재의 근본 문제를 다루는 것이 선의 특징이다. 이것은 반야
철학의 이론이라고 한다면 '즉비'의 논리—변증법이다. '비'란 근본의 모
순을 말한다. '그렇다'과 '그렇지 않다'의 대립을 말한다. 즉 생사의 세
계, 춥고 더운 세계, 절대로 상용(相溶)하지 못하는 항쟁을 말한다. '즉'
이란 이 절대적으로 상용하지 못하는 것이 그대로 동일성이라는 장면
에서 작용하고 있다는 뜻이다. 동일성이라는 것—'즉'—이 별도로 있고
그것과 상용하지 않는 것—'비'—을 포함하는 것이 아니다. '비'가 그대
로 '즉', 곧 절대로 서로 '비'하는 것, 그것이 바로 '즉'인 것이다. '즉'과

如來說一切諸相 卽是非相(8)
又說一切衆生 卽非衆生(14)

아키즈키에 따르면 이 '즉비'를 둘러싼 한역 경전에 대한 해석에는 두 가지 방법이
있다. 우선 '如來說世界'를 '여래가 설한 바 세계'라고 읽을 수 있지만 또한 '여래는
설한다. 세계는 ~'이라고도 읽을 수 있다. 범문(凡文)원전에는 '여래에 의해서
설해진 이 세계는'이라는 표현이 있다. 한역 경전에도 '如來所說身相', '所謂佛法
者' 등과 같은 표현이 있는 것이다. 그러나 한편 범문에는 '~라고 여래에 의해서
설해진다'라는 표현도 있다. 거기에서 '如來說'이란 '여래에 의해서 설해진'이라는
수식어와 '~라고 여래에 의해서 설해진'이라는 의미의 술부로 각각 해독할 수
있는 것이다.
  두 번째 그가 제기하고 있는 물음은 '如來說世界, 卽非世界, 是名世界'의 '說'이
라는 동사의 보어(補語)를 어디까지로 볼 것인가 하는 문제이다. 스즈키는 이것
을 종래의 방식을 따라서 如來說 '世界非世界, 是名世界'라고 풀이했다. 그러나
아키즈키에 따르면, 범문을 참조한다면 이것은 如來說 '世界卽非世界', 是名世
界라고 읽는 것이 옳다. 그렇다면 그룹 II의 표현도 '諸微塵' 如來說 '非微塵' 是名
微塵으로 읽게 되고 그룹 III은 '是實相者 卽是非相' 是故如來說名 '實相'이라고
읽음으로써 이와 같은 독해방식을 증명한다고 생각된다. 그러므로 아키즈키에
따르면 여래설 'A 卽非 A' 是名 A라는 앞의 공식은 다음과 같은 의미이다. '(여래가
설한 바의) A는 非A이다'라고 여래에 의해서 설해졌다. 이 때문에 (그것은) 'A'라
고 일컬어지는 것이다. 즉 이 사상의 주안점은 앞의 그룹 IV의 다음과 같은 표현으
로 요약된다. 如來說 '一切諸相 卽是非相'. 그러므로 여기에서 주안점이 되는
것은 'A는 非A이다'라고 여래가 설했다는 점이다.

'비'는 그대로 동일한 것이다. 한편으로부터 다른 편으로 이동하는 것이 아니다. 이동한다고 한다면 '즉'도 '비'도 없어지고 '즉비'의 논리는 성립하지 않는다. 따라서 이 논리를 성립시키려면 이른바 지적 분별이라는 것을 버리지 않으면 안 된다."(『選集』4/149-150)

위에서 스즈키가 즉비의 논리를 변증법이라고 표현한 것에 과도한 무게를 둘 필요는 없을 듯하다. 왜냐하면 '심'과 '비심'은 정신과 그의 자기소외 사이의 대립을 거쳐서 다시금 정신의 자기복귀적인 자각을 말하는 헤겔의 사상과 유사하게 보이지만, 헤겔에게는 정신과 그의 대립으로서 정신의 자기소외 사이에는 연속성이 있기 때문이다. 즉 앞에서도 언급했던 것처럼 헤겔의 변증법은 발전, 즉 자기전개의 논리인 것이다. 그것은 잠세태로부터 현실태를 향해서 부정매개를 둔다고 해도 연속성이 근저에 있는 이상 자기동일적인 존재를 인정하지 않을 수 없는 것이다.

그러나 즉비의 논리는, 스즈키의 말대로, "한편에서 다른 편으로 이동하는 것이 아니다." 그래서 즉비의 논리는 존재의 자기동일적 연속성에 기초한 과정변증법과는 종류를 달리한다. 즉비의 논리는 대립이 대립인 채 '그대로' 동일하다고 말한다. 그러므로 즉비의 논리는 유의 논리, 로고스의 논리인 변증법과는 달리 '무의 논리'이다.'15) 조금 각도를 달리해서 말한다면 무의 논리의 출발점이 되는 연기의 자각이 과정변증법으로서가 아니라 "관조의 입장", "전체적이고 일회(一回)의 직관"이어야 하는 이유를 여기서 알 수 있다.16) 렘마라는 말이 '직접적으

---

15) 上田泰治, "禪と論理", 『講座 禪』1(筑摩書房, 1967), 237-238頁; 참조. 西谷啓治, "般若と理性", 玉城康四郎 編, 『佛敎の比較思想論的硏究』(東京大學出版會, 1979), 237-299頁.

로 파악하다'를 의미함을 여기서 상기한다면 좋을 것이다. 그러므로 스즈키는 즉비의 논리를 이해하려면 로고스에 기대는 '지적 분별'—긍정이냐 부정이냐—을 버려야 한다고 말한 것이다. 아래에 인용하는 스즈키의 말은 이러한 사실을 뒷받침해 준다.

"'즉비'의 논리는 보통 이런 형식으로 말해진다—'심(心)은 비심(非心)이다. 이것을 심이라고 한다.' 심은 긍정, 비심은 부정. 심과 비심의 대립은 긍정과 부정의 대립이다. **이 대립이 그대로 '심'이다.** 그러나 이 '심'은 심·비심 할 때의 심과 같은 것은 아니다. 문자는 같지만 그 의미는 깊다. 즉 심과 비심을 포함한 심이라고 보아도 좋다. '포함한다'는 말이 달갑지는 않지만 우선 그렇게 말해 두자."(『選集』4/151)

"대립이 그대로 심"이라는 말은 심과 비심의 렘마적 동일성을 의미한다고 볼 수 있다. 스즈키는 그것을 "심과 비심을 포함한 심"이라고 말하면서도 "포함한다"는 표현을 불만스럽게 생각하듯이 렘마의 논리를 말하는 야마우치 역시 배중률적 '중'을 긍정과 부정을 '포월'(包越)한다는, 다소 만족스럽지 못한 표현을 임시로 쓰고 있다.17) 즉 심과 비심은 한쪽이 다른 한쪽으로 이동하는 변증법적 지양의 과정도, 양자를 제삼의 무언가에 의해서 "포함하는" 관계도 아니다. 즉비의 논리의 자리는 바로 여기에 있다.

'스즈키 선학(禪學)의 비밀'이라고까지 부를 수 있는 이 즉비의 논리는 그러나 단순한 논리가 아니라—즉 추상적인 형식이 아니라—"사상

---

16) 平川 彰, "無我と主體", 中村 元 編,『自我と無我』(平樂寺書店, 1981 9刷), 414
　　頁.
17) 山內得立,『隨眠の哲學』, 103頁.

내용 그 자체의 운동 중에서 그 논리성이 드러나지 않으면 안 된다."
논리는 앞에서 말한바 대로 실재 자체의 작용〔用〕이 아니어서는 안 되
기 때문이다. 이러한 한에서 "논리는 내용의 생명이고 그 운동의 눈이
다. 즉 사상적 내용의 자각의 형태"인 것이다. 이처럼 즉비의 논리는
스즈키 다이세츠가 제창한 선의 논리로서 그것은 형식논리를 뛰어넘
은 '영성적 자각의 논리'이고 '생사 문제'가 걸린 논리라고 하겠다.18)

> "반야의 논리는 영성의 논리이기 때문에 그것을 확인하기 위해서는 횡
> 초(橫超)의 경험이 있어야만 한다. 선은 이 논리를 논리의 형식으로 다
> 루지 않으며 바로 거기에 선의 특수성이 있다. 즉 생사 문제 등에 대해
> 서는 이렇게 말한다. '그대가 그렇게 피하고자 하는 생사 문제는 어디에
> 있는가? 떠나고 싶다는 결박은 어디에 있는가? 누가 그대를 결박했는
> 가? … 이렇게 역습해 오는 것이 선 논리의 특성이다."(『選集』 4/18)

'긍정도 부정도 아니다', 즉 '긍정이기도 하고 부정이기도 하다'는 렘
마 논리의 대승불교적 전개로서 즉비의 논리는 배중률에 대한 부정극
복으로서, 그것은 종교적 실존의 신앙지, 즉 주체적 직관의 내용을 표
현하는 논리이지 형식적 대상적 논리는 아니다. 다시 말해서 초월자와
실존의 관계는 부정을 통한 긍정이라는 점에서, 그리고 신앙의 내용은
직접적으로 전달하는 것이 가능한 객관적 지식이 아니라는 점에서 동
일률에 근거한 존재의 논리로는 충분히 표현할 수 없는 것이다. 이러한
배중률의 부정 극복은 기독교 신학 내에서도 '무지의 지'라든지 '대립의
일치'를 말하는 쿠자누스 등의 신비주의—비록 이들은 기독교 내에서

---

18) 秋月龍珉, 앞의 책, 64頁.

언제나 방계의 자리에 머물렀지만—에서도 찾아 볼 수 있다.[19]

즉비의 논리가 영성적 자각의 논리, 또는 '실존의 자각의 논리'인 이유는 그것이 자기가 자기부정에 있어서 자기를 긍정하는 사실을 말하기 때문이다. 즉 자기 중에서 자기를 부정·초월하는 작용 자체가 자기라는 말이다.[20] 자기는 비자기로서의 자기이고 이 경우, 렘마의 논리가 말하듯이, 비자기는 자기의 근거가 되는 것이다. 그러나 자기와 비자기의 대립 극복을 말한다고 해서 이것이 기독교적인 초월의 논리—예를 들어서 키에르케고르 등에서 볼 수 있는 실존 변증법—와 동일한 것은 아니다. 즉 거기에는 초월과 자기의 관계에서 결정적인 차이가 있기 때문이다. 키에르케고르의 경우 초월과 자기는 절대적 대립이고, 실존의 사실에서 이것이 역설적으로 현성하지만, 그렇다고 초월자의 초월성이 폐기되는 것은 아니다. 또한 바로 그렇기 때문에 키에르케고르의 경우 이 관계가 '역설'로서 성립하는 것이다. 그러나 즉비의 논리의 경우 이러한 자기 밖의 초월이란 존재치 않는다.[21]

그렇다면 과연 실존적 자각의 논리로서의 즉비의 논리란 무엇인가? 스즈키 자신이 공식화한 대로 'A는 A이다. 왜냐하면 A는 A가 아니기 때문이다'라 표현되는 즉비의 논리가 말하는 실재 이해의 요체는 어디에 있는 것인가?

모든 논리는 'A는 A이다'라는 동일률에 근거해 있다. 이런 점에서 보면 스즈키의 즉비의 논리는 '즉비적 자동률'이라고 할 수 있는 독특한 동일률에 대한 자각이다. "A와 非A, 즉 긍정〔卽〕과 부정〔非〕이 그대로

---

19) 八木誠一, 『佛教とキリスト教の接點』(法藏館, 1975), 418-419頁; 本多正昭, "佛教的'卽'の論理とキリスト教", 「カトリック研究」24(1973), 16頁.

20) 鈴木大拙, 『日本的靈性』(岩波書店, 1972), 18-19頁.

21) 佐藤幸治, "キェルケゴールと鈴木禪學-二つの'非'", 大谷長·大屋憲一 編, 『キェルケゴールと日本佛教·哲學』(東方出版, 1992), 129頁.

자기동일이다. 이것이 즉비의 논리에 있어서 'A는 A이다'라는 독자적인 자동율의 존재방식—즉비적 자기동일이라는 것이다."22) 이러한 '즉비적 자기동일성'에 대한 이해방식은 스즈키가 프라즈냐(prajna: 반야般若)를 다음과 같이 설명하는 데에서 근거를 찾을 수 있다.

"프라즈냐(prajna)는 스스로 안으로 향하고 자기 자신을 볼 수 있는 눈이다. 왜냐하면 그것은 동일률 그 자체이기 때문이다. 주체와 객체가 동일하게 될 수 있는 것은 프라즈냐에 의한, 더욱이 그것은 여하한 종류의 매개도 없이 이루어지기 때문이다. … 프라즈냐가 동일률 그 자체인 이상 주체로부터 객체로의 이전은 필요치 않다. 때문에 그것은 긍정하는가 생각하면 부정한다. 또 'A는 A가 아니다. 그러므로 A는 A이다'라고 선언한다. 이것이 프라즈냐 직관의 '논리'이다. '미분화의 계속체'는 이렇게 이해되지 않으면 안 된다." 23)

그러므로 반야사상을 지탱하는 논리는 'A는 A이다'라는 것의 근저에 'A는 非A이다'라는 것이 존재한다는 자각이다. 'A는 A이다'와 'A는 A가 아니다'가 바로 A의 자기동일성을 이루기 때문이다. 이런 이유에서 즉비의 논리는 "반야사상이라는 특수한 사상 내용에 즉하면서 그것을 초월하는 논리",24) 즉 스스로를 뛰어넘는 역동적 논리이다. 따라서 반야의 논리는 논리〔logos〕와 무논리〔alogos〕의 모순 대립의 지양으로서의 무/논리〔a/logos〕이다. (이 무/논리〔a/logos〕라는 표현은 후에 거론하게

---

22) 秋月龍珉, 앞의 책, 69頁.
23) 鈴木大拙, "佛教哲學における理性と直觀", C. A. ムーア 編, 『東洋思想と西洋哲學』(理想社, 1974), 183-184頁.
24) 秋月龍珉, 앞의 책, 74頁.

될 마크 테일러Mark C. Taylor의 해체주의 신학에서 가져온 것이다.) 그것은 로고스의 관점에서 본다면 '非理'이고 '無理'이다.25)

만일 '즉'의 체험이 '즉비'의 체험으로 철저화되지 않는다면 '즉'조차 실체화되고 절대화되어버릴 위험에 빠지게 되는 것이다. 이런 의미에서 '즉심즉불'은 '비심비불'과 동근원적으로 자각되어야 하고, 불은 비불(非佛), 즉 마(魔)의 경계와 동시에 발음되어야 하는 것이다.26) 뒤에 상론하겠으나 해체신학자 테일러의 말을 이런 맥락에서 인용할 수 있을 것이다. "신은 악마를 부르지 않고서는 부를 수 없다."(DT, 109)

그러므로 이들의 근저에는 '견상비상'(見相非相)이라는 주체적 견성의 체험이 있고 거기에 우선 이러한 보는 자(실존)로서의 주체(동양적 개체)가 확립되지 않으면 안 된다. "반야는 이 '견'의 객관적 철학화로서의 지이고, 선은 그 종교적 생활로서의 행이다."27) 이러한 지적은 스즈키의 다음과 같은 말에 대한 해석이라고 보아도 무방할 것이다.

"이 사람은 행위의 주체이고 영성적 직각의 주인공이다. … 절대무의 장소에 생각이 매이지 않고서 작용을 내는 기(機)를 볼 수 있는 것이다. 거기에 사람이 있다. 무소주(無所住)는 절대무이고 이생기심이라는 것이 행위의 주체, 즉 사람이다."(『選集』 4/37)

그런데 절대무는, 로고스적 관점의 결론이면서 동시에 객관적 이법의 세계가 극한에까지 사유되어 도달된 절대적 하나[一]마저도 부정되

---

25) 西谷啓治, "空と卽", 三枝充悳 編, 「講座 佛教思想」 5(理想社, 1982), 54頁.
26) 西谷啓治/阿部正雄, "宗教における魔·惡魔の問題"(中), 「東洋學術研究」 20-1(1981), 160頁; 阿部正雄, "非佛非魔", 『佛教の比較思想論的研究』, 635-710頁.
27) 秋月龍珉, 앞의 책, 78頁.

어서 전환되는 바에 현성한다. 그리고 비로소 "거기에 사람이 있다." 이러한 일이 가능한 것은 절대 진리는 무상이고 무체(無體)이기 때문이다. 따라서 니시타니의 아래의 말은 위의 스즈키 주장에 대한 부연설명이라고 볼 수 있겠다.

"절대일로부터 절대무로의 전환은 이법세계가 지닌 객관성의 흔적을 어딘가 남긴 듯한 '절대'의 입장이 자기의 주체성 바로 그 자리에서 주체성 그 자체의 근저적인 열림으로 전환되는 것이다. 절대무는 자기가 자기 자신을 부정하는 극한에서의 탈자(脫自)의 장이면서, 더욱이 자각에서 근저적인 열림이다. 이런 의미에서 절대무는 그 자신 자각지(自覺知)의 성격을 갖는다. 대지(大智)라든가 반야지라고 불리는 지의 의미를 갖는다. 탈자에서 전적으로 부정을 받아들인 자기는 절대무에서 다시금 자기 자신을 돌려받는다. 그런 의미에서는 자기가 죽어서 새롭게 된다고도 할 수 있다. 이른바 반야바라밀에서 각체(覺體)로서의 자기이다. 절대무는 그러한 각체로서의 자기 자신 그 자체, 자기 자신의 당체(當體)로서 노정되는 것이다."[28]

위의 스즈키의 말 속에는 실로 즉비의 논리의 요체가 함축적으로 드러나 있다. 즉 거기에는 궁극적 존재로서의 '절대무'(무/존재론)와 그 절대무에 대해서 '생각'하는 '사람'(=보살, 인간론)과 절대무의 장소에 '매이지 않는' 존재방식(인식론)이 언급되어 있는 것이다.

그러므로 자기 스스로를 부정하는 논리, 다시 말해서 논리 자신의 체로서의 로고스 구조를 흐트러뜨리고 해체[deconstruction]하는 논

---

28) 西谷啓治, "禪における'法'と'人'", 久松眞一·西谷啓治 編, 『禪の本質と人間の眞理』(創文社, 1969), 890-891頁.

리, 그것은 "마땅히 어느 곳에도 머무르지 않으면서도 마음을 낸다"(應無所住而生其心)(「금강경」 13절)라고 표현된다. 스즈키는 이것이 "실로 동양적 종교영성이라고도 해야 할 근본적인 의의를 구성하고 있는 것"이라고 말했다. 그는 "반야의 즉비 논리가 영성적 직각의 지성면을 꿰뚫어 말한다고 한다면, '무소주'는 그 행위면을 바로 언급한 것이다. 양방면이 서로 도와서 영성적 생활의 완벽이 기대된다"(『選集』 4/34)라고 말함으로써 즉비의 논리와 '무소주'는 중생의 진실된 존재방식과 그 장소, 즉 진불의 존재 장소를 설하려는 「금강경」의 두 축이라고 여긴 것이다.29) 즉 철학적으로는 '진공무상'(眞空無相)의 반야사상을 말한 것이고, 종교행적으로는 '무소주행'(無所住行)이라는 선적 실행을 가르친 것이다. 진공무상이라는 무/존재론이 무소주행의 실천을 가능하게 한다는 말이다. 무주(無住)라는 실천과 그것을 지지하는 무상(無相)이라는 교리가 「금강경」의 양대 주장인 것이다. 이런 점에서 렘마의 논리는 철저히 수행의 논리이다.30)

아키즈키에 따르면 「금강경」의 핵심은 "(아뇩다라삼먁보리의 마음을 낸 이는) 어떻게 머물러야 하는가?"(應云何住)(제2장)라는 물음으로 집약된다. 그것은 진불(眞佛)의 존재 자리에 대한 물음인 동시에 우리가 어떠한 장소에 서야 하는가라는 물음이기도 하다. 그러므로 우리의 문제는 이 실존(장소적 개체)이 머무는〔住〕 '장소'를 논리적으로 밝히는 일이다.

'무주'에 대해서 「금강경」은 "모든 중생을 구도하였으나 실은 그 누구도 구도한 일이 없다. 왜냐하면 중생에게는 상이 없기〔非相〕 때문이다"라고 말한다. 그래서 "보살은 응당 법에 머무르는 바 없이 보시를

---

29) 秋月龍珉, 앞의 책, 77頁.
30) 山內得立, 『ロゴスとレンマ』, 282頁.

행한다.”(菩薩 於法 應無所住 行於布施)(41) 이것은 동시에 육바라밀 모두에 해당하는 말이기도 하다. 보시하는 자도, 보시 받는 자도, 보시도 모두 공이라고 말하는 ‘三輪淸淨’은 바로 이러한 사실을 말하고 있다.31)

“이와 같이 한량없고, 헤일 수 없고, 끝없는 중생들을 제도하였으나, 실은 중생으로서 멸도(滅度)를 얻은 자가 없느니라. 무슨 까닭인가? 수보리야, 만약 보살이 아상(我相), 인상(人相), 중생상(衆生相), 수자상(壽者相)이 있다고 한다면 곧 보살이 아니기 때문이다.”(39)

“부처님께서 수보리에게 이르시었다. 만약 선남자, 선여인이 아뇩다라삼먁보리심을 발하였다면 마땅히 이와 같은 마음이 나리라. 내가 응당 일체 중생을 멸도할 것이나, 일체 중생을 멸도하고 난 후에는, 실은 한 중생도 멸도된 자가 없게 하리라. 왜냐하면 수보리여, 만약 보살이 아상, 인상, 중생상, 수자상을 가지면 곧 보살이 아니기 때문이니라.”(117)

그러므로 “여래는 ‘일체제상이 곧 상이 아니요, 또 일체 중생이 곧 중생이 아니다’라고 설하셨도다”(如來說 一切諸相是非相 一切衆生卽非衆生)(99)에서 드러나듯이 모든 상은 상이 아니므로 그 상에 머물러서는 안 된다. 그러므로 진공무상은 무주행(無住行)으로 연결된다. 무상을 대지(大智)라고 한다면 무주는 대용(大用)이다. 그리고 앞에서 스즈키가 말한 바대로 “금강경이 금강경이 되는 것은 이 무주(無住)에 있다.” 바로 여기에 「금강경」이 선종의 소의경전(所依經典)이 되는 까

---

31) 山口 益, 『空の世界』(法藏館, 1983), 97-102頁.

닭이 있다.

　주(住)란 사물에 마음을 멈추어서 집착한다는 의미로서 정체, 고립, 사로잡힘, 무애자재하지 못함 등의 의미이다. 그러므로 무주란 집착심이 없음을 뜻한다.

　"'응무소주이생기심'은 경계〔境〕에 따르고 연(緣)에 따르는 자유자재의 경지이다. 이것은 결코 사물에 대해서 머물지 않는다. 절대주체의 길이다. 이것은 절대수동에 의한 것이고 절대능동적으로 '도달하는 곳에서 주가 되는 것'(동양적 개체)의 절대자유의 행위이다. 이것을 묘행무주라고 한다. … 이것은 일체의 하중을 버린 무공덕(無功德)의 무심행(無心行)이다."32)

　「금강경」은 '應云何住'라는 물음에 대해서 '應如是住'라고 답하고 있다. 또한 '云何降其心'에 대해서도 '應如是發心'이라고 답한다. 이때 '如是'는 다름 아니라 應無所住而生其心, 즉 무주(無住)를 가리킨다. 그렇다면 문제는 이제 과연 어떻게 무주일 수 있는가에 달려 있다. 이것이 「금강경」의 云何修行이라는 물음이기도 한 것이다.

　「금강경」은 이에 대해서 "무릇 모든 상이 다 허망한 것이니라. 만약 모든 상이 상 아님을 보면 곧 여래를 보는 것이니라"(若見諸相非相 卽見如來)(45)라고 답한다. 그러므로 야마우치가 앞에서 말한 대로 '상비상'의 근저에는 "모든 상이 다 허망한 것"이라는 '무상'의 종교적 자각이 있어야 하는 것이다. 그리고 이 무상이야말로 즉비 논리의 근본이다.

---

32) 秋月龍珉, 앞의 책, 82-83頁.

그렇다면 문제는 왜 보살은 상을 비상으로 보는가 하는 물음으로 요약된다. 이것을 세 가지 단계로 나누어서 살펴보면 1) 相非相(實相般若), 2) 見(觀照般若), 3) 菩薩(大悲般若)이다. 그리고 이것은 즉비의 논리가 밝히는 세 가지 핵심을 의미한다. 즉 1) 비/존재의 논리로서의 즉비의 논리, 2) 자각의 논리로서의 즉비의 논리, 3) 장소적 논리로서의 즉비의 논리가 그것이다. 스즈키는 육조 혜능의 선은 "무념으로 종을 삼고, 무상으로 체를 삼으며, 무주를 본으로 한다"(立無念爲宗 無相爲體 無住爲本)는 사실을 강조하고 있는데(『選集』 4/25) 혜능선의 세 기둥으로서의 무념·무상·무주가 바로 「금강경」이 주창하는 즉비의 논리의 세 가지 핵심에 일치하기 때문이다.

스즈키는 무념은 이른바 심리학적으로 본 것이고, 무상은 형이상학적 방면으로부터 본 것이며, 무주는 도덕적·실천적이라고 보아도 무방할 것이라고 여겼다. 무념을 심리학적인 범주로 풀이한 것은 스즈키의 선 이해가 지니고 있는 심리학적 경향을 반영하고 있다는 점에서 별도의 논의 대상이 됨에 틀림없지만, 그러나 여기에서 우리는 금강경을 소의경전으로 한다고 할 수 있는 혜능선의 요체를 파악한 셈인 동시에 금강경의 핵심인 '應無所住而生其心'이 해석될 수 있는 방향을 획득한 셈이다. 즉 그것은 존재론적인 방향, 인간학적인—스즈키가 심리학적이라고 보았던 것—방향, 그리고 존재와 인간의 활동의 장으로서의 역사〔Geschichte〕(내지는 역사의 이야기〔Geschichte〕로서의 책)를 둘러싼 새로운 이해의 방향인 것이다. 금강경이 주창하는 무상의 상이란 상비상을, 무념의 념은 보살을, 그리고 무주의 주는 보살의 존재방식을 가리키고 있는 것이다.

3) 無相無念無住

그러면 이제「금강경」의 즉비 논리의 세 기둥이 되는 무상, 무념, 무주에 대해서 살펴보기로 하자.

(1) 非相이란 법신(法身)의 의미이다. 색신(色身)의 상을 가지고 보는 것이 허망인 것처럼 단순히 법신의 상을 가지고 여래를 보는 것도 또한 허망이다. 그러므로 相非相의 견지에서 보라고「금강경」은 말하는 것이다. 그런데 이때 相非相은 '한숨에' 말해지지 않으면 안 되는 동시성을 지닌다. 그러므로 相非相은 사실 相/非相으로 쓰여야 한다. 이때 '/'는 쓰이기는 하지만 읽히지는 않는 것, 卽의 의미이다. 그러므로 상과 비상이 둘이 있는 것이 아니고 상과 비상은 상즉한다. 즉비의 자리에서 참된 실재의 진상이 있으므로 眞空無相은 眞空妙有와 相卽하는 것이다.33) 'A 즉비 A'란 무상 즉 묘유, 본체 즉 현상의 실상반야이고, 이사무애의 경계인 것이다.

그러므로 선은 신비주의와는 거리가 멀다. 선은 근원적 일(一)에 대

---

33) 그렇다면 이와 같이 선불교적 체험의 근본적 표현으로서의 즉비의 논리가 역시 선적 경험의 자내증(自內證)의 표현으로서 화엄에서도 중요한 의미를 지니고 있음이 틀림없을 것이다. 화엄학의 중추는 다름 아니라 '중중무진·상즉상입'의 연기관이다. 화엄이 말하는 상즉(相卽)의 연기라는 것은 단순히 둘이 하나가 된다는 것이 아님은 명백하다. 둘은 둘로서 분명히 다르면서도 그것이 각각 그 자체임을 근저로부터 부정되고, 더욱이 여전히 그 부정을 유일의 매개 근거로 해서 새로이 일체화의 세계를 낳는 것이다. 그 과정이 다름 아닌 상즉이다. 상즉에 의해서 원융한 양자는 단순히 일 가운데 매몰되는 것이 아니라 본래의 자리에 있으면서도 고립되지 않은 채 일체의 다른 것과 관계에서 스스로의 존재를 지니는 원융무애의 관점인 것이다. 우리는 이러한 상즉의 연기관 속에서 스즈키가 선의 중추라고 여겼던 즉비론의 또 다른 변형을 볼 수 있다. 鍵主良敬, "華嚴卽非論の一側面",「大谷學報」53-3(1973), 24頁; 中山延二,『佛敎における時の硏究』(百華苑, 1943), 136頁.

한 대상적 집착에서의 해방을 의미하기 때문이다. 그것은 실상반야의 일상성으로 구체화된다.

"단적으로 말한다면 '신비'가 되는 것은 동양적인 사고방식에는 없는 것이다. 무엇보다도 당당히 드러나 있으며 적나라한 것이다. 또는 이것을 평상저(平常底)라고도 한다. 잠자고 일어나고 먹고 죽는 것이라는 것이다."(『選集』 11/25)[34]

(2) 그러나 이러한 'A 즉비 A'를 대상 논리적으로 이해해서는 안 된다. 그것은 'A 즉비 A'라고 보는 주체의 논리여야 하기 때문이다. 이런 점에서 이것은 정토계에서 말하는 횡초의 체험이고 선자(禪者)의 돈오의 체험이다. 이러므로 우리는 자각의 논리로서 즉비 논리의 두 번째 의미를 말할 수 있다. 즉비 논리는 실존의 초월 논리이고 자각 논리이다. 하지만 실상반야와 관조반야가 둘이 있는 것이 아니고 편의상 둘로 나누어 본 것이다.

"영성적 직각은 능소(能所)가 없는 인식, 스스로 안다고 해도 자지저(自知底)가 없는 자지(自知)이다. 이 자지에는 보통 분별식상에서 말한다면 '자'가 있다. 그 '자' 중에 자가 되지 못할 것을 나누어서, 즉 하나인 자를 둘로 나누어서 자(自)가 비자(非自)를 본다는 의미가 있다. 하나가 둘로 나뉘어서 그리고 그 둘 사이에 본다든가 안다든가 하는 한 영성적 직각으로부터 멀어지게 되는 것이다. 하나가 그대로 봄이고 앎

---

34) 上田閑照 編, 『禪の世界』(理想社, 1981), 15頁. 우에다와의 대화에서 스즈키는 선은 "밝히 드러나 당당하며 목전에 역력하고 적나라한" 반면 신비주의는 무언가 숨어 있는 것이 있다며 서로 어울리지 않는다고 말한다.

인 바에 직각이 성립한다. 때문에 알려진 것, 보여진 것의 밖에 아는 것, 보는 것은 없다. 그것과 동시에 보는 것, 아는 것 밖에 알려진 것, 보여진 것이 없는 것이다. 이것이 능소를 끊는다는 의의이다. 분별의식 위에서는 능지(能知)와 소지(所知), 능견과 소견의 둘이 없어서는 안 된다. 영성적 직각의 경우는 분별의식에서는 비판 불가능하다."(『選集』4/42-43)

이러한 영성적 직각으로서의 즉비의 논리는 물음의 자리에서 대답을 찾으며 대답은 또 하나의 물음으로만 가능함을 보여 준다.

"스님은 '如何般若波羅蜜'이라고 묻는다. 조주는 대답한다. '般若波羅蜜.' 묻는 자리와 대답의 자리가 전적으로 동일하다. 선에서는 대답은 묻는 자리에 있고, 물음은 대답의 자리에 있으므로 물음과 대답 사이에 논리적 관계를 인정하지 않는다. 물음 그 자체가 대답이고 대답 자체가 물음이 되는 것이다. … 여기에는 손을 쓸 수도 없고 손가락 하나 들어갈 틈도 없다. 그러나 내면적 직관의 당체는 (별도로 실재의 체라는 것은 아니지만) 모든 선험적 원리가 살아 있는 자리이기 때문에 '道不得底'의 소식은 논리적으로 아무리 순환해도 방법이 없다."(『選集』9/12-13)

우리는 이러한 사실을 다음과 같이 정리할 수 있다. 자기에 대해 묻는 자기와 물어지는 자기의 동일성은 단순한 악순환을 의미하는 것이 아니라 그 물음의 자리 자체에서 물음과 대답의 연속성과 불연속성을 동시에 포괄하는 자기라는 장이 스스로 비롯된다. 즉비적 논리의 형식을 빌리면 이것은 '自己卽非自己是名自己'라고 쓸 수 있다. 감성적이고 지성적 존재로서의 자기가 영성적이고 법신적 자기로서의 진인저의 무아인 비자기이며, 이것이 근본에서는 무아적 자기로서 현성하는 자기인 것이다. 스즈키는 이것을 선 특유의 내면적 연속성의 논리라고 표현한다. 다시 말해서 방금 말했던 세 가지 자기는 모두 자기 내의 연속성과 불연속성을 동시에 드러낸다는 말이다.

> "논리의 입장과 선의 입장의 근본적 차이는 전자가 절단적·공간적 시각을 주로 하는 데 반해서 선은 연속적 시각, 내면적 시각을 한다는 데에 있다."(『選集』9/15)

즉비의 논리는 주체적 실존의 초월의 논리, 따라서 자각의 논리이며 동양적 개체가 성립하는 장소의 논리이기 때문에 이번에 즉비의 논리는 견(見)의 장소에 대한 자각으로 이어진다. 이 장소는 종교적 실존과 그가 추구하는 진리 모두가 커다란 죽음을 경험하는 장이다. '大死一番絶後蘇生'의 소식이 이것을 말해 준다. 선은 이처럼 단순히 휴머니즘이 아니라 "죽는 공부"이고 죽음과의 조우이다. 그것은 "부정 즉 긍정의 고차의 휴머니즘"인 것이다.[35]

뒤에 언급하겠지만 선은 유럽적 의미에서의 근대적 자율이 아니라 그 자율적 이성에 또 한 번 절망하고서 도달하는 '깨달은 사람', 곧 '후근대적 인간상'을 지향한다. '깨달음 사람'이란 자기의 존재에 대해서 절대적 타자인 죽음을 배제하지 않고 자신 안으로 끌어들여서 그것을 뛰어넘는 존재를 가리킨다.

---

35) 秋月龍珉, 앞의 책, 95頁.

(3) 그렇다면 이러한 죽음의 장소는 어디인가? 그것은 절대 자유의 경지이다.

"대비반야란 무엇인가? 깨달은 자는 단적으로 '如'를 보고 스스로 또 '如'로서 현성한다. 거기에서는 실상반야(보여지는 것)와 관조반야(보는 자)는 완전히 하나가 되어 있어서, 그것은 양경반조(兩鏡返照)해도 중심 영상이 없으며, 그 무엇에도 집착해서 머물지 않으며 … 자유무애의 경지이다. 차별과 평등이 원융하고, 이미 무엇에도 집착하지 않고 무엇에도 사로잡히지 않는 경지, 이것이야말로 '相非相'의 반야의 진체를 꿰뚫어 본 보살이 서 있는 장소〔住處〕이다. 즉「금강경」은 우리에게 이 '無住'의 장소에 설 것을 가르치는 것이다."36)

깨달은 자는 단적으로 如를 보기 때문에 그 역시 如가 되지 않으면 안 된다. 무주는 "현성저(現成底) 그대로이다. 주저하는 것도 아무것도 없다."(『選集』 4/25) 그러므로 무주의 주체 역시 如, 즉 무이다. 이런 의미에서 무를 깨달은 사람이 비로소 무주를 실천한다기보다는 무주란 무의 자기실행, 무가 스스로의 자리에 머무는 것이라고 파악하는 편이 좋겠다. 무의 머무름이란 그 어디에도 머무르지 않음이고 동시에 도처가 무의 장소가 됨을 의미하기 때문이다. 중(中)은 도처에 있다〔Die Mitte ist überall〕. 무는 그 어디서 벗어날 필요가 없고, 또 그 어디에 들어갈 필요도 없이 그대로 무이다. 무의 장소는 무 자체이기 때문이다.

---

36) 秋月龍珉, 같은 책, 97頁.

"여기에서 무주의 본은 무주라고 한다면 무의 본은 무가 된다. 이것은 아무리 반복해도 마찬가지이다. 이것이 절대무이다. 유무의 무가 아니다. 또 유무의 밖에 있는 무인 것도 아니다. 유무 바로 그것이 무이다. 여기에 영성적 자각이 있다."(『選集』4/27)

바로 이때 대상에 집착하지 않는 자유로운 사랑이 가능해진다. 그것이 대비(大悲)이다. 대비는 그러므로 인위적인 수여 행위가 아니라 실상반야의 대용(大用)인 것이다. 그래서 "'대비'는 단순히 보살 개개인의 것이 아니라 역한정적(逆限定的)으로 이러한 보살을 불러일으키며, 역사적 현실의 '근원'으로서 역사적 생명 그 자체의, 역사 형성의 논리라고 생각한다. … 깨달은 자의 '반야'는 이 세계의 근원적 일자, 즉 '즉비적 자기동일자' 그 자체의 자각인 것이다."[37]

스즈키는 이러한 즉비적 자기동일자의 인식은 횡초, 즉 돈오(頓悟)에 의해서 가능하다고 여긴다. 돈오가 깨달음의 순간성을 의미하는 것이 아니라 깨달음과 깨닫지 못함의 경계의 해체를 의미한다면,[38] 스즈키의 즉비의 논리의 본질을 꿰뚫어 보게 될 것이다. 그것은 성과 속, 자와 타, 안과 밖의 경계 해체에 대한 자각이다. '번뇌 즉 보리'이고 '생사 즉 열반'이다. 편계소집성(遍計所執性)과 원성실성(圓成實性)이 바로 의타기성(依他起性)으로 매개된다는 '전환의 논리', 다시 말해서

---

37) 秋月龍珉, 같은 책, 97頁.
38) 柳田聖山, "禪における 人間論の 形成", 「講座 佛教思想」 4(理想社, 1975), 129頁 이하. 야나기다 세이잔은 육조 혜능이 입멸하기 전 제자들에게 남겨 준 '자성진불해탈송'(自性眞佛解脫頌)의 돈황본(敦煌本) 「육조단경」(六祖檀經)에서는 선이 말하는 '자성청정신'(自性淸淨身)이란 깨끗함과 더러움의 대립을 떠난 곳에 있기에 깨끗함에 대한 집착 역시 극복되지 않으면 안 된다는 사실이 잘 드러나 있다고 여긴다. 음란함과 더러움을 제거하면 청정신 역시 없다. "淫性本身淸淨因, 除淫卽無淨性身. 性中但自離五(吾)欲, 見性刹那卽是眞."

"절대로 비연속적이어야 할 번뇌가 그대로 열반이나 구제의 종자(種子)가 된다는 전환의 논리는 궁극적으로 연기 내지 의타기가 기초가 되어서 생각된다"는 자각이 다름 아닌 돈오이고, 나아가서는 이 전환적 구조에 있어서만 비로소 '회향'(回向)이 가능하다면39) 돈오의 가능성 역시 즉비적 현실구조 자체에 근거해 있는 것이다. 그러므로 돈오는 새삼스레 얻는 것도 아니고, 또 얻을 수 없는 것도 아닌 '존재 그대로'의 입장이 아닐 수 없다. 이런 점에서 돈오란 번뇌와 열반, 생과 사 사이의 경계 해체로서 경계 넘기〔transgression〕이다. 이와 연관된 스즈키의 말을 몇 군데 인용해 보자.

"유한한 일이 그대로 무한의 전체라는 바에 주의하지 않으면 안 된다. 유한한 우리는 어느 방향으로도 묶여 있을 뿐이다. 무애의 일도(一道) 위에 날아가지 않으면 안 된다. '무한의 전체'라고 하지만 이 전체가 되는 것이 또 하나하나 한정된 것이듯이, 일로서 유한의 하나하나의 밖에 있는 것처럼 생각한다면 그것은 또 한정된 것이 되고 유한의 하나하나에 대립하게 된다. 이 대립을 횡초(橫超)하지 않으면 안 된다. 수초(竪超)가 아니라 횡초이다. 이것이 비연속의 연속이다."(『選集』11/93)

"이 횡초라든가 격절이라는 것이 수초가 아니라 횡초임을 잊어서는 안 된다. 그래서 이 횡이라는 것은 옆으로 날아 나간다는 의미가 아니라 그중에 뛰어 들어간다는 의미임을 잊어서는 안 되는 것이다. … 횡으로 나가는 것뿐만 아니라 그 모로 감이 바로 본래의 길로 향해서 돌아가는 것이다. … 원래의 범부, 이대로의 자기가 되는 것이다."(『選集』11/97)

---

39) 長尾雅人, 『中觀と唯識』(岩波書店, 1978), 260-261頁.

보살의 자비는 세상을 벗어나는 것이 아니라 세상 안으로 "뛰어 들어가는 것"이며 바로 거기에서 보살은 자유로운 사랑을 한다. 이와 같은 자유로운 사랑이 보살의 무집착적 자비이다. 그리고 놀랍게도 우리는 이러한 무상, 무념, 무주를 말하는 즉비의 논리가 최근에 회자되기 시작한 해체주의 신학의 근본 모티프와 일치함을 발견하게 되는 것이다. 평면논리의 로고스(logos)—사실 이 로고스가 평면논리를 가능하게 했지만—를 극복하는 것이 즉비의 논리이듯이(그것은 로고스의 논리가 아니라 렘마의 논리이다) 해체주의 역시 로고스 중심주의의 극복에 초점이 맞추어져 있다.

즉비의 논리	해체의 신학
無相〔無〕	무/신론
無念으로서의 인간	자아의 죽음
탈로고스로서의 無住	방랑(역사와 책의 종언)

3. 해체의 신학

"국사는 일찍이 말씀하셨다. '내가 보문사에서부터 이미 십여 년이 되도록 비록 뜻을 얻어 부지런히 닦아 헛되이 때를 보낸 일은 없었지만 그러나 아직 정견(情見)을 버리지 못한 채 한 물건이 가슴에 걸리어 마치 원수와 함께 있는 것 같았다. 지리산에 있을 때에 대혜보각선사어록을 얻어 그 가운데「선정은 고요한 곳에도 있지 않고 시끄러운 곳에도 있지 않으며 날마다 객관과 상응하는 곳에도 있지 않고 생각하고 분별하는 곳에도 있지 않도다. 그러나 먼저 고요한 곳이나 시끄러운 곳이나

날마다 객관과 상응하는 곳이나 생각하고 분별하는 곳을 버리고 참구
하지도 않아야 하나니 만일 갑자기 눈이 열리면 비로소 그것이 집 안
일임을 알 것이다」 하였는바 나는 거기서 그윽이 깨치게 되어 저절로
물건이 가슴에 걸리지 않고 원수도 한자리에 있지 않아 당장에 편하고
즐거워졌다' 하셨다.”(「普照國師碑銘」)

히사마츠 신이치(久松眞一)는 근대의 자율적 인간상의 그림자마저
도 극복한 “깨달은 인간상”을 “후근대적”(postmodern) 인간이라고 불
렀다.[40] 그것은 “물(物)에도 심(心)에도 불(佛)에도 결박되지 않고,
진실로 상(相)이 없으며 모든 상을 나타내는” “절대 주체”, “능동적 주
체”에 대한 자각이다. 그 세계는 신과 함께 인간까지도 탈각해버린 “절
대무의 세계”이기에 “인간성과 함께 신성을 초극한 무성(無性)에 서는
세계”로서 “초월에 대한 절대적 초월”을 수행한 세계이다.[41] 그런데
히사마츠의 '깨달음'의 철학이 지니고 있는 이러한 후-근대성, 포스트
모더니즘은 즉비의 논리에 대해서도 동일하게 찾아질 수 있다. 아니
좀 더 폭넓게 말해서 불교 자체가 지니고 있는 '포스트모더니즘'적 성
격에 대해서 우리는 말할 수 있는 것이다.

불교를 근본적으로 포스트모던적인 사상과 연계할 수 있는 몇 가지
측면을 거론하는 가운에 우리는 자연스럽게 대승불교적 실재 이해의
핵심인 즉비의 논리와 포스트모던적 사상계열에 속하는 해체주의와의
연계성을 찾아보고자 한다.

불교를 포스트모던적인 사유로 볼 수 있도록 해주는 이유로는 불교
는 여하한 '거대 이야기'(Metanarrative)도 거부하며, 따라서 존재자의

---

40) 久松眞一 外, 정병조·김승철 역,『무신론과 유신론』(대원정사, 1994), 118면.
41) 阿部正雄, “깨달음의 종교”,『무신론과 유신론』, 217면.

다원성에 대한 자각에 철저하다는 점을 들 수 있다. '거대 이야기'에 대한 불신과 회의가 '포스트모던의 조건'임을 상기한다면[42] 불교는 처음부터 '거대 이야기', 즉 일(一)이나 전체성의 붕괴를 진정으로 전존재의 차원에서 받아들이면서 출발한다는 사실에서 불교의 포스트모던성을 읽는 것은 무리가 아니다. 불교는 일체의 존재자에 대해서 그것이 의거하고 있는 것이 없음을 보고 상호의존적으로 존재함을 자각하고 있다. 다시 말해서 일체의 존재자 뒤에 여하한 초월자의 존재도 인정하지 않는 것이다.[43] 연기-공은 이러한 다원화와 비근거성에 대한 자각 이외에 다른 것이 아니다.

그뿐만 아니라 불교적 실재 이해인 무는 혼돈과 무질서의 근원적 에네르기에 대한 자각으로 로고스에 의해서 통전된 '코스모스'가 "해체된 코스모스", 다시 말해서 "질서의 결박을 풀어버린 존재질서"의 새로운 모습으로 자각되어 올 때 "동양철학적 존재해체"의 힘으로 부상한다. 전통적으로 안티코스모스의 전통에 서 있는 동양철학이 말하는 "근원적인 카오스"로서의 무는 "한없이 유연한 세계"의 현성을 말할 수 있는 근거가 되는 것이다.[44] 이런 의미에서 존재의 '무상함'에 대한 자각을 말하는 불교적 종교성은 단순한 심리적인 상태가 아니라 존재의 해체라는 측면을 직시한 것이다. 그러므로 앞에서 긍정 속의 부정을 보는 렘마의 논리 역시 무상이라는 종교적 체험에 기초한 논리였던 것이다.

---

42) Jean-François Lyotard, 『포스트모던의 조건』(민음사, 1992), 34면.
43) 石井誠士, 『人間の現在: ポストモダニスト 試論』(東方出版, 1990), 204頁 이하.
44) 井筒俊彦, 『コスモスとアンチコスモス: 東洋哲學のために』(岩波書店, 1989), 194頁 이하.

1) 무엇에 대한 해체인가?

하이데거는 서구 형이상학의 역사를 비판적으로 회고하면서 그것을 "존재 망각의 역사"라고 단정했다. 그 까닭은 플라톤 이래의 형이상학이 존재를 존재자로 간주하고서 존재와 존재자의 차이를 보지 못했기 때문이다. 하이데거는 이러한 형이상학적 전통을 존재-신-론(Onto-theo-logie)이라고도 불렀다. 이것은 신을 형이상학적인 '제1원인'이나 '자기 원인' 또는 실체로서 보는 한 신을 존재자로 다루는 것이라는 비판이다. 그래서 하이데거는 차라리 "무신적 사유"(gottloses Denken)가 신을 사유하는 데에 적합하다고 말하면서 "사유의 또 다른 원초"를 추구했던 것이다.[45]

데리다의 해체주의는 하이데거가 말했던 "존재 망각의 역사"를 계승하면서 훨씬 극단적인 방향을 취했다. 그에 따르면 서구 존재 망각의 역사로서의 형이상학 자체는 이제 철저히 방기하지 않으면 안 되는 유물이 되었다. 존재 망각은 형이상학의 종언으로 연결되는 것이다. 해체주의는 '원초'(arche)를 추구하는 형이상학적 사유에 대한 철저한 부정이며 나아가서는 모든 중심적인 사고, 그리고 이의 부산물인 대립 의식에 대한 부정이다.[46] 그러므로 데리다가 말하듯이 해체주의는 "신학과의 어떠한 관계도 봉쇄해버리는"[47] 것처럼 보인다. 이때 그가 말하는 '신학'이란 물론 '존재-신-론'적인 형이상학이다. 해체주의는 근본적으로 형이상학과 존재신론에 대한 거부, 즉 실재의 근원의 존재를 상정하고 그것으로 수렴하려는 구심적인 사유의 운동을 거부한다.

---

45) Martin Heidegger, *Identität und Differenz* (Günther Neske, 1957), S.65.
46) 김형효, 『데리다의 해체철학』(민음사, 1993), 155면.
47) Jacques Derrida, 박성창 편역, 『입장들』(솔출판사, 1992), 63면.

풀어서 말하자면 해체주의는 형이상학적 이분법을 통해서 초월적인 것으로—초월의 방향은 이 경우 문제가 아니다—표상되어 왔던 '원초', '실체', '제일 원인', '부동의 동자' 등의 해체를 의미하는 동시에 이러한 초월적인 항(項)이 사라짐으로써 초월의 차안 역시 사라진다는 자각이다. 나아가서 초월의 양항(兩項)이 사라지고 초월과 내재의 경계선이 무너짐에 따라서 실재를 표상하는 전통적 방식으로서의 이야기, 다시 말해서 역사와 책이 종언을 맞이한다는 소식인 것이다. 그러므로 이제 영원히 거주할 장소, 그 발디딤터는 사라져버리고 말았다. 신을 살해한 니체의 '미친 사람'의 말대로 "우리는 이제 무한한 허무 속을 방랑하는 것은 아닌가?"

해체주의는 니체의 이 '방랑'(irren)의 선포에서 새로운 시대가 동터 옴을 보는 동시에 방랑이 참된 방랑이 되려면 니체가 미완으로 남겨놓았던 신 살해의 모티프를 철저히 진행해야 한다고 주장한다. 이런 점에서 로고스 중심주의에 대한 거부로서의 해체주의는 '신 죽음의 해석학'으로 이어짐으로써 기독교 신학 안으로 자연스럽게 수용된다.

데리다의 해체주의적 모티프에 빚지고 있는 신학자 마크 테일러(Mark C. Taylor)가 말하는 '방랑'으로서의 신학은 신 죽음의 모티프를 극단적으로 밀고 나가는 포스트모던적이고 해체주의적인 신학의 새로운 양태인 것이다. 전통적인 신학의 유신론적 견해에서 보면 이러한 '실수하기'('방랑'을 의미하는 erring은 '실수하다'는 뜻도 지니고 있다)는 무신론적인 입장을 지니지만, '실수하기'는 이러한 유신론과 무신론의 대립구조 자체를 문제로 여기면서 그러한 대립의 근거를 무효화한다.

"실수하는 사유는 신학적인 것도 비신학적인 것도 아니다. 그것은 유신론적이거나 무신론적인 것도 아니며 종교적인 것도 세속적인 것도 아

니고, 신앙적인 것도 비신앙적인 것도 아니다."(ER/11)[48]

여기에서 우리는 "깨달은 인간상은 철저히 무신론적이다"고 보았던 히사마츠와의 연관성 속에서 "무신적 종교성은 포스트모던 신학을 위한 출발점이 된다"(DT/xx)는 테일러의 말을 동시에 읽을 수 있다. 히사마츠가 말하는 무신론도 전통적인 유신론에 대립하는 것은 아니다. 그래서 그는 깨달은 인간상은 휴머니스틱한 인간상처럼 절대부정성에 무지한 나이브한 자각이 아니라 절대부정성을 극복한 차원의 근원적 자각이라고 보았던 것이다.[49]

그래서 무/신학은, 히사마츠의 무신론과 마찬가지로, 전통적인 유신론의 '출발점'인 신이나 무신론의 '출발점'인 인간을 모두 뛰어넘어 제3의 것을 추구한다. 그렇다고 해서 제3의 것이 별도로 있는 것도 아니다. 그것은 오직 발음되지 않지만 쓰이기는 하는 '/'로서만 '존재한다.' '/'는 신학과 무신학을 '한숨에' 발음하고 붙잡도록, 그러면서도 신학과 무신학 양자 모두를 전도시키고 있다. 이런 의미에서 무/신학의 '근거'인 '/'는 신학과 무신학의 양자의 근거를 보두 박탈하는 근거 아닌 근거이다.

본 소고의 결론을 어느 정도 앞당겨 하는 말이 되겠지만 해체의 신학이 수행되는 '/'를 테일러는 "비변증법적 삼항"(nondialectical third),

---

48) 앞으로 테일러의 책에서 인용하는 것은 다음과 같은 약어로 표시하겠으며 페이지 수도 본문 속에 직접 기입하겠다. DT: *Deconstructing Theology* (The Crossroad Publishing Co. & Scholar Press, 1982); ER: *Erring: A Postmodern A/theology* (The University of Chicago Press, 1984); DC: *Deconstruction in Context: Literature and Philosophy* (Chicago, 1986); AT: *Altarity* (The University of Chicago Press, 1987); TE: *Tears* (State University of New York Press, 1990).

49) 久松眞一 外, 『무신론과 유신론』, 116면.

"불가사의한 삼항"(odd third), "잃어버린 삼항"(missing third)(TE/
79-81) 등으로 부르면서 이를 통해서 지금까지 신학이 사유하는 데 실
패했던 유신성과 무신성의 "중"(between)(TE/78)을 찾아 나선다. 데
리다는 이것을 "비근원적 근원"(nonoriginal origin)이라고 불렀는데,
따라서 테일러는 데리다의 철학적 작업이 헤겔의 객관적 변증법과 키
에르케고르의 실존적·주체적 변증법 사이에서 움직이는 것을 예의 주
시하면서 그로부터 신학적 통찰을 얻고자 하는 것이다(TE/75; AT/xxx).
다시 말해서 헤겔이 말하는 '절대지' 너머에 있는 '차이'와 '타자성'을 키
에르케고르적인 격절을 통하지 않고 말할 수 있는 가능성을 데리다와
테일러는 추구하는 것이다(AT/xxvii).

그렇다면 로고스 중심주의의 해체로서 해체주의가 담지하고 있는
소식은 무엇인가? 해체주의는 니체류(類)의 '신의 죽음'을 어떤 프리즘
을 통해서 좀 더 철저히 추구한다고 보는가? 이하에서 해체 신학의 내
용을 간략히 기술해 보겠다.

(1) 해체 신학은 휴머니즘적인 무신론이 선언하는 신의 죽음에서부
터 출발한다. 휴머니즘적인 무신론은 전통적으로 인간과 세계 전체에
대해서 지배권을 행사해 오던 신의 죽음을 인간의 이름 아래 선포한다.
즉 전통 신-학을 인간-학으로 대치하는 신학의 인간학적 전환이 극단
적으로 발생한다. 포이에르바하의 말대로 '인간이 인간에 대해서 신이
며'(*homo homini deus*) 그래서 신학은 인간학인 것이다.

그런데 여기에서 해체 신학이 적시하는 것은 휴머니즘적 무신론도,
그가 거부했던 유신론적 신관념과 마찬가지로 타자에 대한 '지배와 정
복의 심리학'을 그대로 답습하고 있다는 사실이다. 휴머니즘적 무신론
도 신의 이름으로 신과 다른 타자를 부정했던 유신론과 마찬가지로 타

자인 신을 부정함으로써 자기 자신의 주체성을 주장하고 자신의 자기 동일성을 유지하려는 시도이기 때문이다. 그러므로 신을 부정하는 허무주의적인 타자 부정은 인간의 나르시스적인 자기주장으로 모습을 바꾸어서 부활하며 바로 여기에 극복 대상으로서 모더니즘의 본질이 있다. 그러므로 해체주의는 근대의 신 죽음의 모티프가 철저해지기 위해서는 이러한 나르시스적인 자기주장의 주체인 자기마저 해체해야 한다고 말한다.

(2) 서구 역사에서 인간의 자기 탐구의 역사는 아우구스티누스의 『고백록』에서 비롯하여 헤겔의 정신현상학에까지 심화되었다. 여기에서 인간의 자기에 대한 지식은 언제나 신에 대한 지식으로 중재되었다. 그러므로 신 죽음의 철저화는 신에 비추어서 이해되어 오던 인간—'신의 형상'으로서의 인간—의 죽음을 의미하지 않을 수 없다. 해체주의는 신의 죽음이 인간의 죽음에서 완성된다고 선언한다. 그것은 신을 살해한 니체적 인간이 스스로 신이 됨으로써—"이런 엄청난 일을 할 수 있기 위해서 우리 스스로가 신이 되어야 하지 않을까?"(니체)—과거의 것으로 돌아가 버림에 대한 비판적 극복을 의미한다.

(3)『고백록』에서 전형적으로 드러나는 '자기가 자기 자신에 대해 쓰는 것'으로서의 자서전(autobiography)이 신의 형상을 한 인간의 개체적 자기를 시간 순으로 순차적으로 설명한 것이라면, 역사적 이야기는 시간 전체의 일관성을 드러낸다. 그래서 역사는 구성(plot)을 가진 수미일관하는 이야기로서 시작과 중간과 종말을 가지는 것이다. 이것은 이야기(story)로서의 역사(history)가 섭리적인 창조자 신의 개념에 철저히 묶여 있음을 의미한다. 이러한 기독교적인 역사관은 철저히

로고스 중심적이다. 그리고 그리스도란 육화된 로고스라고 해석되므로 이러한 로고스 중심적인 역사관은 바로 그리스도 중심적인 역사관이다. 이것은 인간의 활동을 의미 있는 역사적 전체성으로 이해함으로써 시간성을 정복하기 위한 시도이다.

그러나 이러한 시도는 실패하고 만다. 로고스로서의 그리스도라는 '카이로스'를 통해서 부정되었다고 생각되는 '크로노스'가 다시금 자신의 권리를 주장하고 나서기 때문이다. 역사는 하나의 중심 이야기와 다수의 변방 이야기로 양분될 수 없는 것이다. 해체주의와 맥을 같이하는 포스트모더니즘이 주창하듯이 모든 이야기의 원형으로서 '거대 이야기'란—그래서 다른 작은 이야기는 이 거대 이야기를 모방하고 베껴야한다—존재하지 않는다. 그러므로 "신의 죽음과 자기의 소멸과 함께 역사도 종언을 맞는다."(ER/14)

(4) 책은 개인적이고 사회적인 이야기(=역사)를 재-현(re-presentation)한다. 그리고 책은 언제나 의미의 그물에 꽉 짜여 있다고 여겨진다. 책은 수많은 기호의 그물로 이루어지므로 그래서 가장 완벽한 책은 백과사전이고 가장 완벽한 서재는 도서관이다. 그래서 서구적인 책 관념은 '완전한 책'으로서의 '백과사전'에서 완성을 본 것이다.

그러나 완벽히 재현되지 않으면 안 되는 대상인 현전(presence)으로서 신이 사라지고, 재현 행위의 주체로서 인간이 사라지고 난 이제, 책은 그 무엇을 재현하는 장소가 아니다. 그것은 도서관의 모든 책이 하나의 완전한 책을 지향하고 모든 항목은 하나의 항목을 중심으로 배열된다는 백과사전의 로고스를 흩트려버린다. 그래서 이제 도서관은 거대한 미로가 될 뿐이다.

이렇게 볼 때 해체주의와 거기에 빚지고 있는 해체의 신학은 서구신

학에서 중추적 역할을 담당하면서 서로 유기적으로 연결되어 있는 '신
-자기-역사-책'을 해체하며 이러한 해체 행위는 이들 연쇄고리가 의
존하고 있는 로고스 중심주의를 근원에서부터 뒤흔드는 신학이다. 이
렇듯 해체 작업의 뇌관은 바로 로고스 중심주의이므로 이 '로고스' '중
심주의'를 해체하는 일이 관건이 되는 것이다. 그것은 로고스에 의해서
뒷전으로 밀려난 비-로고스의 회복이며, 중심주의에서 변방으로 밀려
난 변두리의 복권을 말하는—그래서 중심으로의 구심적인 획일화가
아니라 변두리를 향해서 원심적으로 해체되어서 변두리들의 차이를
존재 범주로 삼는—다원주의로 자연스럽게 연결된다. 한마디로 그것
은 로고스 중심주의가 빚어낸 대립도식들—이성과 반이성, 중심과 변
두리, 동일성과 차이, 현전과 부재, 초월과 내재, 거룩과 속세, 신과 세
계, 인간과 세계, 역사와 자연 등등—의 경계를 문질러버리는 것이다.
그 경계를 문질러버리기 위해서 해체 신학은 모든 이분법의 경계를 따
라가면서 일일이 지워버린다.

2) 방랑으로서의 신학

(1) 절대 긍정의 주체로서 인간과 신

기독교 신학에서 신과 인간은 서로가 서로를 비추는 거울이다. 구약
성서 창세기에 따르면 신은 자기의 형상대로 인간을 창조했다(창 1:
26-27). 인간이 신의 형상(*imago dei*)을 지니고 창조되었다는 말 속에
는 인간과 신이 서로 불가분리의 관계를 지니고 있다는 신학적인 사실
을 함축하고 있다. 이런 점에서 인간의 자기란 철저하게 신학적인 개념
인 것이다.

서구 기독교는 아우구스티누스의 『고백록』에서 인격적 주체성의 발

견을 이룩하였다.『고백록』은 자기의 삶에 대한 글쓰기로서의 자서전을 통해서 자기-반성의 길을 열어 놓았다. 그런데 이 자기-반성은 아우구스티누스의 경우 철저히 신 앞에서의 행위였으므로 그의『고백록』은 신 앞에서의 인격적 동일성에 대한 새로운 관점을 제시했던 것이다. 그런데 여기에서 문제의 핵심은 바로 이 '동일성'에 대한 규정이다.

서구 기독교 신학에서 항상적 중심은 오직 신에게만 있다. 신은 모든 것의 중심이다. 신은 자기 안에 중심을 지니고 있으며 여타의 모든 것의 중심이다. 신은 "자기-중심을 지니는 중심"(ER/36)이므로 신의 동일성은 그가 자기와만 관계함으로써 존재한다는 데 있다. 신은 자신의 중심을 자신 밖에 가지지 않기 때문이다. 테일러는 동일성에 대해서 다음과 같이 말한다. "신성의 영원한 생명 속에서 이 동일성의 측면들은 절대적인 자기-관계를 이룬다. '자기-관계'는 본질적으로 동일성 또는 자기 자신에 대한 반성의 형태이다. 신은 '나는 스스로 있는 자이다'라고 말하는 절대적인 자기-동일성이다."(ER/37)

따라서 신의 반영으로서 인간 역시 철저하게 자기동일성을 자신 안에 지닌 존재이다. 특히 근대적인 자율적 인간은 세계를 창조한 신과 마찬가지로 왕성한 "구성적 활동성"(AT/xxii)을 통해서 신이 누렸던 저자(Author)의 권위(Author-ity)를 대신 향유한다. 근대적 이성이 다름 아닌 '제작하는 이성'임은 이를 뒷받침한다.[50]

그런데 신이 절대적인 자기-동일성으로 이해된다면 그는 본질이고 실체이다. 왜냐하면 절대적인 자기-동일성은 타자라고 하는 술어를 필요치 않는 절대 주체, 중심을 오직 자기 자신 안에만 가지고 있는 존재이기 때문이다. 그리고 이처럼 실체로서의 신은 무소부재하다. 즉

---

50) 今村仁司,『作ると考える: 受容的理性に向けて』(講談社, 1990), 193頁.

그는 어디에나 현전하고 그가 부재하는 곳이란 존재하지 않는다. 실체란 모든 것의 기저(sub)에 서 있는(stare), 그래서 일체의 것이 오직 그 위에서만 존재를 누릴 수 있는 기체(基體)이기 때문이다. 그리고 일체의 근거로서 신은 자기 원인이고 제일 원인이기 때문에 그 근거는 스스로를 근거지으면서 존재한다. 근거 이외에 다른 근거는 없기 때문이다. 이처럼 타자와의 관계에서 오직 주어만이 되고 결코 타자가 되지 않는 존재가 바로 실체이다. 따라서 절대적인 자기-동일성으로서의 신은 바로 실체이고 또한 절대적인 주체일 수밖에 없다.

이런 점에서 신적인 주체는 본질적으로 반성적인 존재이다. 즉 그는 자기 자신을 반성한다. 그리고 이때 반성은 정신의 본질로서 자기가 자기 자신과 관계를 맺는 방식을 말한다. 테일러는 이러한 신적 반성에 대한 반성이 아우구스티누스의『고백록』에서 비롯되었다고 보고한다. 왜냐하면 아우구스티누스는 자신의 자아가 복합적 존재이며 내적으로 갈라져 있음을 발견하고서 자기의 자기에 대한 회상과 기술을 시도했기 때문이다. 그리고 아우구스티누스는 이러한 반성 행위를 통해서 신에게 도달한다고 믿었는데 그 까닭은 인간은 신의 형상으로 창조되었기에 자아성의 구조는 신적인 것의 구조를 반영하기 때문이었다. 인간은 신의 형상을 지니고 피조되었으므로 인간 주체는 신적 주체를 번역하는 셈이다. 따라서 인간의 자기는 신에게서와 마찬가지로 자기-관계로서 정의될 수 있고 이 자기-관계는 자기-의식이라는 반성 행위에서 절정에 달한다. "자기-의식적인 개체는 자기-의식적인 신을 반영한다."(ER/40) 존재한다는 것은 하나가 되는 것이다(To be is to be one).

이처럼 자신과 하나가 되려면 주체는 방랑(err)해서는 안 된다. 그는 언제나 자기 자신에게 머물러 있어야 한다. 철저한 배중률에 의해서

'하나가 되는 것'은 '다른 것이 되지 않는 것'을 의미하며 이것은 하나의 이름을 소유함으로써 그 이름과 자기 자신이 일대 일의 대응관계를 유지하는 것이다. 그러므로 하나의 사실이 동시에 두 가지 이름으로 불린다는 것은 '적합하지' 못한 것이고, 그 두 개의 이름을 가진 존재는 자기 자신을 소유하지 못하고 자기 자신으로부터 분리되고 만다. 존재란 자신만의 이름을 지님으로 다른 것과 구별됨으로써 가능하다. 서구의 역사는 이렇게 차이를 동일성으로 환원해 온 역사인 것이다(AT/xxxiii).

(2) 신의 죽음과 인간의 죽음

그런데 해체의 신학은 이처럼 자기폐쇄적인 자기동일성을 지닌 것으로 간주되던 신의 죽음에서부터 출발한다. 그리고 신의 죽음은 신의 반영으로서 인간의 죽음으로 구체화된다고 여긴다. 테일러는 해체 신학(Deconstructing Theology)을 다음과 같이 규정한다. "해체주의는 '신 죽음의 해석학'이고 신의 죽음은 해체의 무/신학이다."(DT/xix) 다른 곳에서 그는 해체의 신학을 이렇게도 말한다.

"포스트모더니즘은 되돌릴 수 없는 상실과 치유 불가능한 방랑에 대한 감정과 더불어 시작된다. 이 상처는 죽음에 대한 압도적인 자각에 의해서 입혀진 것이다—이 죽음은 신의 죽음에서 '시작해서' 우리 자신의 죽음으로 '끝난다.' 우리는 아무런 장소도 아닌 장소와 시간 사이에 있다. 여기에서 우리의 사유는 '시작해야' 한다. … 해체주의는 신 죽음의 해석학이다. 이것은 포스트모던적인 무/신학을 위한 출발점을 마련해 준다."(ER/6)

휴머니즘적인 무신론은 전통적으로 인간과 세계 전체에 대해서 지배권을 행사해 오던 신의 죽음을 선포한다. 즉 전통 신-학을 인간-학으로 대치하는 신학의 인간학적 전환이 일어나는 것이다.

해체주의는 근대의 신 죽음의 모티프가 철저해지기 위해서는 이러한 나르시스적인 자기주장의 주체인 자기마저 해체되어야 한다고 말한다. 이것은 신의 죽음이 인간에 대한 집착으로 치환된 모더니즘이 극복되었다는 것을 의미한다. 해체주의는—그리고 이와 동일한 맥락에 서 있는 포스트모더니즘은—이러한 지배구조의 전복 대신 지배구조 자체의 해체를 말한다는 점에서 근대를 뛰어넘는다.

"근대적 형태의 신의 죽음은 휴머니즘적 무신론으로 나타났던 반면 포스트모던적 형태는 포스트휴머니즘적 무/신학을 지향한다. 인간의 이름으로 신을 부인하면서 휴머니즘적 무신론은 창조자/피조물의 관계를 역전시켰으며 신학을 인간학으로 대치시켰다. 이와는 대조적으로 포스트모던적 무-신학은 이 전복은—필요하기는 하지만—충분하지 않다고 주장한다. 휴머니즘적 무신론자는 신의 죽음이 동시에 (인간의) 자기의 죽음이라는 사실을 깨닫지 못하였다."(ER/20)

계몽주의자들이 살해했던 신은 초월적인 기독교의 창조자 신, 다시 말해서 비변증법적인 자기 충족의 논리인 '단순 부정의 논리'로서 세상을 일방적으로 지배하는 신이다. 그러므로 앞에서 말했던 대로 신의 궁극적인 주체성은 자기-폐쇄적이고 자기-동일적이며 자기-현현적이다. "자기성의 완전한 실현과 근원적인 근거로서의 신은 전적인 타자이고 절대적인 타자이다."(ER/23) 신은 '자기 원인'일 뿐이다. 신은 실체로서 표상되는바 이때의 실체란 "주어가 되고 결코 술어가 되지 않는 것"(아리스토텔레스)을 의미한다. 그래서 신은 궁극적인 주어이고 그 신을 파악하는 논리 역시 주어적 논리인 것이다. 절대 근거로서의 신은 스스로를 근거짓기 때문이다(헤겔).

그런데 자신의 자율성을 확립하려는 개체에게 전적 타자는 죽음의 그림자이다. 즉 전적 타자로서의 신에 대한 표상은 인간의 존재에 대한 전적 타자인 비존재로서의 죽음에 대한 표상인 것이다. 테일러는 이러한 맥락에서 데리다의 다음과 같은 말을 인용한다. "신은 그러므로 우리로부터 우리의 본성과 우리 자신의 출생을 빼앗아가는 것에 대한 적합한 이름이다. … 그는 나 자신과 죽음으로서의 나 자신 사이에서 자기 자신을 둘러서 말하는 차이이다. … 신의 죽음은 신이 당하는 죽음뿐만 아니라 신의 죽음 또는 신인 바의 죽음을 의미한다. 신은 죽음이고 죽음은 절대적인 지배자이다."(ER/23) 그러므로 근대의 무신론적 휴머니즘이 주장하는 신의 죽음은 인간 존재의 죽음에 대한 부정, 즉 절대 타자에 대한 부정인 것이다. 왜냐하면 죽음은 인간 존재의 자기-동일성을 파괴하는 타자, 비존재이기 때문이다.

그런데 여기에서 흥미로운 사실은 자기와 타자의 거울 유희에서 자기는 타자에게서 반성된(반영된) 자기 자신을 보게 되는데 이 복제가 자기-소외를 야기한다는 점이다. 그러므로 타자로서의 타자와의 직면은 타자로서의 자기와의 만남으로 이어진다. 그리고 이때 자기는 자기 자신을 잃어버리게 되는 것이다. 다시 말해서 거울에 비쳐진 자기로서의 타자를 타자로서의 자기로 인식하는 순간 인간의 자기는 분열을 일으키게 되고 결국은 거울 속의 타자를 부정함으로써 자기동일성을 획득하려는 시도는 자기를 살해하고 마는 것이다. 그는 거울 속의 상(相)을 타자로 인식하고 그를 죽이게 되는데 이것은 그 거울 속의 타자, 그 비상(非相)이 자신의 상과 즉비적인 관계를 이루고 있음을 보지 못하고 단순히 자신의 상에 대한 부정이라고 분별해버렸기 때문이다. '견제

상비상'(見諸相非相)의 경계는 여기에는 없는 것이다.

이런 의미에서 근대적인 신의 죽음은 인간의 죽음, 곧 비존재에 대한 부정이기 때문에 인간과 신 사이의 역대응(逆對應)적이고 즉비적인 자기동일성을 알지 못하는 일방적인 인간 이해를 불러온 것이다. 즉 근대적인 인간은 신에 대한 부정으로서의 인간일 뿐 인간 자기 자신에 대한 부정적 모멘트를 지니지 못했다. 거기에는 인간의 무한한 에고이스트적 행태가 있을 뿐이다. 이것은 무한 충동적 존재, 업(業)에서 벗어나지 못한 인간이다.51) 그러므로 이 경우의 주체는 단순히 차이를 배제함으로써 자기의 동일성을 확보하므로 "자기는 단순 부정의 논리에 사로잡혀 있으며 이것은 비모순적인 동일성의 논리(noncontradictory logic of identity)에 묶여 있게 된다. 이것이 논리의 비모순적인 동일성을 정착시킨다."(ER/24) 그러므로 신 죽음의 무/신학은 곧 '철저 기독론'으로 이어지고, 이것은 다시금 신이 달려 죽은 십자가에 인간 역시 못 박히는 데에서 종결된다.52)

이러한 단순 부정을 통한 비모순적 동일성의 논리는 타자에게서 단순히 자기 자신만을 보려하는 공격의 논리이고 자기에 대한 한없는 집착이다. "타자 안에서 자기를 자각함으로써 자기는 타자 안에서 자기를 발견한다. 주체는 타자를 본질적인 존재로 보지 못하고 타자 안에서 자기 자신만을 볼 뿐이다."(ER/24) 이것이 근대정신의 요체이다. "인간의 신 살해는 자기-신성화의 행위이다."(ER/25)

(전적인) 타자를 만남으로써 경험하는 두려움에서 벗어나고자 인간은 스스로를 이 땅의 주인으로 만들었다. 그래서 인간이 의식하고 구성

---

51) 西谷啓治, 『종교란 무엇인가』, 307면 이하.
52) Mark C. Taylor, "Text as Victim", Carl Raschke ed., *Deconstruction and Theology* (The Crossroad Publishing Company, 1982), p.73.

하는 한에서 사물은 존재하게 된 것이고 그 결과 인간은 도처에서 오직 자기 자신만을 만나게 될 뿐이다. "정착되지 않는 타자성이나 성가신 이방인에 의해서 방해받지 않고서 지배하는 주체는 자기 자신에 대해서 만족을 느낌으로써 이 세상에서 고향처럼 느낀다."(ER/29) 그리고 이른바 '고향'에 그는 머문다〔住〕.

그러므로 테일러는 근대의 휴머니즘적 무신론은 그가 의도하는 바를 철저하게 수행하지 못한 '부분적인 허무주의'(partial nihilism)일 뿐이라고 비판하는 것이다. 그리고 당연하게도 '부분적인' 허무주의는 '완전한' 허무주의, 즉 허무와 비/허무의 간격을 넘는 아나키즘을 향해서 지양되는 것이다. 그러나 그전에 우선 신과 인간의 죽음이 가져오는 또 하나의 측면, 즉 신과 인간의 존재 장소로서의 역사에 대해서 살펴보자. 신과 인간이 사라진 지금 역사란 과연 무엇일까?

(3) 역사의 종언

서구에서 '역사'는 자기와 마찬가지로 신학적인 개념이다. 왜냐하면 역사는 궁극적으로 역사의 처음과 종말이라는 전체성의 빛에서 조명되는바, 이러한 처음과 마지막은 기독교 신학의 창조와 종말이라는 개념에서 표상되기 때문이다. 창조에서 시작해 종말로 마감하는 역사는 그러므로 철저히 신중심적이고, 그러한 점에서 철두철미 로고스 중심적이다. 왜냐하면 신의 창조는 혼돈에 대한 극복으로서 합리성을 지니고 있기 때문이다. 신의 창조 이성은 그의 섭리적 이성이나 세계의 완성으로서의 종말에 있어서도 동일한 이성이다. 전통적인 기독교 신학은 이것을 신의 원초적 창조, 계속적 창조 그리고 종국적 창조로 표현했다.

역사는 단일한 선을 따라서 구성된다. 역사는 통일성과 중심을 지니고 구성된(plot) 이야기인 한에서만 의미를 지니게 된다. 이런 점에서 보면 역사에 대한 언급은 궁극적으로 역사에 대한 극복으로 가능하며 따라서 역사란 처음부터 구속적인 개념인 것이다. 따라서 이제 신의 죽음과 자기의 소멸이라는 현상으로 동일한 선상에 있는 역사도 그 종언을 맞이한 것은 아닌가라고 우리는 묻게 되는 것이다. 바로 여기에 역사에 대한 해체적 관심이 생겨난다.

서구신학에서 역사의 탄생은 로고스로서의 그리스도 사건을 중심으로 한다. 그리스도는 역사의 중심이다. 그래서 역사는 그리스도 이전과 그리스도 이후로 구분된다. 그뿐만 아니라 그리스도 이전의 신앙의 역사 역시 그리스도를 중심으로 해석된다. 이른바 유형론(typology)은 구약의 역사 가운데에서 그리스도 사건이 약속되었음을 읽어낸다. 그리스도 사건은 그 약속에 대한 성취이다. 바울은 그리스도를 두 번째 아담으로 해석함으로써(고전 15:45) 그리스도를 인류의 기원으로 확대시켰다. 또한 기독교의 구속사 도식은 그리스도를 중심으로 해서 그 그리스도로서의 로고스가 구속의 질서를 유지하는 역사를 그린다. 이처럼 모든 사건을 그리스도 중심적으로 해석함으로써 모든 사건 속에서 그리스도의 현전을 읽어낸다. 그리스도는 무소부재(omni-present)하다. 그리스도는 "없으신 때가 없는 것이다."(니케아신조)

서구 기독교가 자신의 담론 체계의 중심에 놓았던 로고스로서의 그리스도는 일체의 비합리적인 것, 즉 비로고스적인 것을 배제한다. 그러므로 그리스도 중심적 신학은, 아무리 그것이 신앙의 역설성을 강조한다고 하더라도, 로고스 중심적인, 따라서 합리적인 신학이다. 그것은 비합리성에 대한 합리성의 우위를 전면에 내세우기 때문이다. 그러므로 부정성 내지 무가 단순히 신의 긍정의 빛을 통해서 극복되어야 할 소극적인 결핍존재(minus-substance)라는 생각은 아우구스티누스 이래로 서구 기독교 전통에서 맥을 이어 왔던 사상이었다.

이러한 발상은 스스로를 '하나님의 말씀의 신학', '신앙의 유비'(*analogia fidei*)를 통한 신인식을 내세우는 바르트에게서도 분명히 드러난다. 바르트는 신의 예정론을 다루는 자리에서 "신과 아무것도 아닌 것"(Gott und das Nichtige)이라는 장에서 무의 문제를 논하고 있다(KD III/3, Kap.50, S.327-425). 바르트는 여기서 만일 우리의 현실 경험 가운데에서 부정적인 것이 없었다면 우리는 신의 예정에 대해서 쓰기가 훨씬 간단했을 것이라고 말함으로써 이미 그가 말하고 있는 부정성이 어떤 의미에서 사용되고 있는지를 시사하고 있다. 즉 그에 따르면 부정성은 "아무것도 아닌 것"으로서 궁극적으로는 신에 의해 극복될 것이기 때문에, 그것은 "실체성을 결여한 환영"(substanzloses Schein)일 뿐이다. 이 "환영"으로서만 존재하는 "아무것도 아닌 것"으로서의 부정성은 단지 "신의 분노 행위"(*opus dienum Dei*)의 대상이 될 뿐이고 결국은 "신의 본래적 행위"(*opus proprium Dei*)에 의해서 완전히 극복된다. 따라서 부정성 내지 무는 현실 속에 있는 신의 창조의 불완전성, 즉 "선의 결핍"이다.53)

그런데 이처럼 부정성과 신의 계시를 일차원적이고 평면적으로 상호 대립시킨 까닭은 바르트가 신과 계시 사이의 기독론적 불연속성을 강조하기 때문이다. 즉 이른바 바르트 신학의 특징이라고 할 수 있는 '기독론적 집중'(christologische Konzentration)과 '기독론적 보편주

---

53) *Ibid.*, S.407ff. 참조 武藤一雄, "キリスト教と無の思想", 『禪の本質と人間の眞理』(創文社, 1970), 423頁.

의'(christologischer Universalismus)의 결과인 것이다. 이는 바르트가 '아무것도 아닌 것'을 인식하는 것도 오직 배타적으로 그리스도 사건 속에서만 가능하다고 보는 사실에서도 분명해진다. "'아무것도 아닌 것'은 오직 구원과 연관됨으로써만 존재한다." 신과 세계의 불연속성은 결국 신 이외의 모든 것은 부정적인 극복의 대상으로 전락시키며, 이것이 극복되는 것은 그리스도 사건 안에서의 신의 배타적인 계시로만 가능하다. 그리스도라는 '탄젠트 포인트'에서만 신에 대한 인식이 가능하다면, 그 이외의 지점들은 신의 빛에서 보면 '아무것도 아닌 것'이 될 것은 자명한 이치이다. 이것은 무에 대한 존재의 우위라는 서양의 뿌리 깊은 전통과 동일한 맥락에서 나온 발상인 것이다.

그러나 종교적 실존은 바르트에게는 그의 신앙에서 허무적인 무의 심연과 조우하지 않으면 안 된다는 근본적인 문제가 결여되어 있다. 종교적 실존이 직면하는 무는 자기 자신 외부에 있는, 즉 신에 의해서 극복되기로 예정되어 있는 무가 아니다. 그 무는 신의 가장 깊숙한 곳에 자리 잡고 있는 무이며, 이러한 한에서 인간 본질의 중심에 놓여 있다. 이 무는 그래서 신과 인간을 함께 묶어서 무화시키는 것이다. 인간만이 무의 위협을 받고 있는 것이 아니라 신도 무를 자기 자신 안에 가지고 있다. 따라서 무는 절대로 대상화되지 않는, 즉 상대적 무를 무한히 뛰어넘어 있는 무이다. 만일 무를 대상화·상대화한다면 그와 더불어 신까지도 대상화하고 마는 결과를 초래한다. 이 무 내지 신의 대상화를 바로 바르트에게서 찾아볼 수 있는 것이다. 바르트는 무가 신과는 다른, 즉 신 밖의 것이라고 봄으로써 신의 순수성을 지키려고 했지만 결과적으로는 신을 대상화하고야 만 것이다. 이와는 달리 종교적 실존이 직면하는 무는 신 자신이다.

바르트에게 이 '아무것도 아닌 것'이라는 무의 공간은 변증법적인 공간이다. 이 공간에서는 오직 신만이 자유롭게 움직일 수 있으며 인간은 그 결과 변증법적인 제로 포인트일 뿐이다. 따라서 이 공간은 신과 인간 사이의 관계에 대한 외적인 규정일 뿐이다. 즉 부정성이라는 공간은 단지 신의 절대적인 자유 행위에 의해서 존재론적으로 이미 규정되어 있다. 이것은 바르트가 그리스도에 의한 구원 사건은 창조보다 앞선다고 보는 데에서도 잘 드러난다.

이런 의미에서 바르트의 신학은 신의 전적인 타자성을 내세우는 신학임에도 불구하고 그 전적 타자인 신의 로고스 구조에 집중하는 '합리적인 신학'인 것이다. 신의 창조는 '혼돈'을 부정하는 '질서'를 의미하며, 신이 섭리하는 역사에는 겉으로 보기에는 '모순'이 있는 것처럼 보이지만 내적인 '합리성'으로 수미일관하다. 신은 '악마'를 살해하고—신의 창조는 巨龍 티아맛(Tiamat)에 대한 '살해'에서 이루어지며 악마는 신에 의해서 영원한 죽음에 이른다—신의 육화된 로고스는 일체를 '죽음'에서 '생명'으로 옮기기 때문이다. 따라서 로고스(그리스도) 밖에는 구원이 없다! 이와 같이 이른바 기독교의 구속사는 철저한 로고스 중심적인, 그래서 실체 범주로 사유되는 패러다임인 것이다.

*

역사의 이와 같은 그리스도 중심성은 역사가 로고스 중심적 해석을 통해서 비로소 역사로 성립한다는 사정과 동일하다. 역사는 이야기인바 만일 이야기가 없다면 유기적인 중심이 사라지게 되고 그렇게 되면 전체적인 통일성 역시 사라진다. 그리고 그때 전체적인 의미 역시 발견할 수 없다. 그래서 "담화가 없는 곳에 역사는 없는 것이다."(ER/63) 역사는 이처럼 담론 체계이다. 그 이유는 역사는 역사에 대한 해석이기 때문이다.

　담화는 구성을 지닌 질서정연한 이야기이다. 그렇다면 이야기는 미지의 땅을 낯익은 땅으로 인지하도록 만들어 주는 땅에 대한 해석인 지도(map)인 셈이다. 지도가 땅에 대한 해석이듯이 담론은 역사에 대한 해석이다. 그리고 지도와 담론이 있음으로써 비로소 땅은 인지 가능한 땅으로 존재할 수 있으며 역사는 이해될 수 있는 역사로 존재하는 것이다. "이야기는 사건이 되는데 그것은 플롯이 사건을 이야기로 만드는 정도로 그러하다."(ER/63) 따라서 지도 그리는 사람이 있듯이 담론을 말하는, 아니 담론에 구성을 부여하는 대주체(A/author)가 있어야 하는 것이다. 이렇듯 플롯에 대한 신념에서 역사가와 신앙인은 동일한 것이다.

　"기독교적 유형론과 먼 친척으로서 역사가는 로고스 중심주의의 그늘 안에 머물러 있다. 역사가와 신앙인은 모두 역사는 일이관지한 과정이며 그 과정의 합리성은 이해할 수 있다고 주장한다. 현상 밑에, 또는 그 뒤에 논리가 현전하며 그 논리는 자신을 드러내거나 또는 신중한 탐색에 의해서 해독될 수 있다."(ER/68)

　모든 담화는 담화에서 가장 핵심이 되는 중심을 요구한다. 기독교 신학에서 그 중심은 그리스도 사건이다. "유일신 종교에서는 거룩한 이야기들은 끝을 흐지부지 만들지 않는다. 신의 일자성과 자기의 통전성은 역사의 통일성을 요구한다."(ER/65) 그러므로 서구신학에서 모든 이야기는 궁극적으로 해피엔딩이 아닐 수 없다. 그러나 과연 역사는 해피엔딩으로 끝나는 조화롭고 질서 있는 이야기일까? 우리가 역사라고 생각하고 있는 것은 우리의 수사학적인 상상의 결과가 아닐까? 그리고 상상력이라면 거기에서 합리성을 요구하는 까닭은 무엇일까? 이 모든 물음은 궁극적으로 하나의 물음으로 집약된다. 우리가 이야기로서의 역사를 구성하는 이유는 무엇인가?

테일러는 이러한 물음에 대해서 단호하게 대답한다. 그것은 죽음에 대한 부정, 타자에 대한 거부이다. 미지의 땅을 인지 가능하고 정복 가능하게 만드는 것이 지도이듯이, 그리고 지도는 미지의 땅에 대한 지배를 통해서 점진적으로 그려져 가듯이, 역사라는 합리적인 이야기를 구성하는 것은 낯선 이야기를 견디지 못하는 우리의 지배 심리학의 결과이고 그 낯섦은 자기와 다른 타자에 대한 낯섦과 두려움, 즉 궁극적으로는 죽음에 대한 부정의 결과이다. "역사적 주체의 분명한 자기-긍정은 다른 주체나 객체를 부정함으로써 중재된다."(ER/69)

그러므로 카이로스에 대한 집착은 크로노스라는 끝없이 낯설고 붙잡을 수 없는 시간에 대한 지배욕의 결과이다. 그것은 결국 타자에 대한 억압이고 자기 자신의 의지를 무한히 확대한 것 이외에 다른 것이 아니다. 그리고 그것은 근본적으로 형이상학적이고 기술적인 태도에서 비롯된다. 마치도 근대에 서구가 아시아와 아프리카를 식민지화했던 논리가 바로 이 역사적 발전 논리로 위장된 타자에 대한 두려움이었던 것과 같다. 식민지주의는 타자에게서 타자를 보는 대신 거기에서 고향을 느끼려는 폭력이기 때문이다.

"역사적인 담화는 흩어져 있는 사건들을 봉합선이 없는 천으로 짜 넣음으로써 이산이라는 섬뜩함을 지우려는 노력이다. 역사 속에 짜 넣어진 주체는 유목적인 고아보다는 신실한 아들이 되기를 갈망한다. 끝없는 방랑의 불확실성을 견딜 수 없기에 망명자는 모든 장소와 모든 시간에서 고향을 느끼는 데에서 비롯되는 안전성을 찾는다. 역사적인 담화는

낯선 이들을 친숙하게 하고 유랑자들을 정착시킴으로써 그러한 가족화라는 목적에 쓰이는 것이다."(ER/71)

그러므로 타자를 정복하려는 역사적인 노력은 시간적 평면상에서 자기 원인의 구상의 구체화이다. "크로니클에 대한 담화적 변형의 목적은 풍요로움에 대한 향유, 즉 차이나 부재에 의해서 방해받지 않는 전체적인 현전을 향유하는 것이다."(ER/69) 그러므로 역사는 언제나 의미의 전체로서 표상된다. 그리고 역사적 사건이란 이러한 전체적 의미복합체 내에서 합리적인 자기 자리를 찾을 수 있을 경우에만 존재하게 된다. 이런 관점에서 보면 역사는 언제나 추구성물일 뿐이다. 이러한 견해는 역사를 두개의 완전한 현전의 모멘트, 즉 낙원과 신국 사이의 교량이고 통과의 장소라고 보는 기독교적 역사관의 특징인 것이다.

"시초와 종말 사이에서 언제나 망명생활을 하면서 불행한 인간은 한때 존재했다고 믿는 완성을 기억하면서 노스탤지어에 빠지고 또 그가 되고자 하는 만족을 기대하면서 기다리고 있다. 그러나 예기된 만족은 완전히 현전하지 않는다. 그것은 붙잡으려 하면 언제나 우리의 손아귀를 벗어난다. 이것은 존재하는 것과 존재해야 할 것 사이의 긴장을 야기한다. '현실'과 '이상' 사이의 끝없는 대립은 시간에 대해서 우울한 음조를 부여한다. 불행한 사람의 눈에는 갓 돋아난 봄의 빛깔도 갈색으로 비치는 법이다. 불만과 불만족에 괴로워하면서 불행한 인간은 자신을 구원할 현전을 절망적으로 갈망하게 된다. 그러한 우울함을 극복하고 완성으로 나아가려면 역사적 주체는 자기 자신을 초월하는 것이 필요하다고 믿게 된다. 그러나 초월을 향한 이러한 투쟁은 언제나 전적 타자인 신의 그림자에서 행해진다. 전적으로 자기-동일적이고 전적으로 완전한, 그리고 완전히 자기-현전적인 신적인 타자는 영원히 피안에 있고, 언제나 다른 곳에 있으며, 절대적으로 초월적이다. 이 초월적인 신은 역사의 지배자이다. 그의 영역에서 주체는 초월을 불안하게 찾도록 운명지워져 있는 것이다."(ER/72)

그러므로 역사적 실존은 늘 불안한 실존, 불행과 실망에 가득 찬 존재 이외에 다른 것이 아니다. 그 역사적 실존은 타자에게서 타자성을 박탈함으로써 자신에게 결핍된 것을 채우려 한다. 그렇기에 불행한 역사적 실존이 억압적인 폭력을 사용할 수밖에 없는 것은 당연한 일이다. 그리고 폭력은 언제나 역사의 전체적 의미 완성이라는 미명으로 장식되곤 한다.

그러나 역사가 그토록 추구하는 현전에 대한 향수와 기대는 현전 자체가 부재하다는 것을 반증하는 것일 뿐이다. 역사의 종언은 이러한 불행한 의식의 극복을 요청한다. 역사는 사건과 실재의 여여성(如如性)에 대한 직관으로 완성된다. 여여함에서 역사의 긍정성과 부정성, 의미의 현존과 부재는 일치된다.

"역사의 종언은 초월적인 신의 죽음과 지배하는 자아의 소멸을 전제로 할 뿐만 아니라 그것은 불행한 의식을 극복할 것을 요구한다. 역사가 '부정에 대한 긍정'을 말할 수 없는 불능과 거리낌에서 '시작한다'면 역사는 '여여함에 대한 긍정'(Amen - So be it)을 기꺼이 말할 수 있는 능력과 더불어 '끝난다.' 역사의 종언을 여는 긍정은 불가피하게 부정을 지니고 있다. 이 긍정은 '부정에 대한 부정'에 대한 부정이다. 다른 말로 하자면 역사를 종결짓는 긍정은 죽음에 대한 부정을 다시금 부정하는 것이다. 그러한 '긍정'은 극단적이다. 왜냐하면 그것은 모든 긍정에서

분리할 수 없는 부정을 긍정하기 때문이다."(ER/72-73)

그러므로 담론 체계로서 이야기는 과거와 미래에 대한 집착에서 벗어남으로 극복되고 이때 이야기로서 '역사'는 종언을 맞는다. 역사의 종언은 바로 시작과 종말의 죽음이다. 그리고 플롯의 죽음이기도 하다. 역사의 죽음은 우리가 역사적 현실에 부여한 전체성과 합목적성이라는 로고스 구조에서 자유로워져서 역사를 여여함으로 볼 수 있는 해방을 의미한다.

"죽을 수 있을 만큼 강한 자만이 살 수 있다는 사실을 깨달을 때 죽음을 은혜로―방랑하는(mazing) 은혜로 끌어안을 수 있다. 알파와 오메가의 죽음, 자아의 소멸 그리고 불행한 의식의 극복은 역사라는 날실과 올실을 함께 잡아 뜯는다. 결정적인 시작과 종말을 설정하는 것이 불가능하다면 담화적 선(線)은 상실되며 이야기는 요점이 없는 듯 비틀거리게 된다."(ER/73)

이렇게 '비틀거리는' 이야기, 그것은 로고스적 현실 이해에서 벗어남이며 방랑이다. 그것은 로고스에서 렘마로의 전환, 절대일에서 절대무로의 전환으로 경험하는 현기증일 것이다. 그러나 그 '비틀거림'은 곧 은총이다. 왜냐하면 그것은 동시에 로고스에 대한 집착에서 해방되는 것을 의미하기 때문이다.

그뿐만 아니라 이러한 방랑을 은총으로 체험할 때 우리는 테일러의 이 말을 "타자가 될 수 있을 만큼 강한 자만이 자기가 될 수 있음을 깨달을 때 타자를 은혜로 포용할 수 있다"고 고쳐서 읽을 수 있을 것이다. 바로 여기에서 해체주의의 다원주의와의 연계성을 발견할 수 있다.

(4) 방랑과 무주(無住)

욕망이 길을 만들어 놓았구나

끝없어라, 끝없어라

나로부터 갈래갈래 뻗어갔다가

내 등 뒤에 어느새 와 있는 이 길은…(황지우)

사막, 그것은 욕망 없는 고요함이다.(쟝 보드리야르Jean Baudrillard)

방랑은 역사의 종언, 길의 종언이다. 그래서 방랑은 역사가 끝나는 곳〔사막〕에서 시작된다. 사막에는 길이 없다. 사막은 인간 욕망의 산물로서의 지도 그리기가 불가능한 곳이기 때문이다. 그러므로 추상화된 지도 위에서 영토가 썩는 것과는 달리 사막에서는 일체가 썩지 않는다. 지도가 없기 때문이다.54) 거기에서 우리는 "바람 속에서, 발 디딜 근거 없이(without grounds) 내던져져 있음"을 발견하고서 "철저한 사유"를 시작한다. 우리는 거기서 시작과 중간과 끝을 지닌 '책'(=역사)을 가지고 있다는 마지막 환상에서 깨어난다.55)

역사는 낙원에 대한 노스탤지어와 신국에 대한 기대 사이에서 지속된다. 역사는 불만과 불만족에서 가능하다는 점에서 무한한 업(業)의 장이다. 즉 역사는 자아중심적이며 현전에 대한 추구이다. 그리고 이것 역시도 '죽음이라는 타자로부터의 도피'이다. 낙원과 신국이 죽음을

---

54) Jean Baudrillard, 하태환 역, 『시뮬라시옹』(민음사, 1992), 13면; 谷川屋, "地圖の圈域: 認識論的裝置として", 新田義弘 外 編, 『構造革命論』(岩波書店, 1993), 315頁.

55) John D. Caputo, *Radical Hermeneutics: Repetition, Deconstruction and the Hermeneutic Project* (Indiana University Press, 1987), p.267.

배제한 '영생'이 되어야 하는 이유가 바로 여기에 있다.

방랑은 이러한 고고학적 추구의 과정(archeological process)으로서의 역사를 종결짓는다. 근원은 흩어져 사라지고 근원에서 추방되었다고 여겨지던 '망명'이 실은 근원적인 것임을 깨닫는 것이다. 절대근원과 결론이 사라짐으로써 과정은 그 자체로, 다시 말해서 시작과 끝이 없이도, 정당화된다. 이것이 유목적 존재이다. 유목적 존재란 뿌리가 없는(rootless), 목적이 없는(purposeless), 정처가 없는(aimless), 중심이 없는(centerless), 끝이 없는(endless), 집착이 없는(indifferent) 존재이다(ER/157). 이것은 과거와 미래로부터의 해방이며 절대 현재에 대한 긍정이다. 이런 점에서 방랑은 은총이다. 그것은 벗어남이기 때문이다(ER/157-158).

이렇게 될 때 무/신학은 다름 아닌 유희이다. 그것은 무목적적이고 무의미하다. 그것은 그래서 신학의 종언이기도 한 것이다. 영원의 현재, 파루시아는 없다. 그것은 끝없이 지연된다. 그래서 이제 신학자는 역사 내의 영원의 탄생, 카이로스를 대망하지 않는다. 그는 크로노스의 눈물(tear of time)을 읽을 뿐이다(TE/85).

유희에서 우리는 자아를 잊는다. 이것이 방랑이다. 그래서 "자기 망각 없이 방랑은 불가능하다."(ER/160) 자기를 잊은 보살의 길은 그래서 "대비(大悲)적 유희"인 것이다.56)

방랑의 논리는 초-논리(paralogic)이고 이것은 비-배중률적이다. 그래서 그것은 렘마의 논리, 곧 긍정 속에 부정이, 부정 속에 긍정이 공존하는 논리, 즉비의 논리이다. 그것은 또한 전환의 논리[logic of turnabout]인데 왜냐하면 그것은 횡초[transgressive]적 삶에서 궁극

---

56) 久松眞一, 『久松眞一全集』 1, 80頁.

의 일상성을 획득하고자 하기 때문이다. 거기에는 끝없는 경계 넘기만이 있을 뿐이다. 신이라는 '초월적 소기(所記)'가 사라진 지금, 남는 것은 무한한 해석의 연쇄일 뿐이기 때문이다.57)

유식의 삼성설(三性說)과 스즈키의 즉비의 논리가 말하는 횡초와 돈오를 연상시켜 주는 테일러의 이와 같은 주장들은 결국 다음과 같이 극히 선적인 언사로 표현된다. "平常心"〔nothing (is) extraordinary〕.

현실에는 결론이란 존재하지 않는다. 대신 영원한 간주곡(inter-lude)만이 있을 뿐이다. 그래서 해체주의자는 아래와 같은 화두를 스스로에게 던진다.

"궁극적 사유를 지니지 않는 사유자—언제나 새로운 우주 속에서"(ER/183)

그러므로 해체주의가 추구하는 것은 깊이와 높이에 대한 향수가 아니라 표면 위에서의 끝없는 유희이다.58) 거기에서는 일의적인 지식보다는 지식의 이중성, 진리의 고정 불변성보다는 시공적인 가변성, 획일적인 가치 기준의 설정보다는 가치의 비결정성 등이 사유자가 감내해야만 하는 현실로 드러난다. 그러므로 해체와 지구화의 시대에는 '궁극적 생각(=대답)을 가지지 않은 사유자'는 빈약한 사유자가 아니다. 오히려 궁극적 대답 없이도 불안감 없이 사유할 수 있는 사람이야말로 자유를 아는('그 어떤 곳에도 집착해서 머무르지 않으면서도 자유롭게 마음을 내는'〔應無所住而生其心;「금강경」〕) 진정한 사유자인 것이다.

---

57) Mark C. Taylor, "Text as Victim", p.73.
58) 이하의 글은 拙稿, "非·反·他의 해체로서의 지구화와 동양사상", 「기독교사상」 3(1994), 54-65면을 참고로 하여 썼다.

현실은 이제 '테두리가 없는 원'이 되었다. 어디를 가도 그곳이 다 중심이다. 그러므로 우리가 궁극적으로 춤출 장소는 깊은 곳이나 높은 곳에 숨어 있는 로고스 아니라 바로 현실이라는 표면이다. 「금강경」의 무주(無住)는 이러한 사실을 말해 준다. 표층적 사유가 표층성 자체로 새로운 초월성을 획득한다는 사실로 말미암아 수직적인 초월〔竪超〕이 아닌 수평적인 초월〔橫超〕, 즉 경계 넘기로서의 돈오가 여기에서 요구되는 것이다.

그런데 이와 같은 횡적이고 수평적인 초월의 가능성은 즉비의 논리에서 특히 강조되지 않았던가? 즉비적인 초월은—굳이 초월이라는 용어를 고집한다면—수평/수직의 이분법하에서 이루어지지 않기 때문이다. 즉비의 세계에서는 '수평 즉 수직'이고 '수직 즉 수평'이다. 아니 '수평 즉비(卽非) 수직'이고 '수직 즉비 수평'이다.

이러한 일은 로고스 중심주의의 선긋기 작업으로 발생한 경계, 지배와 정복을 위한 경계를 문질러버리는 것과 동시적이다. 이분법적으로 나누는 선(線)이 없는 사유, 그것은 19세기 구라파의 허무주의를 뛰어넘어서 절대무를 궁극적 실재로 보는 불교의 실재 이해의 핵심이다. 이러한 대립의 근원적인 해체는 실재를 로고스 자체로서의 '초월자'에 의지해서 설명하지 않고 근원적인 상호 연관성에서 봄으로써 실재를 무수한 중심으로 해체하는 불교의 연기(緣起) 사상에서 가능한 것이다. 연기 사상은 존재의 철저한 다원성에 대한 표현이다. 연기는 만물이 상관관계 속에 있다는 자각이다. 즉 만물은 서로 절대적인 상대성 속에 존재한다는 말이다. 그러므로 사물 각자 각자는 이 절대적인 상대성 속에서 상대적인 절대성을 지닌다. 왜냐하면 각각의 사물은 모든 다른 사물과 연관관계를 맺음으로써 그들을 존재하게 만들기 때문이다. 각 사물의 절대성은 그러므로 타자 속에 있다. 그래서 연기는 연기

-공으로도 표현되는 것이다. 각 사물의 자성(自性)이 없다는, 무아(無我)라는 생각은 각 사물은 타자 속에서 절대적인 자신의 정체성을 발견한다는 말이다. 그러므로 연기는 타자에 대한 절대적인 긍정이며 차이성 속에서 절대성을 찾는다는 점에서 근본적으로 포스트모던적인 사상이다.

즉과 비가 공존하는 미로로서의 현실을 견디기 위해서 우리는 로고스 중심적 발상에서 벗어나야 한다. 로고스 중심주의는 현실에 지도를 그리고 나침반〔指南〕을 가지고 지도를 해독해서 목표를 찾아가려는 의식이다.

그러나 과연 해체주의적인 방랑이 이러한 '나침반 의식'을 완전히 극복했을까? 방랑은 즉과 비를 동시에 볼 수 있을까? 서구의 로고스 중심주의로부터 벗어나려는 해체주의가 스스로를 '방랑', '유목적 사유', '무정부주의'라고 명명하는 것을 보면 이러한 우리의 물음은 회의적인 대답을 들을 수밖에 없을 것 같다. 방랑은 나침반과 지도를 전제하면서 그러한 나침반과 지도의 부재에서 말미암는 인간의 존재 양태이기 때문이다. 그리고 이러한 '방랑'이 신 죽음을 선포한 니체적 의도의 철저화에서 비롯되었다는 사실도 서구적 해체의 족보와 내적 본질을 알려 주고 있다. 서구에서의 해체와 이를 통한 다원화는 어디까지나 초월적 일자(一者)를 중심으로—그것을 살해하든지, 또는 그것을 모든 다양성을 묶어 주는 통전적 근거로서 이해하든지 그 구체적 양태는 조금씩 다르다고 해도—진행되는 것이다.

그러나 즉비적 세계에서는 살해해야 할 초월자도, 다양성의 근거로서의 일자도 존재하지 않는다. 선불교는 '살불살조'(殺佛殺祖)를 강조하는데 이때 불(佛)은 초월적이고 타자적인 실재가 아니라 불을 추구하는 인간의 자기 밖에 있지 않은 절대자자(絕對自者)이기 때문이다.

또한 화엄철학의 '사법계관'(四法界觀)에서는 '이사무애법계'(理事無碍
法界)와 '사사무애법계'(事事無碍法界)로의 증득(證得)을 말하지만, 이
때 현상의 사(事)는 바로 이(理)의 성기(性起)이기 때문에 '이'는 '사'의
소위 말하는 근거가 아니다. 그러므로 사사무애는 현상〔事〕 자체에서
현상과 현상 사이의 상즉상입(相卽相入)적인 무애를 말하는 것이지 현
상이 현상을 초월해 있는 '이'라는 로고스에 근거해 있음을 의미하는
것이 아니다.59)

　이런 의미에서 해체의 사상은 그의 동기나 목표를 즉비의 논리에서
찾아야 할 것이다. 사실 서구에서 자기 비판적으로 등장한 해체의 사상
들, 예컨대 탈중심화, 노마돌로지(nomadology, 遊牧論), 디컨스트럭
션(해체주의) 등은 사막의 종교인 유대-기독교 전통의 철저화라고 해
도 무리가 없는 것이다. 해체주의의 대표자 자크 데리다에게 유대정신
이 맥맥이 흐르고 있다는 것은 주지의 사실이다. 그래서 "방랑은 사막을
내면에 안은 사람만이 아는 유목성의 철학적 형태에 다름 아니다."60)
사막에서 태어나서 농경지를 동경하면서 농경지에 대한 정복·정착을
반복했던 유대-기독교 전통이 다시 사막에 대한 '향수'를 갖는 것은 또
다른 '출애굽'과 '가나안' 정복의 기도일지도 모를 일이다. 사막은 어디
까지나 배타적인 '비'·'반'·'타'의 영역이기 때문이다.

　방랑은 이런 의미에서 언제나 부가적이다. 그것은 타자를 죽이고 나
서 비로소 그 타자에 의해 자신이 구성되어 있었음을 자각하는 시차(時
差)를 보인다. 그래서 방랑의 사상은 서구에서 언제나 시대착오적〔ana-
chronistic〕일 수밖에 없었다. 이때 착오란 사실 시대를 앞서가기 때문

---

59) 鎌田戊雄, "法界緣起と存在論", 三枝充悳 編, 「講座 佛教思想 1」(理想社,
　　1974), 102頁.
60) 井筒俊彦, 김동원 역, 『동양철학의 심층분석』(도서출판 솔밭, 1991), 80면.

에 맞이하는 것이 아니라 언제나 적절한 시간에 뒤쳐지기에 착오가 되는 것이다. 그래서 그것은 시간에 늦음을 의미하는 이외에 다른 것이 아니다. 서구의 논리는 신과 인간, 신과 세계, 인간과 자연, 기독교와 비기독교 등으로 즉과 비를 구분하고서 즉을 가지고 비를 제압해 온 역사였음은 앞에서도 살펴보았다. 비를 제거하고 나서 그 비가 즉에 없어서는 안 될 즉비였다는 것을 뒤늦게 자각한 역사, 그것이 서구의 신 살해와 인간중심주의의 결과이고, 아시아와 아프리카 식민지화의 역사이며, 자연에 대한 무한 파괴의 행보였던 것이다.

무주는 방랑이 아니다. 방랑은 그 무엇을 향한, 또 다른 정착지를 정복하기 위한 방랑이다. 시나이 사막은 애굽의 고기가마와 가나안 사이의 중간지점일 뿐이다. 그것은 정복의 '여백'이고 사이일 뿐이다. 무주가 사막문화가 아니라 농경문화에서 자라났음은 시사하는 바가 많은 것이다. 농경문화, 그 대지에 정착하는 문화가 무주의 의미를 알고 있다. 그래서 동양의 영성적 자각 논리로서 즉비의 논리는 동양이라는 대지성에 깊게 뿌리내린 사상인 것이다. 즉비의 논리가 사막문화의 방랑이 결코 될 수 없는 소이가 여기에 있다.

"영성 그 자체가 그중에 대지성을 지니고 있다. … 대지는 하늘에 대해서 지모(地母)라고 하듯이 깊고 친숙한 사랑의 어머니의 모태이다. 그것이 실로 불교가 말하는 '자비'이다. … 스즈키는 이러한 자비에 안겨진 '한 사람 한 사람'의 존재와 대지성을 결합했다. … 그러나 대지는 그 안에 깊은 모순을 안고 있다. … 대지성에 있어서는 불교의 가장 깊은 근본적 대립―대비(大悲)와 죄업이 하나로 된다. 깊은 모순이 하나가 되는 것이다. 그러면 어떻게 하나가 되는가? 스즈키는 여기에서 반야(「금강경」)의 '즉비의 논리'를 사용한다. 즉비의 논리란 'A는 A가 아

니다, 그러므로 A이다', 즉 '마음은 마음이 아니다, 그러므로 마음이다'
라고 한다. 구체적으로 말한다면 '인간은 죄업 중에서 나오지 못한다,
그러므로 죄업에서 나오지 않으면 안 된다'는 것이다. … 절대모순의
자기동일성. 이것은 불교의 지혜와 자비로부터 나온 대지적 영성에서
비로소 성립하는 것이다."61)

이러한 무주의 대지성에서 우리는 비로소 보살의 다음과 같은 노래
를 듣는다. 그것은 전투적인 방랑을 그 '흔적'마저 극복하고서, '유예된
종말'에 대한 기대라는 마지막 집착에서 완전히 벗어나 無相無念無住
의 세계에서 부를 수 있는 노래이다.

"보살에게는 대립하여 일어나는 싸움이 없습니다. 그래서 보살은 다툼
이 없는 사랑을 하게 됩니다.
보살에게는 안과 밖〔內外〕, 즉 상대적인 것이 없습니다. 그래서 보살은
차별이 없는 사랑을 하게 됩니다.
보살의 마음은 허공(虛空)과 같습니다. 그래서 보살은 끝없는〔無邊〕
사랑을 하게 됩니다.
보살은 공(空)에 젖어 있습니다. 그래서 보살은 무아(無我)를 깨달은
사람입니다. 그런 까닭에 보살은 권태를 모르는 사랑을 하게 됩니다."

(「유마경」)

---

61) 務台理作, "日本思想史における大拙先生の業績", 「鈴木大拙の人と學問」,
  『選集』別卷, 29頁.

제 2 장

테오토코스(Theotokos)와 불모(佛母)

"신은 마리아의 겸손을 매우 귀중히 여기셔서
마리아를 자신의 자녀가 되게 하신다.
그대가 그 순결한 동정녀처럼 겸손해진다면
신은 바로 그대의 자녀가 되고,
그대는 신의 어머니가 될 터인데"
— 앙겔루스 실레시우스

1. 마리아 이해와 종교 간의 대화를 위한 해석학

전형적인 기독교적인 주제인 마리아를 전형적으로 불교적인 주제인 보살 이해를 통해서 접근해 보려는 시도는 적어도 두 가지 의미를 지니고 있을 것이다. 첫째, 이러한 작업은 타종교와의 대화를 필연적인 것으로 여기고 있는 오늘날 기독교 신학의 자기 이해와 긴밀한 관계에 있다. 이른바 '타' 종교를 이해하지 않고서는 자신의 신앙 역시 이해할 수 없는 다원적인 상황하에 우리는 살아가고 있다. 종교 간의 대화는 이제 기독교 신앙이 자기 자신을 수행해 나가는 불가결의 지평이 된 것이다. 이 글의 주제와 직접적으로 연결시켜서 말해 본다면, 불교적 영향사(影響史)를 살고 있는 한국의 기독교인들에게는 마리아를 이해하는 데에 불교와의 내적인 대화가 필연적인 과제라는 말이다.1)

이 경우 '내적인' 대화라고 부르는 까닭은 이미 한국 기독교인들의 마리아 이해에는 불교적인 해석학적 지평이 전제되어 있기 때문이다. 기독교적인 마리아 이해를 전제로 하고서 자신의 신앙 밖에 있다고 여겨지는 불교와 대화하는 것이 아니라, 그의 마리아 이해—신앙 이해—는 이미 불교와의 대화를 통해서 형성되어 있는 것이다. 따라서 마리아를 이해하는 데에 불교와 대화한다는 말은 사실은 기독교 신앙에서 마리아 이해를 형성해 주고 있는 불교적 요소를 무의식적 차원에서 의식적 차원으로 명료화한다는 의미이다. 불교는 기독교 신앙의 '밖'에 있는 객체가 아니라 그의 신앙 '안'에 자리하고 있는 주체이기 때문이다.

---

1) 이러한 사실은 역사적으로도 충분히 설명될 수 있다. 교회의 마리아 신앙은 지중해 연안의 여신숭배사상과 맞물리면서 급속도로 확산되어 갔다. 그리하여 이집트의 여신 이시스를 모시던 프랑스의 소와쏭에 있던 신전이 마리아에게 봉헌되었다. 이 것은 이집트에서 숭배되고 있던 이시스—아이를 안고 있는 이시스—가 기독교의 마리아 신앙과 습합된 좋은 예이다. 또한 고대 그리이스의 농경의 여신 데메텔은 여자 아이를 안고 있는 모습으로 만들어졌다. 이 모든 것은 여성성을 상징하는 마리아가 고대의 여신들의 세계와 합류하면서 대중들에게로 확산되어 갔음을 말해 준다. 참조. 植田重雄, 『聖母マリア』(岩波書店, 1987), 11頁 이하.

사정은 아시아에서도 마찬가지였다. 예를 들어서 16세기 일본에 전래된 가톨릭 신앙은 그후 일본 막부로부터 박해를 받자 '가꾸레 기리시탄'(かくれ切支丹 = 숨어 있는 기독교인들)이라는 이름으로 불리는 형태로 전수되었다. 이들의 신앙유품들 가운데에는 마리아가 어린아이인 예수를 품에 안고서 울고 있는 관세음보살상으로 묘사된 이른바 '마리아-관음'도 발견된다. 이러한 사실에 대해서는 단지 감시의 눈 길을 피하기 위함이라고 하는 소극적인 의미 부여로부터 일본인들의 종교성에 토착화된 마리아 신앙이라고 하는 적극적인 의미 부여까지 다양하게 가능할 것이나, 본고에서는 후자 쪽에다 중심을 두고 싶다. 참고. 三田元鍾, 『切支丹伝承』(宝文館, 1975); アンジェラ・ヴォルペ, 『隠れキリシダン』(南窓社, 1994).

이른바 타종교는 기독교 신앙과 병렬적으로 자리하고 있는 객체가 아니라, 바로 기독교 신앙의 주체가 되어야 하는 것이다.[2]

둘째, 마리아 이해를 둘러싼 문제에는 가톨릭과 개신교의 대화를 촉진한다는 차원이 포함되어 있다. 현대세계 속에서 가톨릭 신앙의 현대화(aggionarmento)라는 모토하에 개최되었던 제2차 바티칸 공의회는 자신들의 마리아 신심이 '갈라진 형제'인 개신교와의 대화에 지장을 초래해서는 안 된다는 사실을 분명하게 강조하고 있다. "신학자들과 하느님의 말씀을 전하는 사람들은 성모의 고유한 품위를 존중하는 데 있어서 지나친 마음의 협소함과 마찬가지로 온갖 거짓 과장도 힘써 피하기를 간곡히 부탁하는 바이다." 그 이유는 분명하다. "말이나 행동으로 갈라진 형제나 다른 그 누구도 교회의 참된 교리에 대해 오해를 품게 할 수 있는 것이라면 무엇이나 다 힘써 피할 것"이기 때문이다.[3] 교황 바울로 6세도 제2차 바티칸 공의회의 정신을 따라서「마리아 공경」(Marialis Cultus)(1974)이라는 사도적 권고를 반포했다. 이 권고문에서 교황은 마리아가 에큐메니칼적인 만남의 가능성을 위해서뿐만 아니라 현대적인 인간 이해를 위해서 적극적인 의미를 지니지 않으면 안 된다고 강조했다. "복되신 동정녀 공경은 그 교회적인 특징으로 인해 교회의 관심사들을 반영하고 있습니다. 특히 오늘날 교회의 관심사는 그리스도교 재일치에 있습니다. 따라서 주님의 어머니께 대한 신심은 일치 운동이라는 염원과 목적에 부합하고 있습니다. 다시 말해 일치적인(ökumenischen) 모습을 띠고 있다는 것입니다."[4]

---

2) 참조. 拙著,『대지와 바람: 동양신학의 조형을 위한 해석학적 시도』(다산글방, 1994).
3)「제2차 바티칸 공의회 문헌」(한국천주교중앙협의회, 1969), 125면.
4) 교황 바오로 6세,「마리아 공경」(한국천주교중앙협의회, 1986), 43면.

마리아 이해가 지닐 수 있는 위와 같은 두 가지 측면 가운데에서 본 소고는 특히 첫 번째 측면에 집중하고자 한다. 다시 말해서 오랜 기간 동안 교회 전통 속에서 중요한 자리를 차지해 온 마리아 신앙이 불교적 영향사를 살아가고 있는 사람들의 마음속에 어떻게 각인되어 있는가를 살펴보고자 하는 것이다.

마리아를 불교적 신앙세계 속에서 이해하고자 하는 시도는 마리아론적인 교리와 그에 상응한다고 여겨지는 불교의 보살에 관한 이론을 상호 비교하는 차원의 작업은 아니다. 마리아와 보살은 종교적 상징이다. 종교적 상징의 의미는 객관화하는 비교를 통해서 그 의미가 낱낱이 드러날 수 없다. 마리아와 보살이라는 종교적 상징들은 인간의 살아 있는 종교적 관심이 놓여 있는 장소를 맴돌고 있기 때문이다. 그러한 종교적 관심과 그것을 표현하는 종교적 상징은 그것이 궁극적인 한에 있어서 우리에게는 처분 불가능한 것이다. 더욱이 그들이 살아 있다고 하는 의미는 그들이 인간의 종교적인 근본 상황으로부터 제기되는 물음에 대한 대답으로서 작용하고 있다는 의미에서이다.

종교적 상징들은 우리가 인간의 근본 조건에 대한 자각에서 제기하는 물음들에 대한 일련의 대답의 시도들이다. 그러므로 틸리히가 말했듯이 상징은 임의로 처분할 수 있는 것이 아니다. 상징의 의미가 소멸되어서 상징이 소위 죽어버리는 것은 "오직 상징들이 비롯된 상황들이 더 이상 존재하지 않을 때이다."5) 역으로 말하자면, 상징이 비롯된 상황이 존속하는 한, 상징은 인간의 종교적 관심사 속에서 역동적으로 살아 있다.

---

5) Paul Tillich, "Das Wesen der religiösen Sprache", Manfred Kaempfert (hg.) *Probleme der religiösen Sprache Wissen-schaftliche Buchgesellschaft* (1983), S.91.

이러한 문제 설정은 대답해야만 하는 몇 가지 문제군을 포괄하고 있다. 우선 이 물음은 해석학적인 성격의 것이다. 왜냐하면 그 물음은 이해 일반에 관한 물음을 제기하기 때문이다. 해석학적 자각에 따르면 모든 이해는 의식의 진공상태에서 일어나는 것이 아니라 특정한 영향사 내에서 일어난다. 이해는 언제나 그가 이해하고자 하는 역사 안에서 일어나는 것이다. 그러므로 이해는 그 본질에서 "하나의 영향사적 사건"이며,[6] 하인리히 오트가 강조하듯이 신학은 근본적으로 언제까지나 멈추지 않는 "해석학적인 것"으로 이해되어야 한다.[7]

가다머의 해석학적 자각에 따르면 전통에 대한 이해는 전통을 하나의 물음에 대한 대답으로 이해하는 것이다. "하나의 물음을 이해하는 것은 그 물음을 묻는 것이다. 하나의 의견을 이해한다는 것은 그 의견을 하나의 물음에 대한 대답으로 이해한다는 뜻이다"라고 가다머는 요약한다. 그런데 전통이 우리에게 던지는 물음을 이해하기 위해서 우리는 스스로 그 물음을 던지지 않으면 안 된다. "우리는 전통이 대답이 될 수 있는 물음을 재구성해야만 한다."

그러나 이때 또 하나의 중요한 사실을 망각해서는 안 된다. 즉 "텍스트가 대답이 되어야만 하는 물음을 재구성한다는 것은 그 자체가 하나의 물음을 묻는 행위이다. 그처럼 물음을 묻는 행위를 통해서 우리는 전통이 우리에게 던진 물음에 대한 답을 찾고자 하는 것이다. 그리고 이 경우 재구성된 물음은 결코 그 근원적인 지평에는 있을 수 없는 것이다."[8]

---

6) Hans-Georg Gadamer, *Wahrheit und Methode: Grundzüge einer philosophischen Hermeneutik* (J. C. B. Mohr, 4. Aufl., 1975), S.324-325.

7) Heinrich Ott, *Dogmatik* (Kreuz-Verlag, 1. Aufl., 1967), S.192ff.

8) Hans-Georg Gadamer, *Ibid.*, S.355-357.

이러한 자각을 마리아에 대한 이해에 적용해 본다면 다음과 같은 사실이 드러난다. 즉 기독교적인 마리아 이해가 무엇을 의미하는가를 이해하기 위해서 우리는 먼저 그 마리아 이해가 대답이 될 수 있는 물음을 이해해야 한다. 즉 그 물음을 우리 스스로 재구성해서 던져야만 하는 것이다. 그러나 우리가 재구성한 그 물음은 이미 이전과는 다른 해석학적 상황에서 이루어질 것이다. 즉 우리는 전통적인 마리아 이해가 대답이 될 수 있는 물음을 던져야만 하는바, 이 물음 제기 자체가 종교 간의 대화라고 하는 해석학적 상황, 본고의 논의 맥락에서 말한다면, 불교와의 내적인 대화라는 상황하에서 이루어지는 것이다.

이러한 의미에서 마리아 이해는 다음과 같은 이중의 순환구조를 이루게 된다.

(1) 우리는 마리아에 대한 이해가 대답이 될 수 있는 물음을 설정해야 한다.

(2) 우리가 설정하고 재구성한 마리아에 대한 물음은 불교적 영향사를 통해 각인된 상황 속에서 제기된 물음이다.

그렇다고 한다면 불교와의 대화를 통해서 마리아를 이해한다는 것은 마리아에 대한 주장들이 불교적 영향사를 살아가는 우리에게 살아 있는 대답이 되는 그러한 물음과 상황을 드러내는 일이 될 것이다.

2. 마리아 물음의 의미

1) 마리아 이해의 기독론적 근원

마리아에 대해서 교회 전통이 언급했던 최초의 것은 사도 바울에게까지 소급된다. 바울은 갈라디아서 4장 4절에서 마리아라는 이름은 거론하지 않은 채 "때가 찼을 때 하느님께서 당신의 아들을 보내시어 여자의 몸에서 나게 하시고"라고 표현함으로써 예수의 지상에서의 삶의 시작을 말하고 있다. 복음사가들은 마리아를 "예수의 어머니"(요 2:1; 행 1:14), "그의 어머니"(막 3:31; 마 1:18, 2, 13, 20, 21; 눅 2:34, 48; 요 2:5, 12; 19:25), "그리스도라 부르는 예수의 어머니"(마 1:16) 등으로 묘사하고 있다.

교부들도 마리아를 '예수의 어머니'라는 의미에서 부르고 있다. 특히 영지주의와 대결을 하던 교회는 예수의 육체적 인간성을 강조하기 위해서라도 예수가 마리아에게서 태어났음을 확인하고 있다.[9]

그러나 마리아에 대한 교리가 공식적으로 수립된 것은 431년 에베소 공의회와 451년 칼케돈 공의회에서였다. 기독론의 문제를 다루었던 칼케돈 공의회는 "그리스도의 인성에 있어서 동정녀 마리아가 하느님을 낳으신 분(theotokos)"이라고 고백했다. 이 고백은 그리스도가 신성과 동일 본질을 지녔다고 하는 니케아 공의회(325년)의 연장선상에서만 이해될 수 있다. 즉 마리아를 '하느님을 낳으신 분'이라고 부른 것은 마리아의 신성성을 말하려고 했다기보다는 그리스도의 완전한 신성화를 염두에 두었기 때문인 것이다. 이후로 교회 전통에서 마리아

---

9) 예를 들어서 아타나시우스는 다음과 같이 말했다. "말씀께서 이렇게 하신 것은[=마리아에게서 태어난 것은] 당신이 우리 인성을 취하시어 그것을 희생제물로 바치심으로써, 우리 인성을 완전히 흡수하여 우리를 당신 신성으로 옷 입히기 위해서였습니다. … 이것을 가현(假現)이라고 생각하는 사람들도 있지만 하나의 단순한 가현이 아니었습니다. 절대로 그렇지 않습니다. 우리 구세주께서는 참으로 사람이 되셨습니다. 그리고 그것으로 인해 인간은 전인적인 구원을 얻게 되었습니다. … 그러므로 성서의 말씀대로 마리아에게서 탄생한 것은 참 인간이었고 주님의 육신은 참 육신이었습니다. 우리와 똑같은 육신이었으므로 참 육신이었습니다. 마리아는 우리 자매이십니다. 그분과 우리 모두 다 아담에게서 나왔기 때문입니다." 최정오 역편, 『마리아사전』(계성출판사, 1989), 129면에서 재인용.

에 대해서는 다양한 호칭이 등장하게 되었다.

최근의 제2차 바티칸 공의회에서 마리아는 공식적으로 '교회의 어머니'로 불리게 되었다. 앞에서도 거론했듯이, 가톨릭교회의 에큐메니칼적인 의지가 적극적으로 표명된 이 공의회는「교회에 관한 교의 헌장」에서 마리아와 관련해서 신도들에게 '잘못된 과장'을 피할 것을 권고하고 있다.

마리아에 대한 대중적 과장을 경고하는 한편, 공의회는 "구원 계획에서 구세주의 모친이 맡으신 역할을 점차로 명백히 드러내어 우리 눈앞에 제시"하고자 함으로써 마리아 신심의 참된 모습을 드러내고자 한다. 마리아의 구속사(救贖史)적인 역할을 강조한다는 것은 구속사의 중심인 그리스도와의 관련해서만 마리아는 의미를 지닐 수 있다는 옛 전통을 다시 한번 확인한 것이다.

가톨릭 신학자 한스 퀑에 따르면 성서에 대한 역사비판적인 연구뿐만 아니라 교회의 에큐메니칼적인 태도에 대해서도 긍정적인 의미를 지닐 수 있는 마리아 이해로 다음의 두 가지 사실을 언급할 수 있다. 첫째, "마리아는 인간 존재이지 천상의 존재가 아니다. 인간으로서, 어머니로서 마리아는 예수의 참된 인간됨에 대한 증인이다. 그러나 동시에 마리아는 예수가 하느님 안에 근거를 가지고 있다는 사실에 대한 증인이기도 하다."10)

둘째, 마리아는 "기독교 신앙의 모범이고 예증이며" "교회의 상이고 전형(典型)"이다. 이러한 사실에서 퀑은 다음과 같은 결론을 도출해낸다. "여하한 경우에도 교회는 겸손한 처녀 마리아에게서 자신을 영화롭게 해서는 안 된다. 그러나 이러한 일은 종종 일어나고 있다. 마리아

---

10) Hans Küng, *Christsein* (R. Piper & Co., Verlag, 1974), S.449.

처럼 교회는 예수 자신 안에 그의 돌이킬 수 없는 중심을 가지고 있는 사건에 통합되고 종속될 때에만 의미를 지니는 것이다. 그 사건의 중심은 마리아나 교회 자신에게 있는 것이 아닌 것이다."[11]

그러므로 마리아는 그리스도에 대한 우리의 신앙을 대표하는 전형적인 인간 존재이다. 마리아의 어머니 됨은 우리의 신앙에 그녀가 모범이 된다는 의미이다.

마리아에 대한 이와 같은 그리스도 중심적인 이해는 교황 요한 바울로 2세의 사도적 권고「구세주의 어머니」(*Redemptoris Mater*)(1987)에도 여실히 강조되고 있다. "마리아의 중재는 온전히 그리스도를 향해 있으며 그리스도의 구원 능력을 계시하려는 데 있다."[12] 교황은「교회헌장」을 인용해서 이렇게 말한다. "사람들에 대한 마리아의 어머니 역할은 그리스도의 이 유일한 중재성을 흐리게 하거나 감소시키지 않을 뿐더러 오히려 그리스도의 능력을 나타내는 것이다." 따라서 "마리아의 중재는 그리스도 안에서 이루어지는 중재인 것이다."[13]

마리아 이해의 기독론적인 환원은 본래 교리적인 차원에서뿐만이 아니라 성서에 관한 탐구와 교회 전통에 대한 연구에서도 그 원류를 찾을 수 있다. 이러한 연구에 따르면 마리아에 대한 관심은 비교적 늦게 생성되었으며, 그것도 기독론적이고 교회론적인 관심에서 이루어졌다. 즉 마리아는 그리스도에 대한 신앙을 위한 모델이 될 때에만 의미를 지니고 등장했다. 마리아는 예수 안에서 일어난 구속론적 사실에 대한 상징이었던 것이다. 마리아가 신학적 의식의 무대에 등장했던 것은 예수 그리스도가 하느님의 영의 활동에 의해서 우리에게 구원을 가

---

11) *Ibid.*, S.452.
12) 요한 바오로 2세,「구세주의 어머니」(한국천주교중앙협의회, 1987), 42면.
13) 같은 책, 71면.

져다주었으며, 그러한 구원은 이미 여기에 존재하고 있다는 사실을 분명히 하기 위함이었다.14) 이러한 관점에서 우리는 판넨베르크의 다음과 같은 주장에 대해서 비록 부분적이나마 동의할 수 있다. "마리아론적인 진술들은… 그러한 주장에 내재하는 의미에서 본다면, 기독론적인 진술들과는 달리 역사적인 사실들에 대한 해석이 아니다. 신 앞에서 인간의 대표자로서 예수에 대한 진술들은 예수가 죽은 자들로부터 부활한 것에 근거해서 신의 계시가 된다는 사실을 말하고 있다. 이것이 기독론이다. 예수의 인간성에 대한 진술도, 그의 보편적인 의미에 관하여, 예수의 역사적 독특성의 전개를 관심하고 있다. 이와는 반대로 마리아에 대한 진술의 뿌리가 전설이라는 것은 우연이 아니다. 이것은 예수의 동정녀 수태라는 전설이다. 비록 이 전설이 본래는 마리아론적인 것이 아니라 기독론적인 견해를 지닌다 해도 말이다."15)

그러나 우리가 비록 마리아 이해가 상징적이고 궁극적으로 기독론적으로 환원된다는 주장을 수긍한다고 하더라도, 기독론적인 주장들은 마리아론적인 주장들과는 달리 '역사적인 근거'를 갖는다는 판넨베르크의 주장에는 설득력이 없다. 마리아의 수태고지(受胎告知) 사건이 '일종의 전설'이라고 하는 말이 옳다면—우리는 그의 주장에 별 어려움 없이 수긍할 수 있다—판넨베르크가 '예수의 역사적 독특성'이라고 여겼던 예수의 부활도 역시 '일종의 전설'이 아닐 수 없다. 이것은 마리아 이해가 그리스도 사건의 실체화를 통해서 전개될 수 없음을 의미한다. 마리아 이해가 기독론으로 환원된다는 말은 마리아 이해가 기독론

---

14) Edward Schillebeeckx, *Jesus: An Experiment in Christology* (The Seabury Press, 1979), S.554.

15) Wolfhart Pannenberg, *Grundzüge der Christologie* (Gütersloher Verlags-haus, 1964), S.145-146.

이 함축하고 있는 인간의 보편적 상황에 대한 조명으로 연결된다는 의
미로서만 받아들여질 수 있다.

2) 마리아 이해에 내포된 인간학적인 의미

근대에 신학의 인간학적 전회(転回) 이래 우리는 우리 자신을 말하
지 않고 신을 말할 수는 없게 되었다. 마리아에 대한 전통 교리적 진술
들 역시도 그것이 인간의 현실에 대한 연관성을 묻지 않고 그대로 반복
진술될 수는 없게 된 것이다.

앞에서도 언급했듯이 마리아에 대한 이해는 기독론 없이는 성립할
수 없다. 그리고 그리스도 이해와 마리아 이해 사이의 공속성(共屬性)
은 하느님의 인간됨을 고백하는 기독론의 경우와 마찬가지로, 마리아
론이 본질적으로 인간 이해를 가리키고 있다는 것을 의미한다. "그리
스도는 인간에게 인간 자신이 누구인지를 분명하게 고지(告知)하셨
고, 인간에게 그의 가장 지고한 소명을 열어 보이셨다."16) 따라서 마리
아가 하느님의 어머니라는 고백은 그리스도가 하느님의 아들이라는
고백과 마찬가지로 하느님 앞에 서 있는 존재로서 인간의 근본 조건을
드러내고 있는 것이다. 동일한 사실을 칼 라너는 다음과 같이 표현했
다. "하느님에 대한 교의는 인간에 대한 교의를 내포하고, 그 일부분으
로서 마리아에 대한 교의를 내포한다."17)

이러한 의미에서 신론은 인간론을 포함하며, 나아가 마리아론 역시
포함한다. 마리아에게 일어난 사건을 통해서 우리는 인간적인 것이 파

---

16) 요한 바오로 2세, 「여성의 존엄」(Mulieris Dignitatem)(한국천주교중앙협의회,
   1988), 8면.
17) 칼 라너, 김수복 옮김, 『주님의 어머니 마리아』(가톨릭출판사, 1992), 27면.

괴되지 않으면서도 신적인 것이 인간적인 것의 깊이에서 나타났다는 사실을 알게 된다. "동정녀 마리아는 천사의 아룀을 들으시고 하느님의 말씀(성자)을 마음과 몸에 받아들이시어 생명의 생명을 세상에 낳아 주셨으므로 하느님이신 구세주의 참 모친으로 인정받으시고 공경받으시는 것이다. … 그러나 마리아도 구원을 필요로 하는 모든 다른 사람들과 더불어 아담 혈통에 결합되어 계실뿐더러 '참으로 그리스도의 지체들의 어머니'이시다. … 왜냐하면 마리아는 사랑으로써 교회 안에 교회의 머리이신 그리스도의 지체들로서 신도들이 태어나도록 협력하셨기 때문이다"[18]

그렇다면 마리아가 하느님의 어머니로 불리는 이유는 무엇인가? 그것은 마리아의 신앙, 곧 일체의 것을 신에게 내어맡긴 마리아의 신앙에서 연유된다. "그분은 당신의 태 안에 잉태하시기 이전에 당신 마음에서, 당신 전존재로서 잉태하셨습니다. 마리아의 신앙이 먼저이고, 그 뒤에 그분이 어머니가 되신 것입니다. 신앙은 또한 마리아께서 영적인 어머니가 되시는 관건입니다."[19]

따라서 마리아가 하느님의 어머니가 된다는 사실은 오직 마리아에게만 배타적으로 해당되는 것은 아니다. 미국천주교주교회의는 아우구스티누스의『그리스도교적 동정성에 대하여』를 인용하면서, 마리아가 하느님의 어머니가 되는 축복의 본질은 "그리스도의 육신을 배태하신 점에서보다도 그리스도의 신앙을 배태하신 점"에 있다는 것을 분명히 한다. 그러므로 아우구스티누스는 "모든 거룩한 동정녀는 그들이 만일 그리스도의 뜻을 행한다면, 마리아와 더불어 그리스도의 어머니

---

18)「제2차 바티칸 공의회 문헌」, 117면.
19) 미국 천주교 주교회의 편, 황종렬 옮김,『우리의 어머니 성모 마리아』(성요셉출판사, 1987), 72면.

가 된다"고 하였던 것이다. 아우구스티누스는 "하늘에 계신 내 아버지의 뜻을 실천하는 사람이면 누구나 다(똑같이) 내 형제요 자매요 어머니이다"(마 12:50)라는 구절을 다음과 같이 주석했다. "그분(예수)은 당신 자신께 대한 이 모든 인척관계를 영적으로 당신이 구원하신 사람들에게서 이루어 나가신다. 그분은 거룩한 갑남을녀를 형제요 자매로 두셨는데, 이들이 하느님의 상속자로서 그리스도와 함께 상속을 받을 공동 상속자인 까닭이다. 전 교회는 그의 어머니이다. 왜냐하면 교회는 하느님의 은총에 의하여 그분의 지체들, 즉 믿는 이들을 낳고 있기 때문이다. 또한 그분의 어머니는 사랑―그들 속에 그리스도가 형성될 때까지 다른 이들을 위해 일하는―에 의해 아버지의 뜻을 행하는 모든 선한 사람들이다."[20]

주교회의는 아우구스티누스의 글을 인용하면서 이렇게 분명하게 밝히고 있다.

"성 아우구스티누스는 '영적인 어머니'를 동정녀 마리아나 다른 동정녀들에 한한 사건으로 한정짓지 않고 있습니다. 그는 좀 더 나아가 다음과 같이 쓰고 있습니다. '깨끗한 마음과 맑은 양심과 순수한 마음에서 우러나오는(딤전 1:5) 거룩한 삶과 사랑으로 하느님께 봉헌된 결혼한 여자들과 동정녀들 모두는 그들이 그리스도의 아버지의 뜻을 행하기 때문에 영적으로 그분의 어머니가 된다.'"[21]

신의 탄생을 가능하게 하였던 마리아의 신앙으로, 혹은 마리아의 신앙과 동일한 내용인 신의 탄생으로, 마리아와 우리는 인간의 근본 조건

---

20) 같은 책, 75면.
21) 같은 책, 76면.

을 통해서 공속되고 있는 것이다. 신의 탄생은, 그것이 인간의 근본 조
건을 드러내 준다는 점에서 마리아와 우리와 연결하는 통로이고, 역으
로 마리아와 우리가 공히 하느님의 어머니가 된다는 사실은 신의 현실
성에 대한 인간 존재 전체의 응답을 의미하는 것이다. 라너가 말하는
대로, "우리는〔마리아의〕모성을 결코 단순히 육체적인 것으로서 보아
서는 안 되고, 거룩한 역사 과정에서 하나의 자유롭고 위격적인 신앙
행위로서 보아야 한다."22)

　　마리아에게서 나타난 하느님의 구원의 행위는 마리아와 우리 사이
의 본질적 동일성을 여실히 보여 준다. 마리아에 대한 공경은 하느님의
현실에 직면해서 인간 존재가 여실히 드러났음을 고백하는 것이다. 왜
냐하면 그것으로 그리스도를 통해서 드러나게 되는 인간 존재의 비밀
이 남김없이 드러났기 때문이다. 인간의 비밀과 분리될 수 없는 신의
비밀은 마리아를 통해서 인간의 현실이 된 그리스도에게서 드러난다.
마리아는 하느님과의 만남을 통해서 모든 인간의 원형이 되었다. 요한
바울로 2세가 「여성의 존엄」에서 밝힌바 그대로이다.

"따라서 '때가 참'이라는 표현은 그 '여인'의 예외적인 존엄성을 선명하
게 부각시키고 있다. 한편으로 이 존엄은 예수 그리스도 안에서 하느님
과의 일치를 향하여 초자연적으로 고양되는 것을 말하는데, 바로 이 고
양이야말로 지상에서나 영원에서나 인간적 실존의 궁극적 목적이라고
볼 수 있다. 이런 관점에서 저 '여인'께서는 전 인류의 대표시요 원형이

---

22) 칼 라너, 『주님의 어머니 마리아』 56면. 그러나 라너는 마리아와 우리의 차이도
　　언급한다. 전자에게는 신의 선물이 처음부터 주어졌으나, 우리에게는 후에 주어
　　졌다는 것이다. 하지만 이것은 신의 은총이 차별적이라는 것을 의미하지 않는다.
　　오히려 신의 은총은 오직 신의 자유로운 은총임을 강조할 뿐이다. 같은 책, 48-49
　　면.

시다. 그분은 남자와 여자를 통틀어 모든 인간에게 속한 인간성을 대표
하신다."23)

마리아의 신앙은 인간의 역사 한가운데에서 완전히 새로운 상황을
드러내고 있다. 즉 하느님은 인간 안에서 자기 자신을 부정하며, 마리
아는 한 인간으로서 자기 자신을 철저하게 하느님을 향해서 개방한다.
마리아에게서 하느님의 자기 부정과 인간의 자기 부정이 매우 철저하
게 현실화된 나머지, 하느님의 현실성이 인간의 현실성으로 탄생하고,
인간의 현실성이 신적인 현실성으로 탄생하게 된 것이다. 마리아에게
서 하느님과 인간 사이의 이른바 "절대 모순의 자기동일"(西田幾多郎)
이 이루어진 것이다.

순례하는 교회의 어머니로서 마리아의 지복(至福)은 그녀에게서
"예수 그리스도 안에서 하느님과 연합함"이 철저하게 이루어진 나머지
마리아가 이러한 연합의 근거가 되었다는 점에 있다. 스스로를 내어
줌으로써 인간과 연합하는 자로서의 신과 신을 향해서 스스로를 개방
한 마리아가 연합함으로써 인간 전체가 하느님과 연합함을 입은 것이
다. 마리아의 지복은 그녀가 자기 자신을 신에게 개방함으로써 우리와
연합하려는 신에게 참여하는 것과 동시에, 신과 연합하려는 인간 전체
를 대표했다는 사실에서 비롯되는 것이다. 존 매퀴리는 이러한 사실을
다음과 같이 표현한다.

"그러므로 동정녀의 복됨은 교회의 복됨을 예시한 것이다. 그것은 지상
의 행복이 아니라 '신과의 유사함'을 의미한다. 이것은 자기 자신을 내어

---

23)「여성의 존엄」, 13면.

주시는 하느님의 사랑에 동참함과 … 화해의 사목활동을 의미한다."[24]

자기 자신을 내어 주는 신의 사랑은 마리아에게서 현실화되었는바, 이것은 인간의 자기동일성에 대한 '근거 없는 근거'이다. 그것이 '근거 없는 근거'인 까닭은 그것이 철저하게 처분 불가능할 뿐만 아니라, 인간 외부에 존재하는 대상이 아니기 때문이다. 마리아에게서 우리는 하느님과 인간의 상호관계성을 경험한다. 그리스도는 하느님 측으로부터 이해된 인간의 현실이다. 이러한 의미에서 그리스도는 하느님의 자기 비움(kenosis)인 것이다. 이를 통해서 인간의 자기동일성이 알려지게 된다. 이와는 달리 마리아는 인간 스스로로부터 이해된 신의 현실이다. 마리아는 신적 현실성 앞에서 인간의 자기 부정이 이루어진다는 사실을 상징한다.

"보십시오, 나는 주의 여종입니다. 천사님의 말씀대로 나에게서 이루어지기를 바랍니다."(눅 1:38)

피아트(fiat)에서 마리아는 자기 자신을 하느님 앞에 있는 존재로 이해한다. 이를 통해서 마리아는 신앙에 대한 완전한 예증이 되며, 동시에 인간성의 충일함의 예증이 된다. 마리아는 완전한 방식으로 구원에 이른 것이다. 그녀의 구원의 가능성으로서 하느님의 아들이 자기 자신에게서 태어났기 때문이다.

마리아의 신앙이 하느님을 향한 철저한 개방이듯이, 하느님 스스로도 마리아에게서 철저하게 자기 자신을 연다. 마리아의 신앙은 하느님

---

24) John Macquarrie, *Principles of Christian Theology* (SCM Press, 1966), S.355.

의 자기 부정, 즉 하느님의 신앙에서 기인한 것이다. 그러므로 마리아의 신앙은, 신앙의 본질이 그러하듯이, 신으로부터 주어지는 은사이다. 그녀는 하느님의 신앙에 의해서 신앙될 뿐이다. 그녀의 신앙이 신앙의 대상인 하느님의 아들을 그녀 자신 안에 탄생시켰다는 사실은, 그녀의 신앙은 그녀 안에 본래부터 존재하는 신적 현실의 발로라는 것을 의미한다. 마리아의 신앙은 하느님 자신의 신앙의 작용〔用〕인 것이다. 그러므로 하느님에 대한 마리아의 신앙은 하느님의 신앙을 통해서 마리아가 신앙에 이르렀다는 방식으로만 이해될 수 있다. 그리고 바로 그것이 마리아의 지복인 것이다. 마리아가 하느님의 어머니라는 사실은 신앙의 객체가 이미 그녀의 복중에 임재한다는 것과 마리아는 자신의 신앙의 객체 안에 들어가 있다는 사실을 의미한다. 마리아의 신앙은 그녀 자신이 그 복중에 신을 동반한다는 사실에 대한 자각을 의미한다.

"천사는 마리아의 집으로 들어가 '은총을 가득히 받은 이여, 기뻐하여라. 주께서 너와 함께 계신다' 하고 인사하였다. 마리아는 몹시 당황하여 도대체 그 인사말이 무슨 뜻일까 하고 곰곰이 생각하였다. 그러자 천사는 다시 '두려워하지 말라. 너는 하느님의 은총을 받았다.'"(눅 1: 28-30)

마리아의 신앙은 이른바 신앙의 '객체'를 낳았다. 마리아의 신앙의 '대상'은 그 '대상'을 신앙하는 마리아의 주체 속에서 탄생하게 된 것이다. 이때 탄생은 이를 통해서 신앙의 주체와 객체가 신앙의 양극(兩極)으로 비로소 현성(現成)하는 사건이다. 그러한 탄생을 통해서 신앙의 객체가 마리아 안에서 살아가게 되고, 마리아를 통해서 탄생함으로써 신앙의 객체는, 역설적으로 표현하면, 사라지게 된다. 비객관화되는 것이다. 이제 마리아에게는 신앙의 주체도 객체도 존재하지 않는다. 그들은 마리아에게 하나가 된 것이다. 마리아는 자기 밖에 있는 하느님을 '믿지 않는다'는 의미에서 '아무것'도 믿지 않는다. 신앙하는 주체와 신앙되는 객체는 마리아에게 하나가 되었다.

마리아의 태(胎) 중은 무이고, 공이다. 그곳은 신의 탄생이 일어나는 장소이다. 마리아에 대해서 교회가 '영원한 왕의 왕궁', '무한하신 분의 거실', '하느님의 거실', '강생의 방', '하느님의 감실(龕室)', '주님의 신방', '그리스도의 거실', '늘 푸르고 기름진 땅', '하늘의 빵이 떨어지는 개간 안 된 들' 등의 공간적 메타포를 사용했다는 사실은 이러한 맥락에서 이해할 수 있다.25) 그뿐만 아니라 영(靈)을 '많은 사람의 어머니'라고 보면서 신을 여성적 이미지로 받아들였던 영지주의자 시므온이 인간의 생명은 하늘의 낙원의 신비적인 의미를 지니고 있다고 말할 때에도 인간의 현실성 이해에 대해서 마리아의 태 중이 지니는 상징성이 밝혀진다.

"낙원을 자궁이라고 다시 살펴보세요. 왜냐하면 이것이 올바른 생각이라는 사실을 성서가 다음과 같이 말해 주고 있기 때문입니다. '나는 너를 만드신 야훼, 너를 모태에 생기게 하시고 너를 도우시는 야훼께서 말씀하신다.'(사 44:2) 비유를 사용해서 낙원을 자궁으로, 에덴 동산은 태반(胎盤)이라고 선언한 것입니다.26)

---

25) 『마리아사전』, 55-57면.

26) E. 페이겔스, 荒井 献/湯本和子 訳, 『ナグ・ハマディ写本』(白水社, 1996), 108頁에서 재인용. 신인식을 인간인식으로 보았던 영지주의에 대해서는, 정통주의에 의한 영지주의 배척의 원인에 대한 재조명 작업과 함께, 새롭게 접근해야 할 주제임이 틀림없다.

그녀의 겸손은 그녀가 무가 되었음을 의미한다. 그녀가 겸허하게 "저에게 이루어지이다"고 말했을 때 마리아는 신과의 합일에 의해서 참된 주체가 된 것이다.

"하느님과 '하느님의 어머니'(theotokos)의 특별한 일치는 모든 인류에게 주시기로 초자연적으로 예정된 아버지와의 일치를 가장 탁월한 방법으로 실현시키는 것이다. 그러므로 이 일치는 순수한 은총이요 성령의 선물이다. 그러나 동시에 마리아께서는 믿음의 응답을 통하여 당신의 자유로운 의지를 행사하시고 육화(肉化)의 사건 안에서 인격적이요 여성적인 '자아'를 충분히 실현시키신다. 자신의 긍정적 응답(fiat)을 통하여 마리아께서는 하느님과의 일치에 있어서 진정한 주체가 되신다."27)

마리아는 '진정한 주체', 즉 '무위(無位)의 진인(眞人)'이 되었다. 마리아에게서 신의 절대적 주체성과 인간의 자유로운 주체가 만난다. 그녀는 두 개의 절대적으로 자유로운 주체가 만나는 장소이다. 그들은 서로 만남을 통해서 비로소 주체로서 현성한다. 그들, 곧 신과 인간은 실체화될 수 없는 것이다. 마리아에게서 신의 아들이 탄생한다는 사실이 이것을 가리킨다. 라너는 이를 일러 마리아가 "가장 완전한 방법으로 구원되었다"고 말한다. "그녀는 자기 신적 아들의 구원업적의 가장 멋있는 결과이다."28) 그러므로 마리아에게서 드러난 '가장 완전한 구원'이란 구원의 주체(＝신앙의 객체)와 구원의 객체(＝신앙의 주체)가 혼융일체가 되는 사건을 의미하는 것이다. 마리아의 "피아트로 인간의

---

27) 「여성의 존엄」, 14면.
28) 칼 라너, 앞의 책, 37면.

바람과 신의 선물은 하나가 되었다. … 그녀는 자기 자신의 구속의 공속자(共贖者)가 되었다"29)는 스킬레벡스의 주장을 우리는 마리아의 신앙은 신앙의 주체와 객체를 하나로 융합하여 비실체화시키는 장소라는 의미로 받아들일 수 있다.

마리아에게서 신이 탄생했다고 고백함으로써 우리는 마리아를, 또는 마리아가 상징하고 있는 신앙을, 신적인 것과 인간적인 것이 비대칭적인 방식으로 만나는 거울이라고 보는 셈이다. 하느님은 마리아에게서 인간이 됨으로써 하느님 자신이 아니기를 원했고, 인간은 마리아에게서 신을 향한 투명한 존재가 되었다.30) 신과 인간은 마리아에게서 마치도 무가 무와 마주 서 있는 것처럼 만난다. 자신을 무화(無化)하는 신의 무와, '복종하는 처녀'로서의 마리아의 무는 신의 현실과 인간의 현실을 동시에 포괄하는 현실의 탄생으로 실현된다. 바로 그러한 이유로 마리아 이해에서 중요한 것은 마리아 자신이 아니라 신과 인간의 관계의 현실성을 의미하는 그리스도이다. 그리스도에게서 마리아의 무자성과 신의 무자성은 서로 만나서 신과 인간으로 비로소 현성하는 것이다.

이러한 관점에서 마리아가 '원죄로부터 지켜졌다'는 이른바 '무염시태'(無染始胎)에 대한 교리도 이해할 수 있다. 이것은 "원죄가 인간에게서, 또는 인간 자체에 대한 자연적 결핍에 대한 진술이 아니라 신-인(神-人)의 관계에서만 의미를 갖는 관계의 진술"임을 가리킨다. 다시 말해서 마리아의 신앙은 신과 인간의 근본적 관계 파괴로서의 원죄를 벗어나 있다는 말이다.31)

---

29) E. スキレベークス, 伊藤庄治郎 訳,『救いの協力者 聖母マリア』(聖母の騎士社, 1991), 114-116頁.
30) Vgl. Karl Rahner, *Grundkurs des Glaubens Herder* (1984), S.223.

하느님의 어머니라는 말로 표현된 마리아와 인간의 무자성에 대한 이러한 자각은 우리를 불교적 인간 이해로 자연스럽게 인도한다. 불교적 인간 이해에서 중요한 것은 다름 아니라 연기적 관계 속에서의 무자성(無自性)이기 때문이다. 그리고 자신의 무자성을 자각한 존재를 가리켜서 보살이라고 부르기 때문에, 우리는 보살이 의미하는 바를 논구하게 되는 것이다.

3. 불모(佛母)로서의 보살

1) 보살 개념의 의미

대승을 보살승(菩薩乘)이라고 부를 만큼 대승불교에서 보살의 중요성은 이미 주지의 사실이다. 보살이라는 관념의 출현에 대해서는 이론이 분분하다. 그중 히라가와의 주장이 흥미로운데, 그는 보살이라는 개념이 '연등불 수기'(燃灯仏 受記)의 사상과 관련이 있다고 한다. 그의 주장에 따르면 먼 과거에 바라문이었던 석존이 연등불(=定光如来)을 보고서 반드시 부처가 되겠다고 원을 세우자, 연등불이 그대는 미래세에 깨달은 사람, 곧 붓다가 되리라고 기별(記莂), 즉 예언을 해주었다는 것이다. 히라가와는 이어서 다음과 같이 말한다.

"석존은 이때 장차 부처가 되리라는 기별을 받았기 때문에, 그 이후 석존이 수행한 것은 깨달음[菩提]을 실현코자 노력하는 사람, 즉 깨달음

---

31) 요셉 랏징거, 김정희 역, 『시온의 딸』(성바오로출판사, 1990), 60-61면.

을 구하는 사람이 되었음을 의미한다. 이 '깨달음을 구하는 사람'이 바로 보살이다. 수기(授記)를 받은 후 석존은 자각적으로 보리를 구하고자 노력하고 육바라밀(六波羅密) 수행에 힘썼던 것이다. 그는 수기를 받음으로써 성불한 것임이 확정되었을 뿐만 아니라 스스로 그것을 알고 있었다. 그러나 그는 아직 불타(仏陀)가 아니다. 이 수행자는 수기를 받지 않은 사람과 구별되어야 한다. 이와 같은 구별이 부득이 필요함에 따라 보살이라는 말이 만들어졌던 것인지도 모른다. 적어도 이런 사람은 보리를 구하는 사람으로서 보살이라 불리기에 합당한 사람이다."[32]

부처의 전생(前生)을 이야기하는「자타카」에서도 보살은 지식이 아직 잠재적이어서 발달되지 않은 사람을 지칭하는 말로서 쓰였다.「법구경」(法句経)에서 고타마 보살이 출가했던 것은 지(知)가 미숙하고 깨달음이 미숙한 때였다고 설해진다든지,「대지도론」(大智度論)에서도 "아직 불도(仏道)를 이루지 못하고, 마음에 애착이 있으며, 깨달음을 얻고자 하는 마음이 있으므로 보살이라고 한다"는 표현이 있는 것을 보아도 보살은 부처의 정각(正覚) 이전의 상태를 지칭한다.[33]

대승불교로 발전하기 이전인 소승계의 상좌부와 대중부에서는 보살의 의미가 조금씩 다르게 사용되었다. 상좌부에서는 보살을 역사적인 석가모니와 직결시켰다. 그래서 석존을 부처로 본다기보다는 객관적으로 보는 경향이 강했으므로 보살은 성도(成道) 이전의 석존이라고 여겨졌다. 그래서 보살은 성도하기 이전이므로 '불지(仏智)를 얻고자 수행하고 있지만 아직 불지를 얻지 못한 자'로서 여겨졌다.[34]

---

32) 平川 彰, 『初期大乗仏教の研究』(春秋社, 1968), 170頁.
33) 杉本卓洲, 『菩薩』(平樂寺書店, 1993), 195頁 이하.
34) 干潟龍祥, "菩薩思想の起源と展開", 宮本正尊 編, 『佛教の根本眞理』(三省堂,

그러나 대중부에서는 보살의 기원적인 의미를 좀 더 폭넓게 받아들여서 대승계(大乘係)에서의 보살관으로 이어지는 교량 역할을 하였다. 그리하여 보살은 석존의 미성도시(未成道時)의 상태라는 제한적인 이해를 벗어나서 이상화되었으며, 그 결과 그 몸과 마음이 함께 불타에 준하는 초인적인 존재로서, 불지(仏智)를 가지고 있으면서도 중생구제의 원행(願行)을 이루는 전적으로 대승적인 존재로 여겨지게 되었다. 그리하여 "보살은 유정(有情)을 이익되게 하려고 일부러 악취(悪趣)에 살고, 뜻을 따라서 능히 행한다"는 표현이 가능했던 것이다.

대승계에 오면 보살의 의미는 크게 두 가지로 나뉜다. 즉 보살은 '행자(行者)의 자각에서의 보살'과 '신앙의 대상으로서의 보살'로서 이해되었다. '신앙의 대상으로서의 보살'은 석가보살과 일반원의 보살, 그리고 특수원의 보살로 또 세분화되었다. 이러한 사실은 상좌불교의 틀을 벗어나 불교를 모든 이에게 접근시키기 위해서 새로운 불교운동을 지향했던 사람들이 보살의 이미지를 적극적으로 받아들였다는 사실과, 대승불교로의 발전이 "불멸(仏滅) 이후의 재가신자에 의한 사리(舎利) 공양에서 시작해서 부파교단과 병행하여 존재했던 불탑 신앙집단의 찬불(讃仏) 신앙적 불교로 진행되었다"35)는 사실과도 합치하는 것이다. 보살은 이로써 '석존(釈尊)의 성도(成道) 이전의 상태'라고 하는 협소한 의미를 벗어나서 이제는 누구라도 작불(作仏)의 서원을 세워 보살의 도에 정진한다면 그 사람이 바로 보살이고, 장래에 반드시 성불할 수 있다고 하는 '범부보살' 사상으로 발전하게 되었다.

보살은 이렇게 대승불교에 와서는 깨달음을 추구하는 모든 존재자

1956), 233頁 이하.
35) 三枝充悳, "보살과 바라밀", 平川 彰(外) 편, 정승석 역, 『大乗仏教概論』(김영사, 1984), 133면.

를 의미하는 방식으로 그 의미가 확장되었다. 보살이란 깨달음을 추구하는, 참된 자기 자신을 추구하는, 존재자이다. 그래서 결론적으로 보살이란 "보리(菩提)를 구하고자 머무르는 유정(有情)으로서, 보리를 얻게 될 것임이 확정되어 있는 유정"으로 이해할 수 있을 것이다.36)

2) 문수보살과 관세음보살

앞에서도 거론했듯이, 지혜를 추구하는 모든 중생이 보살이라고 하더라도 보살들 가운데에는 중생을 가르치고 돕는 뛰어난 보살들이 있다는 사상이 형성되기에 이르렀다. 그들은 자신들의 구원의 도중에서 수많은 중생을 돕는 존재로 인식되었다. 즉 그들 보살들은 한없는 자비심을 발휘하여서 자신들이 열반에 들어가는 것조차도 유보한 존재들이다. 그들은 모든 중생이 윤회의 사슬을 끊고 열반에 들기까지 자신들의 열반행을 포기한 존재들이다.37)

그중 대표격 보살이 문수보살(文殊菩薩)과 관세음보살(観世音菩薩)이다. 이들이 다른 것은 그들이 세운 서원이 다르기 때문이다. 문수는 지혜를 상징한다.38) 그래서 문수보살을 가장 빈번하게 다루는 불전은 반야부(般若部)이다. 문수는 반야의 교설을 가르치는 보살로 묘사되는 것이다.

문수가 지혜를 상징하고, 지혜란 곧 공관(空観)을 의미함으로 문수는 제불보살(諸仏菩薩)의 부모로까지 묘사되기도 할 만큼, 모든 보살

---

36) 같은 글, 118면.

37) 干潟龍祥, 앞의 글, 238頁.

38) 「文殊師利般涅槃経」은 문수보살을 역사적 실재 인물로 묘사하고 있으나, 대부분의 경전은 그를 상징적 인물로 간주한다. 참조 鄭柄朝, 『文殊菩薩의 研究』(韓國佛教研究院, 1988), 87면 이하.

중에서 가장 중요한 위치를 차지하고 있다.

"이제 우리는 세존께서 三十三相八十種好를 얻으신바, 威神尊貴한 시방일체중생에 나타나셨던 제불은 모두 문수사리의 제자였다. 当来의 사람들 역시 그 문수사리보살의 威神恩力을 입을 것이다. 비유컨대 세간의 어린이들에게 부모가 있듯이, 문수보살은 仏道 중의 부모이다.39)

부처의 본질이 깨달음에 있고, 그 깨달음의 핵심이 바로 반야이기에 반야 내지는 법을 불모(佛母)라고 하듯이, 제불보살이 문수를 불모로 한다는 것은 곧 문수가 반야와 동일하다는 의미가 된다. 문수가 불모가 되는 것은 문수라는 상징적—또는 역사적—존재에 국한되는 것이 아니다. 문수는 곧 반야를 상징하고, 반야의 지혜는 부처가 부처가 되는 핵심이기 때문에, 반야의 상징인 문수가 불모가 된다는 사실은 문수의 본질인 반야가 곧 부처를 낳는다는 말이다. "佛은 보살로부터 태어난다"는 「入中論」의 언설도 佛은 지혜, 깨달음으로부터 태어난다는 말이다.40) 따라서 앞에서 말했듯이 지혜로서의 문수로부터 수많은 부처와 보살이 태어나며, 지혜의 상징 문수는 불모(佛母)라고 불리는 것이다. 불모로서의 문수는 그가 상징하는 지혜로 말미암아 영원한 푸르름의 상징인 동자(童子)로 묘사되는 경우가 많다. 동자는 천진무구(天真無垢)함, 곧 동정성(童貞性)을 상징한다.
　그런데 이러한 보살의 요체는 곧 '대비심(大悲心)과 무이지(無二智)

---

39) 같은 책, 89면에서 재인용.
40) 小川一乗, "菩薩の大悲について", 日本仏教学会 編, 『菩薩観』(平樂寺書店, 1986), 143頁.

와 보리심(菩提心)'이다. 따라서 보살의 지혜는 곧 중생에 대한 보살의 자비심과 동일어이다. 이러한 자비심을 상징하는 보살이 곧 관세음보살이다. 그래서 민간신앙에서 관음은 모든 이를 감싸고 돌보는 여신(女神)의 모습으로 받아들여지기도 하였다. 관세음보살은 구고구난(救苦救難)의 서원을 세운 보살이다. 관세음보살은 공관(空觀)의 실천을 통해서 피안의 세계에 도달한 보살이다. 즉 반야바라밀의 주체적 실천자인 관자재보살(觀自在菩薩)이 바로 반야교설의 대표적 보살인 셈이니, 문수와 관음은 하나의 동일한 깨달음에 대한 다른 표현이라고 할 수 있다.41)

4. 「승만경」(勝鬘経)과 보살사상

부처의 보편화와 더불어 부처는 내재적인 존재로 이해되었다. 부처는 바로 중생의 무지(avidya) 속에 거하고 있다. 즉 모든 중생은 불성을 가지고 있는 것이다. 우리는 이러한 일련의 가르침을 여래장사상이라고 부른다. 그것은 불성의 편재를 주창하는 사상이다.

이러한 여래장 사상은 소승불교에서 대승불교로 변환하는 데 결정적인 역할을 하였다. 왜냐하면 그것은 중생과 부처의 본래적인 존재론적 동일성을 확립함으로써 모든 중생에게 성불의 가능성을 활짝 열어주었기 때문이다. 이때 장(蔵, garbha)이란 두 가지 의미를 지니고 있다.

(1) 인간은 자신 안에 성불의 가능성을 지니고 있다. 혹은 문자적으로 번역하면, 인간은 그의 몸 안에 부처의 탄생을 위한 자궁을 지니고

---

41) 목정배, "観音信仰과 Humanism", 仏教文化研究院 編, 『韓国観音信仰研究』
    (동국대학교출판부, 1988), 307면 이하.

있다.

(2) 인간은 유아 상태에 있는 부처이다. 그는 여래의 품에 안겨 있는 존재이다.

여래장사상은 중생과 부처의 본질적 일치를 강조했을 뿐만 아니라 인간의 현실적인 소여성을 드러낸다. 즉 인간은 그의 무지에서 자신의 불성을 알지 못한다는 의미이다. 이러한 무지는 그러나 확고한 신앙으로 극복할 수 있다. 이 신앙은 성불의 가능성에 대한 신앙인 것이다.[42]

대승불교의 보살사상과 여래장사상에 대한 고전적인 예는「승만경」(勝鬘経)에서 찾아볼 수 있다.[43]「승만경」은 친정의 양친에게 받은 편지를 읽은 승만 부인이 바로 입신(入信)을 결의하고 부처의 모습을 보기를 간절히 원하자, 부처가 공중에 모습을 나타내었으며, 승만 부인은 부처를 찬양하고, 이어서 서원을 세우며, 부처의 뜻을 받아서 대승을 설한다는 내용이다.

여기에서 경전의 주인공이 여성이라는 사실은「승만경」의 사상 내용과는 그다지 관계가 없을지도 모른다. 다만 부처 당시의 여러 나라에서 주로 여성들의 손에 의해서 불교가 왕궁에 전파되었다는 역사적 사실을 반영한다는 측면은 있을 것이다.

하지만「법화경」이나「무량수경」등 다른 대승경전들이 "여성은 먼저 남자로 변하지 않으면 구원되지 못한다"〔変成男子〕는 편견을 보이는 반면,「승만경」은 이와는 정반대로 여성을 주인공으로 내세운다는

---

42) 高崎直道,『如来蔵思想の形成』(春秋社, 1974), 63頁, 767-768頁. 여인들도 성불할 수 있는 것은 이러한 확고한 신앙 때문이다. 히라가와 아키라, 심법제 옮김,『초기 대승불교의 종교생활』(민족사, 1989), 281면 이하.

43)「승만경」에서의 인용은 睦楨培 訳,「勝鬘経」(東国大学校附設訳経院, 1978)에 의존하였다. 참조 渡辺照宏, "勝鬘経に現われた菩薩道", 西 義雄 編,『大乗菩薩道の研究』(平樂寺書店, 1968), 319頁 이하.

점에서 대승경전 가운데에서도 성차별에서 벗어난 경전이라고 할 수 있다.44)

파사닉(波斯匿) 왕은 부인과 함께 불법(佛法)을 믿기 시작한 지 얼마 되지 않아서 자신들의 딸인 승만에게도 불법을 전해 주어 깨닫게 하기 위해 딸에게 편지를 보내기로 하였다. 이 말을 들은 말리(末利) 부인은 "지금이 바로 그때입니다"라고 대답했다. 왕과 부인은 딸에게 부처의 가르침에 대해서 편지를 쓴다. 편지를 받아 읽은 승만 부인은 바로 다음과 같이 노래하는데 여기서 우리는 마리아의 노래를 연상할 수 있다.

내 듣자니 부처님의 음성은

세상에 일찍이 없었던바,

말과 같이 참으로 진실한 이라면

마땅히 공양을 닦아야 하리.

우러러 생각건대 부처님께서는

널리 세상을 위하여 나타나셨으니,

응당 애민을 드리우시어

반드시 나로 하여금 보게 하시리.

이와 같은 생각을 하고 있을 때

부처님 허공 중에 나타나시어

밝은 광명 널리 비추어

비할 바 없는 몸을 나타내 보이셨네.

승만 부인과 그 권속들

---

44) 渡辺照宏, 같은 글, 321頁.

머리를 발에 대고 예를 올리며
맑고 깨끗한 마음에 감동이 있어,
부처님의 참된 공덕 찬탄들 하네.

승만 부인은 여래의 공덕과 불가사의함을 찬탄한 후 여래에게 자신을 내어 놓는다. "공경히 예배합니다", "이 때문에 내 지금 귀의합니다", "내 지금 법왕(法王)께 귀의합니다", "내 지금 공경히 예배합니다"를 반복해서 부처님께 바친다. 승만 부인은 다음과 같이 귀의하면서 두면(頭面)을 발에 대고 부처님에게 예배한다.

"가이없는 법문에 경례하오며,
불가사의함에 경례합니다.
불쌍한 마음으로 저를 보호하여
법의 종자 자라게 하옵소서.
今生에서 後生에도
원하옵니다, 부처님이 언제나 거두어 주시기를.
…
저는 이미 공덕을 지었으니,
현재에도 또 미래에도
이 같은 여러 善根으로,
오직 원하옵나니 攝受하심을 보여 주소서."(20-21)

이러한 승만 부인의 귀의와 예배를 들은 부처님은 승만 부인에게 나타나 말씀하셨다.

"그대는 여러 진실한 공덕을 찬탄하였으니 이 공덕으로 한량없는 아승지겁 동안에 마땅히 다시 한량없는 아승지 부처님을 공양하기를 이만 아승지겁을 지나 마땅히 普光如來·応·正遍知라는 이름의 부처님이 될 것이다. 그 부처님의 나라에는 갖가지 나쁜 일이나 늙고, 병들고, 쇠하고, 번거로운 일이나 뜻에 맞지 않는 고통이 없다. 또한 가지가지 악업의 이름도 없다. 그 나라의 중생들은 몸과 기운과 수명과 오욕이 모두 구족하고 모든 것이 즐거워 他化自在의 諸天보다도 나을 것이다. 그 세계에는 깨끗하고 한결 같은 대승에서 모든 선근을 닦아 익힌 중생만이 모두 그곳에 모일 것이다."(23-24)

이처럼 승만 부인이 부처로부터 수기를 받을 때 거기 모였던 수많은 중생도 그 나라에 왕생하기를 기원했는데, 부처는 그들도 모두 왕생할 것이라고 수기했다.

마리아가 천사의 수태고지를 들었듯이, 승만 역시 수기(授記)를 받았다. 즉 부처로부터 미래에 일어난 증과(証果)의 내용을 미리 들었던 것이다. 수기라고 하는 것이 부처가 될 가능성을 잉태한 자와, 그러므로 아직은 부처가 되지 못하였지만 부처가 되고자 발원한 자 사이에서만 가능하다는 사실을 염두에 둔다면, 승만에게 주어진 수기란 승만과 부처 사이의 일치, 곧 보살로서의 승만의 모습을 여실히 보여 준다. 즉 수기에서는 깨달음을 "열어 보여 주는 쪽과 그 열려진 세계로 들어오려는 쪽이 한 자리에 마주하지 아니하면 안 된다."(목정배의 해설, 29) 승만의 호응(呼応)은 승만 안에 내재하는 불성의 자기외화(自己外化)였던 것이다. 승만에게 부처가 되리라고 약속해 준 부처가 바로 승만이 되려는 부처이기 때문이다. 승만에게 성불의 시작과 마지막은 일치한다.

마리아가 자신을 비움으로써 신을 영접했듯이, 승만 부인 역시 직접 부처를 만난 적이 없으면서도 한 장의 편지를 읽고서 부처에게 귀의했다. 부처는 승만 앞에 나타나 "자비의 손으로 哀愍하여 줄 것"을 기원하는 승만에게 미래 영접을 통하여 승만을 섭수할 것을 약속한다.

승만은 자신 안에 깨달음의 씨앗이 뿌려졌다는 사실에 대단히 놀란다. 이른바 모든 중생이 여래를 지니고 있다는 여래장사상이 여기에서 드러난다. 「승만경」은 여래장사상을 설한 초기 경전에 속한다. 승만의 이러한 놀라움과 경탄은 비천한 자신에게 신의 계획이 알려졌을 때의 마리아의 놀라움과 같은 것이다.

"성스러운 진리, 즉 聖諦란 매우 깊은 이치를 말하는 것입니다. 매우 미세하여 알기 어렵습니다. 생각으로 헤아려 알 수 있는 경계가 아닙니다. 이것은 지혜로운 사람이 알 수 있는 것입니다. 일체의 세간에서는 능히 믿지도 못할 것입니다. 왜냐하면 이것은 깊고도 깊은 여래장을 설한 것이기 때문입니다. 여래장이라고 하는 것은 여래의 경계이고, 일체의 모든 성문과 연각이 알 수 있는 바가 아닙니다. 여래장의 자리에서 성스러운 진리의 이치를 설하는 것입니다. 여래장의 자리가 매우 깊고 깊은 때문에 설하는바 성스러운 진리 또한 매우 깊습니다. 미세하여 알기 어렵고 머리 속의 생각으로 헤아려 알 수 있는 경계가 아닙니다. 이것은 지혜로운 사람이 알 수 있는 것이며 일체의 세간 사람들은 능히 믿지도 못합니다."(110-111)

승만은 "여래법신은 煩惱藏을 떠나지 않은 如来藏이라고 이름합니다"(117)라고 말함으로써 여래장이 궁극적으로 신앙 차원의 것임을 분명히 한다. "여래장이란 일체의 모든 아라한과 벽지불, 그리고 큰 힘을 가진 보살들이 본래부터 볼 수 있는 것도, 얻을 수 있는 것도 아닙니다"(121)라는 말은 이러한 뜻이다. 이것은 "만약 한량없는 번뇌장에 감싸여 있는 여래장에 대해 의혹을 일으키지 않으면, 한량없는 번뇌장을 벗어난 법신에 대해서도 의혹을 일으키지 않을 것"이라고 하는 말에서도 분명히 드러난다. 이러한 사실은 승만에게 내리는 부처의 말씀에서도 분명히 드러난다.

"만약 나의 제자로서 따라 믿고, 그 믿음이 더욱 깊어지는 사람이라면 밝은 믿음을 의지하여 법의 지혜를 기꺼이 따르고 드디어 究竟을 얻게 된다."(144)

부처에게 수기를 받은 승만은 십대서원(十大誓願)을 말한다. 이 십대서원이야말로 위로는 보리를 구하고, 아래로는 중생을 구도하는 보살의 길, 바로 그것이다. 승만의 일곱 번째 서원은 이렇다.

"세존이시여, 저는 오늘부터 보리에 이를 때까지 … 모든 중생을 위하여 애착하지 않는 마음과 만족함이 없는 마음과 거리낌이 없는 마음으로 중생들을 거두어 들여 교화하겠습니다."(31)

나아가 승만은 부처에게 삼대원(三大願)을 발한다. 자리(自利)와 이타(利他)의 보살도의 궁극적 모습이 여기에서 드러난다.

"이 진실한 서원으로 헤아릴 수 없고 가이없는 중생들을 편안하고 안온하게 하려 하오니 이 선근으로써 일체의 생에 정법의 지혜가 얻어지기를 바랍니다. 이것을 제일대서원이라고 합니다.

제가 정법의 지혜를 얻은 후에는 싫어함이 없는 마음으로 중생들을 위하여 연설하겠습니다. 이것을 제이대서원이라고 합니다.

제가 바른 진리를 거둬들이고는 몸과 목숨과 재산 등을 버려 정법을 보호하고 지켜나가겠습니다. 이것은 제삼대서원이라고 합니다."(40)

승만은 자신이 네 가지 큰 책임을 지고 있음을 또한 부처에게 아뢴다. 네 가지 큰 책임이란 "선지식을 여의고 진리가 아닌 것을 들은 중생들을 人·天의 선근으로써 성취시키고, 声聞(성문)을 구하는 사람에게는 성문으로써 縁覚(연각)을 구하는 사람에게는 연각으로써, 대승을 구하는 자에게는 대승으로써 각각 가르쳐 주는 것"(49)이다. 다시 말해서 불법에 도달하는 모든 방편을 총동원하여 중생을 깨달음으로 인도하는 것이다. 그러고 나서 승만은 이러한 존재야말로 "진리의 어머니"〔法母〕라고 말한다.

"세존이시여, 이와 같이 바른 법을 거두어들이는 선남자 선여인이 대지를 건립하여 네 가지 무거운 책임을 감당한다면 널리 중생들의 청하지 않는 벗이 되어 자비로운 마음으로 중생들을 위로하고 불쌍히 여겨 세상에서 진리의 어머니가 되는 것입니다."(49-50)

그러므로, 앞에서도 인용했듯이, 중생들의 무거운 짐을 져주는 "보살로부터 부처가 태어난다. 大悲心과 無二智와 菩提心은 보살의 因이다"는 「인중론」(入中論: 찬드라키르티 저)의 말을 이해할 수 있다.

여래장사상을 설하는 「승만경」에서 가장 중요한 것은 신앙이다. 「승만경」이 부처에 대한 찬양으로 시작해서 부처에 대한 신앙으로 귀착하는 것도 이러한 사실과 일치한다. 승만 부인은 신앙으로 부처의 수기를 받고, 자신 안에 부처의 가능성이 들어 있음을 발견했다. 출가하지도 않은 승만 부인은 단지 그 부모의 편지에 근거해서 부처에 대한 확고한 신앙을 얻게 되었다. 승만 부인은 노래를 불러 부처를 찬양하며 부처에게 귀의했다. 부처는 이에 응해서 승만에게 성불을 약속한다(受記). "그대는 여래의 진실한 공덕을 찬탄하였으니 이 공덕으로 한량없는 아승지겁 동안에 마땅히 천상과 인간에서 자재로운 왕이 될 것이다. 태어나는 곳, 어디에서나 항상 나를 볼 수 있을 것이며, 내 앞에서 찬탄하기를 지금과 다르지 않을 것이다. 마땅히 다시 한량없는 아승지 부처님을 공양하기를 이만 아승지겁을 지나 마땅히 보광여래(普光如來), 응(応), 정변지(正遍知)라는 이름의 부처님이 될 것이다."(23-24)

5. 보살과 마리아

1) 신앙과 자각의 일치

역사적으로 볼 때 예수와 마리아는 아시아에서 일찍부터 보살의 이미지로 수용되었다. 네스토리아니즘이 중국 당에 전파되었을 때 예수는 보살로 그려지고 고백되었다. "경교는 마니교와 마찬가지로 한역경전 중에서 불전(佛典)의 용어나 도가(道家)가 사용하는 문자들을 다수 받아들였는데, 이것은 중국인의 이목에 친근한 느낌을 주었을 것이다. 또 예수, 마리아, 사도들의 그림도 불상, 보살상 등의 형식을 모방했다는 사실도 간과해서는 안 될 것이다. 돈황(燉煌)에서 슈타이너가 발견한 그림 중에는 일견 지장보살(地藏菩薩)과 같은 것이 보이는 것도 머리 부분에는 경교비에 있는 십자가와 같은 것을 그렸는데, 바로 이것이

기독교 관계의 그림들이라는 것을 의심하지 않는 것은 이러한 저간의 소식을 전하고 있다."[45]

또한 16세기에 가톨릭이 일본에 전해졌을 때 마리아는 어머니적인 사랑의 화신인 마리아 관음으로 표상되었다. 불교적 종교권인 아시아에서 예수는 보살로 수용되어야 한다는 주장이 설득력을 지니고 있는 것도, 이러한 역사적 사실로 뒷받침된다. 종교학자 길희성은 그의「예수, 보살, 자비의 하느님: 불교적 관점에서 본 그리스도론」이라는 논문에서 보살의 존재 근거로서의 공성과 예수의 존재 근거로서의 사랑은 결국 동일한 실재를 가리킨다고 하면서 예수를 보살로 고백하고 있다.[46]

기독교 신앙에서 마리아에 대한 고백이 예수 그리스도 안에서의 하느님의 인간됨에 대한 긍정이듯이 불교적 신앙세계 내에서의 보살신앙도 모든 중생이 깨달음을 통해서 부처가 될 수 있다는 신앙을 의미한다. 따라서 마리아가 하느님의 어머니인 것처럼 보살은 부처의 어머니인 것이다.

마리아를 신의 어머니로 고백하도록 해준 결정적인 요인은 마리아의 신앙이었다. 그런데 이 신앙은 자신 안에 존재하는 신의 태아에 대한 자각을 의미한다. 그러므로 마리아의 신앙이 하느님을 낳았다는 것은 마리아가—나아가서는 마리아가 대표하는 인간 모두가—자신 안에 존재하는 신을 자각한다는 의미일 것이다. 하지만 신앙이 인간의 자가발전이 아닌 이상, 마리아의—우리의—신앙은 우리 안에서 신이

---

45) 溝口靖夫,『東洋文化史上の基督教』(理想社, 1941), 234-235頁. 참조 佐伯好郎,『支那基督教の研究 I』(春秋社, 1943).

46) 길희성,『포스토모던 사회와 열린 종교』(민음사, 1994), 291-357면; 拙著,『대지와 바람: 동양신학의 조형을 위한 해석학적 시도』(다산글방, 1994), 181-221면.

신 자신을 향하는 신앙임은 당연한 일일 것이다. 마리아의 피아트는 인간의 자기 비움의 고백인 동시에 자기 자신을 신이 신을 보는 장소로 자각함을 의미한다.

그러므로 신앙이 인간의 자가발전이 아니라는 말은 인간이 자신의 존재의 깊이에서 자기 자신을 발견한다는 말과 동근원적이여야 한다. 그렇지 않을 경우 신앙이란 인간의 외부에서, 인간과는 관계없이 진행되는 일에 불과하다. 신이 신을 보는 것으로서의 신앙은 인간이 자신의 존재 깊이에서 인간 자신을 보는 자각과 동전의 앞뒷면을 이루지 않으면 안 될 것이다.

이러한 신앙과 자각의 일치는 보살에 대해서도 말할 수 있다. 보살이 불모가 되는 까닭은 보살이 부처의 깨달음의 본질인 지혜를 지니고 있기 때문이다. 보살은 자신 안에 있는 불성을 자각함으로써 부처를 낳는다. 그러나 보살이 자신 안에 있는 불성을 자각한다고 하는 것은 보살 안에 내재하는 불성, 내지는 반야지의 자기지(自己知) 이외에 다른 것이 아니다. 그러므로 보살이 부처를 낳는다는 말〔佛母〕도, 마리아가 하느님을 낳는다〔theotokos〕는 말처럼, 보살과 마리아가 깨달음과 신앙에서 깨닫는 자와 깨달음의 '대상', 신앙하는 자와 신앙의 '대상'으로서 현성한다는 사실을 말해 주고 있다.

절대적이며 자기 자신을 내어 주는 하느님에 대한 신앙의 전형으로서의 마리아는 자기 자신을 내어 주는 지혜로서의 보살로 수용될 수 있을 것이다. 지혜는 곧 동체대비를 의미하며, 이는 보살의 본질인 신앙과 이타행을 뜻한다.

마리아의 신앙은 신앙의 대상으로서 하느님을 탄생시켰다. 이로써 마리아는 이미 하느님 안에 있었으며, 신은 마리아 안에 있었다는 것이 드러난다. 마리아의 신앙은 따라서 자신에게 내재하는 하느님의 존재에 대한 깨달음인 것이다. 이 신앙과 깨달음이 신을 낳았지만, 그것은 마리아 안에 존재하지 않던 것을 마리아가 산출해낸 것은 물론 아니다. 마리아는 자신 안에서 스스로를 드러내고자 하는 신에게 자신을 개방했던 것이다. 이처럼 신과 마리아가 상호 포괄적인 존재임은 신의 아들이며 인간의 아들인 그리스도 안에서 실현되었다. 그와 같은 상호 포괄은 불교에서 보살의 존재방식으로 이해된다. 보살의 존재조건은 그가 이미 부처 안에 있으며, 동시에 그가 부처의 어머니라는 사실에 있다.

보살은 모든 사물이 공(空)하다는 사실을 깨달은 존재이다. 공은 그러나 자기 자신만으로 존재하는 것은 존재하지 않는다는 깨달음을 의미한다. 모든 사물은 연기 관계 속에 존재한다. 그러므로 공은 연기와 동의어이고, 연기-공이라고 한 묶음으로 파악된다. 보살이 공을 깨달았다는 것은 그가 자기 자신을 다른 존재와의 무한한 연관관계 속에 있는 존재로 깨달았다는 사실을 의미한다. 그래서 유마는 모든 중생이 병들었으므로 나도 병이 들었고, 중생의 병이 나으면 나의 병도 낫는다고 말했던 것이다. 모든 존재자에 대한 사랑은 보살의 존재방식이다. 사랑이 가능한 것은 그가 자성(自性)을 가지지 않기 때문이고, 그가 무이고 공이기 때문이다.

그는 이미 열반에 들어갈 수 있는데도 윤회의 법칙이 지배하는 속세에 산다. 그러나 그에게는 더 이상 열반과 속세의 차이가 없기 때문에 보살은 '나는 열반에 들 수 있는데도 속세에 산다'는 의식조차 없다. 그는 열반 대신 속세를 선택한 것도 아니고, 속세 대신 열반을 선택한 것도 아니다. 그에게는 열반과 속세를 나누는 분별지가 사라지고 무이(無二)의 지(智)가 자리하고 있기 때문이다. 그리고 이 '무이의 지'가 그를 보살로 만드는 것이다.

자기 자신을 철저히 개방하는 마리아의 대답은 인간을 향해서 자기 자신을 철저히 부정하는 신의 은총에 상응하는 것이다. 십자가 밑에 있는 마리아는 자기 비움(kenosis)로서의 신앙을 상징하고 있다. 고난당하는 어머니로서의 마리아는 그리스도의 고난에 철저하게 참여한 나머지 그녀 자신이 그녀의 아들의 자기 비움이 되었다. "이 신비는 십자가 밑에 서 계신 성모님의 슬픔도 포함한다. 성모님은 이때 믿음을 통하여 당신 아들의 '자기 비움'의 놀라운 신비에 동참하였다. '이것은 아마도 인간 역사 안에서 이루어진 가장 깊은 신앙의 비움일 것이다.'"47) 마리아의 지복뿐만 아니라 그녀가 그리스도의 고난에 동참했다는 것 역시 자기 자신을 부정하는 신의 사랑에 동참한 것이다.

앙겔루스 실레시우스의 시에서 우리는 동일한 소식을 듣는다.

친구여 내 말을 믿게.
신은 나를 하늘에 못 오게 하시네.
그래서 나는 기꺼이 여기서 살겠네.
설령 여기가 지옥이라고 하더라도.48)

보살의 지혜는 모든 존재자는 자신처럼 부처가 될 수 있다는 신앙에서 일어난 것이다. 그의 신앙은 타자를 위해서 자시 자신을 내어 주는 사랑과 연결된다.

자기 자신을 전적으로 비우고 낮추는 마리아의 피아트는 보살의 신앙에서 비롯되는 사랑과 동일한 근원을 지니고 있다. 신에 대한 절대 순종(피아트)을 통해서 신의 현실은 인간의 현실이 된다. 두 가지 현실 사이의 차이는 마리아의 피아트에서 지양된다. 이러한 의미에서 마리

---

47) 「여성의 존엄」, 69면.
48) Angelus Silesius, *Cherubinischer Wandersmann* (Reclam, 1984), S.91.

아의 피아트는 공, 즉 보살의 불이지(不二智)가 아닐 수 없다. 따라서 마리아의 피아트는 신적인 현실이 인간적인 현실로 드러날 수 있게 만드는 것이다. 마리아의 피아트는 신과 세계의 벽을 허무는 '불이의 지'이다. 그녀의 신앙을 통해서 신의 현실은 인간의 세계 내에서 현성하는 것이다.

그러나 마리아의 피아트는 스스로 인간적 현실로 뛰어들려는 신의 은총에서 비롯된 사건이다. 철저히 내재적인 존재가 되려는 신의 의지는 마리아의 신앙에서 실현된 것이다. 보살의 지혜 역시도 부처 자신의 지혜이다. 이런 의미에서 보살은 아무것도 알지 못한다. 그는 이미 아무것도 아닌 무와 공이기 때문이다.

마리아가 자기 자신을 비우고 부정하는 존재자이듯이 신 역시 인간 세계에서 자기 자신을 잊어버리고 부정하는 존재이다. 마리아의 피아트는 인간의 무자성과 신의 무자성이, 즉 신과 인간의 절대적인 연기적 의존성이 드러나는 장소이다.

하느님의 어머니로서의 마리아와 부처님의 어머니로서의 보살은 상보적이다. 왜냐하면 그들은 서로 다른 자기 부정의 길을 보여 주기 때문이다. 마리아는 아래를 향한 하느님 자신의 자기 부정을 보여 준다. 이와는 달리 보살은 위를 향한 인간의 자기 부정의 상징이다. 그러나 위를 향한 자기 부정(지혜)과 아래를 향한 자기 부정(사랑)은 더 이상 위와 아래가 존재하지 않음으로써 하나가 된다.

따라서 아래와 같은 유마거사의 노래는 마리아의 찬가로 읽힐 수 있는 것이다.

"보살의 마음은 허공과 같습니다. 그래서 보살은 끝없는(無辺) 사랑을 하게 됩니다. … 보살은 空에 젖어 있습니다. 그래서 보살은 無我를 깨

달은 사람입니다. 그런 까닭에 보살은 권태를 모르는 사랑을 하게 됩니
다."

여기서 우리는 하느님을 자신 안에 지니고 있으면서 우리도 하느님
의 어머니가 되라고 기도하며 부르는 사랑의 어머니의 음성을 들을 수
있을 것이다.

2) 그리스도론의 새로운 이해를 위한 마리아-보살의 의미

우리는 위에서 마리아가 '하느님의 어머니'로 고백되고 있는 사항과
보살이 '부처의 어머니'로 말해지는 내용을 살펴보았다. '하느님의 어
머니'를 '부처의 어머니'와 연관시켜서 이해하려는 시도는 그러나 단지
고백 언어 사이의 유사성을 확인하는 작업에 그치는 것은 물론 아니다.
나아가 마리아를 보살로 이해하는 것은 마리아에 대한 기독교 교회
의 전통에 또 하나의 마리아 칭호를 덧붙이는 작업에 그치는 것도 아니
다. 마리아를 보살로 고백하는 것에는 이것과는 차원이 다른 또 다른
의미가 들어 있다. 그것은 곧 불교와의 만남을 통해서 기독론의 의미가
재해석될 수 있다는 사실을 가리킨다.
앞에서도 살펴보았듯이, 교회 전통은 이구동성으로 마리아는 오직
그리스도와의 연관성 속에서, 그리스도 중심적으로 해석되어야 한다
고 말하고 있다. 그렇다면 중심에 그리스도를 품고 있는 마리아를 보살
로 이해한다는 말은 결국 기독론에 대한 불교적 변형으로 이어질 것이
며, 이는 그리스도와 마리아의 관계 내지는 그리스도와 마리아에 대한
기독교 신앙의 이해에 대해서도 변형을 가져다 줄 것이다.
보살로서의 마리아나 보살로서의 그리스도 이해의 핵심은 이른바

그리스도에 대한 새로운 이해에 있다.49) 서양 기독교 전통에서 그리스도는 언제나 주어가 되고 술어는 되지 않는다. 이것은 신을 실체로 이해하는 전통과 맞물려 있다. 실체는 아리스토텔레스의 정의가 말해주듯이, 언제나 주어가 되고 결코 술어가 될 수 없는 것이기 때문이다. 그러므로 그리스도는 '알파와 오메가'이고, 오직 하나뿐인 '중심'이다.

이와는 달리 보살은 그 어디에서도 중심이 되지 않고 스스로를 술어로 이해한다. 보살이란 공을 자각한 존재이며, 이 경우 공은 곧 현실의 연기를 의미하기 때문이다. 보살은 이 세계가 '테두리 없는 원'이기 때문에 중심이란 존재하지 않으며, 동시에 모든 곳이 중심이라는 사실을 자각하고 있다. 따라서 보살은 자기 스스로를 유일한 중심이라고 생각하지 않는다. 그는 오히려 중생에게서 중심을 보려고 하는 사람이다. "중생도 도량(道場)입니다. 무아를 가르쳐주기 때문입니다"는 「유마경」(維摩經)의 말은 보살의 존재가 현실에 존재하는 무수한 중심인 중생의 술어가 됨을 의미한다. 따라서 그리스도를, 그리고 그리스도를 낳았기에 그리스도 중심적으로 해석되어야 하는 마리아를 보살로 이해한다는 말은 다음과 같은 의미로 받아들일 수 있을 것이다.

"그리스도를 보살로 해석하는 일은 그리스도가 더 이상 역사의 출발점이 아니라는 사실을 포함한다. 보살이라는 개념 자체가 그러한 출발점을 부정하고 있기 때문이다. 무아의 존재로서의 보살은 실체로 이해될수 없다. 즉 보살은 수많은 술어에 의해서 기술되는 주어로 이해될 수

---

49) 拙稿, "Bodhisattva and Practice-oriented Pluralism: A Study on the Zen thought of Yong Woon Han and its Significance for the Dialogue between Christianity and Buddhism", *Buddhist-Christian Studies* 18(1998), pp.191-205.

없는 것이다. 따라서 우리가 보살의 개념을 그리스도에게 적용한다면 이것은 그리스도에 대한 또 하나의 해석에 그치고 마는 것은 아니다. 그리스도를 보살로 고백하는 것은 실재에 대한 전혀 새로운 이해로 우리를 인도한다. 이 전혀 새로운 실재 이해란 출발점을 지닌 실체나 주어를 갖지 않는다. 그러므로 이 경우 신앙이란 여하한 출발점으로부터도 벗어남을 의미한다. 이것이야말로 아시아적 종교성인 것이다. 그리스도를 보살로 고백함으로써 우리는 신앙이 객관적인 어떤 것에 대한 신앙이라는 강박관념에서 벗어난다. 신앙은 무집착의 다른 이름이다. 이것이야말로 '그리스도 보살'이 가져다주는 복된 소식인 것이다."[50]

앞에서도 말했듯이 마리아 이해는 그리스도 이해를 그 요체로 내포한다. 이 말은 마리아 이해가 드러내 주는 인간의 근원적인 현실이 그리스도 이해를 통해서도 역시 밝혀진다는 의미이다. 그러므로 마리아에 대한 이해가 그리스도에 대한 실체화를 통해서 대체된다는 주장은 설득력을 지닐 수 없다. 오히려 마리아는 신의 고지(告知)에 대한 자유로운 동의(同意〔피아트〕)를 통해서 자신을 구원하는 구세주를 잉태한다고 하는 구원의 근원적 구조를 드러내 주었다.

이런 점에서 본다면 마리아의 신앙은, 그리고 마리아의 신앙으로 말미암은 구원의 현실성은 그 어떠한 대상에도 배타적으로 고정될 수 없는 성질의 것이다. 마리아를 불교적 이상(理想)인 보살로 고백함으로써 우리는 신앙이라는 것이 전혀 배타적이지 않으며, 배타적인 신앙은 신앙의 본질에 위배된다고 말할 수 있게 된다. 그리고 이러한 자각은

---

50) 拙稿, "Jesus the Bodhisattva: Jesus as Predicate", *Buddhist-Christian Studies* 16(1996), p.93. 이것은 길희성 교수의 위의 논문에 대한 평론으로 실렸던 내용이다.

나아가서 이른바 다원주의적인 기독교 이해를 위한 하나의 작은, 그러나 다원주의에서 가장 접근하기 어려운 문제로 여겨지는 기독론의 문제를 해결하기 위한, 기여로 작용할 수 있을 것이다.

제 3 장

역사와 절대무

1. 역사와 신학

근대 신학 이래로 계시는 주로 역사와의 연관 속에서 논의되어 왔다. 이것은 근대에 접어들면서 신학과 철학의 사유가 인간학적인 전환을 이룩했다는 사실과 밀접한 관계가 있다.[1] 이제 기독교 신학은 신의 계시를 논하는 데 있어서 형이상학적이고 무시간적인 신의 속성 그 자체에서 출발하거나, 피조물 속에 숨겨져 있는 신의 흔적을 발견하려고 하는 대신, 인간의 의식과 활동과 관계하면서 신을 논의하기 시작했으며, 역사란 바로 이러한 인간의 의식과 활동의 장(場)이며 동시에 그의

---

[1] 참조. Wolfhart Pannenberg, *Anthropologie in theologischer Perspektive* (Vandenhoeck & Ruprecht, 1983), S.11. "근대철학은 … 신을 인간의 주체성에 대한 전제로서 생각했으며 이러한 한에서 인간의 관점에서 신을 사유한 것이었다. 더이상 자연적인 세계 그 자체가 아니라 세계에 대한 인간의 경험, 세계 안에서의 인간의 고유한 존재가 신에 대한 물음의 출발점을 이루었다." 그러면서 판넨베르크는 신학과 철학의 이러한 인간학적 전환은 근대에 들어와서 비로소 싹튼 것이 아니라 이미 기독교 선포의 출발점에서부터 인간학적인 방향 정위를 이룩했다고 본다. 그 까닭은 신학이 처음부터 '인간'의 구원을 문제시하는 한에서만 신에 대해 말하기 때문이다.

산물인 까닭에, 역사는 계시를 인식하는 데 중요한 범주가 된 것이다. 계시는 역사로 드러나게 되었다.[2]

그런데 이때 계시와 역사라는 개념쌍 안에는 두 가지 문제가 내포되어 있다. 첫째, 기독교 신학은 근대 역사학의 역사비평 연구에 의해서 크게 동요되었다는 점이다. 신학은, 역사도 자연과학적인 객관성의 눈으로 보려는 역사비평 연구에 의해서, 지금까지 자명하게 인정해 왔던 신의 초자연적, 초역사적 계시를 더 이상 주장할 수 없게 된 것이다. 신의 계시가 역사를 통해서 일어난다면, 그 역사적 계시는 적어도 그것이 인간을 위한 계시인 이상 인간에 의해서 이해될 수 있어야 한다는 관점에서 보면, 인간의 역사적 이성에 의한 비판의 대상이 되지 않으면 안 되었다. 역사는 이제 계시의 진위 여부는 물론 그 가능성마저도 결정하게 되었다. 그러나 둘째로 이 문제에는 또 다른 측면이 내포되어 있다. 즉 기독교 신학은 역사비평 연구에 의해서 크게 흔들렸음에도, 신학은 그 결과를 수용하면서 계시의 장소를 다름 아닌 역사에서 찾았다. 즉 역사를 적극적으로 신의 계시의 가능성의 장으로 인정한 것이다. 이제 자연은 역사와는 반대되는 비역사적 영역이었고, 따라서 신을 자연을 통해서 인식하려 하지 않았다. 이러한 역사적 배경을 통해서 이제 '역사'라는 테마는 신학에 있어서 중심 개념이 된 것이다.

그런데 기독교 신학에서 '역사'의 본질에 관한 물음은 역사 그 자체에 대한 물음으로가 아니라 하나님 나라의 문제와 직결되어서 논의된다. 그것은 역사에 결정적으로 새로운 것(*totum novum*)을 가져다주는

---

2) 참조. Wolfhart Pannenberg, 전경연 역, 『역사로서 나타난 계시』(대한기독교서회, 1979), 20면. "전체적인 하나님의 말씀과 행위, 그에 관해서 섭리되는 역사는 그가 누구인가를 간접적으로 보여 준다." 판넨베르크는 독일 관념론 전통에 속하는 이 테제를 발전시키고 있다.

역사의 궁극적 완성으로서의 종말과 역사 사이의 관계에 대한 물음이기도 하다.3) 그리하여 기독교 신학은 역사에 대한 물음을 종말론적인 하나님 나라의 존재 자리와 존재 양식에 대한 논의에 직결시키며, 역사에 대한 물음은 오직 역사에 궁극적 의미를 부여하는 역사의 완성으로서의 하나님 나라에 대한 물음의 빛에서만 이해될 수 있다. 뢰비트의 말처럼 "역사에 대한 철학적 이해가 역사적 맥락 속에 내재하는 궁극적 의미를 추구하는 작업이라면, 이러한 한에서 역사철학은 역사를 구속사라고 해석하는 신학에 전적으로 의존하고 있다."4) 역사에 대한 이해는 이처럼 역사의 종말과 관계된 종말론적 문제인 것이다. 다시 말해서 역사의 의미는 역사의 전체성—이 전체성을 어떻게 이해하느냐는 각각의 역사관에 따라 달라지고, 또 반대로 이 전체성이라는 개념의 차이가 역사관을 결정하기도 한다—과의 관련하에서만 대답될 수 있다.5)

---

3) 참조. Rudolf Bultmann, 서남동 역, 『역사와 종말론』(대한기독교서회, 1979, 8판) 이 책은 역사의 본질을 기독교 종말론의 시각에서 다룬 고전이다. 불트만은 이 책에서 서양의 역사철학을 소개하면서 자신의 실존적 종말론의 입장에서 역사의 의미를 기술한다. 여기서 우리는 불트만 신학에 결정적 영향을 미쳤던 독일 철학자 마르틴 하이데거의 흔적을 읽을 수 있다. 특히 결론 장인 제10장에서 불트만의 실존론적 역사 이해가 명백하게 제시된다.

4) Karl Löwith, *Weltgeschichte und Heilsgeschehen: Die theologischen Voraussetzungen der Geschichtsphilosophie* (7. Aufl., Stuttgart: Kohlhammer Verlag, 1979), S.11.

5) 참조. Wolfhart Pannenberg, "Hermeneutik und Universalgeschichte", *Seminar: Die Hermeneutik und die Wissenschaft*, Hg. Hans-Georg Gadamer/ Gottfried Boehm (Suhrkamp Verlag, 1973), S.314. 여기서 판넨베르크는 역사를 "선구적으로(vorläufig), 예감하면서(antizipierend) 접근할 수 있는 종말로부터 주어진 전체(ein Ganze)"로 이해할 것을 요구한다. 여기서 말하는 '전체'는 역사의 종말에 일어나게 되는, 역사의 모든 의미를 드러내 주는 사건을 의미하며, 그것은 예수의 부활에서 '선취'되었다. 그래서 판넨베르크는 다른 곳에서 이렇게 말한다. "신이라는 실재는 언제나 실재의 전체에 대한 주관적인 예감 속에서, 그리고 모든 개개의 경험 안에서 함께 드러나는 의미의 전체성에 대한 기투에서 함께 주어진다." Wolfhart Pannenberg, *Wissenschafts-theorie und Theologie* (Suhrkamp Verlag,

그런데 하나님 나라와 전체성이 인간과 역사에 대한 구원의 표상이라는 점에서 역사에 대한 물음은, 기독교 신학의 다른 주제들과 마찬가지로, 오직 구원론적인 관심하에서만 올바르게 다루어질 수 있다는 것을 알 수 있다. 즉 역사의 본질에 대한 물음은 역사 내에서 살아가는 역사적 존재인 인간의 구원에 대한 관심하에서만 묻고 답할 수 있다. 뢰비트가 말하고 있듯이 역사의 궁극적 의미는 우리의 인식 가능성 너머에 있다. 그래서 이 물음은 그 궁극적 의미에 대한 신앙과 희망만이 채워줄 수 있는 진공으로 우리를 몰고 가는 것이다.6)

이렇게 기독교 신학 내에서 역사에 대한 물음이 구원론적인 관심과 직결된다면, 역사에 대한 물음을 오늘날 신학의 중요한 테마가 된 종교 간의 만남이라는 장에서 조명해 보는 일은 커다란 의미를 지니게 된다. 그 이유는 모든 종교의 궁극적 관심사는 인간의 구원에 있으며, 각각의 종교가 가르치는 여러 다른 실재 이해는 구원에 대한 상이한 방식을 표출하고 있기 때문이다. 그래서 우리는 다음과 같은 물음을 던지게 된다. "기독교가 인간의 구원을 논할 때 주제화하지 않을 수 없는 '역사'

1987), S.312. 판넨베르크는 이렇게 의미와 사실의 역사 전체를 포함하는 역사를 보편사(Universalgeschichte)라고 보며 역사의 의미는 오직 이 보편사라는 차원에서만 옳게 이해될 수 있다고 주장한다. 판넨베르크가 예수의 부활에서 전체에 대한 선취를 본 것과는 반대로 불트만은 역사의 전체는 역사적 존재인 인간에게는 처분 불가능한 것이기 때문에 대상적으로 이해될 수 없고 오직 주관적 실존의 신앙의 결단 속에서만 내재한다고 여긴다. Rudolf Bultmann, 앞의 책, 176면 이하. 그래서 불트만은 그의 결론에서 판넨베르크와는 정반대의 견해를 주장한다. "보편사 속에서 네 자신을 살피지 마라. 도리어 너는 네 자신의 개인적인 역사 속을 들여다보라. 항상 네 현재 속에 역사의 의미가 있다. 그리고 너는 그것을 방관자로 볼 수 있는 것이 아니라, 너의 책임적인 결단에서만 볼 수 있는 것이다. 매 순간 속에 종말론적인 순간이 되는 가능성이 잠들고 있다. 너는 그것을 불러 일으켜야 한다."(196) 불트만과 판넨베르크 사이의 역사 이해의 차이는 결국 그들이 각각 의존하고 있는 키에르케고르와 헤겔 사이의 실재 이해의 차이라 할 수 있다.
6) Karl Löwith, *Ibid.*, S.13-14.

라는 테마는, 역시 인간의 구원을 문제시하는 타종교와의 만남에서,
특별히 동양의 불교와의 만남의 장에서, 어떻게 다루어지고 이해될 수
있을까?" "기독교에서 신과 인간과 세계의 관계를 논할 때 그 중심에
있는 역사라는 테마는 불교가 갖고 있는 실재 이해와 어떤 관계를 갖고
있을까?"

그런데 기독교와 불교 사이에 지금까지 진행되어 왔던 대화의 양태
를 살펴볼 때, 기독교의 역사 이해로서의 종말론과 불교의 실재 이해
사이의 만남은 특별한 관심을 요구한다. 그 까닭은 양자 사이의 만남이
아직까지 이렇다 할 독자적인 수준에서 이루어지지 못했기 때문이다.
기독교와 불교 사이의 만남이 신학적으로 반성되기 시작한 이래로 기
독교 신학은 신학의 여러 테마들을 불교의 그것과 비교 내지는 대화를
시켜 왔다. 예를 들어 신과 법(Dharma), 그리스도와 부처, 신앙과 깨
달음, 구원의 자력성과 타력성 등등. 그러나 이처럼 비교적 활발한 기
독교-불교의 대화에서도 기독교 종말론과 불교의 실재 이해 사이의
대화는 대화의 전면에 나서지 못했으며, 또 설령 대화가 이루어졌다고
하더라도 그것은 고작해야 앞서 언급했던 기독교-불교 대화의 주제들
에서 이끌어낸 결론들을 반복·확인하는 작업 이상이 되지는 못했다.
그래서 기독교의 종말론적 역사 이해는 역사적·인격적·역동적·시간
적·세계 참여적인데 반해, 불교의 실재 이해는 이와는 정반대로 비역
사적·비인격적·정체적·비시간적·탈세계적이라는 결론에 일반적으
로 머물고 있는 상황이다. 기독교 종말론과 불교의 실재 이해가 도대체
어떤 관계를 가질 수 있겠는가—적어도 양자 사이의 관계가 가능하다
면 말이다—라는 물음에 대해 지금껏 부정적인 대답을 내려 왔던 것도
사실은 기독교-불교 대화를 결정지어 왔던 이와 같은 이분법적인 선
입견 때문이었다.

그러나 좀 더 본질적인 문제, 즉 기독교와 불교를 비교할 때 비교의 준거 틀이 되고 있는 '역사', '인격', '시간', '세계'란 도대체 무엇인가 하는 문제는 본질적으로 질문의 대상이 되지 못하고 자명한 것으로 전제되어버리고 말았다. 기독교 측에서는 자기 자신의 신앙 세계 내에서 전통적으로 답습해 왔던 이해의 틀을 불교에 그대로 적용하고, 그러한 작업을 통해서 대조적인 것으로 드러나는 불교의 실재 이해를 非-기독교적인 것, 즉 非-역사적·非-인격적·非-시간적·非-세계적이라고 판단했다. 그러나 이제 우리에게 문제로 다가오는 것은 이 '非'가 과연 어떤 뜻인가 하는 것이다. 지금까지 우리는 기독교 신학의 전제에 '卽'해서 불교의 실재 이해를 '非'의 영역으로 이해했는데, 그렇다면 그 이해의 이른바 '기준'은―즉 역사, 인격, 세계 등등―과연 무엇이며, 기독교 신학은 그것에 대해 낱낱이 알기라도 하듯 비교의 전제로 삼을 수 있는가라는 물음에 대답해야만 하는 것이다. 그리고 이 '非'에 대한 물음은 역사, 인격, 시간, 세계란 무엇인가라는 물음으로 연결된다. 부정(否定)은 그 무엇에 대한 그 누구의 부정이기에, 부정되는 것과 부정의 주체가 바로 그 부정의 자리에서 드러나기 때문이다. 따라서 부정에서 문제가 되는 것은 궁극적으로는 그 부정의 주체인 '나'는 누구이며 부정의 객체인 '너'는 누구인가라는 물음이다.

가다머는 이해를 '지평의 융합'(Horizontverschmelzung)이라고 정의하였다. 이때 지평이란 "우리가 그 안으로 들어가며 또 우리와 더불어 변하는 이해의 시야(視野)"이다. 이해란 하나의 지평이 다른 지평과 만나서 또 하나의 새로운 지평을 형성하는 것이다. 그러므로 '지평의 융합'이란 이해 대상의 지평에 의하여 이해 주체의 지평이 부정되는 것을 의미하며, 그 역도 성립한다. 그리고 이처럼 부정된 지평은 또 하나의 새로운 지평을 형성한다. 따라서 사실 하나의 지평의 형성, 지평과 지평의 만남에 의한 지평의 부정, 그리고 지평의 융합은 하나의 동일한 사건을 가리킨다. 이처럼 이해란 지평의 끝없는 부정과 그 부정에 의해서 새로운 지평이 형성되는 끝없는 과정 이외에 다른 것이 아니다. 따라서 하나의 지평의 자기동일성에 대한 물음은 오직 다른 지평과 만나서 부정됨으로써만 대답될 수 있다. 이해란 곧 부정함과 부정됨이며, 이 부정에서 부정하는 주체에 대한 물음은 부정되는 객체에 대한 이해를 부르게 된다. 달리 말하자면, 이해란 나의 이해가 '卽'하고 있는 지평이 다른 지평과 만나 '非'를 경험하는 일이며, 동시에 이 부정 자체의 내적 구조, 즉 '卽-非'의 문제에 직면하는 일이다. 기독교의 역사 이해와 불교의 실재 이해 사이의 대화도 따라서 이 '卽-非' 문제의 해결에 달려 있다.

2. 신국과 열반: 폴 틸리히의 비교작업

이제 우리는 기독교와 불교의 만남에 적극적으로 뛰어들었던 몇 명의 신학자와 불교 철학자의 예를 살펴봄으로써, 지금까지 기독교의 종말론적 실재 이해와 불교의 실재 이해 사이의 만남의 양상들을 알아보고자 한다.

1) 존재론과 역사철학의 갈등?

특히 만년에 세계종교, 그중에서도 아시아의 불교와의 대화에 깊이 뛰어들었던 틸리히는, 세계종교와의 만남이 기독교 신학을 위해서 중요한 의미를 지니고 있음을 누구보다도 잘 알고 있었다. 틸리히는 그의 마지막 강연이 된 "조직신학자를 위한 비교종교학의 의미"에서, 장차 전개될 기독교와 타종교의 대화의 양상을 마치 예견이라도 하듯이, 타종교를 적극적으로 수용할 수 있는 신학의 새로운 패러다임을 위한 전제로 다음 사항들을 거론했다.7)

첫째, 우리는 인간의 계시적 경험이 인류 모두에게 보편적임을 승인해야 한다. 그리고 계시와 구원은 분리될 수 없으므로 우리는 모든 종교 안에는 구원하는 힘이 있다는 것을 인정해야만 한다. 둘째, 계시는 인간에 의해서, 그의 유한한 상황을 통해서 수용된다. 따라서 계시는 언제나 역사적인 유한성을 띤 채 인식될 수밖에 없다. 셋째, 인류의 역사에는 계시가 수용되는 과정이 있음을 인정해야 한다. 넷째, 이러한 계시의 과정을 통전적으로 종합, 지향하는 하나의 중심적인 사건이 "있을지도 모른다."(이 부분에서 틸리히는 매우 조심스러운 유보적 표현을 쓰고 있다.) 이와 같은 전제를 가지고 비교종교학을 신학에 적극적으로 수용하게 되면 이른바 '비교종교학의 신학'이 가능해지는바, 이 '비교종교학의 신학'은 다음과 같은 의미를 기독교 신학에 대해서 갖게 된다.

"비교종교학의 신학에서는 보편적인 계시에 대한 적극적이고 긍정적인 평가가 비판적인 평가와 균형 있게 자리 잡게 되며… 이 비교종교학의 신학은 조직신학자로 하여금, 기독교의 특수한 성격과 그의 보편적인 주장을 잃지 않으면서도, 우리 자신이 역사적으로 처해 있는 현주소와 본질을 이해하도록 도와준다."8)

---

7) Paul Tillich, "The Significance of the History of Religions for the Systematic Theologian", *The History of Religions: Essays on the Problem of Understanding*, ed., Joseph M. Kitagawa (Chicago, 1967), p.242ff. 이러한 사상은 이미 그의 『조직신학 1』의 신에 대한 논의에서도 이루어지고 있다. cf. Paul Tillich, *Systematic Theology I* (Chicago, 1951), p.218ff.

과연 틸리히는 종교의 다원화라는 상황을 내다보는 혜안이 있었다. 그는 이제 신학은 다른 종교에 나타나는 인간을 구원하는 계시적 요소를 적극적으로 평가해야 하며, 나아가 보편적 계시가 타종교 내에서 어떻게 발전되어 왔는가를 앎으로써 기독교 신앙의 자기 이해의 근간으로 삼아야 한다고 주장했다.9)

그뿐만 아니라 틸리히는『기독교와 세계종교』라는 책에서 '역동적 유형론'(dynamic typology)이라는 비교 모델을 가지고 구체적으로 기독교의 신국과 불교의 열반을 비교한다. 역동적 유형학적 방법이란 하나의 논리적 이상 형태로서의 유형에 한 종교가 갖고 있는 신앙을 구별하고 배열하는 정적인 방법이 아니라, 하나의 상징구조 내에 있는 대조적인 극관계(polar relation)를 묘사함으로써 그 유형 자체 내에 들어 있는 긴장관계를 밝히는 작업이다. 즉 하나의 상징이 지니고 있을 수밖에 없는 양면성을 상징들의 특징을 서로 비교함으로써 더욱 분명히 하는 작업이다. 나아가 이 역동적 유형학은 그 극관계 하나를 이미 극복되어야 할―그런 의미에서 이미 존재론적으로는 과거형태로―발전의 전단계로 파악하는 시간적이고 평면적인 '일방적 변증법'이 아니라, 기독교와 불교를 함께 묶는 또 하나의 입체적인 극관계를 이룬다. 이렇게 함으로 각각의 상징이 지니는 다의미성(多意味性)이 드러나게 되고 나아가 기독교와 불교의 만남을 위한 또 하나의 좀 더 포괄적인 비교의

---

8) *Ibid.*, p.245.

9) 판넨베르크는 틸리히의 이러한 종교사에 대한 관심은 그의 스승이었던 에른스트 트뢸치의 영향이었다고 보고한다. 그리고 판넨베르크는 트뢸치야말로 20세기 신학이 당면한 문제, 곧 타종교와의 대화를 통해서 자신의 종교적 진리를 이해해야 하는 문제를 직시했던 탁월한 신학자라고 말한다. Wolfhart Pannenberg, *Grundfragen Systematischer Theologie: Gesammelte Aufsätze* 3. Aufl., (Vandenhoeck & Ruprecht, 1979), S.253.

유형을 제공해 주는 것이다. 따라서 이 역동성은 바로 각각의 상징 간의 상보성이라고 할 수 있다.

틸리히는 이 역동적인 유형학적 방법을 가지고 기독교와 불교의 대표적 상징이라고 할 수 있는 신국 상징과 열반 상징이 다음과 같은 대극적인 관계 속에 있다고 말한다.

"신국이라고 하는 용어와 열반이라고 하는 용어 자체는 하나의 상징이다. 그런데 두 종교 간의 실제적인 대립과 아울러 이론적인 대립을 만들어내는 것은, 그 상징들 속에 내포되어 있는 실재에 대한 서로 다른 접근인 것이다. 신국은 사회적, 정치적, 인격적인 상징이다. 이 상징의 소재는 정의와 평화의 통치를 확립한 영역의 통치자로부터 취해낸 것이다. 이와는 대조적으로 열반은 존재론적인 상징이다. 그리고 그 소재는 유한과 별리(別離), 반목과 고통의 경험, 그리고 이 모든 것에 대한 대답으로서 유한과 고통을 초월한, 존재의 궁극적 근거에 있는 모든 것의 축복 받는 통일성(oneness)의 이미지로부터 취해낸 것이다."10)

신국과 열반은 모두 현실적 존재에 대한 부정적 평가에 근거해 있으며 그 부정적 존재를 다시금 부정함으로써 극복하고자 하는 긴장성을 지닌 상징이다. 그러나 그 극복에 대한 방법에는 차이가 있다. 신국은 영원한 신의 통치를 통한 정의의 실현을 말하고 있는 반면, 열반은 인간의 조건(*conditio humana*)의 해소에 의한 인간 실존의 현 상태의 극복, 즉 그 조건의 소멸을 말하고 있다. 전자는 역사적인 상징이고 후자는 존재론적인 상징인 것이다. 그래서 틸리히는 신국과 열반의 궁극적

---

10) Paul Tillich, 정진홍 역, 『기독교와 세계종교』(대한기독교서회, 1979, 6판), 57면.

인 차이는 바로 참여(participation)와 동일성(identity) 사이의 차이라고 말한다. 신의 아가페적인 사랑을 말하는 신국 상징은 타자를 용납하고 그를 신국이 의미하는 방향으로 변화시키려는 태도를 가지는 반면, 불교의 자비(karuna)는 고통받는 사람과의 단순한 동일화를 문제시할 뿐 "타자를 조건지우고 있는 사회적, 심리적 구조를 개조함으로써 직접적으로나 간접적으로나 간에 그 타자를 변화시키려는 의지를 결하고 있다."11)

즉 불교가 인간 조건의 극복으로 말하는 열반에서는 모든 구체적인 차별이 소멸되기 때문에, 차이를 전제하지 않고서는 불가능한 '타자'에 대한 사랑은 있을 수 없다는 것이다. 이는 기독교에서의 궁극적 존재가 인격적인 존재로 상징되는 반면, 불교가 말하는 궁극자는 비인격적인 절대 존재로 표상된다는 것과 같은 맥락에 속한다. 그래서 신국은 역사를 혁명적으로 변화시키는 것을 목표로 하지만 열반은 그 역사를 이탈함으로써 도달된다는 것이다. 틸리히는 자신이 속한 서구의 실체철학(substance philosophy)의 전제를 가지고 불교의 열반은 무차별적인 상태, 즉 모든 실체성이 소멸된 소극적인 무기력의 상태라고 보고 있는 것이다. 이는 불교가 말하는 궁극적 실재인 무를 실체의 결핍(minus substance)인 비존재라고 보는 전형적인 서구적 시각에서 조금도 벗어나지 않고 있다.12)

---

11) 같은 책, 62면. 일본의 가톨릭 신학자 혼다 마사아키도 기독교와 불교의 근본적 차이를 틸리히와 유사한 관점에서 규정한다. 참조 本多正昭, 『比較思想序說』(法律文化社, 1979), 5頁. "기독교와 불교 사이의 모든 차이는 **초월성**의 원리와 **동일성**의 원리에 환원되지 않나 생각한다. 초월성의 원리에 있어서는 참된 존재는 우리에 대해서 초월적이기 때문에 인간이 이 존재에 어떤 형태로 참여하는지(participate)가 문제가 된다. 이것에 대해서 동일성의 원리에서는 참된 존재와 우리는 본질적으로 동일하기 때문에 이 동일성을 자각해서 그 하나의 존재가 되는 것이 관건이 된다."

‘참여’와 ‘동일성’의 문제, 곧 차이를 전제로 하는 역동적 합일인가, 혹은 무차별을 전제로 하는 정태적 합일인가의 문제는 역사에 대한 문제로 이어진다. ‘참여’는 그것이 이루어질 이상향과의 거리를 전제로 한다는 점에서 근본적으로 역사적인 변화의 동기를 내장하고 있으며, 따라서 사회 개혁의 힘을 지니고 있다. 그러나 ‘동일성’은 현실의 개조와 부정적 현실에 대한 긍정도 어디까지나 궁극적인 해탈의 원리, 즉 무차별적 동일성이라는 상(相) 아래에서 이루어지므로, 역사 내에서 새로운 것을 추구하려는 어떠한 신념도 거기에서는 발견할 수 없다. 역사는 해탈에 의해 도달하는 열반과의 수직적인 영원의 상 아래에서 조명되므로 아직 이루어지지 않은 새것을 추구하는 원동력은 생길 수 없다. 여기에서 시간(時間)은 언제나 영원한 현재(eternal now)일 뿐이다. 틸리히는 열반(nirvana)이 “모든 것이 다 꺼져버린 상태”를 의미한다는 사실을 알았던 것이다. 그래서 틸리히는 불교의 이 정(靜)적인 열반과 무에 대한 이해를 기독교 내에서 방류로 남을 수밖에 없었던 신비주의와 결합시키고, 이 무가 기독교가 말하는 신의 존재 그 자체

---

12) 세계종교의 창시자들에 대한 연구를 통해서 세계철학의 구축을 시도했던 야스퍼스도 불타와 용수에 대한 그의 연구에서 틸리히와 크게 다르지 않은 시각을 보여준다. 야스퍼스는 불교의 입장은 기독교보다는 유럽의 이성에 가깝다고 보면서 불교의 이성적 지혜는 새의 깃이 결코 물에 젖지 않는 것처럼 세계에 들어가면서도 세계를 버림으로써 세계를 극복한다고 한다. Karl Jaspers, *Die grossen Philosophen* (München, 1957). 이는 야스퍼스가 불교의 열반을 ‘이원성의 상실’(Zwei-heitlosigkeit)이라고 여겨 단지 부정적으로만 해석하기 때문이다. 야스퍼스의 인식론의 근본은 인식의 주객대립을 전제로 하면서 좌절(Scheitern)에 의해서 인식의 주객을 포함하는 포괄자(das Umgreifende)로 초월된다는 데에 있다. 참조 Karl Jaspers, 신옥희·변선환 공역, 『계시에 직면한 철학적 신앙』(분도출판사, 1989), 113면 이하. 따라서 야스퍼스의 관점에서는 세계卽 열반, 열반卽 세계를 말하는 불교의 卽의 논리가 세계도피적으로 비칠 수밖에 없는 것이다. 참조 峰島旭雄, 拙譯, 『서양에서는 불교를 어떻게 보는가?』(원음사, 1991), 137면 이하.

(*esse a se*)와 마찬가지로 초인격적인 범주인 한 기독교인에게도 최소한 전혀 이해 불가능한 것은 아니라고 말한다.

여기에서 우리는 틸리히가 모든 역사 이해의 근본 모티프를 '시간과 공간의 투쟁'(Widerstreit von Raum und Zeit)이라고 본 까닭을 알 수 있다. 틸리히는 그의 초기 작품에서 존재론을 정체적인 공간적 사유로, 그리고 역사철학을 역동적인 시간적 사유로 분리해 놓고 있다. 틸리히의 말을 인용해 본다.

> "존재론은 근원에 대한 신화에 그 뿌리를 갖고 있다. 따라서 존재론은 공간에 구속되어 있다. 존재론은 시간조차도 공간적인 것으로 만들어 버린다. 이것이 근원 신화에 대한 최종적이고도 가장 추상적인 해석이다."13)

그러므로 틸리히에 따르면 존재론은 역사철학을 통해서 극복되지 않으면 그 타당성을 잃어버린다.

2) 시간과 영원의 화해

이제 우리는 두 가지 방향에서 위와 같은 틸리히의 역사와 존재의 대립, 즉 신국과 열반의 대립을 문제시하고자 한다. 첫 번째는 틸리히 자신에게 과연 역사와 존재가 그렇게도 대립적인 요소인가 하는 점이고, 두 번째는 불교 철학자들 스스로는 불교의 열반을 어떻게 이해하고 있는가 하는 점이다. 두 번째의 논구는 이른바 해석학적 황금률에 해당

---

13) Paul Tillich, *Der Widerstreit von Raum und Zeit. Schriften zur Geschichtsphilosophie*, GW VI (Stuttgart, 1963), S.239.

하는 문제이다. 즉 불교 철학자의 열반 이해를 살펴보는 까닭은, 하나의 전통을 그 전통에 속하지 않는 사람이 이해하려고 하는 경우 그의 이해는, 그 전통에 속한 사람이 그 견해를 옳다고 인정해 주어야만 정당한 이해가 되기 때문이다.14)

다시 말해서 기독교 신학자가 불교의 역사 이해를 논할 경우, 불교인 스스로가 그 신학자의 불교 역사 이해를 옳다고 인정해 주어야만 그 신학자의 불교 역사 이해가 타당성을 띤다는 것이다. 그러나 이 말은 앞에서 밝혔던 또 하나의 해석학적 자각, 즉 모든 이해는 '지평의 융합'이고 따라서 언제나 부동적(浮動的)이고 개방적이기 때문에 이해는 언제나 오해로서만 가능하다는 사실에 의해서 상보적으로 보충되어야 한다. 이렇게 볼 때 기독교 신학자의 불교 역사 이해는 언제나 불교 철학자의 인정을 받을 수 없을지도 모르며, 또 그 역도 마찬가지이다. 그러나 과연 기독교 신학자의 불교 역사 이해(오해)와 불교 철학자의 불교 역사 이해(이것도 결국은 또 하나의 오해일 수밖에 없다) 중 어느 편이 더 '불교 역사 이해'에 가까운지는 단언할 수 없는 문제이다. 가다머가 파울 첼란(Paul Celan)의 시를 해석하면서 했던 화두와 같은 말이 지니는 의미가 여기서 다시 떠오른다. "내가 나일수록 너는 나이고, 내가 나일수록 너는 내가 아니다"(Das Du ist so sehr und so wenig Ich, wie das Ich Ich ist). 이러한 위의 두 가지 해석학적 사실을 종합하게 되면 결국 이해란, 파니카가 말하고 있듯이, 그 이해 대상에 대해서 확신을 가지는 것(Überzeugtsein), 즉 그 대상에 의해서 이해자 자신이 변화되는 것이어야만 한다. 기독교인이 불교의 역사 이해를 정말로 이

---

14) Raimundo Panikkar, "Verstehen als Überzeugtsein", *Neue Anthropologie* Bd. 7. *Philosophische Anthropologie. Zweiter Teil*, Hg. Hans-Georg Gadamer · Paul Vogler (Stuttgart, 1975), S.132ff.

해했다면 그 자신의 역사 이해는 변할 수밖에 없다. 이해는 곧 변화됨이다.

일본의 이른바 교토학파의 창시자인 니시다는 일본의 정신적 전통인 선불교적 체험을 토대로 해서 서양의 철학을 독창적으로 이해(=오해)함으로써 독자적인 철학을 전개해 나갔던 학자이다. 그는 자신의 철학의 근본 직관을 "절대모순의 자기동일"이라는 말로 집약했는데[15] 이것은 선불교의 종교체험의 논리인 "卽非의 논리"(鈴木大拙)를 헤겔적인 변증법의 논리로 표현해 본 것이다.[16] 즉 중생과 부처 사이의 비일비이(非一非異)에 대한 실존적이며 존재론적인 표현이다. 선불교의 자기 이해에 따르면 중생(衆生)의 마음이 곧 바로 불(佛)이며〔卽心卽佛〕, 동시에 그 마음은 불(佛)이 결코 아니다〔非心非佛〕.

니시다는 위와 같은 종교적 깨달음을 시적으로 표현한 다이토 국사(大燈國師)의 다음과 같은 말에서 깊이 감명받았다. "억만 겁을 떨어져 있어도 우리는 한순간도 헤어져 본 적이 없고, 하루 종일 마주보고 앉아 있었지만 우리는 한 찰나도 마주한 적이 없다"(億劫相別 而須臾不離; 盡日相對 而刹那不對). 즉 나와 부처는 영원 전부터 영원 후까지 조금도 차이가 없이 동일한 존재이지만, 동시에 나와 부처는 영원히 만날 수 없는 분리된 존재이다. 여기서 우리는 역사에 대한 물음을 던지게 되지만 전자에 입장에서도, 후자의 입장에서도 소박한 형태로 이해된 역사의식은 불가능하다. 왜냐하면 이러한 "절대모순의 자기동일"에서는 영원과 시간, 영원과 찰나가 곧 바로 상즉(相卽)하고 있기 때문이

---

15) 西田幾多郎, 「場所的論理と宗教的世界觀」, 『西田幾多郎全集』第11卷(岩波書店, 1965); 西谷啓治 編, 『西田幾多郎. 現代日本思想大系 22』(筑摩書房, 1972).

16) 秋月瓏珉, 『鈴木禪學と西田哲學』, 63頁 이하

다. 그래서 니시다는 "시간은 영원의 지금의 자기 한정"이라고 표현할
수 있었다.17) 또한 시간은 "한정하는 것 없이 자기 자신을 한정하는
것의 자기 한정"이다. 즉 시간은 그 실체가 있는 것이 아니라 "한정하는
것 없이 자기 자신을 한정하는" 영원의 자기 한정 내지 자기 부정이다.
시간은 영원과 절대 모순을 이루지만, 동시에 양자가 함께 시간의 자기
동일성을 이루고 있다.

그런데 흥미 있는 것은 역사와 존재를 절대적으로 대립시키고 있는
듯했던 틸리히에게서도 니시다의 이 "영원의 지금의 자기 한정"으로서
의 시간 이해가 유사한 형식으로 자각되고 있다는 점이다. 틸리히는
그의 설교 "영원한 지금"에서 현재라는 시간의 존재는 모든 수수께끼
중의 수수께끼라고 말하면서, 시간은 시간을 포함하면서 시간을 초월
하는 것, 즉 영원한 것을 제외하고서는 대답될 수 없다고 본다. "사실에
있어서 시간을 심판하는데 영원한 빛으로서 시간을 보는 것 외에는 다
른 길이 없습니다."18) 과거, 현재, 미래는 그 본질을 알 수 없는 수수께
끼이다. 그러나 이처럼 과거에로 흘러가버리고, 또 아직 도래하지 않
아서 존재하지 않는 과거와 미래로서의 시간을 지금 현재에 우리가 가
질 수 있다는 사실이야말로 신비 중의 신비라고 보면서 틸리히는 이렇
게 말한다.

"만일 과거의 '이미 더 없는' 상태와 미래의 '아직 없는' 상태 외에 아무것
도 우리에게 주어진 것이 없다면, 우리는 아무것도 가진 것이 없는 셈이
됩니다. 우리는 '우리'의 시간인 시간에 대해서 말할 수 없을뿐더러, 우

---

17) 西田幾多郎,「歷史」,『續 思索と體驗.「續思索と體驗」以後』(岩波書店, 1980),
　　45頁
18) Paul Tillich, 김경수 역,『永遠한 지금』(대한기독교서회, 1980, 4판), 131면.

리의 '현존'도 못 가지게 됩니다. 우리가 현재 '가진다'는 것이 신비입니다."[19]

시간은 따라서 단순히 끝없는 흐름이 아니다. 만일 그렇다면 우리가 존재하는 현재란 어디에도 있을 수 없다. 우리의 현재적 현존이 가능하다는 사실은 이 현재에 존재가 자리 잡고 있다는 사실을 의미한다고 틸리히는 생각하는 것이다. 그리고 현재에 존재하는 존재는 바로 영원의 존재이지 않으면 안 된다. 그렇지 않으면 이 현재도 존재에서 비존재로 사라질 것이기 때문이다. 그러나 우리의 현재가 언제나 현재로서 존재한다는 사실은 이 현재에 영원의 존재가 맞닿아 있다는 것을 의미한다. 따라서 틸리히는 현재란 바로 언제나 새로운 현재, 즉 영원한 현재라고 말하고 있다.

"우리가 '지금'이라든지 또는 '오늘'이라고 말할 때마다, 우리는 우리의 시간의 흐름을 멈춥니다. 우리는 현재를 받아들입니다. 그리고 우리가 현재를 받아들이는 순간, 그것이 사라져버리는 것을 염려하지 않습니다. 우리는 현재에 삽니다. 그리고 그것은 우리를 위하여 언제나 새로운 '현재'로 갱신됩니다."[20]

그리고 이처럼 현재가 언제나 새로운 현재에로 갱신될 수 있는 까닭은 "시간의 모든 순간이 영원한 것에 도달하기 때문에 가능하다." 그러므로 이러한 "영원의 현재"를 모르는 사람은 과거로부터 해방되지 못하였거나, 미래에 대한 집착에 사로잡혀 있는 사람으로서 "하나님의

---

19) 같은 책, 139면.
20) 같은 책, 139-140면.

휴식"(the divine rest)을 알지 못한다.21)

틸리히의 역사 이해는 그의 『조직신학』 제3권의 "역사와 하나님의 나라"라는 장에서 또한 잘 드러난다. 틸리히에 따르면 인간의 역사는 언제나 실존적 소외의 상황 가운데에 있다. 실존(existence)이란 바로 본질(essence)로부터 벗어나 있는(ex) 모호한(ambiguous) 존재자이다. 인간의 실존은 존재 그 자체로부터 소외되어 있어서, 늘 그 존재를 파괴하려고 하는 비존재의 위협에 직면해 있다. 따라서 역사의 궁극적 완성으로서의 종말은 역사적 실존의 모든 소외와 모호성이 극복되고, 실존이 그 원천으로 되돌아가는 것을 의미한다. 이러한 의미에서 하나님 나라는 역사의 모든 목적을 성취하면서 인간 실존의 모든 것이 궁극적인 것 안에서 완성된 것을 가리킨다.22) 이 완성에서는 그러나 인격의 개체성은 소멸되지 않으면서 보편적인 존재가 된다.23) 여기서 틸리히는 본질론적 종말론을 염두에 두면서 역사의 미래적 종말은 "영원한 삶"의 영속적인 현전이라고 보고 있다. "영원한 삶"이란 무한정 오래 지속되는 삶이 아니라 실존적인 소외가 극복되고 실존의 "본질화"(essentialization)가 이루어진 것을 의미한다.24) 따라서 틸리히는 종말론은 시간적인 것과 영원한 것 사이의 관계를 논하는 것이라고 잘라 말한다.25)

이와 같은 역사와 존재 사이의 대립 도식의 극복은 그가 예언자적·역사적인 역사 이해와 신현적(epiphany) 역사 이해 사이의 긴장을 "카이로스"(kairos)라는 개념으로 극복할 때에도 잘 드러난다.26) 카이

---

21) 같은 책, 140면.

22) Paul Tillich, *Systematic Theology* III, p.350.

23) *Ibid.*, p.358.

24) *Ibid.*, p.400

25) *Ibid.*, p.298.

로스란 직선적인 시간관에서 본 수량적 시간인 크로노스(Chronos)와는 달리 역사상의 결정적인 시간, 즉 "영원한 현재"가 임재하는 시간을 의미한다. 카이로스는 시간을 초월하는 것이 시간을 언제나 새로운 현재로 만들어 줌으로써 존재하는 절대 현재를 의미한다. 이렇게 볼 때 결국 틸리히에게도 역사와 존재는 역사라는 실재를 이해하는 데 상보적인 관계에 있다고 할 수 있다. 따라서 틸리히가 불교의 열반을 존재론의 영역에, 기독교의 신국을 역사철학의 영역에 대립적으로 위치시킨 것은 지나친 이분법적 구분이며 이는 그 자신의 실재 이해의 구조와도 어긋난다고 하겠다.

3) 무와 종말론

틸리히의 경우와 비슷한 예를 우리는 독일 프라이부르크의 신학자 발터 스트롤츠(Walter Strolz)에게서도 어렵지 않게 찾아볼 수 있다. 스트롤츠는 그의 "기독교의 미래 희망과 불교의 열반"에서 앞서 틸리히가 보여 주었던 전형적 예를 그대로 따라간다. 즉 그에 따르면, 직선적이고 "다시 돌이킬 수 없으며" "비가역적인" 시간의 흐름에 근거하고 있는 기독교의 미래에 대한 희망은 모든 것의 전일적 합일을 주장하는 불교의 열반과 화해될 수 없다. 열반은 시간에 대한 비시간적 이해에 근거하고 있기 때문이다. 따라서 이와 같은 직선적 흐름으로서의 시간에 대한 전이해를 자명한 것으로 전제하는 한, 스트롤츠가 다음과 같은 결론에 도달하는 것은 이미 그가 갖고 있는 전제의 반복 이외의 것이 될 수 없다.

---

26) Paul Tillich, *Systematic Theology* II, p.87.

"이와 같은 비가역적인(unumkehrbar) 역사적인 구원의 운동을 불교는 알지 못한다. 도대체 왜 역사는 존재하는 것이며, 역사는 구원으로 향하는 목표를 갖고 있는가에 대해 불교는 물음조차 제기할 수 없다."[27]

여기서 나타나는 문제는 앞서 틸리히의 경우에서와 꼭 마찬가지로 과연 역사 내지 시간에 대한 그러한 직선적인 이해가 정당한가의 여부에 관한 것이다.

그러나 흥미롭게도 스트롤츠는 다른 글에서 방금 말했던 것과는 다른 입장을 드러낸다.[28] 그는 기독교의 역사 이해와 불교의 공(空)의 입장 사이에는 앞서와 같은 불협화음이 아니라 극히 유사한 면이 있으며, 나아가 기독교의 역사 이해 자체를 위해서도 불교적 실재 이해인 공사상에 대한 이해가 필수적임을 역설한다. 스트롤츠에 따르면 기독교의 창조신앙은 종말에 대한 신앙과 마찬가지로 무에 대한 이해와 불가분의 관계에 있다. 기독교의 창조신앙이 말하는 '무로부터의 창조'(*creatio ex nihilo*)에서의 무는 근본적으로 신 자신이다. 왜냐하면 신은 그의 창조를 위해서 어떤 질료를 필요로 하지 않으며, 따라서 이 경우 무도 실체화된, 신 밖의 존재가 아니기 때문이다. '무로부터의 창조'가 신의 전일적(全一的)인 창조 그 자체인 이상, 신의 창조는 그 자신으로부터의 창조가 되어야 한다. 따라서 창조의 근원이 되는 무는 다름 아닌 신 자신이다. 즉 무는 단순히 신과 대립되는 어떤 실체가 아니다.

---

27) Walter Strolz, "Christliche Zukunftshoffnung und buddhistisches Nirvana", *Heilswege der Weltreligionen. Bd. II. Christliche Begegnung mit Hinduismus, Buddhismus und Taoismus* (Herder Verlag, 1986), S.208.

28) Walter Strolz, "Zen Buddhismus und Christlicher Glaube. Zum Buch von Keiji Nishitani Was ist Religion?", *Zen Buddhism Today. Annual Report of the Kyoto Zen Symposium*, No. 2(1986), p.60ff.

신의 창조 행위는 '순수 행위'(*actus purus*)여야 하며, 신의 창조 행위는 그 순일한 창조성으로 말미암아 언제나 대상화될 수 없는 순수 사건(Geschehen; 性起)이다.

이처럼 신의 창조 행위가 무인 신 자신으로부터의 창조 행위라면 이 신인 바의 무는 그 신의 역사적인 행위, 즉 역사 내에서의 신의 '계속적인 창조'(*creatio continua*)와 관계시켜서 볼 때 역사는 곧 무의 순수 행위, 즉 무 자신으로부터의 성기이어야 한다. 왜냐하면 역사는 신의 계속되는 창조 바로 그것이기 때문이다. 역사 내에서의 신의 창조 행위는 결국 이 무의 자기표현 내지는 자기 부정이다. 니시다의 말을 빌리자면 역사는 "무의 자기한정"이다. 역사는 무로서의 신이 끊임없이 자기를 한정(=부정)하고 표현(=긍정)하는 것이다. 따라서 역사의 완성으로서의 종말 역시도 이 무로서의 신의 완전한 자기실현이 될 것이다. 종말이란 무의 완전한 무화, 즉 무의 충일한 자기 현현이다. 그것은 단순한 존재와 비존재의 대립을 극복하는 절대무의 현현이다.

무에 대한 이러한 긍정적인 평가는 독일의 가톨릭 신학자 한스 발덴펠스(Hans Waldenfels)에게서도 잘 찾아볼 수 있다.[29] 발덴펠스는 서구-기독교적 종말론에 뿌리를 둔 허무의 극복이라는 전제와 불교의 열반 이해는 지금까지 만날 수 없는 대립 상태로서만 이해되어 왔지만, 이것은 결코 자명한 것은 아니며 단지 단견에 불과하다는 것을 지적한다. 그 까닭은 이러한 판단에는 기독교 종말론이 극복하려고 하는 그 무 내지 허무(nihil)에 대한 존재론적인 이해가 결여되어 있기 때문이다.[30]

---

29) Hans Waldenfels, 拙譯, 『불교의 공과 하나님』(대원정사, 1993).

30) Hans Waldenfels, "Sprechsituation: Leid-Ver-nicht-ung-Geheimnis. Zum buddhistischen und christlicher Glaube", *Festgabe für Heinrich*

다시 말하자면 기독교 종말론과 불교의 무의 사상 사이의 대화가 열매를 거두기 위해서는—긍정적이든 부정적이든 관계없이—기독교 종말론이 극복의 대상으로 보고 있는 이 허무로서의 무가 도대체 무엇인가 하는 것이 밝혀져야 한다는 말이다. 그러한 무에 대한 이해 없이는, 기독교 종말론은 무에 대한 극복이라고 스스로를 생각하는 이상, 이 무를 감싸고 전개되는 불교의 실재 이해와 종말론의 만남이 불가능하다고 보는 주장은 단지 피상적인 단견일 뿐이다. 그리고 그때 대화는 제자리를 맴돌게 된다. 왜냐하면 전제가 이미 결론을 내포하고 있는 악순환이기 때문이다. 그런데 스트롤츠와 발덴펠스가 무에 대한 생각을 이처럼 적극적으로 전개하게 된 데에는 일본의 불교 철학자 니시타니 케이지(西谷啓治)와의 대화가 절대적인 요인이었으므로 뒤에 가서 그의 사상에 대해서 알아보기로 하겠다. 그 전에 먼저 좀 더 일반적인 논의의 전개를 위해서 틸리히에 대한 아베 마사오의 비판을 거론해 보자.

3. 아베 마사오의 틸리히 비판

아베 마사오(阿部正雄)는 서구에서 열반이 기독교의 신국이라는 개념과 곧잘 비교되곤 한다는 사실을 지적하면서, 그러나 열반이 단지 부정적이기만 한 어떤 것으로 받아들여지고 있다는 사실에 대해 주목한다.[31] 이것은 열반에 부정적인 이미지가 강하기 때문이다. 즉 인간

Dumoulin SJ zur Vollendung der 80. Lebensjahres, Hg. Hans Waldenfels u.a. (Mainz, 1985), S.299.

31) Abe Masao, *Zen and Western Thought* (Hong Kong, 1985), p.205ff.

실존의 근본 고통 원인을 집착으로 보고 그것의 소멸이 열반이라고 등치하는 오해를 한 것이다. 그러나 열반은 고의 원인인 집착을 소멸하는 것이기도 하면서, 그 집착에서 벗어난 무아에 대한 실존적인 자각이라 할 수 있다. 열반은 그처럼 적극적 의미를 지닌다. 아베는 이렇게 말한다.

"열반은 인간의 감정을 단순히 말살하는 것과 같은 부정적이거나 생명 없는 상태가 아니다. 열반은 쾌락을 추구하고 고통을 멀리하면서 쾌락과 고통을 구분하려는 이원론적인 견해에 대한 집착에서 해방됨으로써 얻어지는 무아(無我), 즉 무자성(egolessness)에 대한 실존적인 깨달음이다."32)

다시 말해서 해탈은 대상에 대한 자아의 집착에서 벗어나서, 그 자아와 대상이 실체가 없음을 깨닫는 실존적 자각이다. 자아가 실체가 없다는 사실, 즉 무아라는 것은 모든 것이 상의상관(相依相關) 속에 있다는 연기설과 같은 내용이다. 모든 존재는 서로 관계 속에서만 존재하므로 그 자체로는 비실체적인 것, 즉 무아이며 공이다. 따라서 공은 연기와 다를 바 없다. 연기-공은 존재하는 일체의 것이 독립적인 실체가 없음을 의미한다. 따라서 우리의 번뇌와 괴로움도 실은 알고 보면 그 실체가 없는 것이다. 이 사실을 알게 되면 우리는 그 괴로움에 더 이상 끌려 다니지 않고 거기에서 해방될 수 있다. 이런 점에서 연기-공은 존재론적인 개념인 동시에 구속론적(soteriological)이고 실천적인 개념이다.

---

32) *Ibid.*, p.206.

　　그러나 공은 또한 그 자체로서는 역시 공이 아니어서는 안 된다. 즉 공은 바로 비-공, 공공(空空)인 것이다. 「반야심경」에서 이 사실은 "空卽是色, 色卽是空"이라는 말로 정형화되었다. 공은 색을 떠나서 존재하는 것이 아니며, 색 또한 공과 다른 것이 아니다. 이런 의미에서 공은 일체의 존재자를 초월하면서 동시에 일체의 존재자 안에 내재되어 있다. 즉 공은 존재자에 대한 단순한 부정이나 초월이라는 이원론적인 개념이 아니다. 공은 그 나름의 실체성을 지닌 것이 아니라 색이라는 존재자의 연기적 존재 양식에 대한 이름이기 때문이다. 따라서 아베는 공이 일원론적(monistic)이기보다는 비-이원론적(non-dualistic)이라고 말한다.33) 공은 존재의 결핍이나 텅 빈 상태(vacuum)가 결코 아니라, 존재자를 있는 그대로의 모습에서 깨달은 것을 가리킨다. 공은 따라서 존재자의 여여(如如)한 상태를 의미한다.

　　"공에서 모든 존재자는 자신의 있는 그대로의 모습에서 그 자신이다. 그리고 모든 존재자는 그의 있는 그대로의 상태(as-it-is-ness)에서 동등하다."34)

　　다시 말해서 불교는 개체적 자기를 뛰어넘는 법(Dharma)의 관점에 서 있지만, 이것은 단순히 개체를 영원 속으로 해체해버리는 영원의 관점이 아니다. 오히려 불교는 이러한 영원의 입장을 파기하는 데에서 출발한다. 법 역시 자기에 卽해서만 법이 되기 때문이다. 불교가 말하는 궁극적 실재로서의 법은 바로 "자기의 주체성에 卽하는 법"이다.35)

---

33) *Ibid.*, p.208.
34) *Ibid.*, p.208.
35) 平川 彰, "無我と主體", 『自我と無我: インド思想と佛教の根本問題』(東京,

공이 이와 같이 존재자의 여여성을 의미한다면 공은 모든 존재자에 대한 최후의 근거인 '일'인 동시에 그 '일'에 대한 부정을 의미하지 않을 수 없다. 그래서 공은 비공이고 공공이다. 아베는 「벽암록」에 나오는 유명한 조주 선사의 공안을 인용하면서[36] 공에 대해서 다음과 같이 말한다.

"보편적인 원리로서의 일(oneness)은, 만일 그것이 실체적이고 자존적인 것이라면, 반드시 극복되어야 한다. 그렇지 않게 되면, 개별자로서의 우리는 개체성을 잃게 되고, 따라서 실재를 자각할 수 없게 된다. 불교적 견지에서 보면 이러한 것은 '유일한 일자(一者)'인 신에 대해서도 마찬가지이다. 다른 한편, 만일 모든 개별자가 각각 자기-동일성을 유지한다면, 그들 사이에 평등은 있을 수 없으며 모든 존재자는 자기-중심적이 될 것이다. 일과 무자성(無自性)에 대한 부정과, 자기중심성에 대한 부정인 공은 깨달음에서 필수적이다."[37]

아베는 이러한 열반에 대한 이해를 좀 더 상세히 전개한다. 첫째, 불교의 열반은 일원론적인 절대주의(monistic absolutism)가 결코 아니다. 열반은 존재자의 개체성을 소멸시키는, 그래서 '모든 고양이를 회색으로 만드는' 무차별적인 밤〔夜〕이 아니다. 이와는 반대로 열반은 상대주의와 절대주의의 대립을 극복한 역동적 상대주의(dynamic relati-

---

1981), 418頁.

36) 「벽암록」 제45칙. "어느 날 한 스님이 趙州禪師에게 물었다. '모든 것이 一로 돌아간다면 그 一은 어디로 돌아가겠습니까?'(萬法歸一 一歸何處). 趙州는 대답했다. '내가 청주에 있었을 때에 베적삼 한 벌을 만들었는데 그 옷의 무게가 일곱 근이나 나가더군…."

37) Abe Masao, *Ibid.*, p.208

vism), 또는 역동적 절대주의(dynamic absolutism)이다. 왜냐하면 열반에서 모든 존재자는 자기동일성을 타자 안에서 갖는 연기적 관계를 통해서(=상대적) 자기 자신의 무자성(=절대적)을 깨닫기 때문이다. 역동적이라 함은 이 상대성과 절대성이 또한 연기적 관계에 있다는 것을 의미한다. 열반에서는 개체가 전체〔色卽是空〕이고 전체가 개체〔空卽是色〕이다.

둘째, 열반은 허무주의가 말하는 상대적인 무도 뛰어넘는다. 열반에서는 세상에 대한 부정과 긍정이 또다시 연기적 관계에 있기 때문이다. 따라서 열반은 세상으로부터의 소극적인 도피가 결코 아니다. 거기에는 세상의 중생을 향한 자비가 있다. 참 자비는 무아에서 나오는 사랑이어야 한다.

셋째, 열반은 기독교가 말하는 인격적 신이라기보다는 오히려 우주적인 성격을 지니며, 따라서 기독교인의 눈에는 비인격적인 것으로 보일지도 모른다. 그러나 인격적 관계의 밑바탕에 초인격적인 무자아성이 있지 않다면 그 인격은 폐쇄적 자기중심성으로 빠지게 된다. 이런 의미에서 열반은 "인격적 비인격성" 또는 "비인격적 인격성"이다.[38] 그것은 개체와 개체 사이의 관계 가능성을 그 개체의 무자성에서 보고 있기 때문이다. 그래서 "절대자는 인격이 아니다. 절대자를 인격으로 파악하는 것은 중세적인 나에 대한 초월로서 너라고 하는 이인칭적인 것을 생각하는 것이고 현대의 종교사상은 아니다. 나에 대해 너라고 하는 이인칭적인 것은 본래 나와 같이 유한 상대적인 것으로서의 타자가 아니어서는 안 된다. 유한한 나와 너를 자기부정적으로 매개하는 장소가 절대자이다."[39]

---

38) 西谷啓治, 『종교란 무엇인가』(원서로는 68頁 이하).
39) 鈴木 亨, 『響存的世界』(三一書房, 1983), 321頁.

넷째, 바로 이러한 개체의 무자성 위에 공동체(community)를 건설할 수 있으며, 이 공동체의 건설을 통해서 개체는 비로소 자기의 참 자아를 실현할 수 있다.

아베는 이러한 열반에 대한 이해를 바탕으로 틸리히가 신국과 열반을 비교한 결과에 대해 비판을 가한다. 틸리히는 열반을 '초시간적인 지복의 상태'라고 보고 이것을 객관적으로 관찰 가능한 상태라고 말하지만, 열반은 모든 사물과 사람을 있는 그대로의 여여한 모습으로 자각하는 주관적인 깨달음이다. 즉 열반은 일상적인 자아가 세상의 궁극적 근거로서의 실존적인 참자기(True Self)를 인격적으로 자각하는 것이다.40) 따라서 열반은 궁극적 합일에 도달한 어떤 상태가 아니라 한 인격의 깨달음이기 때문에, 그것은 초인격적인 동시에 인격적인 것이다. 열반은 이와 같이 인간의 실존적인 참 자기에 대한 자각이다. 이 자각 속에서 모든 존재자는 그들의 특이성을 잃지 않으면서 하나로 통전된다. 즉 열반에서 모든 사물과 사람은 그들의 차별성을 잃지 않으면서 그들보다 앞서 있는 근거로서의 일로 귀일한다. 그러나 동시에 이 일은 다로 되돌아간다. 열반은 단순히 객관적이고 개념적인 일이 아니라 일에서 다로, 다에서 일로 돌아가는 변증법적 성격을 지니고 있기 때문이다. 그리고 이 변증법 역시 객관적인 상태가 아니라 실존적인 자각이고 실천이다. 즉 이 변증법의 주체는 다시금 무인 것이다. 불교는 이것을 무아에 대한 자각이라고 보는데, 따라서 무아는 존재론적인 개념인 동시에 실천적인 개념이다.

대승불교는 열반이 지니고 있는 이러한 변증법적인 성격을 특별히 강조한다. 대승불교의 이상향인 보살은 열반을 추구하지만, 궁극적으

---

40) Abe Masao, *Ibid.*, p.176.

로는 그 열반에도 집착하지 않는다. 그는 속세를 있는 그대로의 속세로 자각함으로서 열반을 얻는다. 열반도 속세도 모두 실체가 없는 무아인 것이며, 이 사실을 자각하는 종교적 실존 역시도 무아인 것이다. 이처럼 그 어느 것에도 집착하지 않음으로써 무아를 깨닫는 것이 지혜이고, 그 무아를 속세의 모든 중생을 위해 무차별적으로 실천하는 것이 자비이다. 불교의 무아는 이처럼 지혜와 자비의 불가분리성을 드러내 준다. 이렇게 볼 때 불교는 세계의 이치를 밝힐 뿐 그것을 개혁할 힘이 없는 논리적 종교요, 기독교는 세상에 대한 적극적인 사랑으로서의 윤리적 종교라고 하는 슈바이처나 그와 유사한 틸리히의 의견도 단견이라 하지 않을 수 없다.

이와 같은 불교의 역사 이해를 놓고 볼 때 니시타니가 불교의 역사 이해의 다층성과 복합성을 말하는 까닭을 이해할 수 있다. 그는 다음과 같이 함축적으로 말한다. "대승불교에서 '시간'이라는 개념이 단순히 원환적이고 오직 비인격적인 법에 지배되고 있으므로 역사의 의미가 분명하게 부각되지 않는다는 견해는, 서양적인 역사 사상으로부터 본다면 그럴지도 모르지만, 사실은 그렇게 간단한 것은 아니다."41) 니시타니의 "간단한 것은 아니다"는 말에서 불교와의 만남으로 형성되는 기독교 신학의의 새로운 역사 이해의 단초를 찾을 수 있다. 그리고 이러한 역사 이해 내지는 실재 이해는 우리로 하여금 대승불교적 이상으로서의 보살을 논구토록 만드는 자연스러운 계기가 된다. 다시 말해서 서구 기독교의 일원론적 중심주의를 극복하고 종교다원적 현실을 직시할 수 있는 기독교의 자기 이해를 위해 보살의 이미지가 자연스럽게 조형되어 오버랩되어 오는 것이다. 그러나 우선 보살에 대해서 살펴보

---

41) 西谷啓治, 앞의 책, 305頁.

기에 앞서서 불교가 말하는 역사관에 대해서 니시타니를 중심으로 논구해 보기로 하자.

4. 니시타니 케이지의 『공과 역사』

니시타니 케이지(西谷啓治)는 불교의 공의 입장이 과연 역사성과는 어떤 관계가 있는가라는 문제를 제기한다.[42] 이것은 동시에 지금까지 진정한 역사관이라고 전제해 온 서구의 역사관의 본질을 되묻는 물음이기도 하다. 흔히 '불교적 역사관'에 대한 사람들의 이해 내용은 첫째, 자연 내지 우주의 운행이 원환적이며 둘째, 우주와 인간을 지배하는 것은 비인격적인 법이라는 생각이다. 그래서 이러한 역사 이해는 비역사적인 역사관이라고 단정된다. 이에 반해서 서양적·유대적 역사관이라고 사람들이 규정하는 내용은 첫째, 역사적 시간은 직선적인 진행이며 둘째, 전체 역사는 인격적인 존재에 의해서 지배된다는 것이다.

니시타니는 그러나 이러한 대비를 통해서 불교적 역사관은 바로 인간뿐만 아니라 모든 것 속에 내재해 있는 자기중심성을 극복할 수 있는 가능성을 포함하고 있다고 여긴다. 즉 비인격적인 것에 의해 지배를 받으면서 동일한 것으로 환원된다고 하는 생각은, 개체를 보편으로 환원시킴으로써 개체 본위의 자기중심성을 극복하는 적극적인 의미를 갖고 있다. 이와는 극단적인 반대의 예, 즉 개체 중심 내지 자기중심의 역사 이해가 바로 유대인의 선민의식이라고 니시타니는 보고 있다. 그뿐만 아니라, 근대의 진보주의적 역사관은 현재의 자기를 역사 판단의

---

42) 西谷啓治, 같은 책, 221면 이하.

중심에 놓고 거기에 비추어서 모든 역사적 가치를 평가하는 자기중심적인 역사 이해의 결과이다. 그 결과 역사라는 무대에 존재하는 것은 역사적 사실이라기보다는, 현재의 자기가 갖고 있는 가치 기준의 이기적인 확장일 뿐이다.

그런데 일반적으로 이처럼 자기 반조를 통해서 자기중심성이 극복될수록 역사의식이 희박해진다고 여긴다. 하지만 니시타니는 이것이 오류라고 말한다. 니시타니는 자기 반조에 철저해질 때 우리가 부딪치는 무한 충동의 의지로서의 업에 대한 자각을 거론한다. 업이란 존재와 시간이 나에게 무한한 짐을 지우고 있다고 하는, '존재와 시간'에 대한 자각이다. 자신의 업을 자각할 때 인간은 시간의 본질을 알게 되고, 나아가 자신이 시간적 존재임을 깨닫게 된다.

그런데 시간에는 이중적 측면이 있다. 시간에는 끊임없이 새로워진다고 하는 창조로서의 측면, 즉 자유 내지는 무한한 가능성의 측면이 있는 동시에, 무한한 짐의 측면, 다시 말해서 거기로부터 떠나기 어려운 필연성의 측면이 동시에 포함되어 있다. 즉 시간은 끝없이 열려 있고 어느 찰나에도 안주할 수 없다는 본질이 있다. 시간은 끝없이 무화(無化)되고 있다. 우리는 이것을 '무상성'(無常性)이라 부른다. 그러나 이 무상성으로서의 시간은 또 다른 의미를 갖고 있다. 무상은 무언가 특정한 것에 한정되어 거기에 머무른다는 의미의 '常'의 부정이다. 즉 이것은 시간이 가져다주는 과거(=業)로부터의 해방이며 무장애(無障礙)를 의미한다. 시간은 스스로 과거로부터 벗어나는 장이며, 따라서 시간의 본질은 탈자적(脫自的)이다. 시간은 자기 자신을 벗어남으로써만 자기 자신이 되는 역설적인 존재이다. 여기에 바로 시간으로서의 인간 현존재의 존재 방식이 있다. 인간 역시 자기 자신을 벗어남으로써만 비로소 자기 자신이 되는 존재이기 때문이다.

따라서 인간이 자신을 시간적 존재로 자각한다는 것은 자기를 벗어남으로써만 자기 자신이 된다는 자신의 탈자성에 대한 자각과 동근원적이다. 이처럼 시간이 이의적이라고 하는 것은 '시'(時)가 근본적인 전환의 장, 즉 회심(廻心)의 장임을 의미한다.

하이데거가 밝히고 있듯이, 인간이 자기 자신을 시간적 존재로 자각하는 것은 자신의 존재의 끝인 죽음에 대한 선구적 결단을 통해서 가능하며, 이 결단을 통해서 비본래성에로 퇴락해서 살던 인간 현존재는 본래적인 존재가 된다. 그러므로 시간에 대한 자각은 결국 인간 현존재가 자신이 시간적 존재임을 자각함으로써 자신의 존재양식이 바뀌는 것을 의미한다. 역으로 말하자면 시간이란 근본적으로 우리의 존재(불교는 이 인간의 존재를 그의 心에서 본다)의 전환에 따라 존재하는 것임을 알게 해준다. 그리고 열반이란 바로 이러한 인간의 심(心)의 본질적인 전환을 의미하며, 유한한 존재인 인간이 자신의 유한성의 극한인 죽음에 대해 죽는 것이다. 니시타니는 하이데거의 '본래적 실존'을 생각나게 해주는 언어로서 다음과 같이 말하고 있다.

"참된 초월, 즉 생사의 '세계' 그 자체로부터의 이탈은 불교에서는 '열반'이라 불린다. 세계 안에서의 존재가 그 본질에서 허무 위에 성립하고, 무화되는 것이며, 생사적인 생이 그 본질에서는 죽음이라면, 열반은 그 생사적인 생에 죽는다는 것, 본질적인 의미에서의 '죽음'에 죽는다는 것으로서, 본질적인 의미에서의 '생'이다. 또는 세계-내-존재의 본질이 '죽음에 이르는 존재'라고 한다면, 열반은 이 죽음에 이르는 존재를 통한, 그로부터의 본질적인 전환이다. … 생사에서 열반으로의 이탈 안에 허무에서 '공'으로의 전환이 있다."43)

다시 말해서, 죽음의 무가 허무가 아니라 본래적 존재를 자각케 해 주는 존재 개시가 될 때, 생사에서 열반으로, 허무에서 그 허무의 부정 으로서의 공으로 전환이 있다.

시간이 존재(=心)라는 것은 또한 매 순간이 바로 시초의 시간임을 자각하는 일이다. 역사상의 매 시간은 자기중심적인 자기가 죽고 자기 가 무아로서 성기(性起; sich ereignen)하는 순간이다. 따라서 그 순간 은 자아의 죽음, 종언인 동시에 참 자아의 탄생이며 시초이다.

"이러한 무아의 실존의 그때그때의 움직임은, 앞에서도 말했다시피, '시'(時) 그 자체의 시초로부터의 생기(生起)함이다. 이는 시(時) 그 자체의 '시초'의 현시이고, 이런 의미에서 '시초'의 성기(性起)이다. 말 하자면 시(時) 안에 영원성의 모나드가 나타나는 것이다."44)

아베는 이것을 다음과 같이 표현한다. "역사는 열반이 실현되는 매 순간 시작되고 끝난다."45) 즉 자기의 중심성이 사라지고 무아가 등장 하는 열반의 입장, 공의 입장에서 의지와 무한 충동인 업이 사라져서 시간상의 자기중심적인 해석이 사라진다. 그렇게 되면 "무한한 자기- 내-폐쇄성"인 자기, 무명 속에 있는 자기가 죽음으로서 인간의 자기는 무아가 되며, 인간 현존재는 "時로서 性起한다."46) 니시타니는 이러 한 사실을 다음과 같은 불교의 전통적인 말을 빌려서 표현한다. "한번

---

43) 西谷啓治, 앞의 책, 198-199면.
44) 같은 책, 277면. 참조. Martin Heidegger, *Erläuterung zu Hölderlins Dichtung* (Frankfurt am Main, Fünfte, durchgesehene Aufl., 1981), S.76. "역사는 오직 진리의 본질이 시초적으로 그때마다 결정될 때에만 존재한다."
45) Abe Masao, *Ibid.*, p.215.
46) 西谷啓治, 앞의 책, 299頁.

크게 죽으면 하늘과 땅이 새롭다."(大死一番乾坤新)

"우리의 참된 자기는 … '자기 아닌 자기'로서만 자기이다. 우리가 보통 자기라고 보는 자기 의식적, 자기중심적인 자기, 즉 이른바 자아는 본래 자아가 아닌 것이다. 자아의 '본래', 자아에서 본래적인 자기는 탈자적 이다. 자아의 본질은 자아적인 것이 아니다. '자아'로서 성기하는 본성 은 비자아이고, '무아'로서의 자기이다. 거듭 말했듯이, '大死一番乾坤 新'인바 세계가 '세계하는' 바에 노정되는 것이다. 이러한 본래적 자기 는 자아의 모든 움직임 속에 언제나 이미 현전해 있다."47)

따라서 역사는 신심탈락(身心脫落)의 참된 자기가 노정되는 장이 며, 또 그러할 때에만 진정한 역사가 되는 것이다.

이러한 공의 입장에서 볼 때에만 역사는 비로소 그 역사성, 즉 시간 성을 회복한다. 서구의 자기중심적 역사관은 역사를 자기라는 한 점에 고정시켜 놓음으로써 역사와 시간의 '무상성'(無常性)—앞에서 거론했 듯이 끝없는 무화와 또 상(常)의 끝없는 부정으로서의 무상성—을 거 부하게 된다. 이것은 시간의 시간성에 대한 부정일뿐만 아니라, 일체 의 것을 자기중심적으로 해석함으로써 결국은 자기와 타자를 이분법 적으로 나누고, 역사를 초역사와 분리하는 비역사적인 역사관에 도달 한다. 거기에는 인간에게도 신에게도 아직 신심탈락이 일어나지 못한 실체성이 남아 있기 때문이다.

역사를 인간의 자기를 중심으로 해석하든지, 초역사적인 신의 자기 에 맞추어 해석하든지 간에, 거기에는 아직 존재와 무, 자기와 비자기

---

47) 같은 책, 205頁.

를 분리하는 대립의 차원만이 있을 뿐이다. 앞에서도 말했듯이 니시타니는 이에 대한 극단적인 표현 형태를 유대인의 선민의식과 근대의 진보주의적 역사 해석에서 보고 있다. 소박하게 이해된 유대의 선민의식이란 유대 민족만이 신에 의해 구원의 약속을 받은 선택된 민족이고, 따라서 자기들만이 역사의 중심이라는 배타적 역사의식이다.

근대의 진보주의적 역사의식이란 근대 유럽의 시대정신, 가치, 제도, 문화를 판단의 중심으로 삼으면서 전체 역사를 정렬했던 역사 이해이다. 전자에서 소위 '이방인'에 대한 구원의 배타성이 나오고, 후자의 역사의식이 소위 '야만인'에 대한 식민 지배를 정당화해 주었다는 것은 주지의 사실이다. 이는 모두 자기와 타자를 이분법적으로 나누는 무명(無明)의 입장, 자기만이 신에 의해 구원을 독점한다는 배타 의식의 산물이다. 따라서 니시타니는 "모든 타자가 구원될 때에 자기의 구원도 있다"고 보는 "즉비적 자기"의 입장, 자타불이의 입장에서만이 진정한 역사의 역사성, 시간의 시간성은 있다고 여기는 것이다.[48]

우리는 역사에 대한 이해는 결국 인간의 구원에 대한 물음임을 다시 한번 확인하게 된다. 그리고 이러한 역사 이해에서 우리는 비로소 자아와 타자의 공존의 장소로서의 역사가 가능해짐을 깨닫게 된다. 니시타니는 동일한 사실을 다음과 같이 쓰고 있다.

"자기 안에 있지 않은 일체의 것 속에서 자기의 목적을 보는 절대적 자기 부정과, 자기 안에 있지 않은 일체의 것 안에서 본래적인 자기 자체를 보는 절대 긍정은 하나이며, 이것은 공의 입장에서 가능하다."[49]

---

48) *Ibid.*, p.284.
49) 西谷啓治, 앞의 책, 305頁.

제 4 장

만해의 '님'과 실천적 다원주의

1. 깨달음의 사회적 연관성

이 글의 목적은 만해 한용운(萬海 韓龍雲, 1879-1944)의 선사상을 근거로 해서 불교와 기독교의 대화에 기여하며, 나아가서는 종교다원주의와 해방신학의 조화를 꾀하고자 하는 데 있다. 만해는 구한말과 일제 치하 시기의 독립운동가요 탁월한 시인이었으며, 무엇보다도 한국 선불교의 종풍을 잇는 선사(禪師)였다. 그는 낡아진 한국의 불교를 개혁하는 일과 일본의 식민지 세력에게 빼앗긴 조국의 주권을 되찾는 일에 자신의 한 평생을 바쳤던 민족의 선각자요, 탁월한 종교지도자였다. 그의 폭넓은 종교적 세계는 일제에 강점된 한국을 되찾는 데 있어서 종교의 벽을 간단없이 넘나들게 하였고, 종교와 세속의 경계 또한 허물어버릴 수 있었다. 그러므로 종교다원주의를 살아가고 있는 우리에게 그가 자신의 개방적인 종교성을 바탕으로 현실에 뛰어들었다는 사실은 매우 중요한 시사점을 지니게 된다.

만해는 그러나 직접적으로 종교 간의 대화에 뛰어들지는 않았다. 시대의 어두움과 싸우지 않으면 안 되었던 선사로서 만해는 평생에 걸쳐서 조국의 독립을 위해서 헌신했다. 그러나 그가 이러한 자신의 목표에 접근하고자 하였던 방법과 내용을 그는 자신이 헌신했던 불교적 신앙의 개혁에서 찾았다. 필자는 그의 불교개혁의 노력이 종교 간의 대화에 크게 기여하리라고 여기면서 동시에 그로부터 사회적 참여 문제 역시 접근할 수 있으리가 믿는다.

만해는 선사였고 시인이었으며 독립운동가였다. 시와 수필, 논설과 소설 등 수많은 작품을 통해서 그는 사람들을 불교 정신으로 계몽하고자 했으며, 이러한 작업을 위한 대전제로서 불교 신앙을 일상 현실 속에서 추구하고자 했다. 그는 산중불교가 빠져 있던 깊은 잠을 깨워서 풍진(風塵)의 세계 한가운데에서 불교를 실현하고자 했던 개혁자였다.

만해는 1879년 조선 말의 비극적 상황하에서 태어났다. 역사적으로 정확한 증거는 없지만 대개 사람들은 열여덟 살 난 만해가 동학혁명에 가담해서 싸웠고, 거기에서 패한 후 숨어 다니다가 설악산으로 들어가게 되었으며, 이것이 그의 직접적인 입산 동기가 되었다고 주장하곤 한다. 이러한 주장의 역사적 증거 여부는 차치하고서라도, 만해의 출가의 동기가 자신이 처해 있었던 사회적 현실과 깊이 연관되어 있었다는 점만은 지적할 수 있을 것이다. 그 역시 자전적인 글에서 말하고 있듯이 "산으로 갔던 이유는 반드시 신앙만의 문제는 아니었다."(II/26)[1] 그의 불교적 신앙은 조국의 사회적 현실과 불가분리의 관계에 있었다. 그는 을사보호조약이 체결되던 해인 1905년에 승려가 되었다.

만해는 언젠가 "선과 생활"에서 선불교적 깨달음은 모든 존재의 개달음이 서로 떼어놓을 수 없이 연결되어 있다는 사실에 대한 직관이라

---

1) 만해 글의 인용은 총 6권으로 된 『만해 한용운 전집』(신구문화사, 1974)을 이용했다. 인용 면수는 본문에 직접 기입했다. 예를 들어서 'II/123'은 전집 제2권 123면에서 인용했다는 뜻이다.

고 쓴 적이 있다. 여기에서 우리는 그의 선사상의 정수를 읽어낼 수 있다.

> "영운조사(靈雲祖師)는 도화(桃花)를 보고 견성하였느니 그것은 누구라도 아는 일이지만, 영운이 도화를 보고 견성할 때에 도화가 영운을 보고 견성한 줄은 천고에 아는 사람이 없느니 그것은 일대 한사(一大恨事)다."(II/317)

만해는 깨달음은 고립적인 사건이 아니라고 말하고 있다. 한 사람의 깨달음은 다른 사람들의 깨달음과 가역적으로 연결된다. 깨달음은 그러므로 가역적이다. 만일 그렇지 않다면, 그것은 깨달음이 아니다. 모든 존재의 깨달음에는 무한한 연관관계가 있는 것이다. 아니, 깨달음이 있고 그러한 깨달음의 연관관계가 성립하는 것이 아니고, 이러한 연관관계를 아는 것이 바로 깨달음이다. 화엄불교의 사법계관 중 사사무애법계관이 이를 잘 표현해 주고 있다. 그런데 이러한 깨달음의 연쇄는 무아에 대한 깨달음과 동일하다. 나카무라 하지메는 이렇게 말한다.

> "불교에서는 무언가의 의미에서 실체적 원리인 아(我), 예를 들면 영혼과 같은 것을 상정하는 걸 거부한다. 그렇기에 이러한 철학적 입장에서, 대상적인 무언가를 '我' 혹은 '내 것'이라고 집착하는 것을 떠나는 것이 그 실천 목표가 된다. 그렇게 해서 초기의 불교 내지 대승불교 후기에서는 그것을 진실의 자기의 실현이라고 이해했던 것이다."[2]

---

2) 中村 元, "インド思想一般から見た無我思想", 中村 元 編, 『自我と無我』(平樂寺書店, 1981), 142頁.

유사한 맥락에서 트레버 링은 불교의 무아라는 개념이 사회적 성격
의 것임을 지적하는데, 이를 통해서 우리는 만해가 말한 깨달음의 사회
적 성격을 분명히 알 수 있다.

"불교를 개인의 영혼에 대한 개인적인 구원과 관계되는 것으로만 말한
다는 자체는 불교도의 영혼관념에 대한 기본적인 부정을 전적으로 모
른다는 것을 뜻한다. 불교는 사적인 개인의 운명과 관계되는 것이 아니
라 좀 더 넓은 의미, 감정이 있는 존재와 지각이 있는 모든 존재와 관계
가 있다. 이러한 사실은 필연적으로 불교와 사회적·정치적 문제와의
관계를 수반시켰고, … 더욱이 불교의 내면적 추구는 도시의 발전과 이
발전의 부수적 문제들이 수반되어 확장된 개인주의에서 비롯되었다."3)

무아의 깨달음이란 '나'의 밖에 있는 수많은 문제에 대한 적극적인
관심을 의미한다. 만해에 따르면 자기는 "자기의 주위에 있는 사람이
나 물(物)을 떠나서 하는 말은 아닙니다. 사람과 물을 통해서의 '자아'
이다"(II/288), "모든 중생이 이미 깨달음에 도달해 있다"(II/316)라고
하는 불교의 근본적인 확신은 무아에 대한 자각과 연관되어 있다. 만해
는 그러한 믿음을 "활선"(活禪), 또는 "선외선"(禪外禪)이라고 불렀다.
(II/328) 그는 다음과 같이 말한다.

"어느 종교든 종교라고 명목(名目)한 이상에는 창생(蒼生)의 구제를
목적하는 것은 물론인데, 이미 창생의 구제를 목적할 것 같으면 세상을
떠나 세상을 구(救)할 것이 아니라 세상에 들어와서 세상을 구할 것이

---

3) Trever O. Ling, "승가의 사회적 기능", 呂益九 編, 『佛敎의 社會思想』(민족사,
　 1987), 185-186면.

니 … 그러므로 종교는 그 여하한 종류를 물론하고 모두 세상을 초월하기를 권하며, 이 진세(塵世) 이외의 낙원이 있는 것을 설하나, 그러나 그 입각하는 바는 결코 이 세상을 이별한 후의 낙원이 아니고, 이 인생을 초월한 후의 신생이 아니라. … 종교는 사람을 초월하는 것 같으나 기실은 사람을 참 사람으로 되게(化) 하는 것이며, 사람을 참 생명으로 인도하여 참 생활을 하게 하는 것이다. 환언하면 무한한 생명은 곧 유한한 이 진세에 실현하는 것이로다. 절대가 어찌 상대를 떠나서 존재하리요. 만일 그러하면 절대가 아니로다. 절대는 상대에 대하여 절대이며, 상대는 절대에 대하여 상대라, 우리는 이를 깨달아야 할지로다."(II/132)

만해는 종교를 세계의 구원이라는 차원에서 이해하고 있다. 모든 종교는 세계 전체의 구원을 추구한다. 종교적 깨달음의 구체적인 장소는 바로 이 세계 이외에 다른 장소가 있는 것이 아니다. 깨달음은 모든 중생이 또한 깨달음을 대망하고 있는 이 구체적인 세계 한가운데에서 일어난다. 한사람의 깨달음은 다른 사람의 깨달음으로 인도된다. 즉 한 사람의 깨달음은 아직 깨닫지 못한 사람을 그 무명의 상태에서 해방시키는 것이다. 그러한 종교개념은 앞서 우리가 문제를 제기하였던 바대로 종교다원주의의 신학과 해방신학의 화해와 조화에 기여할 수 있다. 폴 니터가 말하고 있듯이 종교다원주의의 목표는 구원중심주의를 통해서 실현될 수 있기 때문이다.

그렇다면 여기서 잠시 현금의 종교다원주의가 실천적인 차원에서 전개되려는 양상을 살펴보기로 하자.

2. 신중심주의에서 구원중심주의로

종교다원주의 신학이 개인적인 차원에서 단순한 이론적인 사색에
그치는 것이 아니라 다원화된 사회에 대한 적극적인 참여로 이어질 수
있는가 하는 문제는 중요한 문제군을 포함하고 있다. 그리고 이러한
논제 자체는 이미 종교다원주의의 본질에 대한 물음과 직결되어 있다
고 할 것이다. 왜냐하면 종교다원주의가 사회에 적극적으로 참여할 수
있는 가능성에 대한 물음은 종교다원주의의 본질 자체에서 추구되어
야만 그 생명력을 지닐 수 있기 때문이다.

기독교 이외의 종교에 대해서 서구신학이 어떻게 반응해 왔으며, 또
현재의 태도는 어떠한가에 대해서는 이미 상당한 논의가 있어 왔다.
배타주의와 포괄주의, 신중심적 다원주의로 집약되는 세 가지 태도는
기독교 신학이 자신의 정체성을 잃지 않으면서 동양의 종교와 만나려
는 각기 다른 입장들이다. 그것은 어디까지나 서구의 신학의 성립 배경
과 고백을 근거로 한 타종교 이해이므로 이를 액면 그대로 수용하는
것은 오히려 종교 간 대화의 정신에 어긋난다고 하겠다.

우리는 신중심적 다원주의가 궁극적으로는 동양종교에 대한 서구신
학의 포괄주의적 입장이 변형된 것은 아닌가 하는 의혹을 여전히 지울
수 없다.4) 그러므로 문제는 어디까지나 서구적인 입장에서 프론트에
서 있는 신중심적 다원주의를 초극하는 일이다. 이러한 초극의 입장에
서 우리는 신중심적 다원주의의 끝이 가닿아 있는 한계선을 점검해 보
는 동시에 그들이 지금 어떠한 태세로 그러한 한계선에 서 있는가를
살펴보는 일이 중요할 것이다.

---

4) 拙稿, "종교다원주의와 한국신학의 방향", 『한국가톨릭 어디로 갈 것인가』(서광사,
1997).

이러한 관점에서 볼 때 종교다원주의 신학을 리드하고 있는 대표적인 신학자 폴 니터(Paul Knitter)가 종교의 신학과 해방의 신학이라는 서로 다른 두 가지 신학적 모티프 사이의 균형적인 조화를 주장하는 대목은 눈여겨볼 만하다. 우선 니터의 말을 들어 보자.

"오늘날의 교회에 도전하고 있는 많은 '시대의 징표'들 가운데에서 기독교인들에게 특별히 어필하고 있는 두 가지 신학적 주장이 있다. 그것은 다수의 가난한 사람에 대한 경험과 다수의 종교에 대한 경험이다. 그러므로 이 가장 창조적이며 생동적인 기독교인의 생활과 사상의 표현이 종교의 신학과 해방의 신학이라는 점은 별로 놀라운 일이 되지 못한다. 종교의 신학은 종교 다원주의에 응답하는 신학이며, 해방신학은 고통과 불의라고 하는 훨씬 막중하며 시급한 문제에 대응하는 신학인 것이다."[5]

니터에게 종교다원주의 신학은 종교적 본질에 대한 깨달음에 기초해서만 가능하다. 그런데 니터는 이러한 종교다원주의의 신학은 가난한 자들의 해방이라는 사회적 실천 신학과의 만남을 통해서 보충되지 않으면 안 된다고 여긴다. 구체적으로 니터는 다음 세 가지 점에서 종교다원주의 신학은 해방신학으로부터 배우지 않으면 안 된다고 말한다. 그는 이러한 점들을 배움으로써 종교 간의 대화의 신학은 다원주의에 충실하면서도 상대주의로 전락하지 않게 된다고 주장한다.[6]

---

5) Paul Knitter, "Toward a Liberation Theology of Religions", John Hick · Paul Knitter ed., *The Myth of Christian Uniqueness. Toward a Pluralistic Theology of Religions* (New York, 1987), p.179.
6) 같은 책, p.182ff.

첫째, 해방신학은 이데올로기 비판적인 "의심의 해석학"을 통해서 신학적 교리나 주장들이 이데올로기적으로 남용되지 않도록 도와준다. 둘째, 해방신학은 "가난한 자들과 비인(非人; non-person)들을 우선적으로 편듦으로써" 다원주의신학으로 하여금 "토대주의"(foundationalism)나 "객관주의"(objectivism)에 빠지지 않도록 막아 준다. 이것은 다시 말해서 종교 간의 대화를 위한 이른바 '근거'를 실체화하거나 신비화하는 것을 저지한다는 의미이다. 니터에 따르면 그러한 '근거'는—만일 그와 같은 근거가 있다고 한다면—오직 가난한 자들을 위한 실천을 통해서 스스로 형성되어 갈 뿐이다.

그러나 니터가 지적하는 토대주의나 객관주의의 극복은 단지 해방신학과의 만남을 통해서만 이루어진다고는 볼 수 없다. 오히려 다원주의 신학의 근본 모티프가 철저히 자각되고 실천되는 곳에서 그러한 일은 가능하다.

셋째, 해방신학과의 만남을 통해서 다원주의 신학은 대화의 일차적인 목표가 "인간적인 것"(humanum)이라는 것과 "실천의 공유"(shared praxis)임을 알게 된다. 그러므로 종교다원주의 신학이 실천을 지향하는 해방신학적 모티프와 연계된다는 것은 '민중종교 해방신학'이라는 복합적 형태를 띠게 될 것이다.7)

이와 동일한 맥락에서 니터는 "구원중심주의"(soterio-centrism)를 주장한다. 이것은 그나 존 힉이 말하는 신중심적 모델에 대한 비판을 염두에 둔 것이다. 그 비판이란 그들의 신중심적 다원주의라는 발상은 "그리스도나 교회 대신 대화의 공통근거로서 신을 상정함으로써 무의

___

7) 참조. 변선환, "Buddhist-Christian Dialogue towards a Liberation of *Minjung*", 「신학과 세계」 16(1988) 197-247면. 이것은 미국 드류 대학교 보스보 강연(Vosbough Lectures)에서 폴 니터와 함께 공동으로 강연한 원고이다.

식적으로, 그러나 제국주의적으로 자신들의 신성 이해나 궁극적인 것에 대한 관념을 다른 신앙인들에게 강요하고 있다"는 비판이다.[8] 그러므로 니터는 구원중심주의는 그리스도 중심적인 일원론은 물론, 신중심적 보편주의까지도 극복할 수 있다고 보고 있다. 그는 이렇게 말한다.

"종교 간의 대화에서 가난한 자들이나 비인(非人)들에 대한 선택이 지니는 중심적인 의미를 이해한다는 일은 내가 『오직 예수 이름으로만?』에서 전개했던, 타종교에 대한 기독교 신앙의 태도의 진화적 변화 역시 불완전하다는 사실을 의미한다. 나는 이러한 진화가 계속 진행되어야 한다고 제안하고 싶다. 만일 기독교의 태도가 교회중심주의에서 그리스도중심주의를 거쳐서 신중심주의로 진화되어 왔다면, 이제는 기독교의 상징에 따르면 '하나님 나라 중심주의'라고 표현될 수 있는 것으로, 좀 더 보편적으로 말하자면 구원중심주의라고 하는 것으로 발전되어 나가야 할 것이다."[9]

이처럼 구원중심주의는 타종교에 대한 신중심주의적 태도가 지니고 있는 '불완전한' 태도를 극복하기 위해 제안된 것이다. 니터는 자신의 저서 『오직 예수 이름으로만?』에서 종교 간의 만남을 위한 공통의 근거를 궁극적 일자(the Ultimate One)에서 구했던바, 이는 사뭇 신비적으로 종교들 사이의 모든 차이를 제거하는 것처럼 보였다. 세계의 여러 종교는 단순히 무관심한 관용이나 강제적 흡수통합의 협궤를 벗어나

---

8) Paul Knitter, *Ibid.*, p.184.

9) *Ibid.*, p.187: Cf. Paul Knitter, "Religion und Befreiung: Soteriozentrismus als Antwort an die Kritiker", *Horizont überschreitung: Die pluralistische Theologie der Religionen*, Reinhold Bernhardt (ed.), (Gütersloh Verlagshaus, 1991), S.203ff.

서로 관계를 맺는 "통일적 다원주의"(unitive pluralism)를 이루어야
한다고 주장하는 폴 니터의 말을 들어 보자.

"다(多)가 일(一)이 되도록 요청받고 있다. 그러나 그 일은 다를 삼켜
버리는 일이 아니다. 다는 엄밀하게 다로 남아 있음으로써 일이 된다.
다에 속한 하나 하나가 타자들에게 독특한 기여를 하고, 따라서 전체에
독특한 기여를 할 때 일이 발생하는 것이다. 이것은 다가 서로의 안에,
그리고 보다 큰 전체 안에 더욱 골고루 스며들어가 하나로 집중되는 것
을 목표로 하는 과정이다."10)

신중심적 다원주의 모델의 대표자인 존 힉(John Hick)의 다음과 같
은 말도 위와 같은 맥락에서 파악될 수 있다.

"(이것은) 여러 신앙들이 공존하는 세계와 그 세계 안에서의 우리 자신
의 종교의 위치에 대한 우리의 개념에 있어서 똑같이 철저한 변혁이 있
어야 함을 함축한다. … (그것은) 제 신앙의 세계에 대한 그리스도교
중심적 혹은 예수 중심적 모델에서 신 중심적 모델에로의 패러다임의
전환을 요구한다. 이때에 우리는 위대한 세계 종교들을 하나의 신적 실
재에 대한 서로 다른 역사적, 문화적 환경 속에서 형성된 서로 다른 자
각들을 구체화한 것으로 보게 된다."11)

---

10) Paul Knitter, *No Other Name? A Critical Survey of Christian Attitudes Toward
the World Religion*, 변선환 역, 『오직 예수 이름으로만?』(한국신학연구소, 1987),
26면.
11) 같은 책, 240-241면에서 재인용.

실천지향적인 구원중심주의를 가지고 니터는 종교 간의 대화를 위해서 설정되었던 '공통근거'의 잘못된 실체화를 지양하고자 하였다. 그래서 그는 신(*theos*) 대신에 구원(*soterio*)을 모든 종교 사이의 창조적인 만남을 위한 공통의 근거로 삼는 것이다. 그것은 모든 종교에서 역동적인 공통의 근거이다. 그러므로 니터는 만일 종교의 신학이 추상적인 보편주의로 전락하지 않으려면—이러한 태도 역시도 타종교에 대한 배타적인 태도라고 비판될 소지가 있다—모든 종교는 전 세계의 구원을 위해서 일하고 있음을 알아야 한다고 주장한다. 해방의 신학은 종교들 사이의 실천 지향적인 대화에 대해서 창조적인 시각을 제공해 줄 수 있다. 왜냐하면 그는 "고난과 불의라고 하는 보다 지대하고 화급한 문제"를 해결하도록 우리를 부르기 때문이다.

이제 우리는 종교 간의 대화의 신학이나 종교다원주의 신학은 내부에서 해방신학이 제기하는 구원중심주의에 상응하는 요소를 지니고 있는지 살펴보아야 할 것이다. 토마스 딘은 일본의 대표적인 신학으로 야기 세이이치(八木誠一)와 구리바야시 테루오(栗林輝夫)의 신학을 소개한다.[12] 딘은 야기의 '깨달음의 기독론'은 불교와 기독교의 대화를 위해 애쓰고 있지만, 이것은 구리바야시가 제기하고 있는 해방의 기독론으로 보완되어야 한다고 지적한다.[13] 그러나 야기는 깨달음이란 "차별의 극복으로 이끄는바" 이것은 "나/우리"와 타자 사이의 소외와 이분법을 극복하는 방향으로 전개된다고 반론을 제기한다.

---

12) Thomas Dean, "現代日本の神學におけるキリストの二つのモデル", 「福音と世界」 vol.49, No.12-15(1995).

13) 참조. 栗林輝夫, 서정민 · 조재국 역, 『차별받는 그리스도』(다산글방, 1994); Ruben Habito · Junshyo Tamamitzu, 『聖書と親鸞の讀み方』(東京, 1989).

"무비판적인 범주화는, '나'나 '우리'를 무비판적으로 실체화해서 사용할 때와 마찬가지로, 참된 인간성을 상실한다. 이것은 소외(discrimination)의 원인이 된다. 즉 이러한 범주화는 참된 인간성뿐만 아니라 실재 자체를 간과하도록 만들어 버린다. 그 결과 타자의 인격과의 참다운 만남이 이루어지지 못하도록 만들어버린다. … 만일 우리가 인간성의 깊이에서 하느님이 작용하고 있음을 알게 된다면(깨달음), 우리는 인간성 그 자체를 보게 되고, 인간성이 하느님과 관계되어 있다는 것을 봄으로써 소외를 극복하게 된다. 그렇게 되면 우리는 '우리'를 중심에 놓음으로써 타자를 변두리적인 존재로 만들어버리는 일이 자의적이라는 사실을 알게 된다. 이것이 바로 소외의 극복이 '깨달음'과 연관되어 있는가에 대한 이유이다. 내 생각으로는 해방신학은 모든 인간이 하느님과 연관되어 있음을 알아야 한다. 반면 깨달음의 신학은 해방을 지원하거나 모든 소외를 극복하도록 도와야 한다."14)

야기는 모든 존재자를 "에고 너머에 있는 자기"로부터 바라보는 깨달음의 철저화는, 차별을 극복하고자 하는 해방신학에게 불가결한 동반자라고 여긴다. 즉 야기는 니터와는 역방향에서 해방신학은 깨달음의 신학을 통해서 기초된다고 보는 것이다. 그에 따르면 "에고 너머에 있는 자기"는 인간을 사랑의 대상으로서의 이웃과 미움의 대상으로서의 원수로 구분하지 않는다. 이러한 의미에서 "에고 너머에 있는 자기"는 인위적으로 사랑하는 것이 아니다. 사랑은 그때 "자기"의 존재 양태

---

14) Yagi Seiichi, "Enlightenment and Liberation: A Response to Dr. Dean", p.5-6. 이것은 1995년 6월, 일본 도쿄에서 열렸던 제2회 국제아시아철학·종교대회(IAAPR: International Association for the Asian Philosophy and Religion)에서 발표했던 논문이다.

에 다름 아니다.15) 우리는 야기의 이러한 주장을 다원성의 철저화, 특히 기독교의 다원적 종교성에 대한 이해로 확장할 수가 있다. 왜냐하면 야기가 말하는 깨달음은 에고 중심주의(=이기주의)에서 기인하는 차별을 극복하기 때문이다. 야기에게 "기독교의 절대성에 대한 주장은 … 차별 이외에 다른 것이 아니다." 야기는 다른 종교에 대한 기독교의 배타성의 주장은 (선불교적인) 깨달음으로 극복될 수 있다. 깨달음은 "에고중심주의"에서 비롯되는 "범주화로부터 자유롭게" 만들기 때문이다.

폴 니터는 "불완전한" 신중심적 다원주의를 해방신학과의 만남을 통해서 극복하고자 하였다. 그렇게 함으로써 그는 종교의 신학이 비역사적인 추상성으로 전락하지 않도록 만들었다. 이와는 달리 야기는 해방신학의 중심 모멘트를 바로 깨달음 신학의 본질에서 찾아내고자 하였다. 야기에게 양자는 모두 차별의 극복이라는 점에서 공통점을 지니고 있다. 그렇다면 문제는 이것이다. 니터가 말하는 신중심주의와 야기가 말하는 에고중심주의를 동시에 극복하도록 해주는 길은 무엇인가? 다시 말해서 위의 두 신학자가 주장하는 신중심주의의 극복과 에고중심주의의 극복을 '통합'하는 길은 과연 무엇일까?

3. 불교유신을 향하여

앞에서 언급했던 것처럼 만해는 1905년에 승려가 되었다. 그러나 바로 그해에 만해는 만주와 시베리아로 세계 견문을 넓히기 위해 여행을 떠나게 된다. 그것의 좀 더 직접적인 계기로는 서구로부터의 충격과

---

15) 八木誠一, 『パウロ · 親鸞 * イエス · 禪』(法藏館, 1983), 163頁 이하; 『キリストとイエス』(講談社, 1969), 40-51頁.

새로운 문물에 대한 호기심이 그를 자극했기 때문이다. 이 여행을 통해서 만해는, 비록 간접적이나마 서구와의 만남을 경험했으며, 이를 통해서 전 세계가 좀 더 개명된 문명으로의 무한한 과정임을 절실히 알게 되었다. 이러한 지식을 가지고 만해는 한국의 정체된 불교계를 비판하기 시작했다. 1913년 그는『조선불교유신론』(朝鮮佛教維新論)을 출간했다. 서문에 1910년, 곧 경술국치의 해로 되어 있는 것으로 보아, 만해가『조선불교유신론』을 구상하고 썼던 것은 일본에게 나라를 빼앗기기 훨씬 이전이었음을 알 수 있다.

만해의『조선불교유신론』은 이론적인 관심사에서 나온 것이 아니라 한국의 불교계를 혁신하려는 실천적 관심사로 시종하고 있다. 그는 개혁이란 파괴의 산물이라고 극단적으로 말하면서 파괴야말로 유신의 어머니라고 말했다. "유신이란 무엇인가, 파괴의 자손이요. 파괴란 무엇인가, 유신의 어머니다. … 그러나 파괴라고 해서 모두를 무너뜨려 없애버리는 것을 뜻하지는 않는다. 다만 구습 중에서 시대에 맞지 않는 것을 고쳐서 이를 새로운 방향으로 나아가게 한다는 것뿐이다. … 유신에 있어서 가장 먼저 손대야 하는 것은 파괴임이 확실하다. … 무릇 불교의 유신에 뜻을 둔 이라면 유신하지 못함을 걱정할 것이 아니라, 파괴하지 못함을 걱정해야 할 것이다."(II/46-47)

한 시대를 가로 긋는 획기적인 이 책에서 만해는 승려들의 현대화된 교육, 사원의 위치, 선명상의 의미, 승려의 인권, 승려의 결혼문제 등 지극히 현대적인 이슈들을 하나씩 전개해 나갔다.

우리는『조선불교유신론』에 나타난 만해의 개혁사상을 세 가지로 요약할 수 있다. 첫째, 그는 불교가 현대화된 세계의 필요성에 부응하지 않으면 안 된다고 여겼다. 불교의 본질은 자기 자신에 대한 비신화화된 깨달임이라는 것이다. 히사마츠가 말했듯이 불교적 이상은 타율

과 자율의 이분법을 초탈하는 후근대적 인간이다.16) 나아가 만해는
불교의 현대화에 대해서 언급한다. 여기에서 우리는 서구가 만해사상
형성에 미친 영향을 어느 정도 간파할 수 있다. 예를 들어서 만해는 세
계의 변화를 "진리의 불이법문(不二法門)"(II/87)이라는 말로 표현한
다. 여기에는 역사와 현실에 대한 만해의 근본적 견해가 노정된다. 현
실은 무한한 변화와 과정이다. 어떤 것도 동일하게 머물러 있는 것은
없다. 이로써 만해는 불교의 정적주의를 뛰어넘었는데, 이것은 바로
연기에 대한 시간적 이해를 통해서 이루어졌다.

　둘째, 만해는 불교가 평등의 원리에 입각해 있다고 보았다. 그런데
사물을 평등의 관점에서 본다는 것은 현상계가 법의 유일한 장소임을
깨닫는다는 말이다. 왜냐하면 현상계와 법신계 사이에도 평등의 원리
가 지배하고 있기 때문이다. 만해의 평등관은 법에 대한 그의 깨달음에
서 비롯된 것이다. 그것은 현상의 법신관이고, 여여의 세계이다(III/42).
그 세계는 "가림이 없는 눈"(II/57)을 통해서만 볼 수 있다. "가림이 없
는 눈"이란 무엇인가?(II/57 이하 설명)

　법에 대해서 만해는 「유마경」의 한 구절을 인용해서 이렇게 말한다.

"法은 衆生이 無하니 衆生의 垢를 離한 故요. 法은 我가 無하니 我의

垢를 離한 故요. 法은 壽命이 無하니 生死를 離한 故요. 法은 人이 無

하니 前後의 際가 斷한 故요. 法은 常寂하니 諸相을 滅한 故요. 法은

相을 離하니 所緣이 無한 故요. 法은 名字가 無하니 言語가 斷한 故

요. 法은 說이 無하니 覺觀을 離한 故요. 法은 形相이 無하니 虛空과

如한 故요. 法은 戲論이 無하니 畢竟 空한 故요. 法은 我所가 無하니

16) 참조. 久松眞一, 『無神論』(法藏館, 1981); 根井康之, 『現代哲學と人文科學』
　　(農文協, 1987).

我所를 離한 故요. 法은 分別이 無하니 諸識을 離한 故요. 法은 無比니 相對가 無한 故요. 法은 法性이 同하니 諸法에 入하는 故요. 法은 好醜를 離하며, 法은 增損이 無하며, 法은 眼·耳·鼻·舌·身·意를 離하며, 法은 高下가 無하며, 法은 常住 不動하며, 法은 一切 觀行을 離하니라."(III/38)

동시에 현실은 모든 사물의 절대적 자유를 향한 위대한 과정이다. 마지막 평등은 절대적 자유에서 실현될 것이다. 평등의 실현과 더불어 자유는 역사 내에서 더욱 확대될 것이다. 그러므로 "자유는 만물의 생명이고, 평화는 인생의 행복이다." 만해는 계속해서 말한다. "그러므로 자유가 없는 사람은 죽은 시체와 같고, 평화를 잃은 자는 가장 큰 고통을 겪는 사람이다. 압박을 당하는 사람의 주위는 무덤으로 바뀌는 것이며 쟁탈을 일삼는 자의 주위는 지옥이 되는 것이니, 세상의 가장 이상적인 행복의 바탕은 자유와 평화에 있는 것이다."(I/346) 일제로부터의 독립운동은 그러므로 만해의 이와 같은 불교에 뿌리박은 자유와 평등관의 자연스러운 발로였다. 이 과정의 목표는 자유의 평등과 평등의 자유에 있다. 이런 점에서 만해는 "금후의 세계는 다름 아닌 불교의 세계"가 될 것이라고 말한다.

"무슨 까닭으로 불교의 세계라고 하는 것인가. 평등한 때문이며 자유로운 때문이며 세계가 동일하게 되는 때문에 불교의 세계라고 이르는 것이다. 그러나 부처님의 평등 정신이야 어찌 이에 그칠 뿐이겠는가. 무수한 화장세계(華藏世界)와, 이런 세계 속에 있는 하나하나의 물건, 하나하나의 일을 하나도 빠뜨림이 없이 모두 평등하게 만드시는 터이다." (II/45)

평등의 정신에 기초했던 만해는 여성운동 역시도 지원했다. 그는 여성 스스로의 힘으로 이루어지는 여성운동은 모든 인류의 자유를 위한 중요한 요소라고 말했다.

"여성운동은 여성 자신의 운동이라야 합니다. 남자에게 피동되는 운동은 무의미하게 되며 또 무력하게 됩니다. 그러나 나는 과거의 조선 여성의 운동이 남성에게 많이 피동되었다 하여 그것을 질책하려 하지 않습니다. 왜 그러냐 하면 여자는 과거 몇 천 년 동안 저열한 지위에서 학대받아 왔으므로, 그들은 질로서나 또는 인간으로서나 비상히 저열하게 되어 있으니 그들이 일조일석에 자각을 가질 수 없는 것은 사회 진화 과정상 어찌 할 수 없는 일입니다. 그러나 이 진화 과정을 짧게 하지 아니하면 아니 됩니다. 예를 들면 그대로 버려두면 10년 갈지라도 우리가 노력하면 3년이라든지 4년 동안에 성공할 수 있도록 그것을 단축시킬 수 있습니다. 다시 말하면 우리는 조선 여성으로 하여금 진정한 자각을 가지고 그 자신의 해방에 대하여 자립적 정신으로 잘 활동하게 하기 위하여 그 자각을 촉진하여야 합니다. 여성에게 충분한 자각이 있게 되는 날, 조선 여성 운동은 비로소 힘 있게 전개될 것입니다. 그러므로 나는 여성의 자각을 여성 해방의 목적, 더 나아가서는 인류 해방의 목적을 달성하는 원소(元素)라고 합니다."(I/284)

셋째, 그는 불교의 본질을 세계를 구원하고자 하는 의지에서 읽어냈다. 만해에 따르면 불교의 근본적 가르침은 평등과 사유재산을 인정치 않음에 있다. 즉 불교는 사회주의의 특성을 갖는다는 말이다. 만해는 이를 "불교사회주의"라는 말로 표현했다.(II/277)

"**문**: 석가께서 지금 오늘 점심때쯤 광화문 거리를 지나다가 큰 부자를 만났다고 합시다. 그때에 어찌했겠습니까?

답: 경전(經典)에 '두벌 옷을 가졌거든 벗어주라'고 하셨습니다. 물론 그러하셨겠지요. 대체로 석가께서는 재산의 축적을 부인합니다. 경제상의 불균등을 배척합니다. 당신 자신도 늘 풀로 옷을 지어 입으시고 설교하며 돌아다니셨습니다. 소유욕이 없이 살자는 것이 그분의 이상입니다. 선한 자, 악한 자라 함이 이 소유욕에서 나온 가증할 고질이 아닙니까?

문: 석가의 경제 사상을 현대어로 표현한다면?

답: 불교 사회주의라 하겠지요."(II/292)

한 기자와의 인터뷰에서 만해는 "나는 최근에 불교 사회주의에 대하여 저술한 생각을 가지고 있습니다"(II/292)라고 할 만큼 불교의 사회적 의미에 대해서 심각하게 생각하고 있었다. 비록 만해의 이러한 뜻은 이루어지지 않았지만, 불교사회주의에 관한 그의 관심은 도처에서 발견된다. 예를 들어서 그는 '산중불교'를 날카롭게 비판했고, '공허한 선 명상'을 비판했다. 나아가 그는 '대중불교'(大衆佛敎)를 주장하기도 하였다.

"불교의 대상은 물론 일체중생이다. '일체중생은 모두 불성이 있다'(一切衆生皆有佛性), '유정무정이 모두 부처가 된다'(有情無情悉皆成佛)—이것이 불교의 이상이므로 불교는 일체 중생의 불교요 산간에 있는 사찰의 불교가 아니며, 계행(戒行)을 지키고 선정(禪定)을 닦는 승려의 불교가 아니다. … 불교가 출세간의 도가 아닌 것은 아니나, 세간을 버리고 세간에 나는 것이 아니라 세간에 들어서 세간에 나는 것이니,

비유컨대 연(蓮)이 비습오니(卑濕汚泥)에 나되 비습오니에 물들지 아
니하는 것과 같은 것이다. 그러므로 불교는 염세적으로 고립독행하는
것이 아니오, 구세적(救世的)으로 입니입수(入泥入水)하는 것이다.
… 불교도는 마땅히 이러한 현상에 대하여 단연 타파하지 않으면 안 될
것이니 '산간에서 가두로' '승려로서 대중에'가 현금 조선 불교의 슬로건
이 되지 않으면 안 될 것이다. 대심보살(大心菩薩)은 일체 중생을 제도
하기 위하여 먼저 성불하지 않는다는 것이 그들의 서원이다. 그리하여
그들은 지옥중생을 제도하기 위하여 지옥에 들어가며, 아귀(餓鬼)를
제도하기 위하여 아귀도(餓鬼道)에 들어가며, 일체 중생을 제도하기
위하여 고해화택(苦海火宅)에 침륜생사(沈淪生死)하느니, 어찌 거룩
하지 않으리오. 그러므로 대중을 떠나서 불교를 행할 수 없고, 불교를
떠나 대중을 제도할 수 없는 것이다."(II/167)

만해는 이러한 성격을 지닌 '대중불교'를 다른 곳에서는 '민중불교'
라고도 불렀다. 그는 '민중불교'는 사회 내의 구체적인 문제에서 눈을
돌려서는 안 되며, 불교는 사회화되어야 한다고 보았다.(II/159) 불교
는 일반 민중에게 가까이 다가서지 않으면 안 되는 것이다. 그래야만
불교는 "활동적 종교", "생명이 있는 종교"(II/133)가 될 수 있다.

"一인의 이(利)라도 그것을 위하여 그 재산을 투(投)하며 一인의 생명
이라도 구제하기 위하여 그 노력을 불석(不惜)하는 것이 오히려 마음
으로 불(佛)을 경배(敬拜)하는 소이(所以)이며, 실로 석가모니의 뜻
을 행하는 것이로다."(II/133)

불교는 고독의 종교가 아니다. 불교는 사찰에 있는 것도, 승려에게

있는 것도, 경전에 있는 것도 아니다. 이와는 달리 불교는 "실로 각인 (各人)의 정신적 생명에 존재하며, 그 자각에 존재하는 것이 아닌가. 이 자각을 환발(喚發)하여 각인의 가치를, 광명을 인정하는 길이 하나 둘이 아닌즉, 나는 불교가 참으로 그 대리(大理)에 서서 민중과 접하며 민중으로 더불어 동화(同化)하기를 바라노라."(II/133)

만해는 "불교가 민중으로 더불어 동화하는 첫째 길이 무엇인가"라고 물으면서 이렇게 처방을 내린다. 첫째는 그 교리와 경전을 민중화하는 것이다. 두 번째로는 그 제도를 민중화하는 것이며, 그 재산을 민중화 하는 것이다. 만해는 이렇게 말한다.

"재래의 불교는 권력자와 합하여 망하였으며, 부호(富豪)와 합하여 망 하였다. 원래 불교는 계급에 반항하여 평등의 진리를 선양한 것이 아닌 가. 이것이 권력과 합하여 그 생명의 대부분을 잃었으며, 원래 불교는 소유욕을 부인하고 우주적 생명을 취함으로써 골자(骨子)를 삼지 아 니하였는가. 부호와 합하여 안일(安逸)에, 탐욕에 그 생명의 태반(太 半)을 잃었도다. 이제 불교가 실로 진흥하고자 할진대 권력 계급과의 관계를 단절하고 민중의 신앙에 세워야 할지며…."(II/133)

이를 위하여 만해는 불교의 "교리와 문장을 민중을 위하여 평이화하 는 것이 그 진리에 위반될 것이 무엇이며, 이와 같이 하여 그 광명을 민중의 골수에 주입하는 것이 불교의 본지(本旨)에 위반될 것이 무엇 인가"라고 되묻는다.

민중불교에서 만해는 깨달음과 해방의 두 가지 모티프를 완벽하게 조화시키고 있다. 선사로서 만해는 세계의 실재상을 여실히 깨닫는 구 도의 길을 걸어갔다. 동시에 그는 자신의 선수행을 일상인들의 현실

가운데에서 실천하고자 했다. 즉 그의 깨달음은 현실의 평등함, 여실함에 대한 깨달음이었다. 그러나 평등에 대한 그의 깨달음은 불평등한 현실을 깨닫게 해준 것이기도 했다. 그에게 평등한 현실과 불평등한 현실은 모두 현실이었고 실재하는 세계였다. 어느 하나가 빛이고, 나머지는 어두움이었던 것도 아니고, 어느 하나나 존재이고, 나머지는 비존재요 결핍이었던 것도 아니었다. 그러므로 그는 현상계야말로 참된 법신계임을 알게 되었다. 이러한 견해는 현실에 대한 추상적인 이론으로서가 아니라 역동적이고 당위론적인 성격을 지니고 있었다.

이러한 만해의 깨달음의 사회성은 그가 독립운동을 할 때 다른 종교인들과 협력하기 위한 좋은 사상적 전거가 되었다. 조국의 식민지화라고 하는 비극적인 불평등한 현실은 그로 하여금 현실세계를 평등한 세계로 만들기 위한 투쟁의 장소로 인식하도록 만들어 주었다. 현실세계를 떠나서 평등한 세계를 찾을 수 없었기 때문이다. 세계를 떠나서 손댈 곳이 없기 때문이었다. 그것은 보살정신의 실천이었다. 이러한 맥락에서 우리는 토마스 머튼이 말하는 "명상적 윤리"를 만해를 이해하기 위해 인용할 수 있겠다.

"명상적 삶의 궁극적 완성은 분리된 개체의 하늘이 아니다. 즉 그것은 각자가 자기의 신을 사적으로 바라다보는 것이 아니다. 그것은 모든 선택된 자의 하나의 몸과 하나의 영혼을 통해서 흘러나오는 사랑의 바다이다. … 명상의 침묵은 깊고 풍부하며 무한한 연합이다. 그 연합은 신과의 연합만이 아니라 인간들과의 연합인 것이다."[17]

---

17) Thomas Merton, *Seeds of Contemplation*, p.46; James Thomas Baker, *Thomas Merton Social Critic* (The University Press of Kentucky, 1971), p.44-65.

「禪友에게」라는 시에서 우리는 공허한 선수행에 대한 질타를 들을
수 있다.

    천하의 선지식아
    너의 가풍(家風) 고준(高峻)한다.
    바위 밑에 할일할(喝一喝)과
    구름 새의 통봉(痛棒)이라.
    묻노라, 고해중생(苦海衆生)
    누가 제공(濟空)하리요.(I/97)

만해가 이미 종교들 사이의 갈등을 예견하고 있었다는 사실은 매우
흥미롭다. 종교들 사이의 갈등과 경쟁에 관한 그의 비판은 선교행위가
식민주의라고 하는 정치적 세력과 결탁함에 대한 예리한 비판이었는
데 여기에서 우리는 만해의 예언자적 혜안을 엿볼 수 있다. 만해에 따
르면 선교는 종종 선교의 당사자들은 신에게 선택받은 자들이라는 잘
못된 우월감, 즉 에고이즘적인 의식에 사로잡혀 있다. 그리고 그러한
의식은 다른 사람들에 대한 불평과 동일한 것이다. 만해는 그것이 "희
생의 그리스도"를 알지 못하는 행위라고 꼬집는다. 거기에는 오직 "정
신적 정력의 그리스도"만이 있을 뿐이다.(II/264) 만해는 종교적 이기
주의를 극복하고자 하는 노력은 불교의 사회화가 짊어져야만 하는 많
은 의무 중 하나라고 여겼다.

"사바세계는 실로 복잡다단하게 되었다. 사회는 역사적 필연의 진전을
    고조(高調)하고, 만사는 변증법적 유물론의 조상(俎上)에서 해부하게
    되어 종교 부인의 이론 투쟁, 반종교 운동의 실현 등등이 교의 발전을

장해할 뿐만 아니라 각 종교로도 자시타비(自是他非)의 견지에서 호
상(互相) 배격하여, 기회만 있으면 타교의 허약을 승(乘)하여 자교(自
敎)의 진전을 꾀하느니, 환경의 정세는 불교의 위기를 짓지 않는 것이
없을 만큼 되었다."(II/168)

불교가 '불교의 위기'를 종교적 이기주의와 배타주의로 무장함으로
써 극복할 수 있는 것이 아님은 분명하다. 오히려 이 위기는 불교적 평
등관으로 극복해야 하는 것이다.

4. 사랑과 관계의 존재로서의 님

만해에게 시는 그의 불교사상을 표현하는 중요한 길이었다. 그의 시
「님의 침묵」은 언어의 가능성을 발전시킴으로써 근본적 현실을 드러
내는 데에 목적을 둔 일련의 "형이상학적 시"였다.[18]

모든 중생의 관심 대상으로서의 님은 이런 의미에서 종교다원주의
에 대해서도 깊은 의미를 지니고 있다.

그의 시는 표현을 통해서 표현 불가능한 영역에 도달하려는 시도였
다. 그는 「不立文字와 不離文字」라는 글에서 이렇게 말했다.

"불립문자가 견성성불(見性成佛)의 한 길이라면 불리문자는 성(性)
의 원성(圓成)인 동시에 도생(度生)의 대용(大用)이 되는 것이다. 그
러므로 석존의 삼처전심(三處傳心)은 문자를 여읜 것이라고 하지마는

---

18) 마광수, "한용운 시의 상징적 기법", 「韓龍雲研究」(1991), p.1-63.

형색이 있으면 곧 문자를 이루느니 격외선전(格外禪傳)도 일종의 문자이며, 팔만장경은 문자라고 하지마는 미증설일자(未曾說一字)로 보아서 49년 설법도 일찍이 문자를 여읜 것이다. 이렇게 보는 자는 능히 색에서 공을 보고 공에서 색을 볼지니. 다시 말하면 선에서 문자를 보고 문자에서 선을 얻을지니, 선을 위하여 글을 쓰는 자는 마땅히 이렇게 쓸 것이요, 선을 위한 글을 읽는 자는 마땅히 이렇게 읽을지니라."(II/304-305)

선사상의 표현에 대한 만해의 깊은 관심은 그로 하여금 형이상학적 시를 발전시켜 나가도록 만들어 주었다. 그의 시는 선사상을 일상적인 언어로 옮길 수 있도록 해준 언어사건이었다. 예를 들어서 그의 님이라는 개념은 일상 언어 가운데에서 존칭어로 쓰이고 있다. 형이상학적 시란 언어의 잠재적 능력을 개발시켜서 궁극적 실재를 보도록 한다. 시의 본질과 가치는 궁극적 실재의 개발에 있다. 이러한 의미에서 만해의 시는 선사상을 표현해 주는 철학의 역할을 한다. 만해는 선과 철학의 관계에 대해서 이렇게 말한다. "참선은 체(體)요 철학은 용(用)이며, 참선은 스스로 밝히는 것이요 철학은 연구며, 참선은 돈오(頓悟)요 철학은 점오(漸悟)라고 할 수 있다."(II/54) 동일한 사실을 우리들은 선과 시에 대해서도 주장할 수 있을 것이다. 그렇다면 선과 철학을 접목시켰던 니시다 기타로(西田幾多郎)의 종교철학은 선과 시를 연결했던 만해의 종교시와 병행한다고 보아도 좋을 것이다.

만해의 시는 일련의 연작으로서 자신의 선사상을 표현한다. "시인의 상상"만이 사랑을 알고 님을 안다고 만해는 「사랑의 존재」라는 시에서 주장한다.

"사랑을 '사랑'이라고 하면 벌써 사랑은 아닙니다.

사랑을 이름 지을 만한 말이나 글이 어디 있습니까.

미소에 눌려서 괴로운 듯한 장밋빛 입술인들 그것을 스칠 수가 있습니까.

눈물의 뒤에 숨어서 슬픔의 흑암면(黑闇面)을 반사하는 가을 물결의 눈인들 그것을 비출 수가 있습니까.

그림자 없는 구름을 거쳐서 메아리 없는 절벽을 거쳐서 마음이 갈 수 없는 바다를 거쳐서 존재? 존재입니다.

그 나라는 국경(國境)이 없습니다. 수명(壽命)은 시간이 아닙니다.

사랑의 존재는 님의 눈과 님의 마음도 알지 못합니다.

사랑의 비밀은 다만 님의 수건에 수(繡)놓는 바늘과 님의 심으신 꽃나무와 님의 잠과 시인의 상상과 그들만이 압니다."(I/55)

우리는 만해 사상의 집약된 내용을 그의『님의 침묵』서문에서 읽어 낼 수 있다.

"님만이 님이 아니라 기룬 것은 다 님이다. 중생이 석가의 님이라면 철학은 칸트의 님이다. 장미화의 님이 봄비라면 맛치니의 님은 이태리다. 님은 내가 사랑할 뿐 아니라 나를 사랑하느니라.

연애가 자유라면 님도 자유일 것이다. 그러나 너희는 이름 좋은 자유의 알뜰한 구속을 받지 않느냐. 너에게도 님이 있느냐. 있다면 님이 아니라 너의 그림자니라.

나는 해 저문 벌판에서 돌아가는 길을 잃고 헤매이는 어린 양이 기루어서 이 시를 쓴다."(I/42)

만해가 말하는 님이 과연 무엇인지를 놓고서 의견이 분분하기도 하였다. 그것은 종교가로서 그가 추구했던 부처인가? 혹은 독립운동가로서 그가 회복하고자 했던 잃어버린 조국인가? 아니면 속세의 사랑의 여인인가?를 두고서 설왕설래하기도 했다. 그러나 만해의 님을 그러한 등식의 과정을 통해서 밝히려는 산술적 작업은 님의 함의를 축소하는 우를 범하기가 쉽다. 오히려 님이 우리 앞에 열어 주는 지평에 관심을 기울이는 편이 훨씬 나을 것이다.

'기루다'의 대상으로서의 님은 사랑받는 대상, 혹은 존경받는 대상을 의미한다. 그러나 님은 관계 속에 있는 존재를 의미하기도 한다. 이러한 이중적 의미는 기루다는 말이 지니고 있는 용례의 이중성에 기인한다. 기루다는 말은 일반적으로 사랑하다, 그리다 등의 의미를 지닌다. 그러나 만해가 기거했던 강원도이 방언으로 기루다는 말은 스님의 꿰진 옷을 조그마한 천조각을 대고 깁다는 뜻도 있다. 따라서 기루는 대상으로서의 님은 어떤 사람이나 어떤 것과 관계성 속에 있는 존재이다.19) 그러므로 만해는 이렇게 말했던 것이다. "중생이 석가의 님이라면 철학은 칸트의 님이다. 장미화의 님이 봄비라면 맛치니의 님은 이태리다. 님은 내가 사랑할 뿐 아니라 나를 사랑하느니라."

만해는 님에 대한 여러 가지 이해가 있음을 분명히 하고 있다. 혹은 많은 님이 존재한다고 말하는 편이 더 합당할 것이다. 예를 들어서 모든 종교는 각자의 님을 가지고 있다. 모든 종교는 자신의 고유한 방식으로 세계를 구원할 존재를 바라보고 있다. 불교에서 그것은 부처, 법이라 불리고, 기독교에서는 신이나 그리스도 등으로 불린다.

---

19) 전보삼, "한용운화엄사상의 일고찰", 「萬海學報」(1992), 140면.

"사람마다 지닌 불성이 같고, 진리가 원래 하나인 까닭에 방법과 과정
이 달라도 동일한 결론으로 돌아가고, 만(萬) 갈래가 하나를 받들게 되
는 것이니, 불교는 철리(哲理)의 큰 나라라 하겠다."(II/43)

그러므로 님은 종교다원주의 시대 종교성을 위한 이름이 될 수 있다.
니터와 더불어 우리는 님을 모든 종교가 그것을 중심으로 회전하는 하
나의 궁극적인 정상이라고 해야 할지도 모르겠다. 님은 어떤 특수한
종교적 전통에 배타적으로 귀속되지 않기 때문이다. 그러한 독점의식
은 만해에 따르면 「錯認」에 불과하다.

내려오셔요, 나의 마음이 자릿자릿하여요, 곧 내려오셔요.
사랑하는 님이여, 어찌 그렇게 높고 가는 나뭇가지 위에서 춤을 추셔요.
두 손으로 나뭇가지를 단단히 붙들고 고이고이 내려오셔요.
에그 저 나무 잎새가 연꽃 봉오리 같은 입술을 스치겠네, 어서 내려오
셔요.

그러나 님은 자신의 종파와 자신의 민족만 구원을 독점해야 한다는
현대판 '요나'의 이러한 투정에 이렇게 속삭이며 대답했다.

'네, 네, 내려가고 싶은 마음이 잠자거나 죽은 것은 아닙니다만, 나는 아
시는 바와 같이 여러 사람의 님인 때문이어요. 향기로운 부르심을 거스
르고자 하는 것은 아닙니다'고 버들가지에 걸린 반달은 해쭉해쭉 웃으
면서 이렇게 말하는 듯하였습니다.
나는 작은 풀잎만큼도 가림이 없는 발가벗은 부끄러움을 두 손으로 움
켜쥐고 빠른 걸음으로 잠자리에 들어가서 눈을 감고 누웠습니다.

내려오지 않는다던 반달이 사뿐사뿐 걸어와서 창밖에 숨어서 나의 눈
을 엿봅니다.
부끄럽던 마음이 갑자기 무서워서 떨려집니다.(I/54)

하늘에 휘영청 떠 있는 님은 어떤 특수한 전통에 배타적으로 속한
것이 아니다. 님은 내려오라고 하는 '향기로운 부르심을 거스르고자 하
는 것은 아니지만' 님은 우선적으로 "여러 사람의 님"인 것이다. 어떤
특별한 종교전통에 의해서 사랑과 존경을 받는 것이 님이라고 하더라
도 다른 사람에 의해서 역시 존경과 사랑을 받는 님이 존재하는 것이
다. 만일 우리가 님을 독점하고자 한다면, 우리는 님으로부터 부드러
운 꾸짖음을 경험할 뿐이다. 그때 우리는 "발가벗은 부끄러움"을 느낄
것이다. 님 앞에서 우리는 우리의 에고중심적인 배타적 의식을 내던지
지 않으면 안 된다. 님에게는 다른 사람들도 속해 있으며, 님은 그들에
게도 사랑을 받고 그들도 사랑하는 것이다.
　상상력은 영적인 대화를 위해서뿐만 아니라 실천적 대화를 위해서
도 적극적인 역할을 한다. "우리들의 파트너의 감정 안으로 들어가서
그 사람의 상징과 이야기들이 우리들 자신의 마음 속에 이미지들을 자
극하도록 한 연후에 이 이미지들은 우리들을 우리들이 알지 못하는 곳
으로 인도하면서 움직여질 수 있다. 그렇게 되면 결과적으로 우리들은
우리들 자신의—훨씬 풍요로워진—전통으로 되돌아오게 된다."[20] 이
러한 의미에서 님은 종교 간의 대화를 위한 상상력의 창조에 중요한
역할을 할 것이다.

---

20) 참조. Leonard Swidler, "Interreligious and interideological dialogue: The
　　matrix for all systematic reflection today", 김승철 편저, 『종교다원주의와
　　기독교 II』(나단출판사, 1993), 125면 이하.

그와 같은 다원적 영성에서 만해는 다른 신앙인들과도 독립운동에 협력할 수 있었다. 아니 단순한 협력 차원에서 떠나서 만해는 다른 종교인들을 독립운동에 불러들이는 데 앞장서게 되었다. 그에 대한 심문에서 만해는 자신이 기독교인들과 협력해서 독립운동을 하였음을 시인한다.

"**문**: 그대는 기독교인들을 만났는가?

답: 2월 26일 이승훈을 만나서 이 일은 행복한 일이라고 말하였다."

만해는 특히 3·1 독립운동에서 동학이나 기독교 등과 손을 잡는 데 선도적 역할을 한 것으로 알려져 있다.[21]

종교적 사랑의 대상으로서의 님은 동시에 그 사랑의 절대적 주체이다. 그래서 만해는 님만이 님이 아니라 '기룬 것은 다 님이다'고 선포한다. 그런데 우리가 기루는 대상으로서의 님이 다 나의 님이 된다는 말은 님은 절대적 주체임을 의미한다. 님은 절대적 술어이기 때문에—모든 기룬 것은 다 님이므로—동시에 절대적 주체인 것이다. 그래서 님은 나의 사랑의 대상인 동시에 나의 사랑의 주체이다. 그래서 만해는 "님은 내가 사랑할 뿐 아니라 나를 사랑하느니라"고 말했던 것이다.

부처는 불교인에게 절대적 님이다. 그러나 동시에 중생은 부처에게 절대적인 님이다. 중생이 부처 없이 성불할 수 없다면 부처 역시 중생 없이 부처가 아니다. 부처는 성불하기 위해서 중생을 필요로 하는 것이다. 님 앞에서 모든 존재자는 사랑의 수용자이다. 세계는 님을 사랑하고 예배한다. 동시에 님은 세계를 예배하는 것이다. 세계는 님의 사랑

---

21) 김상현, "삼일운동에 있어서 한용운의 역할", 만해사상연구회 편, 『한용운의 3·1 독립정신 연구』(1994), 46면.

의 대상이다. 님은 세계의 고통을 소멸하기 위해 스스로 고통을 당하는 것이다. 그러므로 님의 고난은 「誹謗」의 대상이 될 수 없다. "조는 사자를 죽은 양이라고 할지언정 당신이 시련을 받기 위하여 도적에게 포로가 되었다고 그것을 비겁이라고 할 수는 없읍니다."(I/56) 「樂園은 가시덤불에서」라는 시에서 만해는 님에게서 자신이 떨어져 나간 것을 오히려 기뻐하고 있다. "고통의 가시덤불 뒤에 환희의 낙원을 건설하기 위하여 님을 떠난 나는 아아 행복입니다."(I/63)

님은 존재자에 대한 사랑을 위한 절대적인 술어이다. 님은 세계에 의해서 예배를 받지만 동시에 님은 세계를 섬기는 것이다. 사실 세계가 님을 섬기는 것은 님에 의해서 섬김을 받는 것의 용(用)인 것이다. 이러한 의미에서 님은 실체화될 수 없다. 님은 모든 주체를 감싸는 궁극적이고 절대적인 술어이다.

님은 언제나 술어이다. 우리가 누군가를 존경할 때 님은 그 존경의 대상 말미에서 그 존경의 대상을 존경의 대상으로 만든다. 선생님과 예수님과 부처님! 님은 무자성이기 때문에 그 앞에 무엇이 오든 상관없이 그것을 존경의 대상으로 만드는 것이다. 님은 무자성이기 때문에 모든 것과 모든 존재를 기술할 수 있다.

님은 존경받는 모든 존재를 포용하며 이를 통해서 존경받는 그 대상의 자성(自性)을 박탈한다. 우리가 예수를 예수님이라고 부를 때 예수는 공으로 돌아가며 오직 님만이 메아리처럼 뒤에 남는다. 님은 하나의 빈 공간을 창조한다. 그 안에서 우리는 님으로 불리는 종교적 대상이라는 것이 실체가 없는, 자성이 없는 것임을 알게 된다. 님은 그 안에서 모든 존재가 존경을 받아서 무로 돌아가는 절대적 장소이다. 님은 이러한 의미에서 인격적이며 동시에 비인격적이다. 우리는 어떤 것이 무라는 것을 님을 통해서 알면서 그를 예배하는 것이다.

따라서 님의 본질은 어디에도 얽매이지 않는 자유에 있다. 거기에는
님과 님을 사랑하는 인간 주체 사이의 장애가 없다. 만해는 이기주의적
인 님의 오용을 경고한다. "너에게도 님이 있느냐. 있다면 님이 아니라
너의 그림자니라." 하나의 종교적 체계 내에서 대상화된 님은 참다운
님이 아니라 이기주의적인 자기 자신의 그림자일 뿐이다.

5. 보살의 노래로서 님의 침묵

만해의 시 가운데 경전의 이름이 직접 거론되는 「落花」라는 시가 있
어서 우리의 관심을 끈다.

따슨 볕 등에 지고
유마경(維摩經) 읽노라니
어지럽게 나는 꽃이
글자를 가린다.
구태여 꽃 밑 글자를
읽어 무삼 하리요.(II/353)

「유마경」은 대승불교의 대표적인 경전으로 대승의 이상향인 보살의
이미지를 여실히 보여 준다. 만해도 이 경전을 평석(評釋)했다.

우리는 지금까지 언급해 온 만해의 선사상을 보살의 이미지로 종합
할 수 있다. 보살의 본질은 지혜(prajna)와 자비(karuna)의 통합에서
찾아진다.22) 무엇보다도 지혜는 보살의 본질이다. 지혜의 보살로서
문수는 그러므로 불모(佛母)라고 불리며, "부처는 보살로부터 태어난

다"고 한다.23)

그러나 동시에 보살의 지혜는 모든 존재자가 무한한 연관관계 속에 존재한다는 사실에 대한 지혜이고 눈뜸이다. 그러므로 보살이란 자신의 존재를 구성하는 수많은 존재자에 대해서 무제약적인 관심을 기울이는 존재이다. 타자에 대한 보살의 이러한 배려가 보살을 비로소 보살이 되게 한다. 타자에 대한 관심과 염려는 보살에게 빼놓을 수 없는 요소이다. 만해의 불교는 그러므로 "눈물의 불교"라고 자칭하게 된 것이다.24) 그는 이렇게 말한다.

"나는 슬픔의 삼매에 아공(我空)이 되었읍니다."(I/52)

불교적 깨달음의 궁극적 목표인 아공은 만해에게 타자를 위한 슬픔 속에서 실현되었다. 슬픔에 의해서 보살은 아공으로서 자신의 존재를 실현한다. 슬픔의 삼매란 전적인 타자중심성을 의미한다.

보살은 속세에 산다. 비록 이미 열반에 들 수 있음에도 그는 속세에 산다. 그러나 그는 속세와 열반의 분별을 이미 벗어났으므로, 그가 열반을 버리고 속세에 살기로 선택한 것은 아니다. 그에게는 열반과 속세의 구분이 없어졌기 때문이다. 양자는 그에게서 모두 자성이 없는 공이고 무이다. 그는 열반이라고 해서 더 좋아하고, 속세라고 싫어하지 않으며, 열반을 버리고 일부러 속세를 택한다는 취사분별심은 없어졌다. 열반과 속세만이 무일 뿐만 아니라 열반과 속세를 생각하는 보살의 자

---

22) 참조. 西 義雄, 『大乘菩薩道の硏究』(京都, 1968).

23) Candrakirti, Madhyamakayatara Cap.I. 小川一乘, "菩薩の大悲について", 『菩薩觀』, 143頁.

24) 허우성, "만해와 성철을 넘어서", 「萬海學報」 2(1995), 92면.

아 역시 무이기 때문이다. 그는 그래서 열반과 속세 어디에도 머무르지 않는다. 그의 존재는 무주(無住)의 삶이다. 「육조단경」은 이에 대해서 아래와 같이 말한다.

"선지식이여, 나의 이 법문은 위로부터 내려오면서 먼저 무념(無念)을 세워서 종을 삼고, 무상(無相)으로 체를 삼고, 무주(無住)로 본을 삼나니, 무상이란 상에서 상을 떠남이요, 무념이란 염에서 염이 없음이요, 무주란 사람의 본성이 저 세간에 있어서 선하거나 악하거나 곱거나 밉거나 내지 원수거나 친하거나 간에 서로 말을 주고받거나 좋지 못한 수작을 걸어오더라도 다 모두 헛것으로 돌려서 대거리하고 해할 것을 생각하지 않는 것이라. 생각과 생각 사이에 먼젓 경계(境界)를 생각하지 말 것이니, 만약 먼젓 생각과 뒷생각이 연신 잇달아서 끊어지지 않으면 이것이 얽매임이라. 모든 법 위에 생각이 머물지 않으면 곧 얽매임이 없는 것이라. 이것이 무주로서 근본을 삼음이니라."

무상이란 모든 대상적 상을 벗어난 경계를 일컫는다. 그리고 상을 떠나면 청정한 법체를 얻기 때문에 무상으로 체를 삼는다고 「육조단경」은 말한다. 「금강경」이 말하는 대로 "만일 상이 상 아님을 보면 곧 여래를 본 것이다."(若見諸相非相 是見如來)

이어서 「육조단경」은 무념에 대해서 비교적 길게 설명한다. 무념이란 "모든 경계 위에서 마음이 물들지 않는 것"이다. 그것은 생각하는 주체와 생각되는 대상 그 어디에도 머물지 않는 경계이다. 유식이 말하는 대로 식경구공(識境俱空)의 세계이다. 그러나 무념은 아무런 생각이 없는 것을 일컫는 것은 아니다. 그렇기 때문에 무념을 가지고 종을 삼았다고 「단경」은 강조한다. 무념이란 쓸데없는 망상이 없다는 사실과 진여의 본성으로서의 생각이 절대모순적 자기동일성을 이루고 있는 상태이다. "진여란 곧 염의 본체며, 염은 곧 진여의 작용이라." 그러므로 무념이란 진여의 자성이 자기 자신을 생각하는 것이다. 그렇다고 해서 진여의 자성의 자기 생각이라는 것이 진여를 생각하는 주체의 생각을 떠나서 있는 것도 아니다. 아니, 진여의 자성과 진여의 자성을 생각하는 주체는 원래 둘이 아니다. 이 말은 진여의 자성의 자기지와 인간 주체의 분별지 역시 둘이 아니라는 의미이다. 그러므로「단경」은 "진여의 자성에서 생각을 일으키면 육근이 비록 보고 듣고 깨닫고 알더라도 모든 경계에 물들지 않는다"고 하면서 동시에「유마경」의 한 구절을 인용한다. "모든 법상을 능히 잘 분별하되 제일의에서는 움직임이 없다."

그런데「단경」이 이처럼 무상과 무념에 대해 설명하기에 앞서서 무주에 대해 말하고 있음에 주목해야 할 것이다. "모든 법 위에 생각이 머물지 않으면 곧 얽매임이 없는 것이다. 이것이 무주로써 근본을 삼음이니라."

이렇게 볼 때 무상과 무념이란 별개의 원리로 존재하는 것이 아니다. 흔히 연상되는 것처럼 무상은 서구적인 의미에서의 존재론에 상응하고, 무념이란 인식론에 짝할 수 있는 것이 아니라는 말이다. 무상과 무념은 무주의 근본작용일 뿐이다. 참된 자유로서의 무주를 무상으로도, 무념으로도 구분할 수 있을 뿐, 무상과 무념이란 것이 별개로 자리하고 있는 것은 아니다. 그러므로「단경」의 핵심은 무주―머무르지 않음―에 있다고 할 것이다.

「보성론」(寶性論)에서 우리는 보살의 존재방식에 대해서 동일한 소식에 접하게 된다. 그는 이미 세속적인 모든 것을 뛰어넘었으나, 그렇다고 해도 아직 세상 밖으로 나간 것은 아니다. 이 세상 안에 머물면서, 그러나 이 세상의 먼지에 물드는 바 없이, 그는 세상의 행복을 위해서 그가 해야 할 일을 추구한다."[25] 만해도「유마경」의 불국토에 대한 주석에서 이렇게 기술했다.

"어떤 땅을 막론하고 그 땅에 사는 중생이 불지(佛智)에 들어가고 선근(善根)을 일으키면 땅에 따라 정토를 이룰지라. 만약 중생의 경계를 떠나서 따로 정토를 구하면 이는 허공에 궁실(宮室)을 건조함과 같아서 성취하지 못할지니라."(III/263)

만해는 정토와 예토의 차이는 중생이 깨달음에 도달했는가, 그렇지 않은가에 달려 있다고 본다. "흙 자체에 염정(染淨)이 있음이 아니라 중생의 미오(迷悟)에 따라 염정의 차가 있음이니 미혹하여 악법을 행하면 염토(染土) 아닌 곳이 없고, 깨달아서 선법을 행하면 정토 아닌 곳이 없다."(III/265) 그러나 깨달음이란 것이 타자의 깨달음과 연결되어 있는 것임을 생각할 때, 정토란 결국 개인의 심리상태나 종교적 성숙도에서가 아니라 타자를 깨달음에로 인도하려는 노력에서 찾아진다. 유마의 병이 타자를 깨달음으로 인도하려는 거룩한 병인 것처럼 만해의 고통은 타자를 깨달음으로 인도하고자 하는 지순한 아픔이었다.

"일체 중생이 우치(愚痴)로부터 애착을 생하는 고로 병이 생기느니 일체 중생이 병이 생기면 보살도 또한 병이 생기는지라. 보살은 생사를 떠났으니 생사를 떠나면 병도 없고 중생을 제도하기 위하여 생사고락을 중생으로 더불어 같이 하는 까닭이며, 법의 체성(體性)으로 보면 중생과 보살이 차이가 없는 고로 중생이 병들면 보살도 또한 병들고, 중생

---

25) Edward Conze, *Ibid.*, p.130에서 인용.

이 병이 나으면 보살도 또한 낫느니라."(III/304)

만해는 집착에도 두 가지 종류가 있다고 여겼다. 타자를 위한 방편
(方便)을 고려하지 않고 자신을 위한 지식에 매달리는 것도 집착이다.
그러나 자신의 지혜 없이 다른 사람을 깨달음으로 인도하려는 방편에
만 매달리는 것 역시 집착이다.(III/311) 그러므로 보살은 스스로 열반
에 들어가서 치료받고자 하지 않는다. 그는 자신의 병이 낫는 유일한
길은 중생과 더불어 생사의 현실을 살아가면서 그들을 치유하는 길임
을 알고 있기 때문이다.(III/312)

보살은 지혜와 사랑의 통합체이다. 지혜와 사랑이라는 종교적이고
실천적인 모멘트는 보살의 존재방식이다. 그들은 모두 타자의 타자성
에 대한 철저한 긍정이다. 보살의 지혜는 모든 중생이 타자와 무한한
연쇄관계 속에 존재한다는 사실과 따라서 존재자의 자성은 무라는 사
실에 대한 깨달음이다. 보살의 사랑은 자기 자신의 절대적 근거로서의
타자의 타자성에 대한 철저한 긍정이다. 그래서 그 역시 자기 자신의
무자성에 대한 깨달음과 불가분리의 관계에 있는 것이다. 「유마경」이
말하고 있듯이 "중생도 도량이다. 그들은 무아를 가르치기 때문이다."

보살은 사물의 무자성과 공성을 깨달은 존재이다. 공이란 모든 존재
가 연기관계 속에 있다는 사실이다. 사물은 모두 무한한 연관관계 속에
존재한다. 그러므로 공은 연기와 동의어이다. 보살은 자신이 타자와
무한한 관계 속에 있고, 이러한 관계를 통해서 비로소 자신이 존재한다
는 사실을 깨달을 사람을 가리킨다.

"'나'가 없으면 다른 것이 없다. 마찬가지로 다른 것이 없으면 나도 없다.
나와 다른 것을 알게 되는 것은 나도 아니오, 다른 것도 아니다. 그러나

나도 없고 다른 것도 없으면 나와 다른 것을 아는 것도 없다. 나는 다른 것의 모임이요, 다른 것은 나의 흩어짐이다. 나와 다른 것을 아는 것은 있는 것도 아니요, 없는 것도 아니다. 갈꽃 위의 달빛이요, 달 아래의 갈꽃이다."(II/351)

만해에게 존재와 비존재, 유심과 무심의 구분은 타자를 깨달음으로 인도하려는 의지를 통해서 극복되었다. 타자를 향한 사랑에서 실현되는 보살의 자기부정을 통해서 보살은 타자를 실재의 중심으로 깨닫게 된다. 불교적 공의 입장이란 모든 실재가 각각의 존재에서 중심임을 의미한다. 자기중심성이 사라졌으므로, 모든 타자가 중심이 되며, 이를 통해서 타자의 타자성을 그대로 긍정하는 입장인 것이다. 따라서 공과 무가 초월적인 것은 횡초(橫超)적인 의미에서이다. 실재는 테두리 없는 원이다.

그러므로 이러한 태도는 궁극적 실재를 일(一)로 회귀시키려는 집착에서 우리를 벗어나게 한다. 유대-기독교적인 선민의식은 신을 하나의 궁극적인 중심으로 설정했기 때문에 비롯된 견해일 뿐이다. 종교적이고 문화적인 다원주의를 염두에 두면서 불교의 공의 입장은 창조적인 비전을 선사해 준다. 왜냐하면 다원주의는 하나의 중심에 대한 서로 다른 많은 길을 의미하는 데에 그치지 않고 근원 자체의 다원성을 의미하기 때문이다.

참다운 다원주의는 초월을 초월적 일자 없이 생각하고 살아갈 수 있을 때 가능하다. 즉 현실의 다성(多性)을 하나의 중심 없이 생각할 수 있을 때 가능한 것이다. 거기에는 모든 것을 하나로 묶는 일(一)의 그림자가 깨끗이 사라진 영역이다. 그것은 불교가 절대무라고 부르는 깨달음의 세계일 것이다.

투쟁과 차별과 권태가 없는 무한한 사랑은 우리가 이 다원주의 시대를 살아가는 데 불가결한 자유와 병행한다. 불교적 공의 실현은 따라서 종교다원주의적 입장에서 하나의 종교를 이해하는 데 중요한 시각을 제공한다. 그것은 우리를 다원주의적 다원주의로 안내한다. 그것은 다음과 같은 무제약적인 요구의 실천 이외에 다른 것이 아니다. "하느님을 사랑하는 자는 또한 그 형제를 사랑할지니라."(요한1서 4:21)

만해의 보살도에서 우리는 종교의 신학과 해방신학의 조화를 위한 길을 발견할 수 있다. 니터가 말했듯이 이 "시대의 도전"으로 다가온 두 가지 신학적 조류의 만남을 위해서 만해의 사상을 좀 더 세심히 연구해야 한다. 보살의 길로서 만해의 삶의 족적들은 우리에게 이렇게 요구하고 있다. "그대가 서 있는 종교 내에서 믿고, 타자를 위해서 필요한 일을 행하시오, 그러나 그 어디에도 집착하지 마시요!"

보살도의 진수를 여실히 보여 주는 만해의 시 두 편을 다시 한 번 음미해 보는 것으로 이 글을 마치고자 한다.

나는 나룻배,
당신은 행인.

당신은 흙발로 나를 짓밟습니다.
나는 당신을 안고 물을 건너갑니다.
나는 당신을 안으면 깊으나 얕으나 급한 여울이나 건너갑니다.

만일 당신이 아니 오시면 나는 바람을 쐬고 눈비를 맞으며 밤에서 낮까지 당신을 기다리고 있습니다.

당신은 물만 건너면 나를 돌아보지도 않고 가십니다그려.

그러나 당신이 언제든지 오실 줄만은 알아요.
나는 당신을 기다리면서 날마다 날마다 낡아갑니다.

나는 나룻배
당신은 행인.(「나룻배와 행인」 전문)

나는 선사의 설법을 들었습니다.
'너는 사랑의 쇠사슬에 묶여서 고통을 받지 말고 사랑의 줄을 끊어라.
그러면 너의 마음이 즐거우리라'고 선사는 큰소리로 말하였습니다.

그 선사는 어지간히 어리석습니다.
사랑의 줄에 묶인 것이 아프기는 아프지만 사랑의 줄을 끊으면 죽는 것
보다 더 아픈 줄을 모르는 말입니다.
사랑의 속박은 단단히 얽어매는 것이 풀어 주는 것입니다.
님이여, 나를 얽은 님의 사랑의 줄이 약할까 봐서 나의 님을 사랑하는
줄을 곱드렸습니다.(「선사의 설법」 전문)

제 5 장

십우도(十牛圖)와 신학

1. 왜 「십우도」를 읽는가?

「십우도」는 선불교적인 깨달음에 이르는 과정을 묘사한 글로서 「신심명」(信心銘), 「증도가」(證道歌), 「좌선의」(坐禪儀)와 함께 『선종사부록』(禪宗四部錄)에 수록되어 있다. 「십우도」는 농경 문화인 중국에서 탄생한 종교적인 가르침으로—동일한 내용을 티베트에서는 소 대신에 코끼리를 등장시켜서 설명한다—이미 유교에서 도덕적 훈련에 이르는 길로 읽혀지고 있었던 「유가십마도」(儒家十馬圖)와 짝을 이룬다. 「십우도」가 언제 등장했는가에 대해서 확실히는 알 수 없다. 그리고 그림과 게송(偈頌)의 수도 여럿 존재한다. 현재 『선종사부록』에 실려 있는 「십우도」는 오조 법인(五祖 法演, ?-1104)의 3세에 해당하는 양산곽암(梁山廓庵)의 것이다. 또한 운문종(雲門宗)에 속하는 인물로서 계통이 명확하지 않은 보명(普明)의 작품도 있다.[1]

「십우도」는 종교적 깨달음의 대상인 '참된 자기'를 찾아가는 과정을

---

1) 참조. 上田閑照·柳田聖山, 『十牛圖: 自己の現象學』(筑摩書房, 1982), 247頁 이하. 앞으로 「十牛圖」에 대한 설명은 이 책에 크게 의존할 것이다.

잃어버린 소를 찾는 과정으로 상징한 작품이다. 이때의 소는 찾으려 하는 '참된 자기'가 자기실현의 도상에서 나타난 모습이다. 그래서 그 것은 심우(心牛)라고도 할 수 있다. 그리고 이 소와 목동(이것은 '참된 자기'를 구하는 자기를 나타낸다)과의 관계 방식의 친밀화의 구체적인 과 정에 의해서 자기의 자기에 대한 관계가 심화되고 본래화되기 때문에 이를 「목우도」(牧牛圖)라고도 하는 것이다.

그런데 「십우도」는 현금의 종교다원주의를 위한 패러다임을 제공해 준다는 점에서 우리의 주목을 끈다. 「십우도」를 통해서 드러나는 불교 적 실재 이해는 실재 자체의 다원성을 유비적 언어로 현시함으로써 다 원주의적 실재 이해의 근간이 된다고 여겨지기 때문이다. 또한 종교적 깨달음의 길을 묘사한 「십우도」가 종교다원주의를 포함한다는 사실은 내적으로는 종교다원주의가 단순한 이론 체계나 상황 인식의 차원에 서가 아니라 종교와 신앙의 본질과 직결되어 이해될 때만 '종교'다원 주의로서 그 본래의 모습을 지닐 수 있다는 사실과도 상통한다.

종교다원주의는 '종교'의 다원주의인 이상 신앙의 본질적인 양태가 아니어서는 안 되는 것이다. 종교 간의 대화가 일어나는 장소는 각각의 종교인들의 신앙의 영역 밖의 어떤 중립적인 영역이 아니라 바로 신앙 인의 내면, 즉 그의 신앙의 한복판이듯이 종교다원주의가 거론되고 인 식되는 장소도 각각의 신앙인의 신앙 한복판인 것이다. 그 까닭은 종교 다원주의는 참된 의미에서의 종교 간의 대화가 가능할 수 있는 존재론 적인 근거가 되기 때문이며, 종교 간의 대화는 종교다원주의 신학을 형성하는 구체적인 길이기 때문이다. 종교다원주의와 종교 간의 대화 는 그래서 각각의 종교인들이 구체적으로 자신과 타인의 신앙을 이해 하는 신앙 양태인 것이다.

"종교 간의 대화는 참으로 종교적이어야 한다. 그것은 단순히 어떤 교리나 지적인 의견의 교환이 아니다. 따라서 종교 간의 대화는 나의 생각, 즉 바로 내 삶의 틀이 되는 나의 가장 개인적인 지평을 수정해야 할지도 모르는 모험을 수반한다. … 이러한 사실로부터 우리는 종교 간의 대화가 나의 종교적 태도의 깊이로부터 상대방이 갖고 있는 똑같은 종교적 깊이를 향해 나아간다고 말할 수 있다. 다른 말로 표현해서 나는 상대방을 이해하고, 또 이해하려고 애쓰는 것이다. 이 이해의 노력은 나의 신앙으로부터, 그리고 그 신앙 안에서 비로소 이루어지는 것이지 그것을 옆으로 제쳐놓는다면 결코 있을 수 없다."[2]

따라서 이와 같은 '종교적인' 종교 간의 대화, '종교적인' 종교다원주의를 위해서는 어떤 선험적인 이론 체계를 가지고서 각각의 종교 내용들을 규정하려는 시도는 제한적인 의미를 지닐 수밖에 없다. 예를 들어서 기독교의 신앙 내용과 불교의 신앙 내용을 좀 더 포괄적이라고 생각되는 상위 개념을—예를 들어서 존재, 인격, 세계, 역사, 주체 등등—기준으로 삼아서 비교하는 일은, 그것이 지니는 비교종교학적이고 종교철학적인 가치가 아무리 크다고 하더라도, '종교적인' 종교 간의 대화나 '종교적인' 종교다원주의의 예비적 전 단계에 머물러 있을 수밖에 없다. 이런 의미에서 종교 간의 대화나 종교다원주의는 각각의 대화 참가자들을 이해의 주체로 여기는 해석학적인 성격을 지니지 않으면 안 된다. 종교 간의 대화나 종교다원주의가 지니는 종교성은 각각의 종교들에 대한 객체화를 허용하지 않기 때문이다.

「십우도」를 매개로 한 종교다원주의 신학의 형성 노력은 이와 같이

---

2) Raimundo Panikkar, *Intra-religious Dialogue*, 拙譯, 『종교간의 대화』(서광사, 1992), 105면.

종교다원주의의 종교성 확립을 위해서뿐만 아니라 또한 종교다원주의
신학을 위해서 창조적으로 이바지할 수 있는 "유비적인 언어"의 획득
이라는 점에서도 크게 기여할 수 있다. 현금의 종교다원주의는 "진리
에 대한 종교의 참된 주장을 이행하면서도 개별화를 피할 수 있는 새롭
고도 절실한 복합적인 신학 전략의 형성"을 요청하는데 이를 위해서는
"유비적 상상력"(analogical imagination)이 "의미와 진리의 공동 기준
에 대한 요청을 잃지 않으면서도 다원성을 허용하며 현실적으로 요청
되는 현대의 전략"이 되는 것이다.[3] 그 까닭은 유비적인 언어는, 배타
적인 차단성을 속성으로 하는 개념적인 언어와는 달리, "차이 속의 유
사성"을 사유하는 체계화된 관계의 언어이기 때문이다. 이런 의미에서
「십우도」에 대한 연구는 첫째로 그것이 '종교적인' 구도의 여정을 기술
한 것이라는 점에서, 두 번째로는 그것이 '유비적인' 언어라는 점에서
'종교적인' 종교다원주의의 신학 형성에 이바지할 수 있는 것이다.

2. 「십우도」 읽기

1) 소를 찾아 나섬(尋牛)

'낯섦'이라는 경험은 인간의 고유한 본질을 이루고 있다. 인간은 자
신이 처해 있는 세계를 '낯선' 세계로 경험할 줄 안다. 그는 자기가 처음
대하는 환경에 낯설 뿐만 아니라 지금까지 늘 낯익게 바라보았던 바로
그 세계가 어느 날 갑자기 낯설어지는 것을 경험하기도 한다. 부정적으

---

3) David Tracy, *The Analogical Imagination: Christian Theology and the Culture of Pluralism* (London: SCM Press, 1981), pp.ix-x.

로 이야기하면 이것은 인간이 자신이 처한 세계에 완전히 적응하지 못하기 때문이라고도 할 수 있다. 인간은 동물들의 뛰어난 본능을 소유하지 못하고 있다. 그 결과 인간은 자기가 놓여 있는 환경에 완전무결하게 적응해 들어가지 못하는 것이다. 인간은 이와 같이 자기의 세계를 어느 정도의 거리를 두고 대할 수밖에 없는데, 바로 여기에 인간의 정신과 자유와 문화의 본질이 있다. 인간은 자신의 세계에 얽매어 있는 존재가 아니라 세계에 대해 개방적인 존재이며 바로 여기에 인간의 본질로서의 '정신'이 있는 것이다.[4]

인간의 '낯섦'의 경험은 그러나 자신의 주위 세계에만 한정되지 않는다. 인간은 자기 자신까지도 낯선 존재로서 경험한다. 그리고 바로 여기에 인간의 '낯섦' 경험의 핵심이 있다. 지금까지 자명한 것으로 여겨

---

4) 주지하다시피 이것은 쉘러, 플레스너, 겔렌 등의 이른바 '철학적 인간학'의 핵심 주장이다. 즉 동물들이 고도로 발달된 본능에 의해서 주변 환경에 기계적으로 적응함으로써 그 환경에서 벗어나지 못하고 거기에 구속되는 것과는 달리 인간은 그러한 본능을 결여하고 있기 때문에 자신의 세계를 뛰어넘을 수 있다는 말이다. 본능 결핍이라는 부정적인 측면이 정신의 자유 가능성이라는 적극적인 측면으로 전환되는 것이다.

오던 나 자신이 어느 날 문득 더 이상 알 수 없는 낯선 존재로 다가오는 것이다. 그것은 단순히 '내가 나 자신을 잘 모르겠다'라는 막연함이 아니라, '이것이 과연 나일까?'라는 섬뜩함으로 다가온다. 지금까지 그 무엇보다도 나에게 가깝게 있어서 내게 가장 낯익다고 생각해 왔던 그 '자기'가 이제 섬뜩한 낯선 모습으로 우뚝 서 있음을 자각할 때, 그리고 그 낯선 자기를 아무리 잡으려고 다가가도 자기에게서 끝없이 멀어지는 '지평'과 '그림자'로서 경험할 때, 인간은 자기 자신을 잃어버린 것으로 체험한다. 인간은 자기 자신에 대해 낯설어짐으로써 자기 자신을 잃어버린다. 그리고 그때 비로소 인간은 자신의 모습을 찾아 구도의 길을 떠나게 된다. 자기가 속해 있는 세계가 더 이상 자신의 고향이 아니라는 낯섦의 자각, 나 자신이 이제까지 알고 있었던 낯익은 내가 아니라는 낯섦의 자각에서 인간은 이제 자기가 처해 있는 곳으로부터 떠나서 자기 자신과 세계를 찾아 길을 떠나게 되는 것이다. 그는 소를 찾아 길을 떠나는 것이다(尋牛).

그 길은 그러나 모든 것이 낯설어진 것을 체험한 오늘에야 비로소 찾는 새로운 길은 아니다. 그는 그 길을 지금까지 수 없이 많이 걸어 다녔다. 그러나 자기를 찾아 나선 그 길은 그에게 전적으로 새로운 길로 체험된다. 사실 지금까지 그는 길을 간다는 의식 없이 그 길을 '이용'하기만 했다. 그는 길이란 장소와 장소를 연결해 주는 '도구'라고만 생각했던 것이다. 그래서 그는 자신의 참 자기에게로 인도하는 길로서 종교도 하나의 도구요 수단이라고 안이하게 생각했을 뿐이었다. 자기를 잃었다는 생각은 꿈에도 하지 않았으니 그럴 수밖에 없었다.

그러나 오늘 잃어버린 자기를 찾아 길을 떠난 그에게 그 길은 전혀 다른 의미로 다가온다. 그 길은 절체절명의 심각성을 가지고 나타나는 것이다. 그 길에서 어쩌면 그는 자신을 영영 못 찾을지도 모른다. 또 그 길이 어디에로 이어질지도 그는 알지 못한다.

어느 날 갑자기 알 수 없는 존재가 되어버린 자기 자신과 세계를 찾아 우리도 길을 떠난다. 그래서 "오호라 나는 곤고한 사람이로다!"(로마 7:24) 하는 자각은 자신의 자기와는 낯선 또 하나의 자기가 있음을 깨닫고서 그 낯선 자기, 잃어버린 자기를 찾는 길에 나서는 사람의 절규인 것이다. 니시타니의 말처럼 이와 같은 사상적·실존적 "혼돈의 와중에서 중심부에 자리 잡고 있는 것은 자기 존재 자체에 대한 의문, 즉 불교적인 '대의'(大疑)에 버금가는 의심"인 것이다.

'심우'가 평상적인 자기가 물음화되고 '의문부호화'됨으로써 이루어지는 것과 같이 종교다원주의자도 전통적으로 자신이 속해 있는 신앙 세계 속에서 '낯익었던' 신앙 내용이 어느 날 낯선 모습으로 다가오기 시작할 때 그는 종교다원주의의 길을 떠나게 된다. 그에게 종교다원주의가 심각성을 지니는 것은 그것이 바로 그의 신앙의 핵심과 직결된 문제이기 때문이다. 그는 (기독교적으로 말해서) 창조, 신앙, 구원, 교회 등등 전통적인 신학의 의미체계들로는, 또는 그것들의 적용범위를 확장하고 수정하는 것을 통해서는 도저히 이해할 수 없는 이른바 새로운 '변칙성'을 경험함으로써 옛 의미 체계의 한계를 경험하는 것이다. 이런 점에서도 종교다원주의는 종교적인 모티프, 즉 사유와 존재구조의 전환(metanoia)을 요구한다.

그런데 이와 같은 '변칙성'이 누적되면 이른바 '위기'에 이르게 된다. 그래서 앞서의 "오호라 나는 곤고한 사람이로다!"라는 종교적인 절규는 자기 자신을 설명해 주고 정당성을 부여해 주던 전통적인 신앙의 의미 체계라는 옛 패러다임으로는 더 이상 설명할 수 없는 '예외 현상'에 부딪치고, 나아가 '위기'에 봉착한 사람의 종교적인 일갈(一喝)이기도 한 것이다. 이처럼 자기 자신에 대해 낯섦을 경험하는 것은 늘 어느 특정한 패러다임 속에서 이루어지게 때문에 이 '곤고성'의 경험은 이중적인 것이다. 즉 그것은 내적으로 자신의 자기로부터의 낯섦이고, 그리고 이것과 동근원적으로, 자신이 속해 있는 패러다임—이 패러다임은 그가 자신의 자기를 이해하는 '지평'이다—으로부터의 낯섦이다. 과학철학자 토마스 쿤의 다음과 같은 과학혁명론은 패러다임 전환이 지니고 있는 종교적인 차원을 감지케 하는 데에 충분하다.

"모든 위기는 패러다임이 모호해지고 그 결과 정상과학 연구를 위한 규칙을 상실함으로써 시작된다. … 위기에 있는 패러다임으로부터 정상과학의 새로운 전통이 출현할 수 있는 새 패러다임으로의 전이는 낡은 패러다임을 정비하거나 확장함으로써 성취되는 누적적인 과정이 아니다. 오히려 그것은 새로운 기본요소들로부터 그 분야를 재구성하는, 즉 그 분야의 많은 패러다임 방법과 그 적용은 물론 가장 기초적인 이론적 일반화의 일부까지도 변화시키는 하나의 재구성인 것이다. … 그것은 이전의 전통이 완전히 **길을 잃었다**는 느낌이 있을 때에만 생겨나게 마련이다."5)

2) 소의 발자국을 봄(見跡)

소를 찾아 나선 목동은 자기가 늘 살던 마을의 길들을 지나서 이제는 낯선 길로 접어들 것이다. 아니 늘 그에게 낯익던 동네의 길들도 이제 잃어버린 소를 찾아 나선 이 목동에게는 더 이상 눈에 익지 않은 온통 낯선 길들일 뿐이다. 그에게는 집을 나간 소에 대한 염려와 노여움이

---

5) Thomas Kuhn, 조형 역, 『과학혁명의 구조』(이대출판부, 1987), 113-115면; 拙稿, "과학혁명과 신학의 파라다임 변화", 「신학사상」 75(1991), 912-955면 참조.

공존해 있다. 자기가 그렇게 금이야 옥이야 돌보아 주었는데―때로는, 아니 사실은 매우 자주, 농사에 유익을 주는 '도구'로만 생각했지만, 그래도 자신의 한 식구라고 여겨 왔는데―어느 날 갑자기 울타리를 넘어 달아난 소가 괘씸한 동시에, 한편 그 소를 잃고 살아갈 것을 생각하면 막막하기만 한 것이다. 그래서 그는 소가 있는 곳을 가리켜 주는 어떠한 것도 놓치지 않으려고 모든 주의력을 기울이면서 길을 가는 것이다.

그런데 이제 그 목동 앞에 소가 지나간 발자국이 분명한 '흔적'들이 나타난다. 그리고 그 발자국들은 하나가 아니고 여럿이며, 더욱이 그들은 천지사방으로 흩어져 있다. 그 발자국들을 보는 순간 목동은 깊디깊은 절망감에서 솟아오르는 희망을 경험한다. 그 희망은 자신의 소를 영영 잃어버릴지도 모른다는 불안을 일순간에 걷어버리고 마치도 그 소를, 잃어버린 자기를, 그리고 세계를 돌연 찾은 듯한 자기 존재의 확인과 같은 희열이다. 천 길 낭떠러지로 곤두박질해서 산산이 흩어져버린 줄만 알았던 자기 자신이 다시 그 낭떠러지의 심연으로 부터 솟구쳐 오름을 깨닫는 존재에의 확인인 것이다.

그러나 그 목동의 환희는 아직 본연의 자기와 세계의 발견에서 오는 기쁨은 아니다. 그는 이제 겨우 소의 발자국, 흔적을 보았을 뿐인 것이다. 게다가 소의 발자국은 지금 '하나'가 아니라 '여럿'이며, 그것도 '한' 방향이 아니라 '여러' 방향으로 어지럽게 흩어져 있다. 과연 어느 발자국이 자기가 기르던 소의 발자국일까? 어느 방향으로 난 발자국을 따라가야 그 소를 찾을 수 있을까? 그 소는 이곳에서 여러 방향으로 가기 위해서 발자국을 여러 방향으로 남겨놓았을까? 아니면 사람들이 자기를 발견하지 못하도록 일부러 여러 갈래의 발자국을 남겼을까? 그렇다면 저 많은 발자국들의 주인공은 결국 내가 찾는 그 '하나'의 동일한 소일까? 아니면 '여러' 소가 여기를 지나갔을까? 하기는 나 말고도 자기의 소를 잃어버린 사람들이 많지 않을까? 그들도 자기의 소를 찾아 길을 나서지 않았을까? 그래서 여러 사람이 여러 소를 찾고 있는 것이 아닐까? 그러고 보니 나는 내 소를 찾느라고 정신이 팔려서 지금까지 길을 오면서도 많은 사람들—자기의 소를 안타깝게 찾고 있는 사람들—을 그냥 무심히 지나치거나, 또는 내가 갈 길을 가로막는 귀찮은 사람들일 뿐이라고 피하지는 않았을까? 왜 나는 그들도 나와 똑같이 안타까운 심정에서, 절망 속에서, 소를 찾고 있다는 사실을 몰랐을까?

발자국을 본 목동의 번민은 여기에서 다시 시작된다. 소의 발자국은 소 자신이 아니기 때문이다. 달을 가리키는 손가락 끝을 따라가면 달을 볼 수 있지만 그 손가락은 달은 아닌 것이다. 그래서 발자국이라는 흔적에 소는 현전하면서도 동시에 부재하는 것이다.

잃어버린 자기를 찾아 나선 우리는 앞서간 선현들의 발자취를 보고, 그것을 따라서 소, 즉 자기를 찾으려 한다. 그 선현들의 발자국들은 소라고 하는 자기가 시간 속에 남겨 놓은 흔적인 것이다. 그 발자국들과 발자취는 성경이 되고 경전이 되며 전통이 된다. 그것들은 우리 모두가 찾는 잃어버린 자기의 '흔적'이다. 경전과 전통은 선현들이 남겨 준 발자국일 뿐만 아니라 바로 우리의 잃어버린 자기가 새겨 놓은 발자국인 것이다. 우리가 경전이라는 발자국을 따라서 자기를 발견할 수 있는 것은 바로 이 때문이다. 경전과 전통이라는 역사적 과거는 우리의 존재 근원에 연결되고 또 우리의 본래적 자기의 역사적 표현으로서 보다 근원적인 본래적 과거인 것이다.

> "지식이라는 것은 모두 자기의 불조(佛祖)이다. 경권(經卷)이란 전부 자기의 경권이다."6)

또한 이 '흔적들'은 역사적인 전통에만 국한되지 않는다. 그것은 대우주에 역력히 자신의 발자국을 남겨 놓았다. 그래서,

> "산하대지(山河大地)는 바로 진심(眞心)이다."(山河大地 悉是眞心)7)

> "불도(佛道)를 배운다는 것은 자기를 배우는 것이다. 자기를 배운다는 것은 자기를 잊는 것이다. 자기를 잊는다는 것은 萬法에 의해서 수증(修證)되는 일이다."8)

> "피조물을 전적으로 아는 사람은 아무런 설교도 들을 필요가 없다. 왜냐하면 모든 피조물은 신으로 가득 차 있는 책이기 때문이다."9)

---

6) 道元, 水野彌穗子 校注, 「看經」, 『正法眼藏』(二)(岩波書店, 1990), 205頁.
7) 「眞心直說」, 『普照全集』(佛日出版社, 1989), 68면.
8) 道元, 「現成公案」, 『正法眼藏』(一), 54頁.
9) Meister Eckehart, *Deutsche Predigten und Traktate*, hg. Josef Quint (Carl Hanser Verlag, 1963), S.151.

경전은 목동이 지금 찾고 있는 잃어버린 자기가 남겨놓은 흔적이다. 그리고 두말할 것도 없이 '흔적'은 아직 그 자기는 아닌 것이다.

잃어버린 자기가 남겨 놓은 발자국은 이제 백화만발(百花滿發)한 들판에 어지러이 흩어져 있고 그 발자국을 더듬어서 우리는 점점 더 깊은 산중으로, 구름 속으로 들어간다. 그 발자국이 어디로 인도할지 우리는 알지 못한다. 우리는 그저 여러 방향으로 난 발자국들 중 하나를 '선택해서' 그 선택된 발자국을 '보면서' 길을 간다. 그래서 여러 발자국 중에서 하나의 방향으로 난 발자국을 선택해서(hairesis) '이단'(heresy)이 되는 일과 발자국을 '보는' 것은 종교다원주의를 살아가면서 잃어버린 자기를 찾는 길에서 전적으로 동일한 것이다.10)

3) 소를 봄(見牛)

목동은 이제 소를 보았다(見牛). 소가 자태를 드러낸 것이다. 이때 '본다'는 것은 '견적'의 경우와 마찬가지로 무엇인가가 바라다 보이는 쪽으로부터 드러남을 의미한다. 그리고 목동은 단지 발자국들을 '보는 것'과 달리 이번에는 소의 음성까지 '듣는다'. 보는 것에다가 듣는 것까지 가능해진 것이다. 그래서 이제 목동과 소는 서로를 바라보고 있다. '본다'는 말은 여기서 매우 중요한 의미를 지닌다. 이것은 「십우도」의 제8도가 '인우구망'(人牛俱忘)이라는 표제를 달고 있지만 '인견불견'(人牛不見)이라고도 했다는 사실에서도 드러난다.

목동은 잃어버린 자기의 얼굴을 '보고' 그 소리를 '듣게'까지 되었다.

---

10) Heinrich Ott, "Ein neues Paradigma in der Religionstheologie", Reinhold Bernhardt hg., *Horizontüberschreitung: Die pluralistische Theologie der Religionen* (Gütersloh, 1991), S.31-46.

그 잃어버린 자기와 그의 세계는 스스로의 자취를 보여 줄 뿐만 아니라 자신의 목소리를 들려준다. 앞서의 '견적'에서의 보는 것은 여러 흔적들 중에서 하나를 선택하는 일, 즉 스스로 이단이 되는 것을 의미했던 반면, 이번에는 그 선택된 실재가 스스로의 일부를 드러냄으로써 그 선택이 사실상 궁극적 실재의 자기 선택임을 알게 해준다. 여러 흔적 중에서 하나를 선택한 것은 목동의 자의적인 비교와 판단에 의한 것이 아니라는 사실을 이 '見牛'의 단계는 보여 주는 것이다. 그의 '선택'은 사실은 '선택됨'이다.

'견우'는 목동이 자신의 몸으로 소를 실제로 보는 단계, 즉 소가 되는 단계이다. 그리고 다음의 제4도(득우得牛), 제5도(목우牧牛)도 근본적으로 제3도와 맥을 같이 한다. 소 역시도 목동에게서 도망가지 않고 그를 바라다보고 있다. 이 말은 「십우도」라는 소를 찾는 단계적 과정이 실은 소로 상징되는 참된 자기가 스스로를 노정하는 단계 아닌 단계임을 의미한다. 참 자기가 스스로를 노정하는 길에서는 보는(=見) 것과 되는(=成) 것은 동일한 사건이다. 참자기는 결국 자기와 다르지 않기 때문이다. 그래서 견성(見性)과 성불(成佛)은 별개의 사건이 아닌 것이다.11) "나는 길이요 진리요 생명이다"(요 14:6)라고 말하는 그리스도의 '나'는 그리스도를 보고 고백하는 '나'에게서 이루어져서 양자는 서로 다르지 않게 된다. 왜냐하면 "나는 하느님이 나 없이는 한 순간도 살 수 없다는 것을 알고 있기 때문이다."(Angelus Silesius) "하느님이 나를 보시는 눈과 내가 하느님을 보는 눈은 다르지 않기 때문이다." (Meister Eckhart) 그러므로 불성(佛性)은 성불(成佛)과 동전의 앞뒷면을 이룬다. 성불은 불성의 자기 외화인 것이다.

4) 소를 잡음(得牛)

드디어 목동은 소를 찾아서 붙잡았다(得牛). 그러나 지금까지 익숙해 있던 대상적 세계의 막강한 힘 때문에 소를 마음먹은 대로 부리기는 매우 힘들다. 소는 좌에서 우로, 앞에서 뒤로 마구 날뛰고 있다. 목동은 잡은 소의 고삐를 쥐는 데에도 힘이 벅차기 때문에 채찍을 써서 소를 부릴 엄두도 못 내고 있다. 목동은 소의 힘에 의해서 이리저리로 끌려 다니고 있을 뿐이다. 그러나 요동치는 소는 통어하기 어려운 자신의 자기라는 것을 목동은 서서히 깨닫고 있다. 자신의 자기는 자신의 통제를 벗어나 있다는 사실로 말미암아 목동은 당황하고 불안해하지만 그렇다고 그 자기에 대한 끈을 놓아버릴 수는 없는 노릇이다.

또한 날뛰는 소, 선불 맞은 소의 모습은 자신의 의미 체계를 가지고 설명할 수 없는 '위기'에 봉착해서도 끝까지 자신의 옛 체계를 고수하

---

11) 견성성불(見性成佛)은 불립문자(不立文字), 교외별전(敎外別傳), 직지인심 (直指人心)과 함께 선불교(禪佛敎)의 실재 이해를 가장 단적으로 나타내 주는 말이다. 이 말의 역사적 배경에 대해서는 關口眞大, 『禪宗思想史』(東京, 1964), 5-26頁과 宇井伯壽, 『禪宗史研究』(東京, 1963), 26頁 등 참조.

려는 전통의 모습과도 같다. 전통은 새로운 '변칙들'의 출현을 자신의 변형을 위한 모티프로 받아들이는 대신 각각의 구성원들의 '실수'로 치부한다. 그래서 "그 좁은 범위에 들지 않는 결과를 가져오는 연구작업은 실패로 돌려져서 보통 자연이 아닌, 과학자의 실수에 의한 연구의 실패로 돌려진다."12)

목동이 쥔 고삐가 강할수록 소라는 전통은 더욱 용틀임을 하려 하고, 소가 목동의 손을 벗어나고자 날뛸수록 고삐를 쥔 목동의 손은 아프다 못해 피가 흐르기 시작한다. 그러나 어쩌겠는가? 저 소는 우리 집에서 기르던 나의 소인 것을! 내가 나 자신을 통어할 수 없다 하여 나 자신을 버릴 수가 있단 말인가? 버리려고 해도, 잘라버리려고 해도 나에게서 떨어질 수 없는 나 자신이기 때문이고 그 어디에도 칼을 댈 곳이 없기 때문이다. '나'라고 하는 아무리 잘 드는 칼로도 나 자신만은 어쩌지 못하듯이 나의 자기는, 나의 전통은 나로부터 떨어져 나갈 수 없는 것이다.

---

12) Thomas Kuhn, 앞의 책, p.56.

"국내에서 칼 쓰는 자 그 누구인가?

조산(曹山)이다

그 칼로 누구를 무찌르려는가?

닥치는 대로 다 무찌른다.

갑자기 자기를 낳은 생부모를 만났을 때는 어떻게 하나?

뭐 꺼릴 것 없다.

그러면 자기 자신도 무찔러 버리는가?

나 자신이야 그 누구인들 어떻게 할 도리가 없지 않은가?

왜 자기 스스로 해치우지는 못하는가?

손대려야 손 댈 곳이 없지 않나?"13)

5) 소를 몰고 옴(牧牛)

목동은 소에 이끌려서 이 생각에서 저 생각으로 마구 끌려 다니다가 그 모든 생각들이 자신의 마음에서 일어난 것임을 아는 순간 더 이상 그 소에 끌려 다니지 않게 된다. 지금 날뛰고 있는 이 소는 다름 아닌 어제까지 내 집에서 내가 주는 여물을 먹고, 내가 만들어 놓은 우리에서 잠을 자고, 아침에 나와 함께 들로 나가던 바로 그 소가 아닌가! 한순간도 나와 떨어져 있지 않던 그 사랑하는 소가 아닌가? 이런 생각이 들자 소는 언제 그랬느냐는 듯이 더 이상 날뛰지를 않는다. 신기한 일이기도 하다. 목동은 소의 코에 걸린 고삐를 손에 감아쥐고 유유히 집으로 돌아온다. 소도 자기가 뛰쳐나온 집으로 돌아가는 것을 아는 양 묵묵히 목동을 따라온다. 이제는 소가 목동을 끌고 다니지 않고 목동이

---

13) 高亨坤,『禪의 세계』(삼영사, 1981, 2판), 41면에서 재인용.

소를 끌고 있다. 목동은 소가 걷는 걸음을 따라 유유히 길을 걸으니 그 길은 바로 자기가 소를 찾아 불안한 마음으로 헤맸던 바로 그 길인 것이다. 이제 목동과 소의 거리는 여유 있게 늘어져서 발걸음에 따라 흔들거리는 고삐줄만큼의 거리에 지나지 않게 된 것이다. 그리고 그 흔들림은 목동과 소의 호흡이고 발걸음이다.

6) 소를 타고 집으로 돌아옴(騎牛歸家)

목동은 이제 소의 등 위에 올라타 있다(騎牛). 고분고분해진 소를 끌고 오자니 공연히 다리가 아프다는 것을 목동은 느낀 것이다. 이제 소는 목동의 피리 소리에 따라서 스스로 자기가 살던 "집으로 되돌아간다."(歸家) 집은 곧 목동의 근원이다. 그래서 "만물은 무성하게 자라고 있으나 결국은 모두 다 근원으로 되돌아간다."(「老子」 '歸根') 그리고 근원에 돌아가게 되면 모든 것은 일치를 보인다. 다시 노자의 말을 인용해 보자. "영구불멸의 도리를 알고 실천하면 관대하게 모든 것을 포용할 수가 있고, 관대포용하면 공평무사하고, 공평무사하면 넓게 두루

통하고, 넓게 두루 통하므로 하늘이라 하겠고, 하늘의 경지, 즉 무위자연을 바로 도라 하고, 도를 따르니 영구하고 죽을 때까지 위태롭지 않을 것이다." 이로써 소는 고향에 돌아오고 목동은 집에 돌아온다. 소를 찾아 나설 때의 불안이나, 날뛰는 소를 다스리느라 애먹었던 기억들은 언제 그랬느냐 싶게 사라져버렸다. 소라고 하는 자기, 소라고 하는 전통은 더 이상 그를 성가시게 하는 걸림돌이 되지 않는다.

"소를 타고서 그는 즐거이 집으로 돌아온다.
저녁안개에 둘러싸여서 그가 부는 피리소리는 멀리 사라져 간다.
곡조 마디마디마다 목동의 끝없는 소리는 울려 퍼진다.
누가 그 소리를 듣는다면, 그는 목동의 기분을 굳이 말할 필요도 없으리라."

7) 소는 사라지고 사람만 남음(忘牛存人)

그런데 이것이 어떻게 된 일인가? 목동이 소를 찾아 데리고 집에 돌

아오자마자 그 소는 온데간데없이 다시 사라져버렸다. 그런데도 목동은 그 잃어버린 소를 찾아 나설 생각도 하지 않고 "한가하게 홀로 앉아 있고" "초가지붕 아래에는 그의 채찍과 밧줄이 일없이 놓여 있을 뿐이다." 그러고 보니 소는 목동을 집으로 데려다 주기 위해서 있었던 것이다. 또 결국 집을 나갔던 것도 소가 아니라 목동 자신이 아닌가? 소는 교법(教法)이고 소의 흔적은 경전이었다. 이제 소가 사라짐으로써 집으로 돌아온 목동은 그 소야말로 자신을 집으로 이끌어 준 목자였음을 알게 된 것이다. 그뿐만 아니라 그 목자는 바로 자기 자신이다. 자기로부터 떠나버렸던 소는 사실 자기 자신이었던 것이다. 그래서 소를 찾아서 집으로 돌아왔을 때, 자신의 자기를 찾아서 그 자기가 살던 집으로 되돌아 왔을 때, 소가 사라져버리는 것은 당연한 일이었다. 자기를 찾아 나섰던 자기가 자기라는 집에 돌아왔는데 무엇 때문에 자기를 앞에 놓고 전전긍긍한단 말인가?

소가 사라져버림으로써 상황은 소를 찾아 나서기 이전과 똑같아졌다. 그래서 제1도 '심우'에는 다음과 같은 게송(偈頌)이 쓰여 있었던 것이다.

"소는 한 번도 잃어버린 적 없는데 무엇 때문에 소를 찾는단 말인가?"
(從來不失 何用追尋)

소는 처음부터 없었기 때문에 소를 잃는 일도 없는 것이다. 여기 제7
도에 쓰여 있는 게송을 들어 보자.

"소를 타고 마침내 그가 살던 집으로 돌아왔건만
소는 다시 없어졌고 그 사람 또한 한가히 홀로 앉아 있네.
붉은 해는 중천에 떠 있는데 그는 꿈을 꾸었단 말인가?
초가지붕 아래에 그의 채찍과 밧줄이 일없이 놓여 있다."

그러나 소는 사라졌지만 그 사라진 소를 생각하는 목동은 아직도 존
재하고 있다. 그는 아직 완전한 탈각을 하지 못한 것이다. 그는 자기의
소를 찾아서 그 소로부터는 해방되었지만 자신이 해방되었다는 사실
을 알고 있는 자기 자신으로부터는 여전히 벗어나지 못하고 있는 것이
다. 그에게는 이제 최후의 한 발자국이 필요하다. 그것은 "백척간두에
서 한 걸음을 더 내디디는 일이다."(百尺竿頭須進步) 그에게는 아직도
자기 자신에 대한 집착이라는 것이 남아 있기 때문이다. 그는 허공으로
몸을 내던지지 않으면 안 된다. 그렇지 않을 경우 사라져버린, 그래서
내가 거기에서 해방된 그 소가 다시 나타나 집을 뛰쳐나가서 소를 잃어
버리고 안타까워하는 집착심을 가져올지 모르기 때문이다.

8) 소와 사람을 모두 잊음(人牛俱忘)

그런데 이번에는 한가하게 앉아 있던 목동까지도 사라져버리고 하

나의 커다란 원만이 남아 있게 된다. 거기에는 소도, 소가 사라졌음을 깨닫고 있었던 목동도, 목동이 앉아 있었던 집도 다 사라져버리고 오직 빈 원만이 있다. 일체의 것은 다 '해체'되어버렸다. 주체와 객체, 신앙인과 그에게 의미를 부여하던 전통, 신과 나, 나와 세계의 모든 대립은 자취를 남기지 않고 해체되어버린 것이다. 절대무의 현현이다. 사실 '심우'에서 '망우존인'까지의 일체의 과정은 이 '인우구망'의 자기표현이었고 자기 외화였던 것이다. 그것은 절대무가 자기 자신을 한정하여 모습을 드러낸 것들이었다.

'인우구망'의 세계에서는 여러 다른 종교적 전통들은 동일한 하나의 궁극적 신비의 서로 다른 자기표현으로 여겨진다. 이로써 일체의 종교사를 기독교 중심적으로 바라보던 시각에서 궁극적 실재 중심으로의 이른바 "신학의 코페르니쿠스적 혁명"(John Hick)이 일어나게 된다.

> "(이것은) 여러 신앙들이 공존하는 세계와 그 세계 안에서의 우리 자신의 종교의 위치에 대한 우리의 개념에 있어서 똑같이 철저한 변혁이 있어야 함을 함축한다. … (그것은) 제 신앙의 세계에 대한 그리스도교 중심적 혹은 예수 중심적 모델에서 신 중심적 모델에로의 패러다임의 전환을 요구한다. 이때에 우리는 위대한 세계 종교들을 하나의 신적 실재에 대한 서로 다른 역사적, 문화적 환경 속에서 형성된 서로 다른 자각들을 구체화한 것으로 보게 된다."14)

이렇게 될 때 세계의 모든 종교는 궁극적 일치에 도달하고 이 궁극적 일치야 말로 다원주의의 근거가 되는 것이다. 현상적인 사(事)의 세계

---

14) Paul Knitter, 변선환 역, 『오직 예수 이름만으로만?』(한국신학연구소, 1987), 240-241면에서 재인용.

의 종교는 궁극적인 이(理)의 세계와 서로 걸림이 없는 것이다〔理事無
碍〕.

인우구망의 세계를 어떻게 설명할 수 있을까? 이 물음은 속세와 열
반의 관계를 어떻게 이해해야 하는가 하는 물음과도 일치한다. 우리가
흔히 생각해 볼 수 있는 것은 속세와 열반의 관계를 변증법적 논리로서
해명하려는 시도이겠으나, 헤겔의 변증법과 용수(龍樹)의 중관철학을
비교했던 무르티는 헤겔의 변증법 내지는 변증법 일반에 대해서 다음
과 같이 비판을 가한다.

"변증법은 자기 자신 속에 있는 그 어떤 것 속에서도 절대라는 정점에
결코 도달할 수 없다. 변증법이 처한 딜레마는 바로 다음과 같은 것이
다. 즉 대자(對者, the opposite)가 첫 번째의 종합 자체로 지양되게
되면 거기에는 어떤 특별한 운동도 없게 된다. 혹은 무한한 종합도 결코
그 대자를 지양할 수 없다는 딜레마이다. 왜냐하면 수많은 혁명이 지난
후에 변증법적 과정이 갑자기 타자를 파괴시키고 완전한 내면성을 발
전시킨다는 것을 어떻게 보장할 수 있는가? 사유는 사유로서 사유 자신
과 결코 하나가 될 수 없는 '타자'(the other)와 직면한다는 것이 사유
의 속성이다. 사실 사유와 절대를 동일시한다는 것은 헤겔이 이해한 대
로 무한을 악무한으로 만드는 일이다. 왜냐하면 '타자'는 이때 필연적으
로 외부로 전락되며 사유 안에 포함될 수 없기 때문이다."15)

여기서 무르티는 사유에 대해 구성적인 '타자'는 독백적인 사유형식
인 변증법에서는 결코 올바르게 다루어질 수 없다는 사실을 지적하고

---

15) T. R. V. Murti, *The Central Philosophy of Buddhism* (London, 1980), p.305.

있다. 변증법이 처해 있는 딜레마는 다음과 같은 것이다. 첫째, 진정한 의미에서의 '타자' 없이 변증법은 생각될 수도 없다. 그러나 변증법은 그 본질상 이 '타자'를 자신과 같은 것으로 지양하는바, 이것은 변증법의 근본 가정과 모순된다. 그래도 변증법이 가능하다면 그것은 헤겔식의 절대정신의 일원론적 자기 전개일 뿐이며 이때 참된 의미에서의 '타자', 즉 변증법적 지양의 대상은 존재하지 않는다. 문제는 그와 같은 '타자'를 허락하지 않는 데에 있을 뿐만 아니라 그러한 '타자'를 이분법적으로 고정화하지 않으면서 어떻게 '운동'이 가능한가 하는 데 있다. 헤겔은 그것을 역사성에서 찾으려 했지만 그러나 역사성은 단지 절대 정신이 자기를 전개해 나가는 '과정'의 장이 될 뿐이다.

그러나 무르티의 생산적인 비교연구에 대해서 다음과 같은 근본적인 질문을 던지게 된다. 도대체 우리는 용수의 중관철학을 "'제3의 개념'을 가지고 보다 높은 관점으로 지양"함으로써 대립을 해소하는 변증법적 사유체계와 동일시할 수 있을까? 무르티 자신이 말하고 있듯이 헤겔의 변증법은 "지양 혹은 부가적 부정"이라는 범주에서 좀 더 높은 단계의 종합으로 나아가는 반면 용수의 중관철학은 이 '부가적 부정'

(=부정의 주체의 외부에서 일어나는 부정, 즉 부정에 의한 긍정 내지는 긍정에 이르는 과정으로서의 부정)마저도 부정한다는 데에 근본적인 차이가 있다. "중관철학의 절대는 … 그와는 다른 어떤 것, 즉 현상적인 세계와 병렬적으로 놓여 있는 어떤 것이 아니다. 그것은 현상의 실재이다. 따라서 용수는 속세와 열반 사이에는 호미의 차이도 없다고 주장한다. 만일 부정되는 것이 있다면 그것은 우리의 착각에 대한 부정이지 실재에 대한 포기나 축소가 아닌 것이다. 헤겔의 견해에서도 이해의 '추상화'는 필연적으로 초월되지 않으면 안 된다."

용수에게 속세는 열반에 이르는 과정이 아니다. 열반은 곧 속세이고 속세는 곧 열반이다. 그래서 양자는 자기부정적으로 한정되고 매개된다. 이 자기부정 내지 자기한정이란 앞서 니시다의 표현을 빌리면 "무의 자각적 자기한정"이다. 그 까닭은 속세와 열반의 비일비이(非一非異)는 열반과 속세 양자 모두가 비실체적인 무일 때 가능하기 때문이다.

9) 근본으로 돌아옴(返本還源)

그러나 모든 것이 공으로 돌아갔다고 해서 그 공이, 일(一)이 궁극의 것은 될 수 없다. 일은 그 일에 대한 여하한 집착과 대상화도 거부함으로써만 일이 되는 것이다. 공 역시 비공(非空)이고 가(假)이며 그래서 중(中)인 것이다. 그래서 공이 근본이 아니라 그 공으로부터 돌아가야 할 곳이 바로 근원인 것이다. '인우구망'이 근본이 아니라 거기에서 나와야 할 근원은 '인우구망'의 차원까지도 뛰어넘는다. 이것은 만물의 공통 근원—그것을 일, 궁극적 실재, 신비 등 여하히 부르든지 상관없이—역시 그것이 '근원'인 것은 스스로 그 근원성을 부정하는 데에 있음을 의미한다. 여기에 공의 능동성이 있다. 만일 '인우구망'에 집착한다

면 그때의 공은 수동적인 공, 소극적인 부정일 뿐이다. 그러나 공은 능동적인 표현의 세계이다. 공은 자신까지도 부정함으로써 자기 자신을 표현하고 자각한다. 그래서 결국 근본으로 돌아간다거나 처음으로 돌아간다는 일 자체가 이미 틀린 말이 되어버린다. "물은 스스로 흐르고 꽃은 스스로 붉으니 이것은 그 누구를 위한 것이 아니다."(水自茫茫花自紅)

"어느 날 한 스님이 趙州禪師에게 물었다. '모든 것이 一로 돌아간다면 그 一은 어디로 돌아가겠습니까?'(萬法歸一 一歸何處) 趙州는 대답했다. '내가 靑州에 있었을 때 베적삼 한 벌을 만들었는데 그 옷의 무게가 일곱 근이나 나가더군.'(「벽암록」 제45칙)

조주의 대답은 사실 대답으로서의 요건을 아무것도 갖추고 있지 않다. 조주의 대답은 질문자로부터 그의 질문의 근거를 송두리째 빼앗아버리는 식으로만 대답이 된다. 즉 하나의 질문에 대해서 그 질문을 뺏는 또 하나의 절대적 질문으로서만 대답이 되는 것이다. 그러므로 이 경우 대답은 개방성 자체이고 하나의 물음표인 것이다.

타종교에도 구원이 있습니까? 즉, 타종교도 궁극적으로 우리와 동일한 하나의 점으로 귀일(歸一)합니까? 만일 모든 종교가 궁극적으로 하나의 신비, 하나의 정상에 이르는 길이라면 그 하나의 신비, 하나의 정상은 어디로 돌아갑니까? 조주는 이에 대해 무어라 대답할까? 그는 어떤 절-대(絶-對)의 질문을 가지고 우리의 형식논리적인 질문의 근거를 빼앗아 우리의 질문을 절-대, 절-명(絶-命)의 벼랑 앞에 세울까? 다음의 두 가지 문답 가운데에서 종교다원주의를 살아가는 우리가 취해야 할 것은 어느 것일까?

여기에서 너의 외적인 눈이 보고 있는 장미는
영원 전부터 신 안에서 피어 있는 장미이다.
Die Rose/welche hier dein äussres Auge siht/
Die hat von Ewigkeit in Gott also geblüht.[16]

조사께서 서쪽에서 오신 이유는 무엇입니까?
뜰 앞의 잣나무!
趙州因僧問, 如何是祖師西來意. 州云, 庭前柏樹子.[17]

앞의 글은 독일의 신비주의자 앙겔루스 실레시우스(Angelus Silesius)의 「장미」(Die Rose)라는 시이고 뒤의 글은 유명한 「조사서래의」(祖師西來意)라는 공안이다. 여기서 조사란 중국에 선을 소개했다는 전설적

---

16) Angelus Silesius, *Cherubinischer Wandersmann*, hg. Louise Gnaedinger (Stuttgart: Philipp Reclam, 1984), S.43.
17) 「無門關」 第37則.

인 인물인 달마(菩提達摩)를 의미한다. 즉 이 물음은 달마가 어째서 선이라는 진리를 가지고 이곳으로 왔는가? 그가 가져온 진리는 무엇인가? 라는 물음이다. 기독교적으로 표현한다면 캔터베리의 안셀름(Anselm of Canterbury)의 서명처럼 『왜 하나님은 인간이 되었나?』(*Cur Deus Homo*)이다. 실레시우스의 경우는 그런데 지금 여기 우리가 보고 있는 장미를 긍정하기 위해서 신안의 영원성을 일단 거치고 있다.[18] 장미는 그것이 영원 속의, 일속의 존재이기 '때문에' 존재한다. 그래서 거기에는 여전히 형식논리적인 인과율이 잔존해 있다. "왜 장미는 존재하는가?" "왜냐하면 장미는 신 안에 피어 있기 때문이다."

이와는 달리 후자의 경우에 조사가 서쪽에서 온 이유에 대한 물음은 그 물음의 근거를 박탈당하고 있다. "조사는 ~ 때문에 왔다"는 논리의 연속성이 거기에는 없는 것이다. 뜰 앞의 잣나무를 바라다본다고 해서 조사가 오신 이유를 알 수는 없는 노릇이다. 즉 "뜰 앞의 잣나무!"는 그러한 궁극적 일(一)에 대한 집착을 끊는 칼날인 것이다. 그리고 바로 여기서 一에 집착해도 안 되는 다원주의의 해체적, 해방적 의미가 있다.

일과 공, 궁극적 실재에도 집착하지 않는 데에 종교'다원주의'의 참다운 본질이 있다. 종교'다원주의'는 '하나로서의 진리'라는 강박관념에서 벗어나야만 한다. 궁극적으로 '하나인 진리'에 기초해서만 종교 '다원주의'가 가능하고, 또 그와 같을 경우에만 종교 간의 대화가 가능하다는 생각은 일에서부터 떨어져 나가서는 안 된다는 의식에서 비롯되는 최후의 불안의 그림자이다. 종교'다원주의'는 그 '하나의 진리'마저도 해체(deconstruction)하지 않으면 안 된다. 왜냐하면 종교'다-원-주의'(多-元-主義)는 '하나'인 진리에 이르는 '여러' 길을 의미하는 것

---

18) Shizuteru Ueda, *Die Gottesgeburt in der Seele und der Durchbruch zur Gottheit* (Gütersloh: Gütersloher Verlagshaus, 1965), S.166.

이 아니라 근원으로서의 진리 자체의 다원성을 의미하기 때문이다. 이때 길은 당연히 여럿일 수밖에 없다. 종교다원주의에서 진리는 '하나'를 향한, '하나'에 의한 '일치'가 아니라 '여럿' 사이의 '차이'인 것이다.

이처럼 종교'다원주의'는 해체주의가 말하는 것처럼 궁극적 일과 이(理)에도 집착하지 않고 현상의 사(事)로서의 종교와 종교 사이의 걸림이 없음을 본질로 한다〔事事無碍〕. 일(一)과 이(理)의 시간적 해체를 의미하는 종교의 '역사'는 바로 종교와 종교 사이의 끝없는 혼합과 상호영향이 비로소 각각의 종교를 형성해 왔음을 우리에게 보여 준다. 도식적으로 말하면 각각의 종교가 선험적으로 먼저 있고 종교 간의 대화나 종교다원주의가 있는 것이 아니라 종교 간의 대화와 이의 근거가 되는 종교다원주의를 통해서 비로소 각각의 현실적인 종교는 형성되어 온 것이다. 이러한 혼합의 가능성이야말로 살아 있는 종교의 특성이다. 오직 죽은 종교만이 유기적인 혼합의 능력을 상실하고 각질화되어 버린다.

10) 동네로 나가 손을 베풂(入廛垂手)

잃어버린 소를 찾아서 길을 나섰던 목동도 사라지고 소도 자취를 감추어서 근본으로 돌아와 마을에 피었던 꽃들이 제 모양을 내더니 이번에는 한 노인이 가슴을 풀어헤치고, 신발도 신지 않고 사람들이 들끓는 거리에 서 있다. 곽암의 「십우도」에는 이 노인만이 그려져 있으나 보명의 그것에는 노인이 웬 보따리를 맨 젊은 아이와 이야기를 하는 모습이 그려져 있다. 그렇다면 맨 처음 소를 찾아 길을 나섰던 목동은 원숙한 노인으로서 등장한 것인가? 혹은 보따리를 들고 역시 집을 나온 듯한 소년일까?

노인은 그 소년에게 다정스럽게 아주 평상적인 인사말을 던진다.
"그대는 누구인가?" "어디에서 오는 길인가?" "지금 어디로 가는가?"
그런데 이 노인의 평범한 인사말은 우레와 같은 큰소리가 되어 이 소년
의 잠자는 마음을 깨운다. '나는 과연 누구일까?' '나의 본래적 근원은
어디일까?' '나는 궁극적으로는 어디로 가는 것일까?' 소년은 이로써
자기 자신에 대해서 근본적인 낯섦을 체험하게 되어서 그 낯설어진 자
기 자신을 찾는 구도의 길을 떠나게 된다. 그는 불현듯 마음이 편치 않
아서 눈 내리는 겨울임에도 불구하고 자신의 한쪽 팔까지도 바쳐 가면
서 안심(安心)을 구걸할 수 있는 스승을 찾아나서는 것이다.

그러나 어찌 보면 소를 찾아 나섰던 목동은 지금 여기에 등장한 소년
인지도 모른다. 그렇게 되면 「십우도」는 전체적으로 하나의 커다란 원
을 그리게 된다. 그래서 제 10도는 완성이 아니라 새로운 시작인 것이
다. 아니 거기에는 시작도 없고 끝도 없는 것이다. 이 소년과 노인의
자타불이(自他不二)는 목동과 소의 불일불이(不一不異)와 일치한다.
여기에 무행(無行)의 행으로서의 보살행(菩薩行)이 있고 무차별적인
사랑의 가능성이 있다. 또 여기에 일상적인 삶, 평상심(平常心) 속에서

이루어지는 깊은 종교적인 행위와 실천의 가능성이 있다. 실레시우스
는 이러한 소식을 극단적인 말로 이렇게 전한다.

"친구여, 내 말을 믿게나!
신은 나를 하늘로 가지 못하게 하시네!
그래서 나는 기꺼이 여기에 살겠네.
설령 지옥에서라도 있을 것이네!"

동일한 내용을 만해(卍海)는 이렇게 아름다운 시어로 말한다.

"사랑의 속박이 꿈이라면
出世의 解脫도 꿈입니다.
웃음과 눈물이 꿈이라면
無心의 光明도 꿈입니다.
一切万法이 꿈이라면
사랑의 꿈에서 不滅을 얻겠습니다."(한용운, 「꿈이라면」)

사랑과 자비는 그래서 신앙과 깨달음의 귀결이며 또 그 출발이기도
한 것이다. 깨달음과 자비, 신앙과 사랑 사이에서 「십우도」의 길은 끊
임없이 이어진다. 그리고 그 길을 계속 갈 수 있는 사람은 바로 자유와
무집착이야말로 실재의 얼굴임을 아는 사람인 것이다.

그것은 "그 어디에도 머무르지 않으면서도 사랑과 자비와 사유의 정
신을 발휘하는"(應無所住而生其心, 「金剛經」) 참자유의 실현이다. 그
리고 이 자유, 무집착이야말로 절대무의 본질이며 거기에서 비롯되는
종교다원주의의 생명인 것이다.

제 6 장

일본에서의 기독교와 불교의 대화
— 그 내적 동인(動因)을 중심으로

1. 들어가면서

"일본에서의 기독교와 불교의 대화"라는 주제는, 단지 일본의 경우에 국한된 문제만은 아닐 것이다. 동일한 불교 문화권에 속하는 한국에서도 대단히 중요한 과제이고, 이른바 동북아시아에서 기독교 신학의 가능성을 모색한다고 하는 의미에서도 관심을 끄는 주제이다. 역사적으로 기독교와 불교와의 만남이 성숙한 형태에서 이루어진 것이 이미 7세기의 경교(景教)에 의한 것이라는 사실을 상기해 보면, 그리고 일본의 기리시탄(切支丹)의 유적이나 근대 한국에서 이루어진 기독교와 불교의 접촉의 양상들을 생각해 본다면, 비록 시대가 변했다고 하더라도 기독교와 불교의 만남이라는 문제는 현재진행형적인 현실감을 지니는 과제임에 틀림없다. 한국과 일본을 포함하는 아시아에서 기독교의 수용에는, 그 문화적 동질성에 의해 여러 가지 공통성을 드러내고 있고, 따라서 공통의 과제에 직면해 있다고 볼 수 있는 부분이 많음은 재언(再言)을 요하지 않을 것이다. 특히, 일의대수(一衣帯水) 관계라고도 곧잘 불리는 일본과 한국의 밀접한 관계를 생각해 볼 때, 그리하여 정치적·사회적·문화적 측면에서 중첩되는 국면을 경험해 온 사실을 생각해 보면, 일본에서 진행되어 온 기독교와 불교의 만남이라는 현상은 마땅히 주목을 받아야 할 것이다.

하지만, "일본에서의 기독교와 불교와의 대화"라고 하는 대단히 광범위한 주제에 대해 고찰하려고 할 때에, 우선 본 소론(小論)과 같은 한정된 분량의 연구가 지니는 한계를 분명히 하지 않으면 안 될 것이다. 형식적인 면에서 볼 때, 본 연구는 위의 주제에 대하여 상당히 개괄적인 언급에 그칠 수밖에 없는 한계가 있다. "일본에서의 기독교와 불교와의 대화"에 대하여 본격적으로 취급하자고 한다면, 극히 형식적으로 생각해 보아도, 양 종교의 대화의 과거의 역사와 현재의 상황을 총체적으로 살펴보지 않으면 안 될 것이겠으나, 이것은 상당한 양의 논술을 필요로 할 것이며, 본고 같은 소론으로서는 도저히 불가능할 것이다. 그뿐만 아니라 기독교와 불교 사이에서 진행된 대화의 행적을 역사적으로 되돌아보는 작업에는, 그러한 역사적 현상이 지닌 신학적 의의를 고찰하는 작업을 병행하지 않으면 안 되지만, 이를 위해서도 방대하고도 치밀한 분석이 필요할 것이다.

예를 들어서, 가톨릭교회와 불교의 대화가 가지는 의미를 살펴보기 위해서는 기리시탄 시대로부터 다양한 형태로 이루어져 온 불교와 대화의 구체적 국면들에 대해서 연구할 필요가 있고, 개신교와 불교의 만남을 논하려면, 메이지 시대 일본에 건너 왔던 구미(歐米)의 선교사들의 불교에 대한 태도나 불교 측의 반응을 구체적으로 고찰할 필요가 있을 것이다. 나아가 불교와 대화를 통해서 독창적인 사색을 계속해 나가고 있는 다수의 신학자들의 사상을 섬세하게 살펴볼 필요성에 직면하게 됨이 틀림없다. 그러나 본 연구로서는 이러한 각론적인 논구는 좀 더 세밀한 논의에 미룰 수밖에 없다.

본 연구가 지닌 또 하나의 형식적인 한계는 불교와 대화하고 있는 기독교 신학 내지 신학자들에 국한해서 논의한다는 한계이다. 따라서 기독교와의 대화에 임하고 있는 불교학자들의 연구결과라든지, 기독교와 불교의 비교연구 등에 대한 언급은 본 연구에서는 이루어질 수 없을 것이다.

이러한 제한을 스스로 설정하는 한편, 본고는 다음과 같은 두 가지 사항의 논의에 중점을 두고 싶다.

첫째, 일본에서 이루어지고 있는 기독교와 불교의 대화 동인(動因)은 무엇인가? 다시 말해서 기독교와 불교의 대화를 추진하는 기독교 내·외적 요소는 무엇이고, 그것이 기독교와 불교의 대화에 어떻게 작용하고 있는가? 이러한 물음을 던지는 이유는, 오늘날 일본에서 진행되고 있는 기독교-불교의 대화는 이러한 기독교 내·외적 요소에 대한 고려를 배제한다면, 단지 종교문제에 관심을 지닌 개개인의 지적 호기심의 발로라고밖에는 여겨질 수 없기 때문이다. 그러나 개개인의 인식구조 역시 역사성과 사회성을 지니는 것이 틀림없다면, 현금의 기독교-불교의 대화는 그러한 역사적·사회적 상황의 맥락 내에서만 그 의미가 정확하게 파악될 수 있다.

둘째, 일본에서 진행되고 있는 기독교-불교 대화의 독특성은 무엇인가? 기독교와 불교의 대화는 일본에서뿐만 아니라 구미 신학계에서도 이미 오래전부터 관심사로 부상되어 있고, 한국에서도 오래전부터 논의되어 오는 주제이다. 그렇다면 '일본에서의' 기독교-불교 대화의 특성은 무엇인가를 물음으로써 우리는 그것이 세계 종교계에 공헌할 수 있는 바와 그 문제점을 동시에 파악할 수 있을 것이다.

본고는 이른바 '교토학파'(京都学派)와의 대화를 통해서 불교와 대화를 진행하는 일본의 신학자들의 논의를 중심으로 위와 같은 문제들을 살펴보고자 한다. 개인적인 차원에서 양교(兩敎)의 대화가 진행되는 예는 그 외에도 많이 있겠지만 상기와 같은 경우에 국한하는 이유는, 일본의 기독교-불교 대화를 거론할 경우 위의 사항들이 언제나 주목을 받고 있으며, 하나의 사상적인 족적을 축적해 가고 있는 대표적인 경우이기 때문이다.

이러한 사항들을 검토해 보는 이유는, 일본에서 이루어지는 기독교와 불교에 대한 연구 자체에도 목적이 있지만, 나아가 그의 연장선상에서 다음과 같은 사실들을 살펴보기 위해서이다.

첫째, "일본에서의 기독교와 불교의 대화"라는 주제는, 보다 폭넓은 각도에서 보면, '종교 간의 대화'라고 하는 신학적 문제군에 속하는 주제이고, 따라서 그러한 종교 간의 대화가 실질적으로 진행되기 위한 가능성의 조건으로서의 '종교다원주의'에 관한 논의를 수반하지 않으면 안 될 것이다. 본고에서는 과연 일본에서 진행되고 있는 기독교와 불교의 대화가 전 세계적으로 관심의 대상이 되고 있는 종교다원주의의 논의에 어떠한 창조적인 공헌을 할 수 있을지를 검토하고 싶다.

둘째, "일본에서의 기독교와 불교의 대화"라는 주제는, 서양인에 의한 불교 이해가 이른바 "오리엔탈리즘"(에드워드 사이드)에 빠져 있다는 비판을 신중하게 받아들일 때, 보다 절실성을 띠고서 다가오게 된다. 지금까지의 종교 간 대화의 양상을 회고해 보면, 주로 기독교적인 패러다임으로 타종교를 읽어내는 작업이 대다수를 차지하고 있다는 것을 알 수 있다. 즉 '타'종교로서 불교의 타자성은 간과되는 일이 많았다는 말이다. 이른바 구미 기독교의 '오리엔탈리즘적' 태도의 기원은 아득하게 과거까지 거슬러 올라가는 것이 사실이지만,[1] 일본에서 진행되는 기독교와 불교의 대화는 이러한 문제점을 극복하기 위한 형식적인 조건을 주고 있다고 여겨진다. 즉, 불교라고 하는 해석학적 지평 속에서 살아가고 있는 기독교인이 자기의 종교적인 배경을 의식하면서, 혹은 그러한 종교적인 배경에 의해서, 기독교를 받아들인 결과로서 이루어지는 '기독교와 불교의 대화'는, 구미에서 진행되고 있는 기독교-불교 대화와는 다른 신학적 가능성을 제시할 수 있다. 과연 일본의 기독교-불교 대화는 이러한 점에 어떤 공헌을 해낼 수 있는가.

바꾸어 말해 보면, 기독교에 대해서 '밖에 있는 타자'로서 불교가 아니라, '안에 있는 타자'로서 불교와의 대화가 기독교에 제공하는 새로움을 일본에서의 종교 간 대화로부터 기대할 수 있는지, 그리고 이러한 기대는 이른바 기독교를 중심으로 타종교를 객관적으로 나열하는 '타종교와 신학'이라는 태도를 넘어서 아시아의 종교성으로서 타종교가 신학 주체가 되는─'안에 있는 타자'로서 타종교가 주체가 되는─'타종교의 신학'2)으로 나아가지 않으면 안 된다는 주장에 부응할 수 있는가 하는 것을 타진해 보려는 것이 본 연구의 목표 중 하나이다.

이것은 단지 전통적으로 희랍 철학과 만남을 통해 형성되어 온 서구 신학에 대한 '불만과 비판'의 차원을 뛰어넘어서, 불교와 만남을 통한 전통적 신학의 '탈구축'(脱構築, deconstruct)이 과연 가능할 것인지를 묻기 위함임과 동시에, '일본에서 〈불교적〉 신학 경향의 세계적 위치'를 타진해 보기 위한 전초작업임을 의미한다.3)

이상과 같은 신학적 문제의식을 바탕으로 일본에서 진행되어 온 기

---

1) 彌永信美, 『幻想の東洋 - オリエンタリズムの系譜』(青土社, 1996). 이 책은 필자의 拙訳으로 동연출판사에서 출판될 예정이다.
2) 邊鮮煥, 「他宗教와 神学」, 『변선환전집 1』(한국신학연구소, 1996년), 180-181면.
3) ヤン・ヴァン・ブラフト, 「オリエンテーション」, 南山宗教文化研究所 編, 『キリスト教は仏教から何を学べるか』(法蔵館, 1999), 9頁.

독교와 불교의 대화의 양상을 살펴보고자 한다.

2. 일본 종교 상황의 특성으로서 중층신앙(重層信仰)

다키자와 가츠미(滝沢克己)의 사상은 일본에서 기독교-불교의 만남을 위한 새로운 장(場)을 열었다고 할 수 있다. 야기 세이이치(八木誠一)는 다키자와의 사상—그의 신학사상에 대해서는 뒤에서 간략하게 나마 거론하기로 하겠다—이 일본의 기독교 사상사 내에서 지니는 의미에 대해 다음과 같이 평가하고 있다. 그의 평가에는 일본에서 진행되어 온 기독교와 불교의 대화가 걸어온 대강의 형적과 특성이 잘 요약되어 있다.

"우리나라에도 불교와 기독교의 대화에는 이미 오랜 역사가 존재하고 있다. 우선 기리시탄들이 불교도와 논쟁했고, 메이지 이후에도, 양교 사이에 상호 대결이 있었다. 그러나 전후(戰後), 새로운 국면이 전개되었다. 우선, 니시다 기타로(西田幾多郎)와 칼 바르트에게서 배웠던 다키자와 가츠미가 종교적 삶의 근거는 신이 우리와 함께 계신다고 하는, 무조건적으로 모든 사람 안에 엄존(嚴存)하는 원사실(原事實)에 있는 것이지, 예수 그리스도의 삶과 죽음과 부활에 있는 것이 아님을 주장함으로써 불교와 기독교의 대화의 길을 개척했다."4)

즉, 일본에서의 기독교와 불교의 만남은 16세기의 기리시탄 시대에

---

4) 八木誠一·秋月竜珉·阿部正雄·本多正昭,『仏教とキリスト教—滝沢克己との
対話を求めて』(三一書房, 1981), 1頁.

이미 시작되었고, 일본이 서구를 향해 문을 열었던 메이지(明治) 이후에도 만남이 이루어졌으며, 다시 현대에 접어들면서 좀 더 본격적인 진전을 보았다는 말이다. 또한 현대에 들어와서 이루어진 양교의 대화에는 니시다 기타로의 철학이 중요한 매개체가 되었고, 이를 바탕으로 형성된 다키자와의 신학이, 또는 다키자와의 신학을 중심으로 한 논의들이, 주요한 견인차가 되었다는 것이다.

그 각각의 내용에 대해서는 이후 언급하겠으나, 본 논문에서는 위와 같은 대략의 시대 구분을 좇아서 기독교와 불교의 만남의 자취와 그 의미를 살펴보고자 한다.

그러나 우선, 위와 같은 만남이 이루어져 왔던 장(場)으로서의 일본의 종교적 풍토에 대해서 간략하게나마 기술하고 싶다.

극히 형식적으로 말해 보더라도, 일본 기독교의 특질을 이해하려면, 일본에 전해진 기독교가 세계의 전체 기독교 내에서 어떤 위치에 속하는지, 그리고 그러한 기독교를 받아들인 '해석적 지평'으로 일본의 정신 풍토는 어떤 특색을 지니고 있는지를 우선 규명해야 할 것이기 때문이다. 여기서는 논의의 편의를 위해 먼저 두 번째의 문제부터 언급해 나가기로 하겠다.

일본의 종교적·문화적 상황은 다양한 종교의 공존에 의한 다양성을 그 특질로 하고 있다. 일본의 종교의 특색으로—실은 아시아적 신앙 양태 일반의 특성이라고도 할 수 있겠지만—'중층신앙'(重層信仰, syn-cretism)이 빈번하게 거론되는 것을 상기해 보면 금방 알 수 있다. '신불(神佛)의 교착(交錯)', '신종교'(新宗教), '신신종교'(新新宗教) 등등 일본의 종교적 현실을 묘사하는 용어 및 조어도 이러한 상황이 만들어 낸 산물일 것이다. '중층신앙'이란, 후루야도 지적하고 있는 것처럼, "동시에 세 개 이상의 복수 종교의 신자"가 되는 것을 가능하게 하는 일본적 종교관의 독특성을 가리키는 용어이다. 이것은 종교를 "사회적 기능 내지 습속"으로 파악하는 태도인바, "불교라고 하면 장례식, 신도라고 하면 결혼식이라는 식의 종교의 분업화(分業化)"는 이러한 정신 풍토에서 가능할 것이다.5)

일본 민중 종교의 공통점으로 중층신앙(重層信仰), 조상숭배(祖先崇拝), 현세이익(現世利益), 의례중심주의(儀禮中心主義)라는 네 가지 요소가 지적되곤 하지만, 여기서 우리에게 가장 흥미로운 것은 첫 번째에 거론되었던 '중층신앙'이다. 기독교와 관계되어서 이러한 중층신앙의 모습을 여실히 보여 주는 역사적 예로 기리시탄(切支丹)을 빼놓을 수 없을 것이다. 그것은, 불교적이고 신도(神道)적인 요소가 "가쿠레 기리시탄(かくれ切支丹)의 신앙생활 일부로 받아들여져 있다"라고 하는 사실에서도 여실히 알 수 있다.6)

일본에서 기독교와 불교가 처음으로 접촉했던 것은 1549년, 예수회의 프란치스코 자비에르가 가고시마(鹿児島)에 상륙했던 때의 일이지만, 그가 가고시마에 체재하고 있었을 때부터 선교사와 불교도 사이의 교리상의 토론은 이미 진행되고 있었다. 더욱이 후에 『일본사』(日本史)를 저술했던 루이스 프로이스는 가장 자세하게 불교 연구를 한 선교사였다. 『일본사』 중의 「일본총론」(日本総論)은 전부 37장으로 이루어지지만 그중 약 3분의 2가 불교에 관련되는 내용이라는 사실이 말해 주듯이, 불교에 대한 선교사들의 관심은 높았다. 이러한 경향은 1579년 순찰사로 일본에 온 발리냐뇨의 적응주의적 선교 정책에 따라서 더한층 가속화되었다.7)

---

5) 古屋安雄, 『現代キリストと将来』(新地書房, 1984), 183-184頁.
6) 宮崎賢太郎, 『カクレキリシタンの信仰世界』(東京大学出版会, 1996), 189頁.
7) 石田千尋, 「キリシタン世紀と日本佛教の受容」, 『鶴見大学文化研究所紀要』

200년 이상의 탄압을 경험하면서도 여전히 선조 이래의 신앙을 지킬 수 있었던 기리시탄의 경우는 "세계 종교사에 있어서 유례가 없는, 경탄해야만 할 일"이지만, 이것은 자비에르나 발리냐뇨가 "포교지 일본의 문화, 풍습에 순응하는 포교책을 폈던" 결과라고 말한다.8) '순응'(順応), '습합'(習合), '혼합주의'(syncretism)라는 표현은, 그러한 용어가 지니는 다양한 뉘앙스의 차이에도 불구하고, 서양에서 전해진 기독교가 아시아의 토양에 받아들여진 과정과 그 내용을 나타내고 있다고 말할 수 있을 것이다.

'습합'의 구체적인 예는 기독교의 복음을 전하는 용어의 선택의 문제로 우선 드러난다. 기리시탄의 경우도 중국의 경교와 같이 기독교의 신을 의미하기 위해 채택된 개념인 진언종(真言宗)의 '대일여래'(大日如來)를 사용했던 예에서도 알 수 있듯이, 일본인들이 이해할 수 있는 적절한 용어를 찾는 노력은 곧 선교의 사활이 걸린 문제였다. 기독교에서 신을 의미하는 데우스(*deus*)를 대담하게 불교의 대일여래로 번역한 프란치스코 자비에르인 경우는 이와 같은 용어 선택 문제의 선구자가 되었다.

이런 상태에서 선교사들은 끊임없이 새로운 길을 개척하려고 노력했다. 개종한 승려의 도움을 받아서 종교용어를 작성하기 시작했던 수도사 프로난데스의 활동은 독창적이었다. 당시는 불교에서 그대로 채용된 다수의 용어가 사용되기도 하였다. 예를 들면 정토(浄土)와 지옥, 천인(天人), 불법(佛法), 부처 등이 그것이다.9)

(一)(1996), 123頁.

8) 海老沢有道, 『地方切支丹の発掘』(柏書房, 1976), 33頁.

9) ロペス・ガイ, 井手勝美 訳, 『初期キリシタン時代の準備福音宣教』(キリシタン文化研究所, 1980), 23頁.

물론 이와 같은 용어의 사용에 따라서 여러 가지 문제가 발생했기에 차차로 양상은 변하게 되었지만, 기독교의 '복음을 수용하기 위한 준비'로 충분한 역할을 했던 것은 말할 필요도 없다. 더욱이 이와 같은 용어 채택 문제는 기독교가 선교되는 가운데 부수적이고 우발적으로 발생한 문제라든지, 단지 일시적이고 잠정적으로 파생된 문제라고는 결코 할 수 없다. 다시 말해서 데우스를 대일여래로 번역한 경우, 여기에는 대단히 중요한 해석학적 문제가 포함되어 있는 것이다. 이것은 이른바 '격의'(格義)의 문제에 해당하는 것으로, 일시적이고 부수적인 문제가 아니라 문화와 문화, 종교와 종교가 만나서 서로를 '이해'하고자 하는 경우 언제나 발생하는 보편적인 인간의 이해 방식과 관련된 문제이기 때문이다.[10]

이와 같은 노력은, 제2차 바티칸 공의회가 천명한 "고유의 전통으로 풍부하게 된 새로운 지역교회"(『교회의 선교 활동에 관한 교령』)의 정신을 선취했다고도 할 수 있는 동시에, 이를 계기로 교회의 전통 속으로 '섭취'되야 하는 '일본적 요소'란 과연 무엇인가라는 질문이 일본의 기독교 신학에서 언제나 중요한 관심사가 되었다고 할 수 있다.[11]

기리시탄의 신앙이 일본적 요소와 혼합되게 된 결정적 계기는 1587년 도요토미 히데요시가 실시한 '선교사추방령'(伴天連追放令)에 의해 서구에서 파견된 선교사들이 일본을 떠날 수밖에 없었던 상황과 관계가 있다. 이어서 기독교에 대한 박해가 심해지고 도쿠가와(德川) 시대가 되어 1641년에 쇄국을 단행하면서 선교사와의 연결이 완전히 끊어

---

10) ジャック・ジェルネ, 鎌田博夫 訳, 『中国とキリスト教』(法政大学出版局, 1996), 251頁 이하.
11) 小幡義信, "歴史的風土と伝統統形成の問題", 「カトリック研究」 38(1980), 259頁 이하.

지게 됨으로써 이들은 이른바 '잠복(潛伏) 기리시탄'(かくれ切支丹)으로 명맥을 유지하지 않을 수 없었던 것이다. 이후 200년 가까이 지속된 쇄국시대(鎖国時代: 1641-1865)를 지나면서 '가쿠레 기리시탄'의 신앙은 전래된 원래의 모습과는 거리가 먼 일본적 요소로 착색되었던 것이다.

이러한 기리시탄의 불교적 각색이라는 문제는, 크게 본다면, 기독교의 일본 전래에 부수(附随)된 특징이라고 할 수 있다. "기독교의 일본 전래는, 신·유(儒)·불이라고 하는, 각각에 특질을 가지고 있고, 더욱이 삼교일치(三教一致)적으로 공존하는 종교 사회와의 접촉이라는 점에서 세계 종교 사상에 유례를 찾아보기 힘들다."12) 이러한 사정은 에비사와가 일본의 기리시탄 시대의 특징으로 언급했던 다음과 같은 말로 뒷받침된다.13)

"기독교가 그리스, 로마의 이교 사회를 풍미한 이후는 언제나 미개 사회로의 포교였다. 반면에 아시아라고 하는 특수하게 발달한 종교, 문화권으로의 포교는 달리 예를 찾아보기 힘든 현상이었다. 신도라고 하는 강한 민족 신앙, 불교라는 이질(異質)의 철학, 유교라고 말하는 봉건적 가치 체계를 가지는 종교 혹은 세계관이 존재했다. 게다가 그것이 공존하는 특수한 사회와, 기독교 내지 유럽의 사상, 문화와의 접촉이라는 의미에서, 세계에 달리 유례를 찾기 힘든 사례였다. 이는 세계사적 과제임과 동시에 일본 사상사적으로도 중요하고도 흥미 있는 과제라고 해

---

12) 海老沢有道, 『日本キリシタン史』(塙選書, 1966), 178頁.
13) 이하의 설명은 拙稿, 「韓国と日本のキリスト教史における佛教との出会いに関する研究」, 『財団法人日韓文化交流基金訪日学術研究者論文集』제6권(2002), 63-65頁에서 인용한 것이다.

야 할 것이다."14)

기리시탄에 대한 연구는 기독교가 일본에 뿌리내릴 수 있는 '하나
의'(?) 사례를 제시해 준다는 점에서, 그리고 현재 진행되고 있는 기독
교와 불교와의 만남에 대해서도 대단히 계발적인 의미를 지니고 있다.

"현재, 기독교가 일본에 토착화될 수 없다는 지적이, 현세 이익주의를
완강하게 부인하고 일신교를 유지하려고 하기 때문이라는 지적은 위와
같은 맥락에서 등장한 말일 것이다. 혹시 신불혼효(神佛混淆)처럼 신
기혼효(神基混淆), 불기혼효(佛基混淆)를 인정한다면, 참으로 다른
가능성이 등장할 수도 있을 것이다. 하지만 그 경우, 일본에서의 불교가
과연 불교라고 부를 수 있을 것인가 하는 의문과 동시에 그러한 기독교
가 과연 기독교라고 불릴 수 있을 것인가라고 하는 또 다른 문제가 야기
될 것이다. 현재의 기독교가 일본에서 고전하고 고뇌하는 것은 '접촉-
수용-통합=변용'이라고 하는 문화 접촉의 법칙을 따르지 않고, 어떻게
외래(外來)의 일신교를 일본인에게 수용시킬 수 있을까 하는, 아직도
한 번도 일본에서 성취된 적이 없는 난제와 씨름하고 있기 때문이다.
일신교의 수용이란 다른 신의 부정을 의미하는 것임을 잊어서는 안 된
다. 일신교의 세계관은, 아무리 타종교와의 협조를 주창해도, 유일 절
대신 존재의 주장을 참으로 하는 한, 근본적으로 배타성을 지니는 것을
부정할 수 없다."15)

---

14) 海老沢有道, 위의 책, 14-15頁.
15) 上掲書, 197-198頁.

3. 일본의 기독교에 대하여

일본 기독교가 불교와의 대화에서 취하고 있는 태도를 이해하려면 일본 기독교의 역사적 배경을 어느 정도 이해할 필요가 있다. 현재 진행되고 있는 기독교와 불교의 대화는, 그것이 기독교 신학자에 의해서 진행되는 것이든 신학 외부의 장에서 진행되는 것이든 간에, 일본에 전래된 기독교라는 배경을 떠나서는 이해할 수 없다. 즉 현금의 기독교-불교 대화는 명시적인 역사적인 배경하에서 진행되고 있다는 말이다. 따라서 그 기원까지 거슬러 올라가는 일은 대단히 중요한 의미를 지니게 된다.

또한 일본의 기독교라고 하면, 가톨릭교와 개신교 등, 교파적인 구분의 필요성을 연상할 수도 있겠지만, 현재 일본의 기독교에서 불교와 대화가 진행되는 장소에서는 가톨릭 신학자와 개신교 신학자를 구분하는 일은 그다지 의미가 없다고 사료된다. 그 이유에는 차후의 논의를 통해서 밝혀지리라고 여겨지나, 일본에서 기독교-불교의 대화가 실은 '니시다(西田) 철학'과 니시다의 철학에서 유래되는 교토학파(京都学派)를 매개로 한 대화라는 특성을 지니고 있기 때문이다.

일본의 가톨릭교회는 1962년부터 1965년에 걸쳐서 개최된 제2차 바티칸 공의회 이후, 불교와의 대화에 적극적으로 나서게 되었다. 1969년에는 조치(上智) 대학에 동양종교연구소가, 또 1974년에는 난잔(南山) 대학 내에 난잔종교연구소가 창립되어 기독교와 일본의 전통 종교와의 대화에 대처하기 시작했던 것이다.[16]

난잔종교문화연구소는 1974년에 창립된 이래 기독교와 제 종교와

---

16) 帆苅 猛, 「キリスト教と諸宗教(2) – 宗教多元主義をめぐつて」, 『短大論集』 106호(関東学院女子短期大学, 2001), 10-11頁.

의 대화에 적극적으로 임하고 있지만, 1976년에 열린 '제1차 난잔심포지엄'의 주제가 "불교와 기독교의 대화 - 종교 체험과 언어"이었음이 말해 주고 있듯이, 주로 기독교와 불교의 대화에 매진하고 있다.17)

하지만 일본의 교회나 신학계에 있어서 '기독교와 불교의 대화'라는 주제가 차지하는 위치에 대해서는, 난잔종교문화연구소 소장을 역임했던 얀 반 브라후트가 자평하고 있는 것처럼, "일본의 신학계에서 그다지 주목되고 있지 않고, 일본 기독교의 이른바 주류에 대하여 거의 영향을 미치지 못하고 있다"18)고 해야 하는 상황이다. 이러한 상황을 염두에 두면서, 이하에서는 일본 개신교의 역사적 모습에 대해 약술해 보겠다.

1) 일본 개신교 신학의 양태

초기 일본 기독교의 특징으로 곧잘 거론되는 사실, 곧 몰락한 무사들이 양학(洋学)을 구하는 가운데 기독교에 입신했다는 사실은 일본 기독교의 향후 성격 또한 규정지었다고 할 수 있다. 당시 일본 기독교는 세 개의 지역적 밴드[盟約]로 구성되었는데, 요코하마(横浜) 밴드,

---

17) 기독교와 불교의 대화를 중심으로 한 난잔종교문화연구소의 지금까지 활동에 대해서는 ヤン・ヴァン・ブラフト・渡辺 学,「南山宗教文化研究所の歩み」, 南山宗教文化研究所 編,『宗教と宗教との〈あいだ〉』(風媒社, 2000), 379-393頁. 현재까지 실시된 동 연구소의 심포지엄은 동 연구소에서 간행하고 있는데. 그 중에서 기독교와 불교의 대화에 직접적으로 관련된 서적은 다음과 같다.『絶対無と神—西田・田辺哲学の伝統とキリスト教』(1980);『密教とキリスト教 - 歴史宗教と民俗宗教』(1985);『天台佛教とキリスト教 - 宗教における理と行』(1987);『浄土とキリスト教 - 宗教における救済と自覚』(1989);『カトリックと創価学会—信仰, 構造, 社会的実践』(1995);『キリスト教は佛教から何を学べるか』(1999).
18) ヤン・ヴァン・ブラフト,「オリエンテーション」, 5頁.

구마모토(熊本) 밴드, 삿포로 밴드가 그것이다. 1872년 요코하마공회의 성립과 더불어 창설된 요코하마 밴드는 이부카 카지노스케(井深梶之助), 오시카타 마사요시(押方方義), 혼타 요이치(本多庸一) 등의 지도자를 배출했고, 간토(関東) 이북의 교회를 담당하게 되었다.

1872년 건립된 구마모토 양학교(熊本洋学校)를 중심으로 형성된 구마모토 밴드는 고자키 히로미치(小崎弘道), 가나모리 츠우린(金森通倫), 에비나 단조(海老名弾正) 등의 지도자를 배출했는데, 이들은 도시샤(同志社)를 중심으로 간사이(關西) 지방 전도에 진력했다. 도시샤는 미국에서 공부한 니지마 조(新島 襄)가 창설한 학교이다. 이들은 "신학적으로 자유로웠고, 사회에 대한 관심이 깊었으며, 토착문화에 대한 관심도 깊었다. 신학적으로는 자유주의적이었던 반면에 일본 국가에 용이하게 융합되고 성서비판이 지나쳐서 신앙을 버리는 자들도 있었다."19)

삿포로 농학교에 농학교사로 초빙되었던 클라크를 중심으로 형성된 삿포로 밴드는 교육을 통해서 그리스도 정신을 가르치는 데 주력했는데, 무교회주의로 유명한 우치무라 간조(内村鑑三)나 니토베 이나조(新渡辺稲造)가 이 학교 출신이다.

당시 일본 개신교의 이와 같은 지형이 훗날 일본교회의 모습에 큰 영향을 미친 내용에 대해서는 사와의 다음과 같은 말 속에 잘 요약되어 있다.

"초기 프로테스탄트의 교회 형태가 훗날에 일본 프로테스탄트의 원형으로 계승되어 간다고 하였지만, 일본 교회가 도시 지식인 교회로서 존

---

19) 沢 正彦, 『日本基督教史』(대한기독교서회, 1979), 92면.

속한다는 것은 그 좋은 예이다. 한국의 교회가 농촌교회를 원형으로 하고, 부녀자들을 선교의 일차적 대상으로 하였다는 것과는 대조적으로 일본은 도시 인텔리의 '남성의 교회'였다. … 도시의 청년 지식인은 자연히 반동, 반정부의 야당성을 띠고 명치정부의 훌륭한 비판자, 충고자로서 존재하고자 했으나, 강압적인 국가주의의 지배하에서 비판자, 충고자는 수난자가 되거나 그렇지 않으면 추종자의 길을 선택하지 않을 수 없는 결과가 되었다. 교회의 '야당성'은 오늘날에 있어서도 일본 프로테스탄트 교회가 계승하고 있는 성격이라고 해도 무방할 것이다."[20]

대단히 총괄적인 평가이긴 하지만, 일본의 개신교가 '도시', '인텔리', '남성'의 종교라는 이미지를 지니게 되었다는 사실은, 그리고 '관념론적 개인주의적인' 신앙의 형태를 지니면서 '국가주의의 지배'에 저항하는 '야당성'을 주요 체질로 한다는 위의 평가는, 일본 개신교와 불교의 만남 양상에서 일본 개신교가 보여 주는 복합성을 잘 설명해 준다고도 할 수 있다. 그것은 일본의 전통성과 강하게 밀착되어 있는 종교로서 불교에 대한 거부반응을 띠는 흐름과, 자유주의 신학이 기독교 이외의 종교에 대해서 취하는 개방성 사이의 편차가 일본의 개신교 전통 속에 명백하게 각인되어 있다는 점이다.

이러한 기본적인 전이해를 바탕으로 일본 개신교의 역사 중에서 현금의 기독교와 불교의 대화에 관련될 만한 내용들을 중심으로 개괄해 보기로 하자.

---

20) 上揭書, 94-95면.

(1) 복음주의적 기독교

구와타 슈엔(桑田秀延)은 일본의 개신교 신학을 '복음적 기독교', '문화적 기독교', 그리고 '사회적 기독교'라고 하는 세 가지 유형으로 분류한다.[21] 일본 신학 내에 존재하는 이러한 세 가지 유형의 연원은 자생적인 요소가 없는 것은 아니지만, 일본에 전래된 기독교 사상에 따라 규정된 측면이 강하다.

일본에 전래된 서구의 기독교는, 대체로 '복음주의적 기독교', '자유주의적 기독교', 그리고 '순복음적 기독교'('근본주의', 혹은 '부흥주의'(리바이벌리즘))라고 하는 세 가지 유형의 신학적 배경을 가지고 있었다.[22] 여기서는 그중에서 영향력이 가장 크다고 여겨지는 앞의 두 가지 유형에 대해서 언급해 보겠다.

처음으로 일본에 소개된 유형은 '복음주의적 기독교'였다. 일본에 건너왔던 최초의 선교사들은 감리교의 매클레이나 미국의 대각성운동에 영향을 받았던 톰슨(미북장로교회)처럼, 대부분 복음주의자들이었다. 그들은 기독교의 전통적인 교리를 강조하면서도 개인의 경건성 속에서 신앙의 자리를 보고 있었다.

복음주의적 기독교의 영향은 1920년대 초반~1930년대에 후쿠타 마사토시(福田正俊)가 에밀 브루너의 신학사상을 소개하면서 일본에 도입된 변증법적 신학으로 뒷받침되었다. 변증법적 신학은 이후 구마노 요시타카(熊野義孝)(『辨証法的神学概論』, 1932년), 구와타 슈엔(桑田秀延)(『辨証法的神学』, 1933년) 등이 본격적으로 소개했는데, 다카

---

21) 桑田秀延, 『日本の神学思想史に現われた神学の問題と人物』(キリスト新聞社, 1976), 66頁 이하; 拙稿, 「일본신학의 세 가지 양태에 대한 예비적 고찰」, 『韓日研究』(耕人李鍾錫博士古稀紀念論文集)(1999), 573-594면.
22) 土肥昭夫, 『日本プロテスタント·キリスト教史』(新教出版社, 1980〔김수진 역, 『일본기독교사』, 기독교문사, 1991, 19면 이하〕).

쿠라 도쿠타로(高倉德太郎)의 『福音的基督敎』(1927년)가 가장 큰 영향을 미쳤다.

다카쿠라는 『복음적 기독교』에서 기독교의 특색을 열거하는 중, 기독교와 여타 문화의 관계에 대해 언급하면서 "기독교를 다른 것과 타협시키고 절충적 종교로 만드는 일은 기독교에 대한 적(敵)이다"[23]라고 강조하고 있다. 다카쿠라의 이러한 태도는 일본 개신교의 주류를 형성하고 있는 복음주의적 기독교가 일본의 종교전통에 대해서 취하는 태도를 집약해서 보여 준다.

개신교와 불교의 대화는 극히 미미한 것이 사실이다. 앞서의 브라후트의 진술은 특히 개신교 신학에 꼭 들어맞는다고 할 수 있다. 1993년, 신교출판사(新敎出版社)가 간행한 『일본의 신학 방향과 과제』에는 신학자 25명의 제언이 수록되어 있지만, '기독교와 불교의 대화'에 대해서는 말할 것도 없고, 기독교와 제종교(諸宗敎)의 관계를 적극적으로 수용하는 신학에 대해서는 일절 언급되지 않았다. 우리는 다음과 같은 한 신학자의 발언을 통해서 개신교가 타종교와 대화에 대해서 취하는 태도의 전형을 살펴볼 수 있을 뿐만 아니라, 여기에는 앞서 언급하였던 다카쿠라의 '복음적 기독교'의 목소리가 여전히 울려 퍼지고 있음을 알 수 있다.

"다원화된 문화와 사회라는 현상 인식을 첫 번째의 전제로 해서 구축되는 「신학」은, 교회 그 자체를 문화의 한 측면이라고 하는 상대화된 현상으로 낮추어 버림으로써 교회가 그 모든 일을 통해서 전달해 온 그리스도의 현실 존재 그 자체를 신학의 시야(視野)로부터 사상(捨象)해버

---

23) 高倉德太郎, 『福音的基督敎』(長崎書店, 1927), 174頁.

리는 결과가 되고 말 것이다. 물론 현상 인식 자체가 불필요하다고 말하는 것은 아니다. 이 현상 인식을 최우선의 전제로 함으로써 현상 인식을 포함한 역사적 사상(事象)을 상대화하는 관점이 상실되고, 교회의 자기 상대화의 힘이 없어지게 되는 바에 커다란 문제가 있다고 여겨지는 것이다."24)

어쩌면 전시하(戰時下)에 국가와의 관계에서 쓰라린 경험을 하지 않을 수 없었던 일본 기독교 교회의 어두운 기억의 그림자가 교회의 예언자적 사명을 강조하는 방향으로 강한 드라이브를 걸고 있음을 부인할 수 없을 것이다. 실제 '일본의 신학'이란 무엇인가 하는 문제를 제기하면서, 그것은 '일본을 신학하는 것'이라고 해석했던 오오키 히데오(大木英夫)의 주장도 이러한 맥락에서 이해할 수 있다.

"'일본의 신학'이란 무엇인가? 그것은 단적으로 말하면, '일본'을 '신학한다'는 것, 즉 '일본'을 신학의 대상으로 하는 것이다. 그것은 근대 일본의 지적 세계의 한구석에서 이럭저럭 일하는, 구미의 신학연구 흉내와 같은 일본에서 신학연구를 말하는 것이 아니다. 또는 구미신학을 '일본화'해서 '일본적 신학'이 되는 것을 고심해서 만들어내려고 하는 시도도 아니다. '일본의 신학'의 '의'라는 것은 소유격적인 '의'가 아니라, 목적격적인 '의'이다. 즉 무엇인가 '일본이' 소유하고 있는 것 같은 신학이 아닌, '일본을' 대상으로 하는 신학인 것이다."25)

---

24) 関川康寛,「日本の神学の方向と課題」,『日本の神学の方向と課題 – 神学は何をなしうるか』(新教出版社, 1993), 63頁.

25) 大木英夫,「まえがき – 日本における知性の自立」, 古屋安雄・大木英夫,『日本の神学』(ヨルダン出版社, 1989〔권영국 역,『일본의 신학』, 대한기독교서회, 1994, 14면〕)

　　오오키는 "여전히 서구의 여러 나라의 신학적 관심과 수준이 일본의 신학의 규범으로 간주되고 일본에서 신학의 유효성을 보증하는 것처럼 생각하는" 비해석학적인 신학함의 태도로 자신의 신학적 입장이 비판받고 있는 데 대하여 응답하면서, '아시아적'임을 강조하는 신학이나 '일본적'임을 강조하는 신학의 위험성에 대해서 다음과 같이 말한다.

　　"그 위험성을 나타내는 전례로 나의 염두에 언제나 있는 것은 전쟁 전의 이른바 일본적 기독교 제창의 사실이다. 자세하게는 두 번 있었고, 두 번 모두 국수주의 시대에 대두한 것이었다. 첫 번째는 메이지(明治) 20년대에 구미주의에 대한 반동으로 등장한 내셔널리즘 시대에 '새로운 신학'이라고 불린 독일의 자유주의 신학이 들어왔을 때 제창된 일본의 기독교이다. 유교와 신도(神道)와 기독교를 절충하려고 했던 시도였다. 두 번째는 쇼와(昭和) 초기부터 태평양 전쟁까지 이르는 군국주의 시대에 나치의 '독일적 크리스천'의 일본판과 같은 것으로 제창된 '일본적 기독교'이다. 이때는 천황제와 국가 신도와 기독교를 절충하려고 시도했다. 이런 불행한 전례의 연고로 나는 '아시아적 신학'이라든지 '일본적인 신학'에 대해서는 비판적이 되지 않을 수 없다."26)

　　오오키는 서구의 문명을 받아들이면서도 서구 기독교의 예언자적, 비판적 정신을 도외시했던 근대 일본의 문제를 "신학 없는 근대화의 비극"(山本七平)이라고 부르면서 이를 극복하기 위해서는 "외부로부터의 눈"이 필요하다고 역설하고 있다. 그러한 "외부로부터의 눈"이 필요한 이유는 '잡종성'(雜種性)(加藤周一)과 '절충적'(eclectic)임을 특

---

26) 상게서, 34면.

징으로 하는 일본 문화로부터 초월하여 일본 문화 자체를 대상화하려
면 "스스로의 머리칼을 쥐고 자기 자신을 끌어올릴 수는" 없기 때문이
다. "무엇인가 초월적인 존재의 힘이 필요한 것이다. 여기에서도 종교
개혁자의 진리, 인간은 자기의 행위에 의해서는 의롭게 될 수 없다는
것이 타당하다."

오오키의 이러한 지적은, 이른바 '일본적 기독교'라는 용어의 영향사
와 복합적인 단층을 그대로 보여 준다는 점에서도 흥미롭다. 하지만
기독교와 불교의 대화에 대한 여러 가지 상반된 입장이 바로 그 '일본
적인 것'에 대한 이해 차이로 파생하며, 그러한 이해 차이는 역사에 대
한 상이한 해석과 맞물려 있다는 것을 여실히 보여 준다.

더욱이 일본의 기독교-불교 대화가 니시다 철학에 빚지고 있다는
것을 고려할 때, 오오키가 니시다에 대해서 가한 비판이나, 니시다와
바르트 신학을 연결함으로써 기독교-불교의 대화를 꾀했던 타키자와
에 대한 오오키의 비판은, 앞으로의 논구를 위해 중요한 의미를 지닌다.

"기독교는 (니시다가 말하는 것처럼—필자 주) '生死即不生'이 아닌,
'삶→죽음→부활'의 변증법을 가지고 있다. '即'의 논리가 아닌, 거기
에 '과정'이 받아들여지는 것에 의해 그 논리는 참으로 '역사'를 갖게 된
다. … 진정한 자기 성립의 '장소'란 삶과 죽음과의 절대모순의 자기 동
일에 있는 것이 아니라 삶→죽음→부활이라고 하는 초극에 의해서 부
활 가운데 있는 것이다. 죽음의 자각에서 '生死即不生'에 이르는 것에
대해서, 죄의 속죄에서 삶과 죽음의 대립의 지양으로서 부활에 이르는
것이다. … 이렇게 해서 니시다 철학이 발견한 '장소'는 그리스도론적으
로 깊어지고, 그리고 신학 고유의 '장소'가 되는 것이다. 그리고 혹 여기
에 원래의 '장소'가 있다고 한다면, 니시다 철학의 장소는 그 신학적 '장

소'의 그림자, 본체를 반영한 약간 철학적으로 변형된 그림자와 같은 것
이라고도 할 수 있을 것이다.

이 '장소'는 니시다 철학을 매개로 일본의 안으로부터의 돌파에 의해
서 열린다. 우리는 타키자와 가츠미와 같이 바르트와 니시다를 동일시
하는 것이 아니라—만일 그렇게 동일시한다면 니시다 철학의 '장소'가
그대로 일본의 신학의 '장소'가 되고, 그리고 일본의 신학은 일본적 신
학으로 퇴락할 것이다—니시다 철학의 장소에서 신학적 '장소'에 이르
고, 거기에 일본을 대상화하는 일본의 신학의 거점을 갖는 것이다."27)

앞으로 살펴보게 되겠지만, 일본 개신교의 '주류'를 이루는 오오키의
이러한 주장은 복음을 이른바 '일본적 영성'에 내재적인 종자(種子)로
파악하면서, 니시다 철학에서 기독교에 이르는 통로를 찾으면서 불교
와 대화하려고 하는 일군(一群)의 신학자들의 견해와는 정반대의 극
을 노정하고 있다.

(2) 자유주의적 기독교

'복음주의적 기독교'와는 다른 또 하나의 신학적 경향이 1890년을
전후해서 일본에 도입된다. 그것은 "교리에만 만족하지 않고, 또 단순
한 합리주의와도 다르게 새로운 의미를 인간의 체험이나 사유에 적용
하면서 기독교를 이해하는 입장"으로서의 '자유주의'를 가리킨다. 교회
사학자 도이 아키오(土肥昭夫)는 일본에 소개된 '자유주의'에 대하여
다음과 같이 정리한다.

---

27) 상게서, 278-279면.

"그들은 초자연적 계시라는 개념을 배제하고 전통적인 신조나 교리에 얽매이지 않고 자유롭게 종교의 본질을 생각하고, 그것을 헤겔 철학에서 배우면서, 기독교를 절대적인 정신으로서 하나님과 유한한 존재로서 인간과의 상호작용으로 보고 그것을 표상으로 삼았다. 따라서 그들은 성서가 하나님의 계시로 쓰였다는 권위를 인정하지 않았고, 그것을 인간의 종교적인 기록으로 보아 그 안에서 성서를 기록한 이들이 생각하는 종교적, 윤리적 의미를 발견했다. 또한 예수의 종교적 인격과 설교는 기독교의 교리에서 분리되었으며, 전자는 후자의 비판적 원리가 되었고, 후자는 전자의 역사적이고 상대적인 전개가 되었다. 더욱이 모든 종교 중 기독교는 종교의 본질이 도달할 수 있는 최고의 발전적 단계로 생각했다. 그렇게 되면 기독교는 본질적으로 타종교와 연속성을 가진다는 의미가 된다."28)

'자유주의' 신학은 특히 일본에서 수행되는 기독교와 불교 대화의 역사적, 신학적 연원(淵源)을 논하고자 할 때 주목해야 할 부분이다. 일본에서 '보급복음신교선교회'(普及福音新教宣教会)의 활동 50주년을 기념해서 간행된 『일본에서 자유기독교와 그 선구자들』(1935년)에는 자유주의 기독교가 목표로 하는 기독교 전도의 목적이 다음과 같이 정리되어 있다.

"기독교를 믿지 않는 국민에게 기독교를 전하고, 그 결과 그들을 개종시켜야 할 것인가라고 하는 중요한 문제가 있다. … 그러나 오늘날과 같은 수준의 문화적 상황에서는, 저 훌륭한 콘스탄티누스 대제와 같은

---

28) 도이 아키오, 전게서, 23면.

영웅호걸이 출현한다고 할지라도 국민 전체를 기독교로 개종시키는 일
은 불가능하다. 그러나 중요한 문제는 개종이냐 아니냐 하는 것이 아니
다. 기독교의 정신에 따라서 피전도지(被伝道地)의 국민정신에 큰 감
화를 주는 일이 무엇보다도 중요한 것이다."29)

이러한 자유주의 신학의 특징은, "기독교와 기독교 문화를 비기독교
적인 여러 민족 중에 그들 제(諸) 민족에게 이미 존재하고 있는 진리계
기(真理契機)와 관련시키면서 넓혀나간다"라는 보급복음신교선교회
의 전도론에 잘 나타난다. 이 경우 "일본에서〔전도는〕이교자(異教者)
를 도와주어서 그의 이상(理想)을 달성하게 하는 것이다."30)

보급복음신교선교회는 1884년, 독일과 스위스에서 자유주의자들
이 결성한 선교단체로 일본에 독일 튀빙겐 학파의 성서비판학을 본격
적으로 소개했다. 이를 통해서 슈트라우스나 하르낙의 신학에 접할 기
회가 마련됨으로써 미국 선교사들의 근본주의적 신앙에 영향을 받은
일본 기독교인들을 동요시켰다. 이 선교회의 조직은 미미했으나 "지식
욕이 왕성한 일본 크리스천에게 주었던 영향은 절대적이었다. … 여기
서부터 미국 선교사와 떨어져 일본의 신학을 개척하여 나가는 발판이
된 것이다. 당시 일본 기독교계 지도자 가운데 이 성서의 역사적 비판
의 관문을 통과하지 않은 사람은 없었다고 하여도 과언이 아닐 것이
다."31) 기독교와 불교 대화의 최전선에서 활약하고 있는 야기 세이이

---

29) 三並 良, 『日本に於ける自由基督教と其先駆者』(文章院出版部, 1935), 247-
    248頁.
30) 上揭書, 248頁.
31) 사와 마사히코, 전게서, 89면. "한국 재류의 미국 선교사가 한국의 신학생을 일본
    에 유학시키는 것을 극력 두려워했던 이유도 일본의 교회를 지배하는 자유주의
    신학(성서 비판) 때문이었다. 평양신학교 출신자가 선교사의 추천을 받아서 유학

치가 경건주의적인 내면적 신앙과 자유주의적 신학 연구를 종합적으로 받아들였던 무교회주의 전통의 후손이라고 하는 사실은 이러한 맥락에서 볼 때 시사하는 바가 많다.32) 그것은 일본에서의 기독교-불교 대화의 역사적, 신학적 맥이 자유주의적 신학 전통에 닿아 있음을 보여 주는 좋은 증표라고 하겠다. 또한 이것은 "타키자와와 야기의 저작집을 읽고 있는 사람들의 대부분은 기독교인이 아닐 것이다. … 타키자와와 야기의 여러 저작에는, 기독교회에 대한 자각적 대결이 여러 가지 방법으로 표현되어 있다"33)는 평가대로, 일본 기독교 내에서의 기독교-불교 대화의 위상(位相)을 집약적으로 보여 준다.

'일본에서의 기독교와 불교'라는 테마는 넓은 의미로 생각해 보면, 일본의 전통적 정신 풍토와 외래 기독교와의 만남이라는 테마, 이른바 '토착화론'과 관련해서 논할 수 있겠으나, 토착화를 위한 일본 개신교의 노력은 이미 1950년대부터 본격적으로 시작되었다. 1959년 교토(京都)에 창설된 일본종교연구소(Christian Center for the Study of Japanese Religions)는 노르웨이인 K. L. 라이헬트(Karl Ludwig Reichelt, 1877-1952)가 만든 불교도선교회(佛教徒宣教会, Christian Mission to Buddhist)가 파견한 선교사에 의해 만들어졌다.34) 이 연구소에서 발간되는 영문 저널 *Japanese Religions*(「日本の諸宗教」)에는 이미 창간호에서부터 외래의 종교로서 기독교가 일본에 뿌리를 내리

할 수 있는 유일한 일본신학교는 일본의 자유주의신학의 영향을 위험하게 여겼던 미국 남장로파 계통의 코오베(神戸) 신학교뿐이었다."

32) 八木誠一, 『キリスト教は信じうるか』(講談社, 1970), 14頁.

33) 中村悦也, 「滝沢·八木の思想の理解のために - 一牧師の感想」, 滝沢克己·八木誠一 編, 『神はどこで見出されるか』(三一書房, 1977), 341頁

34) Martin Repp, "NCC Center for the Study of Japanese Religions in Kyoto: 35 Years of Interreligious Encounter in an Ecumenical Context", *Inter-Religio* 24(1993), p.23ff.

기 어렵다는 점이 지적되기 시작했다. 또한 1960년대에 들어서는 아리가 테츠타로(有賀鉄太郎) 등이 기독교의 일본 토착화 필요성을 적극적으로 제기했다.

그러나 일본의 개신교에서 불교와의 만남은 19세기 말의 메이지 시대까지 거슬러 올라간다.[35] 당시 기독교와 불교 사이에서 진행된 눈에 띄는 공식적 만남은 1896년 9월에 열린 종교자간담회(宗教者懇談会)였다. 이 모임이 불야양교간담회(佛耶兩教懇談会)라고 불렸다는 사실에서도 알 수 있듯이, 이는 주로 기독교와 불교 사이의 만남을 위한 것이었다.[36]

그런데 당시 기독교와 불교 사이의 공식적인 만남이 이루어졌다는 사실은 당시 양 종교 사이에서 갈등이 계속되고 있었다는 사실을 배경으로 하고 있는 것이기도 했다. 19세기 후반, 메이지유신(明治維新: 1868년)과 이어 취해진 기리시탄 금지령의 폐지(1873년), 1890년 제정된 메이지제국헌법(明治帝國憲法)에서 신교(信教)의 자유가 명목상으로나마 허용되면서부터 양 종교의 만남은 점점 더 빈번히 이루어지게 되었다. 초창기의 만남은 외국의 선교사가 일본의 불교 전통을 개인적인 차원에서 소화하는 정도였으나, 개신교의 선교가 활성화되어 감에 따라서 양교의 갈등은 차제에 확대되어 가는 양상을 보이고 있었다. 다시 말해서 일본에서 기독교의 선교 활동이 점점 활발해져 가면서 기독교를 대하는 일본의 태도가 이전과는 다른 적극성을 띄기 시작하였던 것은 당연한 일이었고, 따라서 불교를 포함하는 일본의 종

---

35) オースル・ランデ,「明治初期における宗教的対話の実態 - プロテスタンティズムから見た日本の宗教」, 竹中正夫 編,『現代における宗教の対話』(聖文社, 1979), 10頁 이하.

36) Notto R. Thelle, *Buddhism and Christianity in Japan. From Conflict to Dialogue 1854-1899* (University of Hawaii Press, 1987), p.225.

교와 기독교 사이의 마찰도 늘어나게 되었다.

물론 이러한 외적 상황만으로 기독교와 불교의 대화가 싹텄다고는 결코 말할 수 없을 것이다. 일본인이 기독교로 개종하면서 그는 기독교 신앙에 눈뜸과 동시에 자신의 개종의 바탕이 되었던 내면의 장소를 자각하게 되고, 그곳에서 기독교와 불교의 대화는 좀 더 본격적으로 진행된다고 할 수 있기 때문이다. 란데가 지적하고 있는 것처럼, "일본의 종교는 … 일본적 환경의 일부로써, 그가 그것을 좋아하느냐에 관계없이, 그(=일본의 기독교인) 자신의 자기(自己)에 관계되고 있는 것이다."37)

2) 일본의 기독교 문학

일본 기독교와 불교의 대화를 생각할 때 빼놓을 수 없는 것이 기독교 문학의 세계이다. 특히 외래[舶來]의 기독교 신앙을 '일본이라고 하는 풍토(風土)'에 뿌리내리려 했던 엔도 슈사쿠(遠藤周作)의 작품세계가 주목의 대상이 된다.38) 가톨릭 작가로서의 엔도에게 필생의 문제는 서양에서 받아들인 기독교를 일본이라고 하는 풍토 속에 뿌리를 내리게 하는 것이었다. 「가톨릭 작가의 문제」, 「신들과 신」, 「호리 다츠오론 각서」 등 초기의 평론에도, 위와 같은 엔도의 문제의식이 나타나 있다.

그렇다면 엔도에게 '일본이라고 하는 풍토'란 어떠한 것이었는가? 엔도는 「생일 밤의 회상」이라는 글에서 다음과 같이 쓰고 있다. "일본적 감성이란 범신적 풍토 전통을 모태로 하면서 태어난 것이기 때문에 범신성의 두 가지 성격을 지니고 있다. 첫째로 그것은 일체의 능동적

---

37) オースル・ランデ, 前掲文, 41頁.

38) 참조. 拙著, 『엔도 슈사꾸의 문학과 기독교』(신지서원, 1998). 이하 엔도에 관련된 부분은 상기 졸저를 참조하였다.

자세를 잃어버리고 있다. 둘째로 그것이 동경하는 바는 오직 흡수되어는 일이다."

'수동성'과 '흡수되는 것'이라는 특성을 지니고 있는 일본적—아시아적—범신성은, 전체로서 신과 개체로서 인간을 대립시키면서 '존재의 질서'를 강조하는 '일신성'과는 다른 정신적 세계이다. 바로 그렇기 때문에 범신성이라고 하는 풍토에서 태어나고 자란 사람은 "자연에 대한 여하한 투쟁, 여하한 거리감도 거치지 않은 채 자연에, 혹은 신들에게, 우주에 융합될 수 있는 것이다."(「생일 밤의 회상」)

일체의 '대립'과 '대비'를 거부하는 일본적 범신성에서는 "대개의 것이 희미하게, 혹은 회색으로 아물거리는 봄비나 한차례 비 온 후의 습윤한 풍경" 속에서 평온함을 느낄 것이다. 따라서 '봄비나 한 차례 비 온 후의 습윤한 풍경'이 그려내는 '범신적(汎神的)인 미학(美学)'(「전통과 종교」)은 이후 엔도의 문학에서 가장 즐겨 등장하는 분위기가 되었다.

그리고 보다 중요한 것은, '봄비나 한차례 비 온 후의 습윤한 풍경'이라는 액체성의 분위기는, 일본적 영성과 기독교 신앙을 연결하는 '장소'임과 동시에, 그것이야말로 엔도가 이해하고 있는 기독교의 본질이기도 하였다는 사실이다. 즉 액체성을 본질로 하는 범신성은 서양의 기독교도 액체적인 것으로 변용시켜버리며, 이로써 두 세계는 융합하는 것이다. 그리하여 기독교도, 모든 액체의 본질이 그러하듯이, 일본이라고 하는 범신성의 풍토 속에 녹아들어가 모습을 잃어버림으로써 자신의 본질을 전달하는 것이다. 기독교에서 고백되는 십자가와 부활의 신비, 죽음과 재생의 변증법이라고 하는 기독교 내적 논리는, 일본이라고 하는 풍토와 기독교의 만남에서도 작용하고 있는 것이다.

나아가 엔도 문학에서 커다란 분기점으로 평가되는 『바다와 독약』에도, 앞서 말했던 액체성의 제목이 붙어 있다. '바다'란 생체 해부를 자행하고도 아무런 죄의식을 느끼지 못하는 '신 없는 일본인의 정신풍토'를 의미하는 메타포인 것과 동시에, 일신적(一神的)인 종교와는 다른 범신적 종교의 구원의 논리를 상징하기도 한다. 다음과 같은 해석 중에서도, 앞서 인용했던 엔도 자신의 목소리가 들려온다.

"그 조용한 바다가 상징하고 있는 것은 범신적인 일본이라는 풍토가 아닐까. 모든 것을 정화한다고 생각되는 바다야말로 자연 속에 넣어 용해하고자 하는 일본인의 정신풍토를 상징하는 바에 상응하는 것이다. … 그것은 바로 자연과 순응하여서 신들의 세계에 안주하고, 초월적인 것을 지향하려 하지 않는 일본인의 삶의 방식을 상징하고 있다고 여겨진다. 또 독약이라는 말이 상징하고 있는 것은 악 그 자체이다. 그것은 '그만두려고 한다면 그만두라'고 했지만 생체 해부에 응하고 말았던 신 없는 일본인의 정신풍토를 상징하고 있는 것이다. 그러므로 바다는 언제든지 독약을 자신 안으로 집어넣어 용해시켜버린다."[39]

그리고 엔도 문학에서 하나의 총결산이라고도 할 수 있는 작품 『침묵』(沈黙)에서도 엔도는 일본을 '늪지대'(泥沼)에 비유한다. '늪지대'란 일체의 외래적인 것을 스스로의 안에 흡수해서 융화하는 범신성과 '잡종성'(加藤周一)을 특성으로 하는 일본적 풍토의 다른 이름이다. 그것은 선과 악, 신과 인간, 서양과 동양을 통전적으로 포괄하는 '不二'의 세계이다. 엔도는 다음과 같이 말한다. "분별지(分別智)를 버리라는 불교의 말은 단지 사고나 이념에 해당되는 것이 아니라 이분법을 버리라고 가르치고 있는 것이다. '선악불이'라는 말 그대로 인간이 생각하는

---

39) 広石廉二, 『遠藤周作のすべて』(朝文社, 1991), 67頁.

선과 악은 결코 절대적인 것은 아니라는 것을 나타내고 있는 것이다."
(「기독교와 나의 차이」) 이러한 엔도의 발상의 밑바탕에 있는 것은 역시
불교적 사고방식임에 틀림없다.

> "유식론(唯識論)에서는 부처의 힘이 작용하는 것도 이 무의식이라고
> 생각한다. 아라야식(阿羅耶識) 안에는 … 전세(前世)로부터의 업과
> 번뇌와 집착의 잠재력이 얽혀 있지만 동시에 그 죄장(罪障)의 종자를
> 정화해 주는 힘도 작용하고 있다고 한다. 말을 바꾸자면 무의식은 죄장
> 의 모태임과 동시에 구원의 모태도 되는 장소인 것이다. 마이너스의 장
> 임과 동시에 플러스의 장이기도 한 것이다. 이것은 기독교 문학자가 생
> 각하는 무의식의 이미지와 꽤나 유사하다. … 대승불교는 당시는 물론
> 공부하지도 못했지만, 죄와 구원은 무의식 안에서 표리일체를 이룬다
> 는 유식론의 발상은 아마도 동양인인 나의 마음 저 밑바닥에 비밀스럽
> 게 숨어 있어서 그것이 자극되었던 것 같다."

후미에(踏絵)를 밟음으로써 배교한 신부에게 "신부는 … 이 일본이
라고 하는 늪지대에 패한 것이요"라는 부교오(奉行)의 지적대로, '늪지
대'란 기독교가 '일본이라는 풍토'에서 다시 태어나기 위해 통과하지 않
으면 안 될 좁은 문이었다.

이렇게 '봄비'로부터 '바다'를 거쳐 '늪지대'에 이르기까지 엔도의 혼
의 여정은, 마침내 "어머니 되시는 분의 이미지를 의탁한 강"(「갠지스
강과 유대 황야」)으로서 '깊은 강'에 이르게 되었다. 그리고 이러한 절차
를 거치면서 엔도가 희구해 온 '어머니 되시는 분'으로서 신의 모습으
로 조형되기에 이르렀다.

엔도의 『침묵』은 일본이라고 하는 '진흙밭'(泥沼)에 서구의 기독교

를 뿌리내리려 한 엔도의 가톨릭 신앙의 결실이지만, 엔도는 여기서 한 걸음 더 나아가『깊은 강』(深い河)을 통해서 일본적 기독교 신앙이란 종교다원적 신앙에 통함을 역설한다. 엔도는『깊은 강』의 창작노트에서 다음과 같이 썼는데, 이것은 기독교 신앙의 동양적－일본적 개화(開花)를 위한 글쓰기를 계속했던 엔도가 다다른 종착점이라 면에서 지대한 관심을 끈다.

> "수 일전, 다이세이도(大盛堂) 서점 이층에서 우연히 선반의 구석에 점원인지, 손님인지가 잊어버리고 놓아두었던 한 권의 책이 힉의『종교다원주의』였다. 이것은 우연이라기보다는 나의 무의식이 추구해 오던 것이 이 책을 불렀다고 해야 할 것이다. 힉은 기독교 신학자이면서도 세계의 모든 종교는 같은 신을 다른 길, 문화, 상징으로 요구하고 있다고 말한다. 그는 기독교가 제2차 바티칸 공의회 이후에 타종교와 대화하면서도 결국 타종교를 기독교로 포괄하려는 방향으로 나아간다고 비판한다. 그리고 진정한 종교다원주의는 예수를 그리스도라고 보는 신학을 지양해서 예수의 수육(受肉)의 문제와 삼위일체의 문제에 메스를 들이대야 한다고 과감하고 말하고 있다. … 이 충격적인 책은 그저께부터 나를 압도하고 있어서, 나를 찾아온 이와나미 서점의 관계자에게 힉의 다른 저서『신은 많은 이름을 지녔다』를 부탁해서, 지금 탐독하고 있는 중이다. … 작업실에 가서 독서도 하고 글도 써보곤 했지만, 힉의 충격적인 책을 읽고 나서부터는 무엇을 펼쳐도 재미가 없어서, 하는 수 없이 더위에 땀을 무릅쓰고 다이세이도에 가보기도 했지만, 사고 싶은 마땅한 책은 한 권도 없었다."[40]

---

40) 遠藤周作,『「深い河」創作日記』(講談社, 1997), 24-25頁.

4. 기독교와 불교 대화의 동인(動因)과 매개점(媒介点)으로서 니시다 철학

브라후트는 "불교의 이론과 논리를 받아들여서 신학하는 시도"의 내적 동기를 "토착의 동기", "대화의 동기"로 나누어서 설명하면서, 여기에 또 하나를 덧붙여서 "기독교를 희랍적 포수(捕手)로부터 해방시키고자 하는 願望"을 거론한다.[41] 물론 이러한 두세 가지의 동기는 서로 중첩되고 있어서 명확히 구분 짓기는 곤란한 것도 사실이다. 그러나 이러한 그의 분류는 불교와의 대화에 임하고 있는 신학자들의 주장을 충실히 정리해 주고 있다고 여겨짐으로 이에 기초하여 일본에서 진행되는 기독교-불교 대화의 내적인 동인(動因)에 대해 살펴보고자 한다.

1) 토착의 동기

처음에 그가 거론하는 태도는 매우 실존적인 것으로, "기독교가 몸에 지니고 온 서양적, 지적인 옷〔衣〕이 동양인인 일본인으로서의 자기에게 맞지 않는다고 느껴지기 때문에, 자기의 신앙의 좀 더 일본적인 지반을 찾고 싶다는 동기"이다. 브라후트는 이를 '토착의 동기'라고 명명한다.

예를 들어서 이노우에 요오지(井上洋治) 신부가—그는 엔도 슈사꾸와 함께 프랑스에 유학했고, 엔도와 오랜 교우관계를 유지했다—지향하는 '복음의 문화 내 개화'(文化內開花)야말로, 이러한 '토착의 동기'를 대변해 준다고 할 수 있다. 그가 말하는 '복음의 문화 내 개화'가

---

41) ヤン・ヴァン・ブラフト, 前揭文, 7頁 이하.

무엇인지는 그가 건립한 '바람의 집'(風の家)의 설립취지문에 잘 드러나 있다.

"유럽의 예술 작품에서 볼 수 있는 예수의 얼굴에는, 각 시대인들의 슬픔과 희망과 소원이 담겨 있다고 들었습니다. 그러나 이것은 단지 예술 작품에만 한하지 않고, 넓게는 신앙생활도, 의식도, 구도성(spirituality)도, 신학도, 일체의 것이 그 시대의 절실한 생각이 새겨져있는 '예수의 얼굴'이라고 할 수 있다고 생각합니다. 바꾸어 일본 기독교의 현상을 되돌아보면, 유감스럽게도 저희는 유럽에서 빌려온 '예수의 얼굴'밖에 갖고 있지 못한 것은 아닌가 생각이 듭니다. 그것은 저희의 절실한 생각이 새겨진 얼굴이 아니기 때문에, 저희 일본인의 마음의 금선(琴線)에 와 닿지 않는 것도 당연한 일이라고 여겨집니다. 일본인의 마음의 금선에 닿는 '예수의 얼굴'을 찾아서, 한 명이라도 더 많은 사람들이 예수의 복음의 기쁨을 알았으면 하는, 그런 소원에서 이 '바람의 집'을 시작하게 되었습니다."[42]

이노우에는 가톨릭교회의 자연신학 전통을 따라서, 신의 초자연적인 계시와 자연적 계시의 이중적인 존재방식을 인정한다. 그러나 이노우에는 양자가 일치하는 바에서 독특한 일본적 기독교 신앙의 형태를 찾고자 한다. 그것은 신과 자연, 신과 세계 사이의 범재신론(panentheism)적인 이해이다. 범재신론이란, 신과 자연을 동일시한 결과 계시의 초월성을 세계에 있어서의 내재성으로 바꿔 놓는 이분법적 태도를 지양해서, 신과 세계를 상즉상입적(相即相入的)인 관계로 파악하

---

42) 井上洋治, 『風のなかの想い』(日本キリスト教団出版局, 1989), 19頁.

는 것을 의미한다. 즉, 신은 세계 안으로 철저하게 내재하는 방식으로
세계를 초월하고, 신의 초월의 본래적인 의미는 신의 철저한 내재성이
라고 하는 것이다. 이와 같은 의미로 이노우에는, 불교적인 상즉(相即)
의 논리를 통해서 신을 이해하려고 하는 가톨릭 신학자 혼다 마사아키
(本多正昭)와도 신학적인 궤(軌)를 같이한다.[43]

이노우에의 다음과 같은 말 속에는 신을 향한 철저한 개방성을 의미
하는 신앙을 자연에 대한 청종(聽從)이라고 하는 '일본적 영성'(鈴木大
拙)과 일치시키려는 그의 생각이 잘 나타나 있다.

"현대 가톨릭교회를 대표하는 신학자 칼 라너에 따르면, 신은 완전한
양식과 불완전한 양식이라고 하는 두 가지 양식으로 자신을 전달한다.
그에 따르면, 신은 나사렛 예수에게서 완전한 양식으로 자신을 전달했
지만, 그러나 이미 창조에 있어서, 불완전한 양식이기는 하지만, 살아
있는 일체의 것에게 자신을 전달한다. 그리고 아리스토텔레스 철학의
개념을 빌려서, 신은 형상인(形相因)으로써 살아 있는 일체의 것의 구
성 원리가 된다고 설명하고 있다. 형상이란 말하자면 한 포기의 풀을
한 포기의 풀답게 해주는 내적 원인을 말한다. 따라서 한 송이의 꽃, 한
포기의 풀의 존재의 근저(根底)는 이 신의 바람의 작용을 향해서 열려
있는 것이고, 들을 귀를 가진 사람이 이 바람에 귀 기울인다면, 한 송이
꽃의 생명의 밑바닥으로부터 들려오는 것임이 틀림없을 것이다."[44]

---

43) 本多正昭, 『比較思想序説 – 佛教的「即」の論理とキリスト教』(法律文化社,
   1979).
44) 井上洋治, 前掲書, 60頁.

2) 대화의 동기와 '불교적' 신학의 구축

브라후트가 거론하는 기독교-불교 대화의 또 하나의 동기는 '대화적 동기'로서, 이것은 "자기가 기독교인으로서 둘러싸여 살고 있는 불교로의 신학적 통로와 중계를 마련하려고 하는 원망(願望)"이다. 그런데 이 '대화적 동기'와 마찬가지로, 이어서 브라후트가 거론하는 또 하나의 동기도 학문적 성과를 지향한다는 점에서는 공통적이라고 할 수 있으므로, 여기서는 이 두 가지를 함께 거론해 보고자 한다.

세 번째로 브라후트가 거론하는 동기는 좀 더 학문적인 것이다. 그것은 "동양인이 특별하게 민감하다고 생각되기는 하지만, 그 자체로 세계적인 기독교계의 여러 곳에서 눈에 띄는 충동"으로서, "기독교를 희랍적 포수에서 해방하고자 하는 원망(願望)"이다. 이러한 원망은 일종의 '불만'에서 기인하는 바, 그것은 "지상의 세속적 존재를 기초 지으려고 형성된 그리스 철학의 논리가, 종교적 사실, 특히 셈 족의 사고방식에 그 근원을 가지는 기독교를 표현하는 데 어울리지 않는다는 자각과 함께, 그 희랍적 범주나 논리로 표현된 신학(과 그것에 의해서 형작形作된 '신앙과 이성'의 대립)에 대한 불만"을 의미한다.45) 이러한 '불만'은 "희랍적인 것 대신에 불교의 종교적 범주나 논리로 기독교의 가르침을 다시 생각한다"고 하는 '섭리적 과제와 사명'에 연결되는 동시에, 이와 같은 '사명'은 "기독교의 가르침을 좀 더 밀접하게 그 본질에 입각한 모양으로 표현하고, 기독교의 보편성, 즉 기독교가 단지 서양적인 것이 아니라, 동시에 동양에 어울린다는 것을 나타내는 방법에 대한 원망(願望)"으로 이어진다고 브라후트는 분석한다.46) 이러한 점에서 브라

---

45) ヤン・ヴァン・ブラフト, 前掲文, 8頁.
46) 上掲文, 7-8頁.

후트는 "일본에서의 '불교적' 신학의 경향의 세계적 위치"47)가 인정받
을 수 있다고 믿는다.

브라후트가 언명하고 있는 위와 같은 세 가지 동기는 기독교와 불교
의 대화에 임하고 있는 신학자들에게서 실제로 찾아볼 수 있는데, 이는
일본에서 기독교와 불교의 대화가 추진되는 내·외적 동인을 확인한다
는 의미에서, 그리고 나아가 그러한 대화의 심층(深層)을 이해한다는
관점에서 관심을 끈다고 할 수 있다.

(1) 혼다 마사아키(本多正昭)

예를 들어서 가톨릭 신학자 혼다 마사아키는 자신이 불교와의 대화
에 적극적으로 임한 이유로 "자기의 입신(入信) 체험의 사실을 사실에
입각해서 설명할 수 있을 것 같은 논리"를 불교 속에서 찾았다고 밝힌
다.48) 즉, "영성 생활과 지적 생활, 신앙의 인식과 신학적 설명과의 이
분법적 경향에서 비롯된 격화소양(隔靴搔癢)49)의 느낌에 고민하고
있던" 상태를 극복하게 해준 것이 불교와의 만남이었다. 그리고 이것
은 "일본이란 무엇인가, 일본인은 무엇인가라고 하는 민족적 기사구명
(己事究明)의 문제"50)와도 직결되는 것이기도 했다.

다시 말해서 불교와의 만남은 "전통적 기독교를 재표현할 것"과 "전
통적 기독교의 세계관을 재표현 또는 재해석"할 수 있도록 해주었지만,

---

47) 上揭文, 9頁.

48) 本多正昭, 「相即神学への道」, 南山宗教文化研究所 編, 『キリスト教は佛教か
ら何を学べるか』, 17頁. 이 책은 〈난잔종교문화연구소 연구총서2〉로서 정우서
적에서 2015년에 출판될 예정이다.

49) '신 신고 발바닥 긁기'라는 속담의 한역. 마음으로는 애써 하려 하나 사물의 정통
(正統)을 찌르지 못해 답답함을 이르는 말.

50) 上揭文, 一七頁.

이것이야말로 "그리스도의 본원(本願)"에 틀림없다고 혼다는 믿고 있다. 결국, "기독교가 피선교지 민족의 연원까지 수육(受肉)해 들어갈 것, 그리고 입신의 사실을 사실에 입각해서 설명하는 구체적인 논리를 발견, 발명해 감"으로써 "동양의 신학을 형성하는 것"이야말로 "역사적 사명"이고 "섭리적 과제"라고 혼다는 강조한다. 이러한 "역사적 사명"의 완수를 혼다는 선불교적 "즉의 논리"와 이를 철학적으로 해석했던 니시다의 '장소적(場所的) 논리'에서 찾았다.

혼다에게 기독교와 불교의 만남은 자신의 기독교적 신앙의 형식과 내용을 일본적인 범주로 설명케 해주는 논리를 제공해 주었다. 그가 주창하는 '상즉신학'(相即神学)은, 불교의 '즉(即)의 논리'(=即非의 논리)에 의해서 궁극적 실재를 초월즉내재(超越即内在), 상승즉하강(上昇即下降), 부성적즉모성적(父性的即母性的)으로 이해할 것을 요구하는 신학으로, "단순한 대상논리적인 구성물이 아니라 신앙의 표현"이다.51) '即'의 태도란, 일원론과 이원론의 대립을 지양하여 "분리에도 결합에도 근거를 두지 않으면서, 一에 연결되면서 동시에 二로도 나누어지고, 二로 나누어지면서도 동시에 一로 결합되는" "불일불이"(不一不二)의 태도이다. 이것은 "단순한 대상논리적 합리주의적 설명을 그 근저로부터 불식시키는 것이고, 문자 그대로 역접적(逆接的)이고 無(=否定) 매개적(媒介的)인 직관의 논리"이다.52) 이러한 '即의 논리'는 서구 기독교가 신과 인간의 관계를 파악한다고 여겨지는 '불가역의 논리'를 뛰어넘어서 불가역과 가역을 다시 한번 내재적으로 초월하도록 해주는 '불가역즉가역'(不可逆即可逆)의 논리에 이르는 길을 열어 준

---

51) 스즈키 다이세츠(鈴木大拙)의 '즉비(即非)의 논리'는, 이 책 제1장에 실린 「무주와 방랑: 즉비(即非)의 논리와 해체의 신학」을 주로 참조하시오.
52) 本多正昭, 前揭文, 19-22頁.

다고 혼다는 확신한다.

"나 자신 입신(入信) 이래 단순한 불가역성(不可逆性)의 의식에 가득
차 있었다. 그러나 후일 불교와 만나 즉(即)의 논리를 통해서 이 불가역
성이 단순한 불가역성이 아니라 가역성과 상즉적(相即的)인 불가역성
이라는 사실을 자각했다. 결코 이 불가역성은 결코 단순히 외경의 느낌
만을 환기시키는 일방통행적인 불가역성(단순한 불가역성)이 아니다.
그것은 동시에, 사랑과 자유와 신뢰의 사귐을 가져다주는 불가역성이
었던 것이다. 더욱이 사랑과 자유와 신뢰의 사귐은 가역성의 지평에서
피어나는 꽃이기 때문에 저 불가역성은 이러한 가역성의 인(因)이라고
하지 않으면 안 된다."53)

(2) 오노데라 이사오(小野寺功)

일본 문화 속에서 개화한 기독교 신앙을 추구하는 또 한 명의 가톨릭
신학자로 오노데라 이사오를 들 수 있다. 오노데라는『대지의 철학』에
서, 자기의 신학적인 사유의 출발점을 다음과 같이 이야기한다.

"나는 원래 종파적 편견이라든지, 무언가에 사로잡힌다고 하는 것과는
거의 무연(無緣)한 인간이며, 공기와 같이 출입이 자재(自在)하지만,
어째서 가톨릭에 들어 왔으며 또 왜 가톨릭에 머물고 있는가. … 역시
나의 마음속에는 막연한 복음의 종자가 뿌려져 있었다고 말하는 것이
적절할 것이다. 그것이 차차로 자라나서 그것에 상응하는 자각적 표현
을 구하고 있었다고 말할 수밖에 없다. 그것이 과연 참된 가톨릭 신앙을

---

53) 上揭文, 24頁.

표현하고 대변하고 있는지 나는 잘 모른다. 그러한 의미에서 나의 사상
은 어디까지나 '내 안에 있는 가톨릭'일 뿐이다.

이와 같은 체험으로 미루어 보아, 나에게 신앙 진리란 마치 영적인
싹, 전포괄적(全包括的) 로고스적 종자와 같은 것이다. 그것은 하나의
생명체로서, 한편으로는 나의 영혼의 대지인 전통적인 일본적 영성 문
화의 영역에 뿌리를 내리고, 거기에서 무한한 영지(英知)를 빨아 올려
활력을 얻는 동시에, 또 한편으로는 저의 모든 사고와 경험을 통합하면
서 영성의 전일적(全一的) 개화와 결실을 목표로 하면서 하늘을 향해
조용하게 자라난다고 하는 그러한 이면성(二面性)을 지니고 있다. 그
리고 이 생명의 전일성이 나에게 가톨릭을 희구하도록 만든다."54)

이상과 같은 관점에서 오노데라는 구미의 철학을 일본의 선불교 전
통을 통해서 다시 읽었던 니시다의 철학을 매개로 하면서, 일본적 가톨
릭 신학을 만들어 내려고 한다.55) 이러한 신학적인 작업은 단지 학문
적인 호기심이 아니라 "나에게 싹튼 복음 체험의 철저한 심화"와 "나의
안에 있는 내재적 초월의 그리스도에의 탐구"를 위함이었다. 바꾸어
말하면, 이노우에나 혼다, 그리고 오노데라의 신학을 꿰뚫고 있는 것
은 자기들의 마음속에서 살아 있는 "복음의 종자(種子)"가 단지 외부에
서 받아들인 "외래의 기독교가 아니라 어디까지나 원래 자신들의 영혼
속에 내장(內藏)되어 있었다"는 자각이다. 2세기 그리스의 변증론자
들의 신학적 패러다임에 따르면서 오노데라는 일본인으로서의 자기
영혼이 생래적(生來的)으로 배태(胚胎)하고 있는 '익명의 기독교성'을

---

54) 小野寺 功, 『大地の哲学 - 場所的論理とキリスト教』(三一書房, 1983), 110
    頁.
55) 福田 勤, 『日本人と神 - 哲学・神学編』(サンパウロ, 1995), 161頁 이하.

반추(反芻)하는 가운데 자신에게 형성되어 오는 기독교 신앙을 찾고 있는 것이다.

오노데라가 논문「절대무와 성령」에서 추구하는 것은 이처럼 "일본적 영성과 기독교의 접점을 찾는 것"이고, 자기 속에 내재해 있는 "종자적 진실"을 드러내는 일이다. 이와 같은 관점에서 오노데라는 엔도 슈사쿠의 작품에 대해서도 큰 관심을 표명한다. 엔도가 일본인으로서의 자의식과 기독교 신앙 사이에서 고민하는 가운데 자신의 문학세계를 개척했기 때문이다.

"엔도는 평생에 걸친 탐구를 통해서 서구 기독교의 그늘에 감추어져 있던 근본적으로 '어머니되시는 분'(母なるもの)—즉 내재적 초월적인 '성령의 종교'로서 기독교에 착안(着眼)하여 그것을 추구해 나갔다고 하겠다. 이와 같은 접근을 시도함으로써 엔도는 비로소 기독교가 동양적인 불교적인 사고방식과 전체적이라고는 할 수 없어도 크게 일치한다는 점을 발견했다고 쓰고 있다. 그리고 기독교에는 그것에 대응하는 '편재(遍在)하는 생명(生命)'을 가지고 있어서 범신론을 지양하여 '우리 안에 계신 그리스도'를 자각시키는 힘을 가지고 있다는 주장을 대담하게 하고 있다."[56]

그러나 오노데라는 일본적 영성으로서의 '어머니 되시는 분' 안에서 기독교적인 정체성을 잃지 않도록 주의를 환기하고 있다. "그러나 문제는 여기서 끝나지 않는다. 더욱 전개해야 할 과제로는, 한쪽에서 일본적 영성의 모성 종교의 일면을 깊이 개척하는 동시에, 역시 진실의

---

56) 小野寺 功,「近代日本とキリスト教の問題 – 吉満義彦と遠藤周作をめぐって」,『キリスト教文化研究所年報』XX(1996), 112頁.

기독교라고 한다면, 일본에서의 참된 의미의 부성적(父性的) 종교의
측면을 섭취하고 확립하는 일이다. 그런데 이 두 가지는 상즉(相即)하
면서 전체적인 원을 그려야 하며 독자적인 제3의 길을 지향하지 않으
면 안 된다."57) 여기서 우리는 기독교를 자연 종교의 완성과 성취로
이해하는 자연신학적 전통을 재확인하게 된다. 오노데라에게 '大地'라
는 메타포는 이와 같은 이중적(二重的) 계시를 위한 장소이다.

오노데라에게 기독교를 일본적인 풍토에 받아들이게 하는 매개가
된 것은 다름 아닌 니시다의 절대무(絶対無)의 철학이었다.

"지금까지 탐구를 계속해 온 일본적 영성의 이념과 가톨릭주의의 근저
(根底)와의 만남은, 그 궁극의 모습으로써 어떻게 파악할 수 있는가 라
는 최종적 질문에 나 나름대로 대답을 해본다면, 니시다의 '장소'론은
기독교적인 '삼위일체가 거기에 있는 장소'(三位一体のおいてある場
所)로 파악할 때, 실로 의미 깊은 해결책이 마련된다고 믿고 싶다. 이와
같이 파악할 때, 일본적 영성의 실존의 자각의 논리인 '절대무의 장소'
의 사상과 성서와 교회의 신앙적이고 계시 진리의 근본적인 논리 구조
를 나타내는 삼위일체론은, 가장 깊이 접목(相接)하는 하나의 진실의
사태가 된다. 우리의 이성에서 절대무인 근원은 기독교적인 신앙 의식
에서는 삼위일체적 구조를 취한다. 그리고 니시다가 말하는 절대무의
장소는 절대와 상대가 교류하는 장소, 또는 참된 신성과 참된 인성이
탄생하는 '장소'인 어떤 대지적 영성(大地的靈性)의 이념화 시도이고,
성령이 '거기에 있는 장소'로서 절대자의 자기사영점(自己射映点)이
라고도 볼 수 있다."58)

---

57) 小野寺 功, 『大地の哲学』, 115頁.
58) 小野寺 功, 『大地の神学―聖霊論』(行路社, 1992), 60頁.

오노데라가 말하는 "삼위일체가 거기에 있는 장소"란 '주어적' 실체
가 아니라 '술어적' 관계를 우선으로 여겼던 니시다의 장소론을 이용하
여 삼위일체의 본질을 파악하려는 것이고, 이는 당연히 신과 인간의
관계에 대한 앞서의 논리구조의 연장이라고 하겠다. "세 개의 페르소
나에서 하나의 실체인 삼위일체의 신에게 실체는 관계를 제외하고서
는 생각될 수 없다. 하나의 신이 세 가지 형태로 나타나는 것이 아니고,
또 세 개의 신이 있는 것도 아니며, 세 개의 페르소나와는 별도의 또
하나의 신적 실체가 있는 것도 아니다. 이 난점은 관계를 실체 밖에 있
는 것으로 여기기 때문에 생겨나는 것이므로, 오히려 관계가 전존재를
의미한다고 생각해야 하는 것이다. 이 점에서 니시다 철학은 사물을
실체적으로 파악하는 것을 부정하고서 일체는 모순적 자기동일의 관
계에서 존재하고 일체는 그 관계 중에 있다는 견해이다. 이 양자의 관
계는 바로 '삼위일체가 거기에 있는 장소'의 문제로써, 실체범주와 관
계범주를 각각 철저화하면서 새로운 동양의 대지를 딛고 있는 영성적
실존적인 삼위일체론적 성령신학을 형성하는 것은 아닌가?"59)

오노데라는 니시다의 "장소적 논리"야말로 "불교든지 기독교든지
상관없이 근원적 현실의 논리구조로 공히 작용할 수 있다"고 확신한다.
그에 따르면, 니시다가 구축했던 "모순적 자기동일의 장소적 논리'는
"계시 진리에 기초한 삼위일체론적, 기독론적 신인성"은 아니지만, "절
대자와 상대자, 즉 신(불)과 자기 사이의 모순상즉적 '관계'의 고찰이
고, 나의 존재의 참된 근원—따라서 세계 성립의 근원을 향하는 일종
의 신학적 인간학의 시도"라고 평가된다. "불교적으로 표현한다면 이
것은 '즉신성불의'(即身成佛義)가 되고, 기독교적으로 표현한다면 신

---

59) 前揭書, 63頁.

과 세계, 유한과 무한, 즉 신-인 관계의 진술인 '중보매개의 신학'을 의미하게 될 것이다. 더욱이 이것은 '종교 경험의 신인관계'를 가리키는 것이고 … 신으로부터 인간으로의 하강과 인간으로부터 신으로의 상승이 역대응적(逆對應的)으로 상즉(相卽)하는 그 교호의존성의 존재방식이 여기서 물어지는 것이다."

(3) 오다가키 마사야(小田垣雅也)

또한 이상과 같은 세 가지 동인은 개신교 신학자 오다가키 마사야의 다음과 같은 자전적 기술에서 종합된 형태로 나타난다. 여기서 우리는 현재 기독교-불교 대화를 이끌고 있는 신학자들—연령 면에서 보면 대개 쇼와(昭和) 초기 출생으로서 정신적으로 가장 민감하다고 할 수 있는 10대의 기간을 전쟁과 더불어 보냈던 세대들이다—의 실존적 얼굴을 읽어낼 수 있다. 오다가키는 여러 저작을 통해서 신을 '無'라는 범주로 파악하려고 하지만, 그것이 자신의 실존적 체험의 소산임을 밝힌다. 그들에게 기독교와 불교의 대화는 단순한 이론상의 문제가 아니라 영혼의 문제였던 것이다.

"나는 … 일관해서 신은 無라고 부르는 것이 합당하다고 주장해 왔다. 그것은 당연히 나 자신의 회심(回心) 체험에 근거한 것이었다. … 1955년 겨울, 당시 재학하고 있던 아오야마(青山) 학원의 도서관 창문을 통해서 밖을 내다보고 있었을 때 문득 보았던 광채를 나는 잊을 수 없다. 겨울의 태양 빛이 일순(一瞬) 밝아진 것 같다는 생각이 들어서, 나는 그때 엉겁결에 실소(失笑)하고 말았다. 회심의 체험이라고 하기에는 어색하지만, 굳이 그 내용을 말한다고 한다면, 그것은 예수가 그리스도라는 사실을 아무리 노력해도 믿을 수 없던 자신의 처지에 대하여

'믿지 못한 그대로 괜찮다'라고 하는 근원적인 긍정이었다. 바로 그렇기 때문에 예수는 십자가에 달려서 돌아가신 것이다, 라고 말이다. 나는 태어나서 처음으로 안도감을 느낄 수 있었다. 그리고 '선한 사람도 왕생(往生)한다. 하물며 악인이랴'라든지, '죄인이면서 동시에 의인'이라고 하는, 그 무렵 이미 알고 있었던 말의 의미를 이해했다고 생각했다. …

이러한 체험을 통해 나는 윤리적으로는 주체성이라든지 실존이라고 하는 것을 알게 되었다. 불트만을 읽었던 것도 이러한 방향이었다. 또한 그와 같은 근원적인 긍정을 있도록 하는 것은 도대체 무엇일까 하는 것이 나의 유일한 신학적 관심사가 되었다. 따라서 폴 틸리히가 말하는 '존재의 근원'이라든지, 쿠자누스의 '대립의 일치', 나아가서는 하이데 거의 존재(無) 등에 커다란 관심을 갖지 않을 수 없었다. 그리고 현재 내가 알고 있는 한, 니시다 기타로의 '역대응'(逆対応), 스즈키 다이세츠의 '즉비'(即非), 히사마츠 신이치의 '무상(無相)의 자기(自己)' … 이러한 것들이 나의 신학적 관심사를 가장 남김없이 설명해 주는 것처럼 여겨진다.

그러나 되돌아보면, 자신의 기독교 신앙의 회심 체험에 대한 설명을 불교의 언설 속에 서서 찾아낸다고 하는 것은, 비단 내 경우를 떠나서 말해 보더라도, 현대의 기독교에 부과되어 있는 피할 수 없는 과제일 것이다."60)

개인적인 기독교 신앙 체험을 불교의 언어를 통해서 이해하고 표현 하는 것이야말로 "현대의 기독교에 부과되어 있는 피할 수 없는 과제" 로 인식한다는 점은, 불교와의 대화를 꾀하는 일본 기독교인에게 하나

---

60) 小田垣雅也, 『哲学的神学』(創文社, 1983), 90-91頁.

의 기본적 패턴을 형성하고 있다고 할 수 있다.

오다가키의 이러한 견해는 니시다 '철학'과 기독교 '신앙'의 연속성을 전제로 하는 것으로서, 일본의 신학자들은 스콜라 신학적인 철학과 신앙의 구별에 '불만'을 느낀다고 하는, 앞서 언급했던 브라후트의 지적을 뒷받침해 주고 있다. 기독교 신앙을 '신앙의 결단 이후'의 장소에서 확인하려고 하는 통상적인 신앙의 태도에 대해서 분명한 선을 긋는 이러한 주장은, 니시다의 '無'의 철학이야말로 전통적인 기독교의 신관인 '有'로서의 신 이해가 지닌 문제점을 보완해 준다고 하는 견해로 연결된다. 이러한 태도는 신을 유의 범주에서 파악하는 것과 무의 범주에서 이해하는 것은 단순히 "악센트를 어디에 두는가의 문제"[61]라고 간주하는 입장과는 대립각(對立角)을 세울 수밖에 없을 것이고, 이러한 대립각은 일본에서 신학함이란 무엇인가라는 물음을 둘러싸고 상이한 대답들이 만들어 내는 대립각에 그대로 반영된다고 할 수 있다.

나아가 오다가키는 위와 같은 자신의 체험을 니시다 철학과 연관 지으면서 다음과 같이 기술하고 있는데, 여기서 우리는 니시다 철학이 오다가키 개인에 대해서 지니는 실존적 의미뿐만 아니라 니시다 철학에 대한 사상사적 평가도 아울러 엿볼 수 있다.

"니시다 기타로는 상대적인 것이 절대적인 것과 마주〔對〕할 때, 거기에 죽음이 없어서는 안 된다고 했지만, 이 절대 앞에서의 자기의 죽음이라는 것은 본래 우리 인간이 유한하다는 것을 의미할 것이다. 한계가 있는 인간이 무한한 것을 요구한다는 것, 즉 신앙을 구하는 것의 근본적인 무리와 착각, 거기에서 생기는 여러 가지 왜곡으로부터 우리는 해방된

---

61) 福田 勤, 前揭書, 110-114頁.

다고 여겨진다. 사상사적으로 말하면, 이것은 인식의 주체로서의 근대적 자아의 붕괴이다. 애당초 근대적 자아란 자기의 주위에 자기를 중심으로 하는 영역을 설정하는 가설 위에 서 있다. 따라서 주관-객관 구도 속에서 객관적인 것은 주관적인 시야의 것이고, 그 객관적 지식에 의해서 '전체'나 '절대'는 파악할 수 없는 것이다. 과학이나 학문, 나아가서는 종교적 노력으로 신이나 절대적 진리에 이를 수 있다고 생각한 것이 근대적 자아의 기본적인 자기상실의 원인이었던 것이다."[62]

근대적 자아의 주관-객관 도식의 극복을 니시다의 '무'의 철학에서 읽어낼 수 있다는 오다가키의 주장은, 이른바 '근대의 초극(超克)'이라는 주제를 연상시키지만, 그러한 과거로의 연장선을 긋는 것이 오다가키의 의도와는 관계없다고 할 수 있을지도 모른다. 그러나 니시다 철학을 매개로 기독교와 불교의 "접점"(야기 세이이치)를 추구하는 사람들에게 공통적인 것은, 니시다의 '무'의 철학이 신과 인간, 인간과 세계 사이의 이분법적 도식의 탈구축(脱構築, deconstruction)을 의미하는 것과 동시에, 기독교와 불교라고 하는 종교 사이의 구분을 상대화할 수 있는 가능성을 제시한다고 받아들여진다는 점이다.

3) 니시다 철학과의 대화

앞에서 거론했던 일련의 신학자들은 일본에서 기독교와 불교 간의 대화를 주도(主導)하고 있는 학자들인바, 그들에게 공통점이 있다고 한다면, 그것은 그들이 불교와의 대화를 통해 기독교 신앙의 토착화를

---

62) 小田垣雅也, 「キリスト教と佛教」, 『キリスト教は佛教から何を学べるか』, 58-59頁.

꾀할 때에 니시다 기타로(西田幾多郎, 1870-1945)의 철학을 매개로
한다는 점일 것이다. 니시다는 동양적, 일본적 불교 철학에 근거하고
구미의 사상을 수용한 인물로 평가되지만, 그의 사상에 공감하는 일군
의 사상가들—스즈키 다이세츠(鈴木大拙), 히사마츠 신이치(久松眞
一), 니시타니 케이지(西谷啓治), 우에다 시츠테루(上田閑照) 등등—
에 의해서 그의 철학적 사상은 계승되고, 교토학파(京都学派)라고 불
리는 전통을 만들어 냈다. 이러한 니시다 철학과의 대화를 통해서 기독
교-불교의 대화에 임하고 있는 대표적 신학자로, 개신교 사상권에서
는 타키자와 가츠미, 야기 세이이치, 오다가키 마사야, 노부하라 도키
유키(延原時行), 하나오카 에이코(花岡永子) 등을, 가톨릭 사상가로는
앞에서 거론했던 혼다 마사아키, 오노데라 이사오, 가도와키 가키치
(門脇佳吉) 등을 나열할 수 있을 것이다. 그들은, 단지 "불교와의 종교
간 대화에 적극적인 자세를 보이는 것뿐만 아니라, 새로운 기독교 이해
를 추구하기 위해서 니시다 철학과 적극적으로 대화한다"[63]는 특징이
있다. 이러한 면은 일본에서의 기독교-불교 대화의 큰 특이성이라고
할 수 있을 것이다.

니시다 철학 또는 교토학파에 대한 구미의 관심은 이미 신학적으로도
결실을 맺어서 독일의 한스 발덴펠스의 『절대 무』(*Absolutes Nichts*),[64]
스위스 바젤 대학의 신학자 프리츠 부리의 『참 自己의 主로서 불타-그
리스도』가 1980년대에 이미 출판되s었다.[65]

일본에서 니시다 철학과의 대화를 논할 때 처음으로 거명할 수 있는

---

63) 浅見 洋, 『西田幾多郎とキリスト教の対話』(朝文社, 2000), 310頁.

64) 참조. 拙訳, 『불교의 공과 하나님』(대원정사, 1993).

65) Fritz Buri, *Der Buddha-Christus als der Herr des wahren Selbst* (Paul Haupt, 1982).

신학자는『신의 아픔의 신학』으로 유명한 기타모리 가조(北森嘉蔵)일 것이다. 기타모리의 신학적 관심사가 일본의 종교적 심성인 '아픔'(つらさ)과의 유비를 통해서 헬레니즘적 신학을 극복하는 데에 있었기에, 그가 니시다에 대해서 호감을 지녔다는 것은 어찌 보면 당연한 것이었다. 기타모리는 '신의 아픔의 신학'이 니시다의 절대비원(絶対悲願)의 종교와 호응(呼応)한다고 여겼던 것이다. "진리는 '대립을 끌어안는' 바에 있다. 대립하는 것을 끌어안는 사랑이야말로 비통(悲痛)이기 때문에, 그리스도의 십자가가 엄밀하게 신의 비통으로 우러러보일 때야말로 기독교의 진리가 확보된다. 그러나 이것은 니시다 박사가 지적했던 '비원(悲願)의 종교'를 성취, 완성하는 것이고, '悲'가 단지 '연민'(あわれみ)을 뛰어넘어서 '슬픔'(かなしみ)으로까지 구체화되는 것이다."66) 기타모리는 니시다 철학이 자기의 신학적 사유에 비슷한 측면을 가지고 있다는 점에서, 즉 "아픔에 있어서 신의 모습을 추구한다"는 점에서 니시다 철학을 "신의 탐구자"로 인정하고 "신의 참된 모습에 가장 가깝게 도달해 있다"라고 평가했지만, "그 아픔에 있어서의 신이 나사렛 예수라는 것을 철학은 승인하지 못했다. 이 고백으로의 비약은 성령의 지혜로서 신학에 의해서만 이루어진다"고 봄으로써 철학과의 경계선을 분명히 하였다.67)

　오노데라 이사오는 위의 기타모리와는 달리, 니시다의 '절대무'와 '장소적 논리'에 근거한 교토학파의 사상이 일본 기독교에 대해 지니고 있는 의의를 더욱 적극적으로 평가한다.

　"교토학파 사상의 최대 특징이라고 할 수 있는 것은 끊임없이 '종교와

---

66) 浅見 洋, 前掲書, 258頁에서 재인용.
67) 北森嘉蔵,『神の痛みの神学』(講談社, 1986), 197頁.

철학의 합류점(合流点)'을 추구해 오고 있고, 기독교 신학의 새로운 기초 마련을 위해 가장 큰 가능성을 지닌 철학이라는 점이다. 나아가 교토학파만큼 현대 사상을 배경으로 하면서 '불교와 기독교의 대화'를 수행하고 있는 예는 찾아볼 수 없으며, 어떤 의미에서는 불교와 기독교 대화의 선구자라고 해도 무방할 것이라고 여겨진다. 그리고 실제로, 교토학파와의 깊은 대화와 접촉을 통해서 형성되어 온 일본의 독창적 신학 가운데에는 기타모리 가조의 '신의 아픔의 신학'이나, 타키자와 가츠미의 임마누엘의 사상에 기초한 '순수신인학'(純粹神人學)이 있다. 그중에서도 특히 타키자와는 니시다 철학을 단서로 하면서 바르트를 중심으로 유럽의 신학을 깊이 연구함으로써 동양과 서양을 잇는 원점을 파악하여, 기독교뿐만 아니라 일본의 불교계에 일찍이 없었던 깊은 영향을 주었다."[68]

교토학파의 사상이야말로 "기독교 신학의 새로운 기초 마련을 위해 가장 큰 가능성을 지닌 철학"이라는 평가나, 교토학파야말로 "불교와 기독교의 대화의 선구자"라는 생각은, 비단 오노데라의 경우에만 국한된 것은 아니다. 앞서도 언급했던 것처럼 오다가키를 비롯한 신학자들은 니시다 철학에서 기독교와 불교의 '접점'을 찾았고, 그러한 '접점'을 일본적으로 표현해낼 수 있는 가능성을 읽어내려고 했던 것이다. 혼다가 던졌던 물음, 곧 "일본이란 무엇인가, 일본인은 무엇인가라고 하는 민족적 기사구명(己事究明)의 문제" 의식이 이들 모두에게는 "기독교란 무엇인가"라는 물음과 병행하여 물어지고 있는 것이다.

오다가키나 오노데라를 사로잡았던 실존적인 체험은, 오노데라의

---

68) 小野寺 功, 「京都学派とキリスト教」, 『神学ダイジェスト』 95号(2003·冬), 3頁.

보고가 말해 주는 것처럼, 패전 후 급격한 사회 변화에 직면하지 않을 수 없었던 세대에게는 필연적인 측면이 있을지도 모른다. "이전에 종전 직후, 처음 니시다 전집이 출판되었을 때 이와나미 서점 앞에서 철야(徹夜)로 줄을 서서 기다렸다"[69]라고 말하는 것을 생각해 보면, 니시다 철학은 그들에게 사상적인 향도(嚮導)로서의 의미를 지녔음을 알 수 있다.

니시다의 사상이 일본 사회에서 널리 회자되는 이유에 대해서는, 그의 철학이 서양 철학을 흡수하면서 진행된 일본인 첫 독창적 철학이었다는 점과, 일본적 전통을 형성하고 있는 (선)불교에 바탕을 두고 있다는 점이 곧잘 거론된다. 하지만 앞서 인용했던 오노데라의 회상으로 언급한 것처럼, 당시 일본에서는 니시다의 철학이 "근대적 자아가 품고 있는 모순과 고뇌를 바닥의 바닥까지 응시하면서 규명한다고 하는 혼(魂)의 고투(苦鬪)에 의해서, 청년들을 매혹할 수밖에 없는, 외경하여야 할 인격에서 발하는 사상"으로 받아들였다는 점이 가장 큰 이유일 것이다.[70]

반복되는 말이지만, 일본에서의 기독교와 불교의 대화는 니시다의 철학을 매개로 하면서 전개된다고 하는 특성이 있다. 다소의 무리를 무릅쓰고 극단적인 방식으로 표현해 본다면, 일본에서의 기독교와 불교가 대화하는 대표적인 형국은 니시다 철학 또는 교토학파라는 우산 속에서 공존(共存)하는 형국으로 진행되고 있다고 하겠다. 브라후트도 지적하는 것처럼, "불교의 영향이 기독교 신자인 신학자에게 직접적으로 미친다고 하기보다는 간접적으로, 즉 교토학파의 철학이 매개가 되어서 영향을 미치고 있다."[71] 이것은 니시다 철학이 불교적 바탕

---

69) 上揭文, 2頁.
70) 久山 康編, 『近代日本とキリスト敎 ― 大正・昭和編』(創文社, 1956), 71頁.

위에서 기독교와의 만남을 통해서 형성된 사상이라는 점을 고려해 볼 때, 그리고 전후(戰後) 일본 사회에서 니시다의 사상이 차지하고 있는 위상을 고려해 볼 때, 그다지 무리 없이 받아들일 수 있는 견해라 여겨진다.

이러한 사실은 동서종교교류학회(東西宗教交流學會)나 난잔종교문화연구소(南山宗教文化研究所)가 그동안 발간해 온 종교 간의 대화 시리즈에서 다루어 온 주제들을 일별(一瞥)해 보는 것만으로도 충분히 감지할 수 있다. 1982년에서 2004년까지 23회에 걸쳐서 동서종교교류학회에서 논의되어 온 주제들 가운데에서 직, 간접적으로 니시다 철학 내지 교토학파의 사상과 관계되는 주제는 다음과 같다.

1982년 「타키자와 가츠미의 신학」

1983년 「히사마즈 禅学과 浄土真宗」

1984년 「예수와 선」(발제자: 야기 세이이치)

1985년 「그리스도교와 불교의 접점」(발제자: 西谷啓治)

1988년 「可逆不可逆의 문제」(발제자: 本多正昭)

1989년 「禅과 정토교」(발제자: 上田閑照)

1992년 「니시다 철학과의 대화」(발표자: 上田閑照, 秋月龍珉, 大峰顯, 小野寺功 等)

1995년 「니시타니 게이지 연구」

1996년 「니시타니 게이지 연구」

1997년 「아베 마사오 씨의 입장을 중심으로」

1998년 「오노데라 이사오 씨의 성령신학을 중심으로」(「니시다 철학

---

71) ヤン・ヴァン・ブラフト, 前掲文, 101-102頁.

에서 성령신학으로」)

2004년 「우에다 시즈테루 씨의 사상」

5. 야기 세이이치의 신학

1) 타키자와 가츠미와의 만남

불교와의 대화를 통해서 일본적 기독교를 형성해 나가고 있는 일련의 신학자 중에서 가장 탁월한 형적(形迹)을 새기고 있는 것은 야기 세이이치일 것이다. 야기의 활동은 일본 내에서 진행되는 기독교-불교의 대화의 정점이라는 점에서, 그리고 그의 작업을 통해서 이른바 '불교적' 신학의 가능성을 엿볼 수 있다는 점에서 우리의 관심을 끌기에 충분하다.

미국의 종교학자 토머스 딘은 일본의 기독교가 생산해 놓은 독창적 신학의 결실로 야기의 신학과 구리바야시 테루오(栗林輝夫)의 『가시관의 신학』(荊冠の神學)을 소개한다. 전자는 불교와 대화를 통해서 형성된 신학이며, 후자는 남미 해방신학과—구리바야시 스스로 한국어판 '서문'에서 "이 책은 이를테면 한국의 민중신학에 대한 일본의 응답이라는 한 측면을 지니고 있다"72)고 밝히고 있듯이—한국의 민중 신학으로부터 자극을 받은 신학이다.

딘은 야기의 신학에 대하여 "불교와의 대화 속에서 일본의 신학을 건설적으로 재고하려는 시도"일 뿐만 아니라 "미래의 신학, 즉 기독교

---

72) 서정민 · 조재국 역, 『차별받는 그리스도』(다산글방, 1994), 3면.

전통 속에 포함되고 있으면서 아직까지 충분하게 밝혀지지 못하고 있는 것을 찾아내서 이를 규명하기 위하여 불교적 사고와 접점을 가지는 신학"73)의 구축을 목표로 한다고 적극적으로 평가한다.

야기는 스즈키 다이세츠의 비서(秘書)였던 아키즈키 료오민(秋月龍珉)과 대담집의 형태로 이미 다수의 책을 상재했다.74) 아키즈키와의 공저로 야기가 내놓은 대화집을 살펴보면, 그에게 있어서 기독교-불교 대화가 얼마나 진지하고 전문적으로 이루어지고 있는지를 미루어 짐작할 수 있다. 『역사의 예수를 이야기한다』(歷史のイエスを語る, 1984년), 『기독교교의 탄생』(キリスト教の誕生, 1985년), 『신란과 바울』(親鸞とパウロ, 1989년), 『선과 예수 그리스도』(禅とイエスキリスト, 1989년), 『반야심경을 읽는다』(般若心経を解く, 1985년), 『法이 나타날 때』(ダンマがあらわれるとき, 1990년).

원래 신약성서학자로 학문적 경력을 시작했던 야기는 『예수』(1967년)를 출판했을 당시만 해도 "현금의 복음서 연구의 가장 상식적인 선에 입각하고 있기 때문에, 제일 온건하면서도 표준적이다"라는 평가를 받았던 적도 있었다.75) 그러나 야기가 일약(一躍) 일본을 대표하는 종교 간 대화의 선구자로 부각된 데에는 타키자와와의 만남이 결정적인 계기로 작용했다. 1984년, 타키자와가 세상을 떠났을 때 썼던 야기의

---

73) トーマス・ディーン, 「現代日本の神学におけるキリストの二つのモデル － 八木誠一の〈悟り〉と栗林輝夫の〈解放〉」, 『福音と世界』 1号(1994), 19頁.

74) 불교적 집안에서 태어난 아키즈키는 기독교의 세례를 받은 적도 있었지만, "이른바 정통파 신학에 가까이 다가갈 수 없었다"고 자신의 당시의 정황을 설명한다. 그는 특히 "바르트 신학에 반감을 느껴서", "크리스천이 되고 나서부터 신란(親鸞)에 대해서 예전보다 더 친근감을 느끼게 되었다"라고 말할 정도로, 기독교와 불교 사이를 왕래했던 선불교 철학자였다. 八木誠一・秋月龍珉, 『ダンマが露になるとき』(青土社, 1990), 8頁.

75) 田川健三, 「三つのイエスの記述」, 『日本の神学』 7号(1968), 35頁.

회상문에는 타키자와와의 만남이 야기에게 지니는 의미나 그 신학적인 내용이 집약적으로 나타나고 있다.

> "나는 인간의 삶의 방식의 본질을 이해하고 싶어서 우선 신약성서를 자기 나름으로 납득이 갈 때까지 이해하고 싶다고 생각하였고, 결국 신약성서 연구자로서 일을 하고 있었지만, 타키자와 선생과의 만남과 논의를 통해서 결국은 자기의 감추어져 있던 본성이 드러나 비교사상으로부터 종교철학으로의 방향을 걸어가게 되었다. 그것이 좋았는지 나빴는지는 모르겠지만, 언젠가는 이 길을 걷게 될 것이었다고 해도, 타키자와 선생과의 만남이 없었다고 한다면, 나는 당분간은 문헌학과 역사학의 전공에서 멀어질 일은 없었을 것이다."76)

타키자와는 『불교와 기독교』(1964년)에서 신과 인간의 접촉(接触)에 대해 두 가지 사실을 엄격하게 구분했다. 그 두 가지란 모든 인간의 '근저'(根底)에 존재하는 신인접촉의 '원사실'(原事実: 第一義의 접촉)과 이러한 '제1의의 접촉'에 기초해서 성립하는 신인접촉의 현상 형태(第二義의 접촉)를 말한다. 타키자와는 이러한 두 가지를 명확히 구분하지 않은 결과, 기독교의 배타적 독선성이라든지 교파적 대립이 비롯된다고 보았다. 그의 기독교에 대한 비판은 결국 나사렛 예수에게 이러한 두 가지 접촉의 구별을 애매하게 다루었기에, '제2의의 접촉'이 '제1의의 접촉'을 흡수하고 가려버린다는 점에 있었다.

한편 타키자와가 이러한 두 가지 접촉을 엄격하게 구분하게 된 직접적인 원인은 선불교학자 히사마츠 신이치에 의한 기독교 비판에서 비

---

76) 八木誠一, 「滝沢克己先生のこと」, 『理想』 617号(1984), 6-7頁.

롯되었다. 히사마쯔는 불교를 "무신론적 종교"로 파악하면서, "무상(無相)의 자기(自己)"를 추구하는 "깨달음의 종교"인 불교의 견지에서 배타적인 "믿음의 종교"인 기독교를 신랄하게 비판했던 것이다.[77]

하지만 타키자와는 불교의 경우는 기독교와는 반대로 '제1의의 접촉'이 '제2의의 접촉'을 삼켜버림으로써 구별이 애매해진 나머지 추상적인 종교로 기울었다고 비판했다. 현실의 인간, 즉 '무상의 자기'라고 하는 경우의 '即'의 논리를 통해서 현실의 인간과 무상의 자기 사이의 절대적 불가역성(不可逆性)이 뚜렷하게 부각되지 않는다는 것이었다. 다시 말해서 히사마츠는 궁극적 불(佛) 자체와 그의 인간적인 나타남으로서의 '자불'(自佛)을 구별하지 않았다는 것이다. 결국 타키자와는 다음과 같이 말한다.

"기독교에서 '계시'란 결코 히사마츠 박사가 말하는 의미에서 단지 '저쪽에서' 다가오는 것이 아니다. 그것은 어느 때, 어느 장소에서 살다가 죽은 나사렛의 예수이다. 그리고 나사렛의 예수란, 기독교인이 믿는 바에 따르자면, 단지 참된 신이면서 참된 인간, 그것에 있어서 신 그 자체와 인간 그 자체가 절대적으로 구별되면서도 바로 하나로 되는 사실 그 자체(신의 아들 그리스도)의 스스로부터의 약동(躍動)이다. 그래서 신앙이란, 다른 사람들이 이 약동의 자극을 받아서 이미 자기 자신 안에 지니고 있는 그와 동일한 사실을 수용하는 것, 달리 표현한다면, 그리스도 예수와 생명의 약동을 함께 하는 것에 다름 아니다."[78]

---

77) 히사마쯔 신이찌·야기 세이이찌 외, 정병조·김승철 공역,『무신론과 유신론』(대원정사, 1994), 149쪽 이하.
78) 滝沢克己,『佛教とキリスト教』(法蔵館, 1964), 36頁.

타키자와에 따르면 '제1의의 접촉'에서 신과 인간의 관계는 '불가분(不可分), 불가동(不可同), 불가역(不可逆)'이다. 나아가 '제1의의 접촉'과 '제2의의 접촉'의 관계 역시 '불가분, 불가동, 불가역'이다.

야기는 여기서 한 걸음 더 나아간다. 그는 '불가역'의 문제를 집요하게 파고든다. 즉 불교에서 말하는 근거와 존재자의 관계가 일반적으로 가역적인 데 반해서 기독교에서는 신과 인간의 관계는 불가역적이기 때문이다. "타키자와는 불가분, 불가동에서는 니시다를 계승했고, 불가동에서는 바르트의 제자였다"는 야기의 평가처럼, 타키자와에게는 기독교와 불교가 혼용된 양상을 띠었다.79) 오가와 케이지도「니시다 철학과 기독교」라는 논문에서 니시다와 바르트 사이를 오갔던 타키자와에 대해서 언급하면서, 이는 결국 '각'(覺: 제1의의 접촉)과 '신'(信: 제2의의 접촉) 사이에서의 왕환(往還)이라고 결론짓는다.

"만일 '第二義의 임마누엘'의 역사적 사실성을 단순한 대상논리가 본 '마법'이고 '요괴'라고 배제한다든지, '第一義의 임마누엘'의 보편적 포괄성에 해소시키고 만다면, 본래부터 니시다 철학과 기독교라는 테마는 문제도 되지 않을 것이고, 니시다 철학은 스스로가 가장 싫어했던 주관적 관념론으로 추락해버릴 것이다. 또 만일 기독교인이 '第二義의 임마누엘'의 특수적 배타성에 도피해서 '第一義의 임마누엘'이 지닌 보편적 포괄성으로부터의 물음을 거부한다면, 그 기독교는 언제나 일본의 문화적 토양 자체와 만나기는 완전히 실패할 뿐만 아니라, 기독론 자체가 지닌 힘과 현실성을 잃고 말 것이다."80)

---

79) 古屋安雄・八木誠一 外,『日本神学史』(ヨルダン社, 1992), 143頁.
80) 小川圭治,「西田哲学とキリスト教」, 上田閑照 編,『西田哲学への問い』(岩波書店, 1990), 274頁.

여기에 대해서 야기는 신과 인간의 '제1의의 접촉'이라는 원사실은 그러한 사실을 자각하지 못하고 있는 사람에게는 '사실상의 비현실'이라고 문제를 제기한다. 불교에서도 모든 이에게 존재한다는 불성(佛性)은 '깨달음' 이전에는 있어도 없는 것과 마찬가지이다. 이로서 원사실이란, '제2의의 접촉'이 나타남과 동시에 현실화한다고 하는 역설이 존재한다. '제1의의 접촉'은 자기에게 있어서, 또 자기로서만 현실화하는 것이어서, 눈뜨지 못한 자기 외부에 객관적으로 존재하는 것이 아니다.

야기도 기독교의 특수성과 본질을 구분하는 방식으로 기독교의 배타성을 극복하고자 한다. 야기가 보는 기독교의 특수성은 "역사적 사건(역사상의 한 인격으로서 예수)이 구원의 근거이다"라는 신념에 표현되어 있다. 그러나 이러한 특수성은 기독교의 본질과는 다른 것이다. 기독교의 본질이란 "예수와 원시교단이 함께 증언한 리얼리티에 근거한 종교"라는 것인바, 이 리얼리티를 예수는 "신의 지배"라고 부르고, 원시교단은 "부활한 그리스도, 교회를 그의 몸으로 하는 그리스도, 신도 중에 살아 있는 그리스도" 등으로 불렀던 것이다.[81] 야기는 기독교의 본질이 되는 이러한 리얼리티를 "통합(統合)으로의 초월적 규정(超越的規定)"이라고 명명했다.

뒤에서도 언급하겠지만, 야기가 "기독교의 본질 혹은 기독교 신앙의 근저(根底)는 예수에 관계된 역사상의 사건이 아니라, 본래적인 자기를 성립시키는 초월적 근저 그 자체"라는 자각에 이르게 된 데에는, 야기 스스로도 밝히고 있듯이, "예수의 인격이 성립함에 있어서 근저(根底)와 수육체(受肉体)와의 명확한 구별을 타키자와에게서 배웠다"고

---

81) 八木誠一, 『佛教とキリスト教の接点』(法藏館, 1975), 245頁.

하는 배경이 있었던 것이다.82)

2) '근저'(根底)의 존재론적 우위

야기는 자신이 기독교 신앙에 이르게 되었던 행적을 다음과 같은 두 번의 경험으로 정리하고 있다. 엄격한 무교회주의적(無教会主義的) 신앙의 분위기 속에서 자란 야기에게 찾아왔던 첫 번째의 전기(転機)는 우치무라 간조의『로마서연구』를 읽는 가운데 얻었던 체험이었다. 그것은 로마서 3장 28절("사람은 율법을 지키는 것과는 관계없이 믿음을 통해서 하느님과 올바른 관계를 맺는다고 우리는 확신합니다")에 대해서 우치무라가 "도덕적 노력을 버리고 십자가를 우러러보라"라고 한 말에서 얻었던 체험으로, 도덕을 뛰어넘는 신앙의 세계에 대한 자각이었다. 이 체험 이후 야기는 "도덕주의의 무거운 짐을 버리고 … 자유를 느꼈다"고 쓰고 있다. "'성령을 받는다'는 말은 이러한 것을 말하는 것은 아닐까 하고 생각했다. 1953년 2월의 일이었다. 이렇게 해서 나는 … 무교회적인 의미이기는 하지만, 전통적이고 정통적인 크리스천이 되었다."83)

야기에 일어났던 두 번의 회심 체험은 불교와의 만남을 그 내용으로 하고 있다. 1950년대 말, 독일에 유학하고 있던 야기는, 일본인인 자기가 일본의 전통을 형성하고 있는 불교에 대해서 무지하다는 사실을 알게 되었던 것이다. 이러한 정황으로 미루어 본다면, 야기에게 불교와의 만남은 앞에서 인용했 실존적인 회심의 체험과는 달리 매우 지적인 성질의 것이었다고 할 수 있을 것이다. 그러나 내용적으로는 오히려

---

82) 上掲書, 18頁.
83) 八木誠一,『キリスト教は信じうるか』, 21頁.

지적인 단계를 뛰어넘는 무분별지(無分別智)의 체험이기도 했다.

야기는 이전에 일본에 왔던 선교사로서 무교회주의자들과도 만남이 있었던 W. 군데르트 박사를 방문했다. 군데르트는 불교에도 조예가 깊어서 당시 「벽암록」(碧巖錄)을 독일어로 번역하고 있었다. 야기는 군데르트에게서 "나는 크리스천이 되기 위해서 불교를 배우고, 좋은 불교도가 되기 위해서 기독교를 공부하고 있다"라든지, "기독교는 有에 기울어 있고, 불교는 無에 기울어 있다"라는 말을 듣고 큰 인상을 받았다. 그리고 집으로 돌아가는 기차 안에서 「벽암록」 제1則의 '곽연무성'(廓然無聖)을 읽고 있던 중, 야기는 또 한 번의 종교적 체험을 한다.

"열차는 카셀에서 조금 못 미친 곳을 달리고 있었다. 이 부근은 지형에 기복이 많아, 나는 멍하니 창문 밖을 달리는 수풀이나 밭을 내다보고 있었다. 어느 샌가 비가 그치고, 마침 구름이 갈라지면서 구름 사이로 엿보이는 푸른 하늘이 점점 넓어지려는 참이었다. 아무것도 생각하지 않은 채, 나는 어렴풋이 갈라진 구름 사이에서 넓어져 가는 푸른 하늘을 보고 있었다. 그때 돌연히 나의 머릿속에 '곽연무성'(廓然無聖)이라는 말이 번쩍였다. 엉겁결에 나는 소리를 지르고는 벌떡 일어섰다. 그렇다, 아무것도 변한 것은 없었으며, 모든 것은 이전 그대로 창 밖 풍경 그대로였으나, 그러나 완전히 새롭게 변해 있었다. 이전과는 달랐다. … 무슨 일이 일어났는지 잘 모르겠다. 그러나 처음으로 언어화되었던 감상(感想)은, '나는 지금까지 나무는 나무라고 생각했었다. 얼마나 잘못된 일이었단 말인가'라는 것이었다."[84]

---

84) 上揭書, 47-48頁.

'곽연'이란 드넓게 트여 걸릴 장애가 한 점도 없고, 모든 대립이 사라진 대오(大悟)의 경계이다. 그러한 경계에서는 성스러운 것도 없다는 뜻이다. 야기는 이 두 번째 경험을 "존재에 입각하지 않는 관념이 존재를 규정하는" 태도로부터의 전회(転回)로 받아들였다. 즉, 무엇이라고도 기술할 수 없는 '事' 자체와의 조우를 통해서, 야기는 '언어'에 해소되지 않는 '事'에 직면했다는 말이다.[85] "존재는 有이기도 하고 無이기도 하다면, 有와 無를 뛰어넘는 바의 진리는 무엇인가"라는 양무제(梁武帝)의 물음에 대해서, 곽연무성(廓然無聖), 즉 "실로 넓고 넓어서 이것이 진리다라는 등의 말을 할 수 없다"라는 달마(達磨)의 대답에 눈뜸으로서, 야기에게서는 관념이나 말에 의해서 규정되고 한정되어 온 '事' 자체가 그를 규정하는 언어로부터 해방되게 된 것이다. 이러한 경험을 통해서 야기는 기독교와 '동일한 진실'을 다른 방식으로 표현하게 해주는 불교적 세계에 눈을 뜨게 되었다.

"기독교인의 한 사람으로, 불교와 만나 불교를 배운 나에게 기독교를 상대화하고 기독교를 새롭게 이해하는 계기가 된 것은, 불교라는 종교가 있고, 고유의 언어화하는 방법과 언어체계가 있다는 점이다. 바꿔 말하면, 기독교가 불교에서 배울 수 있는 것은, 우선 기독교가 관계되고 있는 사항—그것을 진실이라고 하든지, 궁극적 현실이라고 하든지 간에—에는, 기독교가 자기 자신의 틀 내에서 아무리 완성의 영역에 도달했다고 하더라도, 역시 다른 견해와 표현방식이 있다는 것이다. 일반적으로, 어떻게 보고 어떻게 표현하는가에 대한 바에 종교와 그 전통의 개개의 습성이 있는 법이다. 다시 말해서 불교와 기독교가 궁극적으로

---

85) 上揭書, 49-52頁.

는 같은 진실 위에 이루어져 있다고 하더라도, 또 앞으로도 계속해서 서로를 이해하고 영향을 주고받음으로써 불교와 기독교가 각각 크게 변모한다고 하더라도, 두 종교에는 각각 개성이 있기 때문에 양교(兩敎)가 완전히 같아지거나 제3의 종교가 나타나서 양교가 소멸되거나 하는 일은 없을 것이다."[86]

말이나 관념이 무화(無化)되어서 '事'가 해방된다는 것은 말이나 관념을 써서 '事'를 처분하려고 하는 '자의 무화'를 의미한다. 그리고 자아가 무화되었을 때 나타나는 것은 '존재의 깊이'였다. 야기는 이것을 인간은 도덕적 행위가 아니라 그리스도의 십자가에 의해서 구원받는다는 사실에 대한 첫 번째 자각과 어울려서 다음과 같이 받아들였다. "카셀의 체험 이후 … 십자가를 우러러봄으로써 구원받음을 깨달았던 체험과 카셀의 체험 사이에 어떤 공통점이 있다고 점차 자각하게 되었다. 그 공통점이란, 현실에 기초를 두지 않는 관념적인 것의 일방적 지배로부터의 해방이라는 것이었다." 다시 말해서 야기는 그리스도의 십자가에 대한 신앙으로 도덕적인 '이상주의'에서 해방되었고, 카셀에서의 체험을 통해 "존재자 일반에 대한 관념성의 일방적인 우월이라는 사태로부터의 자유가 존재한다는 사실을 알게 되었다."[87] 나아가 야기는, 그리스도의 속죄에 대한 신앙도 결국은 "이러한 자유에로의 방법에 지나지 않는다"고 생각하게 되었다. "예수의 십자가라고 하는 역사적 사건이 구제의 근거인가? 그것 없이는 율법주의에서의 자유는 있을 수 없는가? 그렇지 않으면 속죄신앙은 이른바 이 자유에로의 방법

---

86) 八木誠一,「直接経験の言語化について」, 南山宗教文化研究所 編,『キリスト教は佛教から何を学べるか』, 200頁.
87) 八木誠一,『キリスト教は信じうるか』, 55-58頁.

에 지나지 않는가?"88)

결국 야기가 체험했던 '자유'는 율법적인 자아로부터의 자유임과 동시에 서구적 기독교를 포함하는 일체의 언설행위로부터의 자유를 의미하는 것으로, 후자는 내용적으로 불교적 세계로의 접근을 의미하게 되었다. 첫 번째의 자각이 기독교인으로서의 정체성 확립을 의미한다면, 독일 유학중 일어났던 두 번째 체험은 동양적 기독교에 대한 눈뜸이었다고 할 것이다. 좀 더 흥미로운 것은 이와 같은 종교적인 자각에 대한 야기 자기의 해석일 것이다. 야기는 "기독교에 입신(入信)했던 때의 종교적 경험과 선이해의 단서(端緒)를 붙잡았을 때의 종교적 경험 사이의 내적 평행성" 깨달았는데, 이는 "관념적인 것으로부터의 해방"이라는 공통성을 지니고 있다고 스스로 해석한다.89)

이를 통해서 야기는 "기독교 신앙의 진수(眞髓)란 죄인의 의인(義認)이 아니라 오히려 개념적인 언어로부터의 해방이다"라고 보고 있다.90) 이것은 전통적으로 서양 신학에 있어서 근본이 되어 왔던 의인론(義認論)에서 벗어나서 철저하게 불교적으로 재해석하고 방향을 전환한 것이다. 같은 맥락에서 야기는 신약성서의 핵심도 역사에 대한 신의 초자연적인 개입을 전제로 하는 것이 아니라, 예수 사후(死後) 예수의 제자들에게 일어났던 깨달음의 사건에 대한 해석이었다고 보았다. 그렇기 때문에 야기에게 기독교 신앙의 본질은 객관화된 율법과 역사를 넘은 참된 자기에 대한 자각에 있는 것이다. 훗날 야기는 기독교와 불교가 자기에 대한 깨달음에서 일치한다고 말하면서, 종교의 절

---

88) 上揭書, 58頁.

89) 古屋·八木 外, 『日本神学史』, 145頁.

90) Leonard Swidler, "A Jerusalem-Tokyo Bridge: Buddhist-Christian Dialogue and the Thought of Seiiich Yagi", Seiiich Yagi · Leonard Swidler, *A Bridge to Buddhist- Christian Dialogue* (Paulist press, 1990), p.60

대성이란 이러한 깨달음의 주체로서의 자기에 있음을 분명히 한다.

"구원이란 인간의 개인적, 사회적인 본래성, 전체성의 회복이고, 그 중
심은 원래 자기-자아인 인간이 자기-자아로서의 자신을 자각하는 것
이지만, 이 '자각'은 기독교적 메시지의 중심임과 동시에 불교적 각(覺)
과 본질적으로 일치한다. 여기에도 만일 절대성을 요구할 수 있다고 한
다면, 그것은 바울이 '내 안에 사는 그리스도'라고 하고, 타키자와 가츠
미가 예수 개인과 구별해서 '神-人의 第一義의 접촉'이라고 명명했던,
개인적이고 집합적인 현실(自己)이며, 이것이 '길, 진리, 생명'(요한복
음서 14:63 참조)인 것이다."91)

이러한 입장에서 야기는 이른바 '역사의 예수'에 있어서 예수라고 하
는 인격에 수육한 로고스의 실재로서의 그리스도와, 그 경험적인 인물
을 구분하지 않으면 안 된다고 여겼다. 사도 바울이 "이제는 내가 사는
것이 아니라 그리스도가 내 안에서 사시는 것입니다"라고 말했던 것처
럼, 그리스도란 모든 인간의 궁극적인 자기(自己)이다. 수육(受肉)한
로고스로서의 그리스도는 역사의 예수의 궁극적인 주체이며, 궁극적
인 자기이다. 중요한 것은 역사적인 인물로서의 예수가 아니라, 그 예
수에게서 실현된, 모든 인간의 궁극적인 자기로서의 그리스도이다.

이러한 야기의 생각의 배후에 타키자와와의 만남이 있다는 것은 앞
에서 언급하였던 바 그대로이다. 야기는 성서에서 언급되고 있는 예수
의 '나'라는 표현은 예수가 자각했던 '원사실'(原事実)로서의 그리스도
의 자기표현이라고 보았다. 달리 말해 본다면, 예수는 단순히 하나의

---

91) 八木誠一, 「滝沢説の批判的展開」, 『日本の神学』 22(1983), 207-208頁.

인격적 개체로서 말하고 있는 것이 아니라, 모든 인간의 궁극적 주체로서의 입장에서, 즉 신인 접촉의 '원사실'로부터 말하고 있는 것이다. 야기는 이러한 입장에서 역사적 인격으로서의 예수를 구원의 근거로 보려는 시도에 반대하고 있는데, 이는 이른바 종교다원주의를 위한 신학 논쟁을 위해서도 대단히 중요한 지적이라 하겠다.

"역사적 사건이 구원의 근거이고, 따라서 '사람은 예수가 가져다 준 구원을 받아들임으로서 구원받는다'라고 한다면, 예수의 이름을 부르지 않는 종교(즉 기독교 이외의 일체의 종교나 철학)는 모조리 멸망으로 정해진 이교(異敎)라는 말이 된다(기독교의 배타적 절대성 주장). 그러나 예수는 사람이 어떠한 교단에 속하는 어떠한 교의를 받들고 있는지가 아니라, 사람의 존재방식이 사실상 무엇에 의해 결정되고 있는지가 문제라고 가르쳤다. … 예를 들면, 불교와 불교도가 그 존재방식을 무엇에 의해서 규정하고 있는가, 어떤 존재방식을 취하고 있는가를 일체 검토해 보지 않은 채, 단지 불교도는 예수를 유일의 주(主)로 고백하지 않는다는 사실만으로 죄에 빠져 있는 이교도라고 결정해버려도 괜찮단 말인가? 결코 그럴 리가 없다."[92]

야기의 신학에 크게 공감하고 그를 한국에 소개했던 변선환이 말하고 있는 것처럼, "야기로 하여금 성서와 역사, 교회, 敎義에 대한 우상 숭배에서부터 철저하게 자유하도록 비신화화하는 지혜를 가르쳐 준 것은 禪佛敎였다."[93] '역사가 구원의 근거이다'라는 잘못된 전제에서

---

92) 八木誠一, 『キリスト敎は信じうるか』, 67頁.
93) 「八木誠一의 성서해석과 선불교」, 『변선환전집 2』(한국신학연구소, 1997), 175면.

벗어나게 해준 것은, 철저한 비신화화(非神話化) 종교로서의 선불교였다는 말이다. 따라서 야기에게서 기독교 신앙의 근거(根拠)는 예수의 존재와 죽음과 부활이라고 하는 역사적 사실에 있는 것이 아니라, 예수를 그와 같이 실존하도록 하여 준 실존의 근거, 즉 절대무(絶対無)라고 하는 장소였다.[94]

6. 민중의 종교와의 대화: '십자가와 연꽃'

지금까지 살펴보았던 일련의 신학자들의 경우, 그들이 대화했던 불교는 주로 선불교였다. 타키자와의 경우 히사마츠 신이치의 선불교적 무신론과의 비판적 대화였고, 그리고 야기의 주된 대화 파트너가 선사(禅師) 스즈키 다이세츠의 제자였던 아키즈키 료오민이었다는 것도 그렇다. 그뿐만 아니라 니시다 철학이나 스즈키의 선학(禅学), 니시타니 게이지, 우에다 시츠테루의 사상들이 선불교에 바탕한 철학임은 더 말할 나위도 없다. 물론 니시다의 철학에 신란(親鸞)의 정토교적인 요소가 강하다는 것도 부인할 수 없는 사실이지만, 니시다 이후 전개된 교토학파의 사상이 선불교적이라는 점 또한 부인할 수 없다.

나아가 교토학파를 중심으로 한 기독교-불교 대화는, 교토학파의 사상이 그러하듯이, 대단히 아카데미즘적이고 대단히 현학적(衒学的)인 학술토론으로 일관한다는 점 또한 재언의 여지가 없을 것이다.

이러한 면에서는, '난행문'(難行門)으로서 불교와의 대화가 주로 선불교와의 대화에 편중하고 있음을 지적하면서, 기독교와 '민중 레벨의

---

94) 상게서, 172면.

신앙'과의 대화를 주장했던 노로 요시오(野呂芳男)의 시도는 주목을 받아야 할 것이다.

노로는 일단 지금까지 일본에서 진행되어 온 기독교와 타종교의 대화가 세계적 추세 속에서 진행되어 온 시도로 적극적으로 평가한다.

"유럽이나 아메리카의 이른바 기독교 국가라고 자칭해 온 여러 나라에서도, 다른 제 종교의 존재를 무시한 채 신앙생활을 하는 것이 불가능하게 된 지는 이미 오래되었다. 이들 여러 나라에서도 오늘날 신학자들은 다른 제 종교, 예를 들면 불교나 이슬람교를 염두에 두면서 사색을 전개하고 있다. 더구나 수많은 종교가 공존하고 있는 일본에서 기독교와 다른 종교와의 관계를 어떻게 생각하면 좋은가라는 문제는 회피할 수 없는 문제이다. 따라서 지금까지 외국의 신학자, 존 캅이나 존 힉 등을 끌어들이면서, 특히 선불교와 기독교와의 대화를 시도해 온 야기 세이이치 氏나, 그보다 앞선 타키자와 가츠미 氏 등의 업적이 있었다."[95]

그러나 노로는 이러한 일본의 시도가 지닌 문제점을 다음과 같이 지적한다. 첫째는, 지금까지의 시도가 지나치게 선불교와의 대화 일변도로 흐르고 있었다는 점이다. 선불교는 이른바 난행문(難行門)으로서 고도의 수행과 지식을 요구한다는 사실을 상기해 본다면, 선불교를 중심으로 진행되는 기독교-불교의 대화가 현학적인 색채를 띨 것임은 불문가지라고 할 수 있다. 노로는 이에 반해서 서민의 종교인 이행문(易行門)으로서 정토교와의 대화를 통해서 비로소 기독교는 일본에 뿌리를 내릴 수 있다고 믿는다.

---

95) 野呂芳男, 『キリスト教と民衆佛教 - 十字架と蓮華』(本基督教団出版局, 1991), 344-345頁.

"이들은 서구의 신학이나 철학의 개념을 사용하고, 또 니시다 철학의
논리의 궤적을 따르면서, 고도의 지적인 방법으로 禅과의 대화에 들어
갔다. 그러한 지적 조작 속에서, 知의 대상이 되기 어려운 서민의 촌스
러운 신앙, 민중 종교는 잊혀져버리고 말았다. 오늘날 禅의 영향이 서
민 속에 없다고는 할 수 없겠지만, 민중 종교는 압도적으로 관음(観音)
신앙이고, 지장(地蔵)신앙이며, 이나리가미(稲荷神)나 그 밖의 여러
신, 부처, 보살, 명왕(明王), 천(天)에 대한 신앙이다. 그렇다면, 기독
교가 일본에 토착화되기를 바라는 사람이라면, 민중 종교와의 대화야
말로 제일 먼저 이루어져야 하는 것이 아닐까?"96)

두 번째로 노로가 지적하는 것은 지금까지의 기독교와 타종교의 대
화가 모든 종교의 공통성을 추구하려는 방향으로 이루어져 왔다는 점
이다. 하지만 노로는 이것 역시 지극히 추상적이고 이론적인 작업일
뿐이라고 비판한다. "모든 종교의 근저가 되고 있을 것 같은 종교성,
예를 들면, 원점이라든지 통합의 원리를 부각시키는 학문적 노력"에
대한 노로의 비판은 곧 타키자와('원점')나 야기('통합의 원리')의 학문
적 작업에 대한 회의라는 점에서, 그리고 존 힉이나 폴 니터가 주창하
는 '통일적 다원주의'(unitive pluralism)에 대한 비판이라는 점에서 관
심을 끈다. 이는 곧 '多부터 一에 이르는 길'에 다름 아니다.

노로는 지극히 추상적인 작업으로 시종(始終)하는 상기와 같은 시
도 대신, 살아 있는 민중 종교의 세계에 눈뜰 것을 권한다. 곧, '多로부
터 一에 이르는 길'을 무시하지 않으면서도 '一보다는 多'의 세계에 관
심을 기울이는 것을 말한다. "민중 종교의 세계를 앎으로서 우리는 백

---

96) 上揭書, 344-345頁.

화만발(百花滿發)한 들판에 온 것처럼 생각하게 된다. 그 하나 하나의 종교가 독특한 개성을 꽃피우고 있고, 유형화하기조차 어려울 정도의 풍요로움에 곤혹감을 느낄 것이다. 더욱이 서민들은 혼자서 욕심스럽게도 여러 신들이나 부처들을 예배하고 있어서, 그 종교적 생명력의 왕성함에 놀랄 것이다. 불교라든지, 신도라든지, 도교라든지, 하는 그런 구별도 관심 밖의 일이다. 그들은 그저 믿고 싶은 것을 믿을 따름이다."

일본적 종교 상황의 특성으로서 중층신앙(重層信仰)의 현실을 노로는 위와 같이 직시하면서 이러한 서민들의 종교심에 기독교는 뿌리를 내리지 못했다고 비판한다. "기독교는 서민들의 마을〔下町〕에 토착화되지 못했다." 그 이유를 노로는 "민중 종교에 대한 멸시"에서 찾고 있는데, 민중 종교가 '멸시'되는 주요한 이유는 "민중 종교가 지닌 이익을 추구하는 신앙〔御利益信仰〕" 때문이다.

그러나 노로는 되묻는다. 과연 "이익을 추구하는 신앙"을 배제하고 종교가 종교로 존재할 수 있을까? "현세 이익을 추구하는 민중 종교의 성격은 어떠한가? 인텔리는 이것을 경멸하지만, 도대체 신에게 자기의 현세적인 행복을 기도하고 요구하지 않는 기독교도가 존재할 것인가? 기독교의 신이 천지 만물의 창조자여서, 창조된 세계를 신이 선한 것으로 간주하는 한, 신의 의지에 반하지 않는 한이라는 조건이 붙어 있다고 하더라도, 이 세상에서의 기쁨을 추구하는 것은 당연한 일이다. 그러므로 기독교도는, 정치적으로도 교회적으로도, 모든 사람이 행복하게 되는 것을 바라고 그것을 위해서 노력한다. 민중 종교의 이익을 구하는 신앙〔御利益信仰〕도 본질적으로 이와 동일하다."97) 이런 점에

---

97) 上揭書, 353頁.

서 노로의 견해는 기독교가 일본에 토착화되는 길로서 일본인의 현세이익적 경향에 접목할 것을 권했던 에비사와의 주장을 연상시킨다.

민중 종교와 만남의 구체적인 예로 노로는 관음상에 물을 끼얹음으로써 치병을 기원하는 의식에서 기독교적 사크라멘트(sacrament)의 유비를 읽어내고, 지옥에 내려간 어머니를 구원해내는 지장보살의 이야기에서 그리스도의 음부행(陰府行)의 구원사건을 읽어내고자 한다.

"수도에서 나오는 물을 일단 양동이에 받아서, 사람들은 타와시〔그릇 등의 더러움을 씻는 도구〕로 자기의 신체 중 병든 부분에 해당하는 관음상의 부분을 씻는다. 기독교적 용어로 말해 본다면, 이것은 지장보살 신앙에서의 사크라멘트이다. 우리는 2세기 전반의 이그나티우스가 성찬 빵에 대해서 인간의 영혼을 내면에서 변화시키는 '불사의 약'이라고 했던 표현을 기억할 수 있지만, 이것은 후의 가톨릭교회의 화체설(化体説)의 근원이 되었다. 빵과 포도주는 그리스도의 신체와 피로 변화되고, 그것을 먹음으로써 우리는 그리스도와 하나가 되고, 불사의 존재로 변한다. 지장보살의 작은 종이〔紙札〕를 삼키는 것도 어딘가 이러한 새크라멘트에 일맥상통하는 바가 있다. 그리고 물로 씻은 관음보살은, 그리스도가 우리를 대신해서 돌아가셨다는 이야기를 우리에게 상기시킨다. …

『본원경』(本願経)에 따르면, 지장보살은 전생(前生)에 지옥에 떨어진 어머니를 효순(孝順)으로 구한 바라문의 여성이었다. … 인간은 모두 지옥에 가도록 운명지어져 있다고 하는 지옥필정(地獄必定)의 심각한 내세관이 민중 사이에 정착되었다. 그리고 지장보살은 지옥 속을 지나 돌아서, 교도관에 의해 고통을 받고 있는 사람들을 대신해서, 잠깐 동안이지만 그 고달픔을 대신하거나, 자기를 믿는 사람들을 염라

대왕의 승낙을 얻어서 지상에 소생시킨다. 여기에서 … 기독교의 속죄
론 등과의 접점을 보지 않을 수 없을 것이다. 특히 나는 「사도신조」의
그리스도가 '음부에 내려가시사'라는 부분을 생각하게 된다."98)

　이러한 견해에서 노로는 "기독교 신앙에 지장보살 신앙이 접목되는
것"을 통해서 기독교가 일본에 토착화될 수 있다고 주장한다. "이것은
기독교 신앙에도 지장보살 신앙에도 대단한 모험을 요구하는 것이다.
… 지장보살 신앙이 접목된 기독교는, 우리의 기독교에서 보았을 때,
아무래도 이질의 종교가 되고 만다고 강변하는 우리의 모습을 나는 상
상할 수 있다. 우리는 오늘날 구약성서를 성취한 것이 신약성서의 복음
이라고 말하고 있지만, 지장보살 신앙이 접목되어서 자라난 기독교가
마찬가지로 우리의 기독교를 성취한 것이라고 주장할지도 모른다."99)
　민중 종교라는 영양분(栄養分)을 흡수함으로써 기독교는 일본이라
는 토양에 뿌리를 내릴 수 있고, 이것이야말로 노로가 민중 불교와 대
화하는 이유일 것이다. "뭐니 뭐니 해도, 민중 종교가 우리의 기독교에
가져다주는 영양분은 기독교의 일본에로의 토착화이다. 우리의 그리
스도 상은 너무도 서구적이어서, 그 의복을 벗어던지지 않는다면 도무
지 뿌리를 내릴 수 있으리라고 생각되지 않는다. 아무리 국제화 시대에
살고 있다고 해도, 일본인의 개성은 없어지지 않는다."
　그러나 여전히 의문은 남는다. 그것은 "민중 종교는 과연 정말로 영
양분이며, 역사적으로 서양적이었던 기독교에 접목될 수 있을 것인가"
라고 하는 의문이다. "기독교와 민중 종교 사이에 결합점이 존재하는
가"라는 물음에 대해서 노로는 긍정적으로 대답한다. "지장보살에 대

---

98) 上揭書, 347-348頁.
99) 上揭書, 351頁.

하여 이미 살펴보았던 것처럼 몇 가지 결합점을 꼽을 수 있다. 기독교인에게는 이상한 행위로 비칠지도 모르지만, 지장보살의 부적을 삼키거나 관음상을 타와시로 씻는 것은 일상의 물질을 사용하여 신과 인간과 사이에 드라마 같은 행위를 함으로써 거기에 초월자(신이나 부처, 보살 등)의 현림(現臨)을 추구한다는 점에서, 빵이나 포도주를 사용하면서 십자가를 향해서—가톨릭이나 성공회나 루터파와 같이—축사하는 것을 포함하는 기독교의 예전(禮典)이나 전례와 다름없는 사크라멘트적인 행위이다. 결국 사크라멘트적인 기본 태도에서 양자는 결합점을 지닌다."

민중 종교와 기독교 사이에 존재하는 또 하나의 '결합점'은 "민중 종교의 경우, 고도(高度)의 불교 철학과는 달리, 부처나 신들(약사여래, 관세음보살, 지장존, 부동명왕, 이나리가미 등)은 전부 인격신이다"라는 사실이다. 기독교의 인격신관이 유일신 신앙을 의미하기 때문에 오히려 타종교의 신에 대해서 배타적인 태도를 취하는 것이 아닌가라는 의문에 대해서, 노로는 기독교에도 다신교적인 요소가 강하게 자리하고 있다고 응수한다.

"기독교는 유일신교이기 때문에, 민중 종교와 같이 다른 신을 믿거나, 여러 부처나 보살을 믿는 다신교적인 종교를 용납할 수 없는 것은 아닌가라는 의문점이 제기될지도 모른다. 그러나 이렇게 말한다면 비난받을지도 모르겠으나, 가톨릭교회나 정교회는 종교학적으로 말하자면 다신교이다. 유일의 신에게 종속시켜서 많은 성인을 숭배하고 있고, 그 성인들은 신의 명령을 받아 신자들을 수호하고 있다. 근대 과학의 영향으로 근대 이후의 개신교는 천사를 믿지 않게 되었지만, 구약성서에서는 물론 마르틴 루터도 천사를 믿고 있었다. 일본에서 지장보살이 하나

의 천사적 존재로 기독교도에 의해 믿어진다고 해도 이상한 일이라고
는 생각하지 않는다. 이는 유럽에서 믿어지는 성인들을, 문화적으로 관
계가 없는 일본인이 믿는 것보다는 이해하기 쉬운 일이 아닐까? 그리고
지장보살이나 관세음보살이 그리스도와 유사하게 우리의 고통 속에 들
어와 그 고통을 함께 해준다는 신앙은, 그리스도의 속죄의 행위를 격하
(格下)하는 것이 아니라 오히려 또 하나의 양자의 결합점을 형성하는
것일 것이다."100)

노로는 단지 기독교의 입장에서 타종교를 접목시켜야 한다는 일방
적 주장을 벗어나 "타종교가 기독교를 접목해도 좋다"라고 말한다. 그
러한 '접목'의 결과가 어떻게 될 것인가에 대해서 노로는 '신의 섭리'에
맡길 수밖에 없다고 내다보고 있지만, 그가 '신의 섭리'라는 말로 기원
(祈願)하는 것은 기독교에 민중 종교가 접목됨으로써 새롭게 탄생하
는 일본의 기독교의 모습일 것이다. '신의 섭리'에 모든 것을 맡길 수
있는 근거를 노로는 '만인구원설'에서 찾고 있다. 그는 기독교의 만인
구원설이 불교와 만나 그 폭이 더욱 확대될 수 있다고 기대한다. "기독
교 사상의 만인구원론이 인간의 구원하고만 관계되어 왔는데 비해서,
대승불교는 생명의 모든 존재의 구원에 관계되는 만유구제론을 주창
하고 있는 것은 이미 말했지만, 나는 이 점에서 대승불교에 영향을 받
아 만유구제론을 기독교 신학으로 받아들이고 싶다고 생각한다."101)
그러나 "민중 종교가 기독교의 세례를 받음으로써 민중 종교의 미신
적인 관습은 변해 갈 것이고, 기독교도 풍요로워질 것이다"라는 노로

---

100) 上揭書, 352-353頁.
101) 野呂芳男,「民衆宗教としてのキリスト教 - 万有救済説を中心とする一考察」,
　　『基督教講座』第37号(1994).

의 태도는 여전히 많은 논의점을—그 논의점이 대단히 계발적인 점이라는 면에서도—내장하고 있음이 틀림없는 것 같다.

앞에서도 말했듯이, 니시다 철학 또는 교토학파를 매개로 한 불교와의 대화가 지니는 문제점을 언급하면서 브라후트는 "사회적 실천으로 전환하기가 곤란한 점"102)이라는 지적하고 있는데, 굳이 그의 지적이 아니더라도 니시다 철학을 매개로 해서 전개되는 양종교의 대화는 지극히 아카데믹한 논의로 시종하는 것이 사실이다.

이런 점에서 필리핀 출신의 가톨릭 사제였던 루벤 아비토(Ruben Habito)의 신학적 시도는 주목을 끈다. 아비토는, 위의 노로의 경우와 유사하게, 정토 불교와의 대화를 통해서 사회적 해방의 모티프를 전개해 나간다.

아비트의 신학적 모티프는 '공고(共苦)의 고(苦)'를 통한 '苦로부터의 해탈'이다. 아비토는 이것이야말로 '깨달음의 본질'이라고 봄으로써 '苦'의 사회적 차원을 강조함과 동시에, 기독교의 십자가 신앙과 불교의 자각이 만날 수 있는 자리를 마련하고자 한다. 이런 점에서 아비토는, 정(淨)과 부정(不淨)의 존재론적 원리로 사회적 차별을 조장하는 종교에 대한 비판을 자신의 신학적 출발점으로 삼았던 구리바야시와 같은 신학적 계열에 속한다고 하겠다.

"우리는 억압자의 편에서 빠져나와 피억압자의 편에 서는 것으로 십자가를 함께 진다. 거기에 '구원'이 있다. 구원이란 무엇인가? 사마리아인의 예에서도 있듯이, '아픔을 함께 하는' 세계가 열려진다. 그 아픔을 함께 하려는 노력과 삶의 방식으로부터 어떻게 살아야 할 것인가? 거기에

---

102) ヤン・ヴァン・ブラフト, 前掲文, 11頁

구원의 길이 주어지고, 나타난다고 여긴다."103)

그뿐만 아니라, 현대사회가 제기하고 있는 다양한 문제에 대해서 기독교와 불교는 대화하고 협력하면서 해결책을 제시하려고 하고 있다. 그러한 시도로서는 성(gender) 문제를 둘러싼 기독교와 불교의 대화, 생명 윤리의 문제를 둘러싸고서 진행되는 기독교와 불교와의 대화, 생태학적 관점에서의 기독교와 불교의 대화 등을 꼽을 수 있을 것이다. 그들은 현대사회의 생생한 문제라는 '장소'(場所)야말로 기독교와 불교가 만날 수 있는 토대임을 자각하고서 나름대로의 해결책을 제시하고 있으며, 이런 점에서 '실천적인 차원'에서의 대화를 통해서 양종교의 미래적 변형을 모색한다고 할 수 있다.

7. 전망과 문제점

1) 아시아와의 공존

브라후트 신부는 지금까지 수행되어 온 기독교와 불교의 대화가 상당한 정도의 '수확'(收穫)을 거두고 있음을 인정하면서도 그러한 수확에 내장되어 있는 문제점도 아울러 지적하는데, 이는 일본에서의 기독교-불교 대화를 토대로 좀 더 포괄적인 신학적 패러다임 창출의 가능성을 꿈꾸는 우리에게 매우 계발적인 의미로 다가온다.104)

---

103) ルベン・アビト, 玉光順正,『聖書と親鸞の読み方 – 解放の神学と運動の教学』(明石書店, 1989), 62頁.
104) ヤン・ヴァン・ブラフト, 前掲文, 12頁 이하.

우선 브라후트는 일본에서 기독교-불교의 대화가 종교적 체험이라고 하는 "영적 사실(심령상의 사실)을 이해하고 표현하며 정리하는 데 있어서 그리스 철학보다 불교적 논리가 더 적절하다"는 확신 위에서 진행되고 있음을 인정한다. 특히 기독교와 타종교와의 관계를 신학적으로 설명할 때에 더욱 그러하다. 이 점에 대해서는 서구 기독교의 아시아적 토착화라는 점에서 공헌을 인정할 수 있지만, 근대 아시아와 일본이 경험했던 특수한 경험을 고려해 보는 경우, 앞서 오오키의 우려를 인용했다시피, 그러한 불교적 논리가 국지적으로 고착화되는 가능성에 대해서 스스로 비판의 문을 열어놓지 않으면 안 된다고 하겠다.

일본에서 진행되고 있는 기독교-불교의 대화는 중국과 한국 등, 동일한 불교문화권에 속하는 아시아의 기독교 신학에 얼마나 적극적으로 수용될 수 있을까? 이는 불교적 논리에 기초한 니시다 철학이나 교토학파의 사상이 아시아의 제반 국가와 사회와의 공존 가능성을 구축하는 문제에 얼마나 기여할 수 있는가? 하는 문제와도 직결된다고 하겠다.105) 이른바 교토학파의 사상이 기치로 내걸었던 "근대의 초극"106)에 대한 논란이나, 스즈키의 선철학과 니시다의 철학에 내재하는 오리엔탈리즘적 요소나 "배외(排外)주의적 성격과 국가주의적 경향" 대한 지적107)을 상기해 본다면, 이는 좀 더 정밀한 논의를 필요로 하는 문제이다.

---

105) 참조. 藤田正勝·卞崇道·高坂史郎 編,『東アジアと哲学』(カナニシャ出版, 2003).
106) 廣松 涉,『近代の超克論』(講談社, 1979), 202頁 이하.
107) ベルナール·フォール,「禅オリエンタリズムの興起 - 鈴木大拙と西田幾多郎」,『思想』4(2004), 136頁.

2) 종교다원주의 논의와의 관련성

두 번째, 브라후트는 불교의 연기설이 종교적 사상과 실천에 대단히 중요한 의미를 지니고 있음을 강조한다. 그러나 공과 동일시되는 연기, 즉 만물의 자성을 완전히 무화(無化)하는 상호연관성이라는 사고방식이 지니는 문제점도 아울러 지적한다. 다시 말해서 연기를 만물의 무자성성(無自性性)으로 파악함으로써 결과적으로 空을 절대시하고, 이로 말미암아 현실적 타자의 타자성은 空의 그늘 아래 무화되어버린다는 사실을 지적하고 있는 것이다.

'空'은 연기의 다른 이름이고, 그 자체로서 실체성을 지니지 않음은 물론이다. 그러나 니시다 철학을 중심으로 전개되는 기독교와 불교의 대화에서는 '이'(理)(=論理)에 과도하게 치중한 나머지 '事'의 세계를 간과하는 것은 아닌가? 야기의 종교적 체험이 '事'를 '事'되게 하는 것이었다는 것은, 그의 종교 경험에 근거해서 진행되는 양교의 대화도 끊임없이 '事'를 '事'되게 하는 非-理化의 길을 가야 한다는 것을 의미하지는 않을까?

이 문제는 종교 간의 대화에서뿐만 아니라 현금의 이른바 세계화(globalization)의 추세 속에서 진행되는 종교다원주의를 둘러싼 논쟁을 위해서도 대단히 중요한 문제로 부각된다. 그리고 이러한 종교다원주의로의 연결 가능성을 논하는 가운데 우리는 일본에서 이루어지는 기독교-불교 대화가 일본이라고 하는 국지성을 넘어서 세계를 향해 발신(発信)할 수 있는 가능성을 짚어볼 수 있을 것이다.

주지하다시피 존 힉이나 폴 니터가 주창하는 '통일적 다원주의'(unitive pluralism)는 모든 종교는 현실적이고 역사적인 차이〔多〕에도 불구하고 공동의 근원〔一〕에 회귀한다고 보는 점에서 여전히 '一'에의 집착에 매달려 있다고 하겠다. 힉의 이러한 종교다원주의를 적극적으로 소개하고 있는 마세 히로마사(間瀬允啓)에 대한 불교학자 하카마야 노리아키(袴谷憲昭)의 다음과 같은 비판은, 힉의 '통일적 다원주의'에 대한 비판인 동시에, 그러한 형이상학의 토대가 되고 있는—선불교와 니시다의 사상의 근간이기도 한—'본각사상'(本覚思想)에 대한 비판이라는 점에서 대단히 흥미롭다. 하카마야는 힉의 다원론은 "'궁극적 신적 실재'로서의 '토포스' 위에 '종교적 다원론'을 수립하여 세계 최고의 너그러운 종교"를 표방하려는 태도이지만, 이러한 태도야말로 "소수의 약한 신앙인에게 상처를 주는 것"이라고 경고한다.[108] 우리의 논의 맥락에서 말한다면, 힉의 '통일적 다원주의'란 결국 기독교 이외의 타종교를 기독교적인 논리구조에 묶어두려는 시도라는 지적이고, 이는 '통일적 다원주의'가 결국 배타주의나 포괄주의의 연장에 불과하다는 식으로 확장할 수 있을 것이다. 문제가 되는 것은 실재를 파악하는 그러한 '논리구조' 자체의 탈구축인 것이다.

다시 말해서 "소수의 약한 신앙인에게 상처를 주는 것"이라는 하카마야의 지적은 힉 류의 '통일적 다원주의'가 타종교의 타자성을 기독교로 흡수하려는 또 하나의 포괄주의가 될 가능성을 지님을 지적한다는 의미에서 대단히 중요하다.

그리고 이러한 '통일적 다원주의'에 대한 비판은, 기독교와 불교의 공통의 '근저'(根底)를 추구하는데서 일치하는 일본에서의 기독교-불교 대화에 대해서도 타당성을 지닌다고 할 수 있다. 이런 점에서 '자기가 자기에게서 자기를 보는 것'과 '자기가 타자에게서 자기를 보는 것'에서 자기의 존재양식을 찾았던 니시다의 실재 이해는 '자기가 자기에

---

108) 袴谷憲昭, 『批判佛教』(大蔵出版, 1990), 125-126頁.

게서 타자를 보는 것'으로 확대 또는 탈구축되어야 하지 않을까? 자기라고 하는 '근저'에서 낯선 타자를 자각함으로써 자기 자체를 탈구축하는 것으로 나아가지 않는다면, 그러한 '근저'는 일체의 타자를 흡수해서 무화시켜버리려는 또 하나의 에고이즘의 토대가 되는 것은 아닐까?

신약성서학자인 타가와 겐조(田川健三)는 타키자와와의 만남으로 "역사적 분석과 날카로운 이론적인 분석을 장점으로 했던 신약성서학자 야기 세이이치가 관념론적 본질론자로서의 야기 세이이치로 다시 태어났다"[109]고 비판하고 있다. 물론 이러한 결과 야기가 "진부한 호교론(護敎論)에 빠져버렸다"고 하는 타가와의 단정에는 동의하기 어렵지만, 그러나 야기의 사상적 변천을 '역사적 분석'으로부터 '관념론적 본질론'로의 변화라고 지적한 다가와의 경고에도 귀 기울일 가치가 있다. 지금까지의 맥락에서 말해 본다면, 타가와의 상기 비판은 종교 간의 대화에서 그 대화의 가능 근거로서의 근저(根底)를 찾으려는 시도에 대한 비판으로 읽혀질 수 있는 것이다. 근저로의 집착은 곧 현실적인 대화를 부차적인 것으로 만들어버리기 때문이다. 그리고 이러한 근저로의 집중은, 타가와의 말을 빌려서 말해 보면, "인식과 존재를 혼동하는" 오류에 의한 것은 아닌가 하는 의구심을 불러일으킨다.

근저로의 집중이 '인식과 존재를 혼동하는' 위험성을 내재하고 있다면, 이것은 종교적 체험이라는 '사실'에 대한 '설명'이야말로 철학의 임무라고 여겼던 니시다의 견해와 무관치 않다. 니시다는 『장소적 논리와 종교적 세계관』에서 "종교는 심령상의 사실이다. 철학자가 자신의 체계 위에서 이것을 날조할 수는 없는 일이다. 철학자의 임무는 이 심령상의 사실을 설명하는 것이다"[110]라고 함으로써 '설명'에 대하는

---

109) 田川健三, 『批判的主体の形成』(三一書房, 1971), 48頁.
110) 西田幾多郎, 『場所的論理と宗敎的世界観』(『西田幾多郎全集』第11卷, 岩波

(심령상의) '사실'을 우선시했다.

그러나 언어의 경지를 끊는 신비 체험도 해석에 의해서 비로소 체험이 된다는 사실을 생각해 본다면 '사실'과 '설명'은 일방적 우선순위의 관계로 파악할 수 없다. 야기도 말하고 있듯이, '근저'는 그러한 '근저'에 대한 깨달음이 있기 전에는 있어도 없는 것이나 마찬가지이며, 이런 점에서 '근저'와 '근저'에 대한 '깨달음'은 일방적인 '불가역'(不可逆)의 관계로 파악할 수 없는 것이다. 이 점에서는 "근저는 실존에 선행한다"고 여겼던 야기의 주장도 제한적 의미로 받아들이지 않으면 안 된다.

야기는 니시다의 '순수경험'을 '직접경험'이라고 바꾸어 말하고, 신과 인간의 '직접성'이야말로 신과 인간의 본래적 관계라고 강조한다. 그러나 모든 경험은 해석된 경험이며, 이와 같은 의미에서는 간접경험임을 고려해 본다면, 결국 인식되기 이전의 존재, '설명'되기 이전의 '사실'을 상정하는 것은 무리일 것이다. 이러한 사실을 망각할 때, 절대무의 절대화를 초래하는 것이 아닐까? 니시다의 '절대무의 장소'가 모든 현실적 차이를 무화(無化)하는 블랙홀이 아니라 다양성을 다양성 그대도 긍정하는 근원이 되려면 '사실'과 '설명' 사이의 해석학적인 순환, '근저'와 '실존' 사이의 가역(可逆), 불가역(不可亦)을 둘러싼 논의가 좀 더 철저하게 이루어져야 하지 않을까?

"역사는 구원의 근거가 아니다"라는 야기의 주장은, 신화화된 기독교의 독선적 배타성을 타파하는 데 주요한 원리로 작용함이 틀림없다. 그러나 "역사는 구원의 근거가 아니다"라는 말은, "역사는 구원이 일어나는 장소이다"라는 말을 배척해서는 안 될 것이다. 만일 배척한다면 그것은 대단히 추상적인 원리로의 회귀(回歸)를 의미할 것이고, 야기

書店, 1965), 371頁.

가 그토록 벗어나고자 했던 "언어와 관념에 의한 事의 일방적 지배"라
고 하는 덫에 다시금 사로잡히는 것을 의미할 것이다. '事'가 '事'되게
하는 것이 야기의 회심의 체험의 근본이라면, 그 '事'가 놓여 있는 역사
적 공간을 도외시해서는 안 될 것이다.

　이상과 같은 문제점은 그러나 동시에 가능성이기도 할 것이다. 이
러한 가능성을 염두에 두면서 일본에서 진행되는 기독교와 불교의 대
화를 지속적으로 연구해 보고 싶다.

제 7 장

토착화와 종교다원주의 그리고 그 이후

— 변선환 박사의 신학사상에 대한 일고찰(一考察)

"아세아의 기독교인들은 아세아의 종교인들과 함께 아세아의 종교적 영성이라는 요단강과 간디스 강에서 세례를 받아야 하겠지만 아세아의 역사와 함께 오래된 절대빈곤의 과제와 싸우기 위하여 아세아인들 사이에서 맹목적으로 받아들여지고 있는 西洋志向을 깨치고 나아가며 하나의 세계공동체의 형성을 지향하며 골고다로 향하는 고난의 길에 나서야 할 것이다. 이 경우 타자를 개종시키려는 숨겨진 의도를 가지고 타종교를 대하려고 한다는 것은 절대금물이다. 지구가 여러 위성들 가운데 하나이듯이 기독교도 여러 세계 종교 가운에 하나일 뿐이다."

— 변선환(邊鮮煥)

1. 토착화 신학자 일아

고(故) 일아(一雅) 변선환 박사의 신학사상이 한국 신학계에서 차지하고 있는 위치나 의미는 그가 남겨 놓은 수많은 글을 통해서 이미 하나의 역사가 되어 있다. 그뿐만 아니라 그가 평생 봉직해 왔던 감리교단으로부터 1992년 종교재판을 통해서 출교당했던 사건은 한국 신학 사상 내에서 그가 노정하고 있는 새로움을 한국교회가 성숙하게 받아들이지 못했던 비극적인 결과였다. 신학적인 주제를 철저히 비학문적으로 대하는 데 따르는 제반 모순적인 문제들은 차치하고 보더라도, 일아의 신학사상이 한국교계와 신학계에 던져 준 메시지는 기존의 신학체계로서는 수용하기 어려운 새로움으로 가득 찬 것이었다. 그렇다면 그의 사상이 제기하는 문제의 새로움과 낯섦은 어디에 존재하는가? 본 소고는 변선환 박사의 신학적 작업을 일아 사상의 몇몇 단면을 짚어가면서, 그리고 동시에 한국 신학사상의 흐름을 따라가면서 파악하고자 한다.

신학자로서의 일아에게 자명하다는 듯이 늘 따라다니던 말은 역시 토착화 신학자라는 타이틀일 것이다. 이런 점에서 그는 한국의 전통 종교와 기독교의 만남을 자신의 실존적이고 선교적인 신학 문제로 삼았던 탁사(濯斯) 최병헌(崔炳憲)에게서 비롯되어 윤성범과 유동식으로 이어지는 신학의 맥락 속에 서 있다. 6·25동란 때 이북에서 월남했던 일아는 자신이 고향에서 기독교 신앙을 가지게 된 처음부터 한국이라는 정신적 고향 속에서 자신의 신학함의 장소(topos)를 느끼고 있었다고 술회한다.

"23년 동안 어린 시절을 산 진남포는 세계사의 질곡 시대에 나타나서 '생에 기준을 준 사람들'(Die massgebenden Menschen) 사대성현과의 만남을 통하여 인류의 보편적인 근본지 철학적 신앙에의 길을 보여준 내 마음의 차축(車軸)이며 예수 그리스도와의 만남을 통하여 어떻게 동양종교의 콘텍스트 속에서 복음을 재해석할 것인가라는 한국적 신학 형성의 과제를 맡게 되는 신학자가 되도록 운명지어준 내 신학의 요람지이다."[1]

그뿐만 아니라 일아는 스위스에서의 유학 체험을 통해서 동양의 대
승불교 전통을 접하게 되면서 "불교로 특징화할 수 있는 동양이라는
문화적 풍토에서 기독교 신학자가 된다는 것을 무엇을 뜻하는 것일
까?"라는 화두를 지니게 되었던 것도 토착화 신학자로서 그의 면모를
잘 드러내 주고 있다.[2] 독일에 유학할 당시「벽암록」을 독일어로 번역
한 군데르트에게서 들었던 "나는 좋은 크리스천이 되기 위하여 불교를
배우고 좋은 불교도가 되기 위하여 기독교를 공부하고 있다"라는 화두
에서 자신의 불교적 정체성에 눈뜨고서 이후 불교 연구를 통한 기독교
신학 형성에 매진하게 되었던 일본의 대표적인 신학자 야기 세이이치
(八木誠一)의 경우처럼, 일아 역시 이후 불교와의 각별한 만남을 계속
하게 된다.[3] 일아의 신학적 장소는 불교적 지평에서 기독교 신학을 수
행해 나가는 일이었던 것이다.

그런데 토착화 신학은 이미 1960년대부터 논의되어 오던 신학적인
주제이기 때문에 그것이 한국의 신학적 풍토에서 낯선 것이라고 보기
는 어렵다. 한국에서의 토착화 신학은 문화적이고 종교적인 차원에서
의 토착화(이른바 토착화 신학 또는 종교신학)와 정치적이고 경제적인
차원에서의 토착화(민중신학)로 양분되겠지만, 양자 모두 기독교 복음
에 대한 해석학적 접근을 한다는 점에서는 공통적이다. 따라서 토착화
신학은 한국의 삼대 신학 조류라고 일컬어지는 근본주의적 정통주의,

---

1) 변선환, "나의 신학수업",『종교다원주의와 한국적 신학: 변선환학장 은퇴기념논문
집』(한국신학연구소, 1992), 18면.
2) 같은 글, 26면.
3) 참조. 八木誠一,『キリスト教は信じうるか』(講談社, 1970), 46頁.

문화주의적 자유주의, 역사참여적 진보주의 중의 하나이므로 일아의
사상을 토착화 신학으로만 규정한다면 그가 지닌 새로움은 드러나지
않는다.4)

예를 들어서 일아는 어느 글에서 자신이 아시아의 종교에 대한 적극
적인 평가를 하기에 이른 소회(所懷)을 이렇게 피력한 적이 있다.

"그리스도는 문화의 변혁자라고 하는 전제하에서 일방적으로 기독교
서구가 동양에 대하여 문화적인 변혁을 일으켜야 한다는 사명을 말했
습니다. 일방통행적인 십자군 멘탈리티로서 문화종교적인 제국주의적
정복의 사고형식입니다. 제가 바로 '70년대까지 이러했습니다."5)

이것은 일아 스스로가 밝히고 있는 대로 그의 신학수업의 과정이기
도 하였다. 그뿐만 아니라 그가 1975년 바젤 대학교 신학부에 제출했
던 박사학위 논문의 제목이 말해 주는 대로「그리스도의 궁극성」(The
finality of Christ)에 대한 고수의 과정이 그의 신학사상 속에는 분명히
자리 잡고 있었다. 마이켈슨과 선불교와 야기, 그리고 프리츠 부리를
논한 팽대한 이 논문에서 일아는 일본의 선불교적 신학자 야기 세이이
치(八木誠一)의 사상을 자신의 스승인 프리츠 부리의 실존론적 기독교
의 견지에서 비판하는 것으로 끝낸다. 일아 스스로도 "나의 신학수업"

---

4) 유동식,『한국신학의 광맥』(전망사, 1990, 6판), 133면 이하; 일본의 구와다 슈엔도
　 이와 비슷한 맥락에서 일본의 신학사상의 흐름을—일본의 신학은 특히 일제를 통해
　 서 긍정적인 의미에서이든, 부정적인 의미에서이든 한국의 신학에 적지 않은 영향
　 을 미친 것이 사실이다—'복음적 기독교', '문화적 기독교', 그리고 '사회적 기독교'로
　 삼분하고 있다. 桑田秀延,『日本の神學思想史に現われた神學の問題と人物』
　 (明治學院大學キリスト教研究所, 1976), 50頁.
5) "좌담회 - 한국 토착화 신학 논쟁의 평가와 전망",「기독교사상」6(1991), 82면.

이라는 자서전적인 글에서 당시 자신의 견해를 이렇게 기록하고 있다.

"야기의 장소적 기독론에서 기독교 신앙은 형이상학적 토포스 속에, 그리스도의 인격은 그리스도의 원리 속에 해소된다. 결국 실존이 그의 존재론적인 근거인 무의 장소에 의해서만 성립된다고 보는 야기는 인간실존의 무제약적인 자유와 책임을 알지 못하고 있다. 그러나 성인의 세계에 사는 현대인은 존재의 모태에 매달려 있는 자연의 노예가 아니다. 마이켈슨과 야기의 신학적 아포리아를 해결해준 이는 그리스도라는 이름을 유일회적 종말론적 사건이나 절대무로서의 場의 계시가 아니라 '인격적 책임성의 무제약성을 나타내는 신화적 표현'이라고 본 후릿쯔부리였다. 그리스도라는 이름이 신화적으로 상징하는 것은 바로 인간의 진리, 책임적 자아와 책임적 공동체의 진리다. 그러기에 무제약적인 책임성이 있는 곳, 사랑이 있는 곳, 그 어디에나 그리스도가 계신다. … '무제약적 책임성'이라는 이름밖에 천하 인간이 구원을 얻을 만한 다른 이름을 우리에게 주신 일이 없다. 이 복음이 동방의 밝은 빛 '은자의 나라' 한국의 빛이 되기를!"6)

야기는 타키자와에게서 배웠던 인간과 하느님의 제1의 접촉이 제2의 접촉에 대해서 지니는 우위에 의해서 그리스도라는 참 자기가 예수로 표현된 역사적 실재보다 선행한다고 여겼던 것이다.7) 따라서 야기에게는—야기가 배우고 있는 타키자와 가츠미(瀧澤克己)의 경우와 마찬가지로—그리스도의 궁극성과 같은 "기독교 고유의 불가침한 성역

---

6) 변선환, "나의 신학수업", 앞의 책, 29-30면.
7) 참조. 八木誠一,『パウロ-親鸞 * イエス-禪』(法藏館, 1983), 17頁; 瀧澤克己,
  『佛教とキリスト教』(法藏館, 1999).

이라고는 없다." 단지 논쟁점이 있다면 그처럼 인간과 두 가지 의미에서 접촉하는 신 사이의 가역(可逆)과 불가역을 둘러싼 논쟁일 뿐이다. 일아 스스로 "일본의 장소적 신학자 야기의 신학의 비밀은 '근저는 실존에 선행한다'라는 데 있다"고 쓰고 있는 그대로이다.

일아는 일본의 교토학파(京都學派)의 창시자라고 일컬어지는 니시다 기타로(西田幾多郎)의 선철학(禪哲學)에 빚지고 있는 야기의 장소론적 그리스도 이해—이것은 타키자와에게서도 마찬가지이다—를 존재에 의한 실존의 소멸, 존재에 의한 인격과 윤리의 차폐라고 비판하고 있는 것이다. 그런데 여기에서 일아가 야기를 비판하면서 사용했던 용어, 즉 야기에게서는 그리스도의 '인격'이 그리스도의 '원리' 속에 해소되고 만다는 비판에서 사용된 '인격'과 '원리'는 다름 아니라 에른스트 트뢸치나 앨버트 슈바이처 등이 동양 종교에 대한 서구신학의 우월성을 설명하는 범주였다는 사실을 기억한다면, 당시까지만 해도 일아의 신학적 관심은 서구적인 시각으로 동양의 종교를 순치(馴致)하는 일이었음을 알게 된다. 앞서 말한 대로 "그리스도는 문화의 변혁자라고 하는 전제하에서 일방적으로 기독교 서구가 동양에 대하여 문화적인 변혁을 일으켜야 한다는 사명"에 가득 차 있던 시절이었다고 불러도 무방할 것이다. 타종교는 여전히 기독교적인 '복음에 이르는 준비'(*preparatio evangelica*)였을 뿐이다.

또한 귀국 후 그가 썼던 글 "동양적 예수의 문학적 개척"은 『침묵』으로 유명한 일본의 엔도 슈사쿠(遠藤周作)를 소개한 것인데, 이 글에서도 일아는 일본을 모든 것을 빨아들여서 자취를 감추게 만드는 이른바 일본 늪지대론〔泥沼論〕을 주창하는 엔도에 대해서 다음과 같이 비판하고 있다. 위의 경우와 마찬가지로 좀 길지만 인용해 보겠다.

"『침묵』에서 욥과 도스또예프스키의 신의론적인 물음을 제기하였던 엔도가 왜 신의 침묵이라는 실존적인 주제를 철저하게 추구하고, 하느님 나라에 대한 희망의 좌절이라는 최대의 종말론적인 비극에서 예수를 그리지 않았을까? 아쉬운 일이다. 예수는 무력, 무능, 그리고 정서적인 사랑의 과잉 때문에 좌절한 로맨티스트, 정념형 좌절자도 아니었고, 자기의 무력을 알면서도 높은 이상을 가지고 사회정의의 실현을 찾아서 항의하며 사운 정치혁명가, 분노형 좌절자도 아니었다. 史的인 예수! 그분은 하느님 나라 선포자로서 좌절하고 난파한 '초월의 암호'(야스퍼스)로서의 실존적 인간, 종말론형 좌절자였다. 이렇게 생각할 때 비로소 주객미분의 일본적인 애매모호한 범신론적 감성이나, 선악의 피안에 있는 로맨틱한 정서적인 '사랑' 속에서 해소되려던, 윤리적 엄숙성에서 산 종말론적인 예수, 실존적인 예수상이 밝혀질 것이다.

가톨릭 실존주의자, 장셰니스트인 엔도는 초월자를 향한 실존적인 수직의 자세, 초월자 앞에서 이자택일의 결단을 감행해야 하는 실존적 인간의 자유에의 응시, '자기에의 성실성'을, '자연', 곧 범신론적인 감탕밭(泥沓) 속에서 잃지 말아야 할 것이다. 일본의 복음성가가 노래하고 있듯이 예수는 우리에게 바다 위를 걸어오라고, 우리는 자연의 노예가 아니라 바로 그 주인이라고 한다."8)

일아가 엔도를 읽으면서 비판적으로 제기했던 문제들, 곧 자연과 역사의 대립, 존재와 인격의 대립, 논리와 윤리의 대립은 실은 동양의 멘탈리티에는 낯선 지극히 서구적인 것임이 틀림없을 것이다.9) 일아는 그러므로 엔도의『침묵』도 자신의 실존적 기독교 이해의 틀에서 보고

---

8) 변선환, "東洋的 예수의 文學的 開拓", 「기독교사상」 8(1976), 67면.
9) 참조. 峰島旭雄, 拙譯,『서양에서는 불교를 어떻게 보는가』(원음사, 1991).

있었으므로, 당시의 일아로서는―훗날 종교다원주의로 그의 사상이
변천되기 전에는―엔도가 훗날 기독교적 풍토와 대비되는 인도의 갠
지스 강에 이르는 여정에 대해서는 훨씬 그 반발이 컸을 것이다.[10] 이
점에서 우리는 일아의 타종교와의 대화, 특히 불교와의 대화는 기독교
라는 종교적 정점으로 타종교를 수렴하려는 포괄주의적인 성취론의
발로라는 지적이 호소력을 지니는 것처럼 보인다.[11]

그러나 일아가 단순히 성취론적인 도식으로 타종교와 만나고 있었
던 것은 아니었다. 그는 "불교와 기독교의 대화"(1982)라는 글에서 타
종교와의 열려진 대화를 위한 조건으로 모든 종교는 "교리적 차원 너머
에 있는 보다 근원적인 실존적 존재론적 차원"에서의 "종교 체험"을 거
론하고 있다.[12] 따라서 자연신학적인 자연-은총이나 일반계시-특수
계시의 대립도식하에서 일아가 기독교와 타종교의 만남을 문제시하고

---

10) 엔도는 1993년에 발표한『깊은 강』에 이르게 되었던 인도의 갠지스 강 체험에
　　대해서 다음과 같이 적고 있다. "수면은 고요하였고 배에는 물의 그림자만이 움직
　　이고 있었다. 사원에서 흘러나오는 노래는 한층 더 이 생자와 사자의 결합에 정적
　　을 더하고 있었다. 안내인은 여기에서 태워지고 있는 것은 어른만이 아니라고
　　했다. 어린아이의 유체는 작은 배에 실려 어머니이신 강에 흘려보낸다고 가르쳐
　　주었다. 나는 태양빛에 눈부시게 빛나는 적막한 강의 저편으로 조그맣게, 조그맣
　　게 사라져 가는 작은 배를 상상하면서 나도 언젠가 죽게 될 때 저렇게 다루어지고
　　싶다고 염원하였다. 아마도 내가 그때 생각했던 것은 인도인과 힌두교도의 종교관
　　념과는 매우 거리가 있는 것이었을 것이다. 하지만 풍부한 갠지스 강을 어머니
　　되신 분의 이미지에 겹치면서 어머니로부터 태어난 것이 어머니 되신 분에게 돌아
　　가는 감각만은 동양인인 나에게는 나름대로 알 것 같다는 생각이 들었다. 어머니
　　되신 분의 이미지를 자연 속의 무엇과 결합시키는 것은 범신론의 하나의 형태이지
　　만 동시에 동양인의 종교심리의 특징이라고 나는 생각하였다. 어머니 되신 분인
　　이상 그 이미지를 부여하는 자연은 엄하고 준열한 것은 될 수 없다. 그것은 아름다
　　움과 포용력을 갖춘 것이 아니어서는 안 될 것이다." 遠藤周作, "ガンジス河とユ
　　ダの荒野",『牧歌』(新潮社, 1972).
11) 심상태, "변선환 박사의 타종교관 이해",『종교다원주의와 한국적 신학』, 44면.
12) 변선환, "불교와 기독교의 대화",「기독교사상」9(1982), 163면.

있는 것은 아니라는 것이 분명하다. 그는 자신에게 커다란 영향을 끼쳤던 바젤의 철학자 칼 야스퍼스가 말한 "사랑하면서의 투쟁"(Liebender Kampf)이라는 실천적 과제의 빛에서 기독교와 타종교의 연대와 대화를 지향하고 있었다. 일아가 이기영의 불교사상과 대화하면서 이기영을 평했던 말, "지성의 성실성을 버리고 거의 무의식적으로 서양사상을 수용하고 있는 싸구려 지성이나 맹목적인 기독교인과는 달리 자기 속에 살아 있는 기독교와 불교 사이에서 일어나는 알력을 의식적으로 받아들이며 실존적인 '사랑하면서의 싸움'을 계속한 진리에로의 도상존재(Unterwegs-sein)"라는 평은 그러므로 사실 일아 자신의 자화상이었던 것이다.13)

따라서 서구신학적인 패러다임을 통해서 동양종교, 그중에서도 불교와의 만남을 지속해 왔던 일아에게는 단순한 성취론적인 입장을 훨씬 뛰어넘어서 이미 다원주의적인 견해에로 확장될 수 있는 맹아를 지니고 있었던 것이다. 그가 "우리의 위대한 승리는 어느 종교가 더 적극적으로 사랑을 실천하고 어느 종교가 초월자 체험, 곧 '궁극적 관심'을 잘 나타내고 있는가 하는 데 달려 있다"14)고 말할 때, 그는 이미 실천적 다원주의에 발을 내딛고 있었던 것이다.

2. 서구신학적 자아의 탈구축

그러므로 우리는 토착화 신학자로서 일아의 신학적 새로움을 토착

---

13) 변선환, "해방후 기독교와 불교의 수용형태", 『연구과제: 해방후 기독교와 전통문화와의 수용형태』(감신대신학연구소, 1978), 75면.
14) 변선환, "불교와 기독교의 대화", 179면.

화를 한번 더 극복하려는 노력에서 읽어내야 할 것이다. 다시 말해서 일아의 관심은 서구에서 형성된 기독교의 진리를 단순히 한국적 토양에 뿌리내리는 일에서 그치는 것이 아니라, 거기서 한 걸음 더 나아가서 그러한 뿌리내리기 작업의 주체로 남아 있는 서구신학적 자아 자체를 해체하는 데에 있었던 것이다. 현실적으로 이러한 작업에 가장 큰 도움이 되었던 것은 역시 토착화 신학이 전제로 하고 있는 포괄주의나 성취론적인 모티프까지도 극복하고자 하였던 종교다원주의였다.

일아의 이러한 작업은 우선 한국 신학 내지는 한국의 교회 현실을 비판적으로 조명해 보는 일에서부터 출발해야 할 것이다. 비록 그가 역사학적인 조명을 가하지는 않았다고 하더라도 실제로 일아는 자신의 사상이 종교다원주의로 나아가는 획기적인 계기가 되었던 논문인 「타종교와 신학」(1984)에서 한국의 보수주의의 태두라고 평가받는 미국 선교사 사무엘 마펫의 설교를 맨 앞에 인용한다.15) 더욱이 이 논문이 한국 개신교 100주년을 회고하고 새로운 한국 기독교를 전망하는 자리였다는 점에서 그가 사무엘 마펫을 인용했던 의미의 각별성을 짚어 볼 수 있다. 그가 인용하고 있는 마펫의 구절은 이렇다.

"조선 모든 선교사가 다 죽고, 다 가고 모든 것을 축소한다 할지라도, 형제여! 40년 전에 전한 그 복음 그대로 전파하자. … 변경치 말고 그대로 전파하라. … 다른 복음 전하면 저주를 받을 것이다."

그러므로 우리가 일아의 신학을 올바로 평가하기 위한 우선적인 작업으로 그가 한국의 기존의 신학을 어떻게 보았으며, 그것에서 어떻게

---

15) 변선환, "他宗敎와 神學", 「신학사상」 47(1984), 687면.

벗어나고자 했는지를 동시에 고찰해야 할 것이다.

첫째, 일아에 따르면 한국의 교회와 신학은 자신들이 전수받은 선교사들의 신학을 역사적으로 상대화하지 못한 채 오늘날에 이르렀다. "지성의 성실성을 가지고 서구신학을 소개하던 한국 신학자들은 이때부터 우상화하고 절대화한 선교사 신학에 의하여 이단으로 정죄되어야 했다"고 그가 말하고 있는 그대로이다.16) 한국의 교회와 신학의 현실은—개신교에 한정해서 볼 때—100여 년 전 한국에 기독교를 전했던 선교사들의 신학과 신앙의 색채에서 크게 벗어나지 못하고 있다. 1895년부터 이루어진 한국에서의 선교를 담당했던 이들은 주로 미국의 청교도주의적이고 근본주의적인 신학적 배경을 지닌 사람들이었다.17) 그들의 신앙이 지닐 수밖에 없었던 경건주의적인 신앙의 색채는 그대로 한국교회의 유일무이한 모델이 되었다.

예를 들어서 '제2의 사무엘 마펫'이라고 할 수 있는 신학자 박형룡은 이교에 대한 기독교의 올바른 태도를 다음과 같이 전투적으로 외침으로써 아시아 종교에 대한 무관심과 배타성으로 일관했던 선교사의 충실한 후예라는 것을 드러낸다.

"기독교의 이교에 대한 적정한 관계는 타협이 아니라 정복이다. … 예수 그리스도의 이름을 가진 종교의 태도는 타협이 아니라 충돌이며 정복이다. 그것은 다른 종교들을 배제(排除)할 제의를 하고 있다. … 기독교는 이렇게 悠久하고 수고로운 戰役을 시작하였으므로 다종다양의

---

16) 같은 글, 688면.
17) 초기 선교사들의 신학적 배경에 대해서는 宋吉燮,『韓國神學思想史』(대한기독교서회, 1987), 35-65면; 한승홍, "초기 선교사들의 신학과 사상",「한국기독교와 역사」창간호(1991), 49-67면.

운명을 경험하며 艱苦와 遷延에서 忍耐를 배워야 할 것이다: 그러나 그 사건의 진상을 언제나 잊어서는 안 될 것이니 그것은 곧 기독교는 승리를 위하여 출발하였다는 것이다. 그러므로 정복하려는 의도는 복음의 특징이다. 이 특징은 그리스도의 복음이 새파랗게 젊은 시절에 사방에 둘러 있는 제 종교들 가운데로 진격할 때에 가지고 있던 목적이었다. 지금에 있어서도 그들의 옛 종교가 그들의 종교성을 防塞하는 어떤 지역에 들어가든지 반드시 젊었을 때의 그 목적을 가져야 할 것이다. 그러나 그것을 사랑으로써 하지 않아서는 안 된다. 그러나 사랑으로써 함은 정복을 계획함이다. 그래서 그것은 세계적 정복을 企圖하는 것이다."18)

박형룡이 아시아의 종교들에 대해서 극심한 증오의 감정으로 대하는 것은 서구의 신학을 '술이부작'(述而不作)의 태도를 모방하는 것을 자신의 신학자로서의 소임으로 여겼던 근본적인 입장과 상통하는 것이었다. 그는 자신의 땅에서 스스로 소외되어서 타인이 됨으로써 자신의 기독교적 정체성을 획득할 수 있다고 여겼던 대표적인 신학자였다.

1907년을 전후해서 한국 전역에 요원의 불길처럼 번져 나갔던 이른바 '대부흥운동'은 죄의 자백을 통한 회개운동과 성령 체험에 대한 강조, 그리고 문자주의적인 성서 공부를 축으로 이루어졌는데, 이것은 바로 17세기 독일을 중심으로 일어났던 경건주의적인 신앙의 전형적인 형태인 것이다. 개신교 정통주의가 지니고 있는 주지주의적인 신앙이해에 반대해서 등장했던 경건주의는 내적인 체험을 신앙의 장소로 여겼기 때문이었다. 독일 경건주의의 대표적 신학자의 한 사람인 아우

---

18) 박형룡, "異敎에 대한 타협 문제",『朴亨龍博士著作全集』XIII(한국기독교교육
　　연구원, 1981), 103-104면.

구스트 프랑케(August Francke, 1663-1727)가 말하고 있듯이 '참회의 전투'와 '은총의 관통'을 통해서 '회심'을 체험하지 않은 자는 그리스도인이 아닌 것이다. 그에게는 신학적 연구가 성서와 함께 신앙심의 활성화를 위한 것으로 압축되었다. 과학과 철학이 불신의 대상이 되었음은 물론이다. 그는 "신학에 올바로 열중하는 자는 동전 한 닢 무게의 생동적인 신앙을 백 파운드의 단순한 역사적 지식보다 더 높게 평가한다"고 외쳤던 것이다. 이러한 경건주의적인 기독교가 금욕주의와 분파주의적인 방향을 취했음은 당연한 일이다.[19]

그런데 이러한 경건주의적인 신앙이 강조하는 죄의 고백은 한국의 종교적이고 정신적인 토양을 이루는 종교에 대한 증오의 감정과 동등한 것으로 여겨졌고, 성령의 체험을 통한 거듭남은 죄의 고백으로 마치도 진공과 같이 되어버린 영혼 속에 기독교 신앙을 받아들이는 것으로 여겨졌다. 박형룡의 근본주의적인 발언은 이러한 등식화를 잘 설명해 준다.[20]

둘째, 일아의 '타종교의 신학'이 올바로 이해되지 못했던 원인의 또 다른 축은 그간 한국교회사를 서술하는 사관(史觀)에서 종교로서의 기독교가 한국의 종교적인 상황에서 수용되어 온 면에 대해서는 일체 침묵을 지키고 있었다는 점을 기억해야 할 것이다. 한국교회사관을 크

---

19) 지금까지 한국교회의 대부분의 현실은 이러한 경건주의적인 색채를 그대로 답습하고 있다는 주장은 한국교회의 전형적인 예배 형태라고 할 수 있는 부흥회가 금욕주의적인 새벽기도와 문자주의적인 사경회(查經會), 그리고 뜨거움의 체험을 호소하는 저녁집회로 이루어져 있다는 사실을 통해서 뒷받침될 수 있을 것이다.
20) 신앙의 수용이란 진공상태에서 일어나는 것이 아니라 기존의 이해 지평을 통해서만 가능하다는 해석학적 주장은 일반적인 것이지만 다음을 참고하라. 김경재, 『해석학과 종교신학』(한국신학연구소, 1994); 拙著, 『대지와 바람: 동양신학의 조형을 위한 해석학적 시도』(다산글방, 1994).

게 선교사관, 민족교회사관 그리고 민중사관으로 삼분하지만, 이중 어느 것도 한국의 종교적 현실에 대해서는 논하지 않는다. 마치 종교적 진공상태에 기독교가 퍼져 나가고 있는 것처럼 그들은 한국의 문화나 종교 인식에 대해서 인색하다. 이들 모두는 결국 기독교를 모든 문화적 현상과 유리된 절대적 '계시'로 보는 신학적 패러다임에서 일치하고 있는 것이다. 한국의 종교를 정복의 대상으로 보는 입장에서는 말할 것도 없고, 이른바 '토착화 신학'에서도 한국의 종교는 효과적인 기독교 선교를 위해서 이해되어야 할 중립적인 '타자'이고 '원자료'로 여겨지고 있을 뿐이다.

이렇게 볼 때 한국의 신학은 한국 문화와 종교에 대한 기독교의 '정복'을 주장하는 근본주의와, 서구신학이라는 기준을 가지고 한국의 종교를 '변형'시키려는 토착화 사이에서 진자운동을 반복하고 있을 뿐이다. 그러나 이 진자운동의 양극을 점하는 두 신학사조의 공통점은 그들이 모두 신학적 '오리엔탈리스트'라는 점일 것이다.

근본주의자들과 토착화 신학자들이 모두 오리엔탈리스트라는 것은 기독교 신학과 동양의 정신세계 사이에서 의식되는 거리감의 처리에서 그들은 서구 편향적인 행태를 보인다는 사실을 의미한다. 우선 근본주의자들에게는 그러한 거리감이란 비기독교적인 신앙의 표식일 뿐이다. 신앙은 그러한 거리감을 허락하지 않는다. 아니, 그처럼 기독교적인 신앙과 거리감을 느끼도록 만드는 동양의 종교는 실체로서 존재하지도 않는 것이다.

토착화 신학자는 이러한 '거리감'을 보다 세련된 형태로 순치하고자 한다. 그러나 그들도 근본주의자들처럼 서구신학이라는 틀 안에서 이 거리감을 해소하려고 한다. 그들은 거리감이 존재한다는 사실을 안다는 것 자체를 매우 존중하지만, 그러나 그 거리감은 불원간에 기독교 신학적인 색칠로 메워지고 만다. 그러나 진정한 토착화는―만일 이 용어가 아직도 사용될 수 있다고 한다면―그 방식과 내용 모두가 토착되는 땅의 논리에 따라야 할 것이다. 그렇지 않을 경우 토착화란 근본주의자들이 슬로건과 같이 동양의 '복음화'(evangelisation)일 뿐이다.

근본주의와 토착화주의자들은 모두 '거리감'에 대한 신학적 콤플렉스에서도 공통적이다. 그들은 거리감을 견디지 못한다. 그들은 그것이 죄의 징표이든지, 신학적 센스의 부족함에서 비롯된다고 말한다.

그러나 거리감의 고착화가 아니라 거리감의 무한 확대에 의해서 거리감을 의식하는 자아가 해체될 때 우리는 비로소 동양신학의 첫 발자국을 내디딜 수 있을 것이다. 이 말은 비교종교학적으로 동양의 종교와 기독교 사이의 평행적 비교를 행하는 차원은 아니다. 오히려 그러한 비교를 수행하는 주체가 비교의 불가능성을 경험함으로써 부정되는 것을 가리킨다. 비교의 불가능성이란 비교의 대상이 이미 비교의 주체 내에 포괄되는 형태로 인식되기 때문이다.

거리감의 무한확대는 거리감을 느끼는 주체―이것은 동시에 비교를 수행하고자 하는 주체이기도 하다―의 내부에서 일어나므로 결국은 주체를 흩뜨려놓는다. 그는 더 이상 서구 기독교적인 자기인식을 하지 않는다. 기독교적 자아―이것을 가지고 지금까지 동양의 전통종교를 비교하거나 분석할 수 있다고 생각되어 온 주체를 가리킨다―는 자신이 비교, 분석, 선교하려는 대상인 동양의 종교적 전통을 통해서 구성되어 있다는 사실을 자각하게 되기 때문이다. 그는 이제 동양의 종교적 전통의 길을 따라 걷게 된다. 하이데거의 『들길』의 자각이 말해 주듯이 그때 그는 "자기네 내력이란 것을 듣고 … 자기네 내력 속에 살고 있는 사람"이 된다. 그리고 이처럼 자기네 내력을 '듣고', '살고' 그리고 그것을 '쓰는' 작업이 다름 아닌 동양신학인 것이다. 일아의 신학적 새로움은 바로 이 점에 눈을 뜨고서 우리 자신의 '내력'을 우리의 언어로 옮기고자 한 데서 찾아야 할 것이다. 그의 이러한 작업이 무르익어 가기 시작했을 때 갑자기 소천했다는 사실은 우리 모두에게 한없는 안타까움과 슬픔이 되는 것이다.

3. '타종교의 신학'과 신학적 글쓰기

일아의 다원주의적인 발상이 적극적으로 표면화되었던 것은 1984년 한국 개신교 100주년 기념강연으로 준비했던 논문 「타종교의 신학」을 통해서였다. 여기서 일아는 지금까지 기독교 신학에 대해서 객체로서의 역할밖에 하지 못하던 이른바 비기독교적 종교를 기독교 신학의 주체로 탈바꿈하는 커다란 패러다임의 전이를 주장하고 나서게 되었다. 즉 '타종교와 신학'이 아니라 '타종교의 신학'이다!

"본인에게 주어진 제목은 '타종교와 신학'이다. 그러나 타종교와 관계시켜서 신학을 논한다고 할 때 가장 큰 문제는 타종교를 악마시하거나 저주하는 종교적 제국주의(배타주의)를 넘어서야 한다는 것이겠으나 타종교를 '복음에서의 준비'라고 보며 호교하고 변증하려는 성취설도 지양하여야 한다. 종교적 다원사회 속에서 그리스도교는 과거의 개종주의의 입장을 깨끗이 버리고 타종교와 동등한 자리에서 대화하는 공명한 자세를 가져야 하기 때문이다. … 타종교는 서구신학의 관점에서 보게 되는 신학의 수단이 아니라 오히려 목적이며 신학의 객체가 아니라 오히려 주체가 되므로 '타종교와 신학'이 아니라 '타종교의 신학'이 새로운 주제가 된다."21)

이때 그의 사상적인 지지대를 형성해 주었던 것은 존 힉(John Hick)이나 폴 니터(Paul Knitter) 등 이른바 신중심적 다원주의를 주창하는 신학자들이었다. 배타주의는 물론 포괄주의적인 도식까지도 넘어서 기독교도 세계의 여러 종교와 마찬가지로 궁극적 실재를 중심으로 돌고 있는 하나의 종교, 또는 하나의 신비로서의 정상(頂上)을 올라가는 여러 길 중의 하나라고 보는 신중심적 다원주의에서 일아가 자신의 신학적 구상을 표현해 주는 언어를 발견했다는 것은 그가 시종일관 추구해 왔던 신학의 색채를 그대로 드러내 주고 있다.

일아의 신학사상의 여정을 간략히 살펴볼 때 우선 신학자로서 그의 자리매김의 단초는 앞에서 논한 바대로 역시 토착화 신학적인 모티프에서 읽어낼 수 있다. 그런데 매우 흥미로운 사실은 일아가 한국에서의 자신의 신학함에 대해서 어떤 특별한 명칭을 부여하고 있지 않다는 점이다. 예를 들어서 일아의 스승 해천 윤성범 박사가 유교적으로 토착화된 자신의 신학을 '성(誠)의 신학'이라고 불렀던 것에 필적하는 것이 일아에게서는 발견되지 않는다. 일아는 때로 '동양신학'이라든지 '아시아신학,' 또는 '한국적 신학' 등 매우 포괄적인 명칭으로 자신의 신학적 작업에 대한 자기 이해를 표현했을 뿐이다. 이 점은 때때로 식자들의 비판적 지적의 대상이 되어 왔던 것도 사실이다.

그러나 어찌 보면 일아가 자신의 신학함을 수식함으로써 어떤 제한을 가하지 않았다는 점은 그가 자신의 신학적 여정을 끊임없이 변화하는 과정으로 이해하고 있었으므로 어떤 고정된 지점에 머물 수 없었다는 해석만으로는 충분치 못한 것 같다. 그보다는 그의 신학이 제기하는 새로운 문제의식에서 이 문제에 대한 답을 찾아야 할 것이다. 다시 말

---

21) 변선환, "타종교와 신학", 695면.

해서 그는 자신의 '타종교의 신학'이 기존의 토착화 신학적인 발상으로
는 언어화할 수 없다는 한계를 의식하고 있었을 것이다. 토착화 신학이
란 앞에서 살펴본 대로 오리엔탈리즘의 틀에서 자유롭지 못하다. 따라
서 그들은 서구신학이라는 '틀'과 '지도'를 가지고 동양이라는 '처녀지'
를 개간하고 지도화(地圖化)할 수 있다는 발상에 머물러 있었던 것이
다. 그러므로 문제는 어떻게 서구신학이라는 지도나 틀 없이 동양의
종교에 침잠해서 거기에서 신학을 할 수 있을까라는, 이른바 '타종교의
신학'의 언어화였다. 즉 지금까지의 근본주의적인 신학이 동양의 멘탈
리티를 정죄(定罪)하였던 것이나, 토착화 신학이 서구신학적인 자아
속에 동양을 담으려고 했던 태도를 모두 멀리 벗어나서, 동양을 읽어내
려고 하는 서구신학적 자아 자체가 종교적 죽음을 경험할 때 비로소
진정한 의미에서의 동양신학의 단초가 보인다는 말이다. 현실적으로
이러한 작업은 일아로 하여금 그의 신학적 여정의 최종 종착역이었다
고 할 수 있는 종교다원주의에 친근감을 느끼도록 만들어 주었다.

　　그러나 일아에게 종교다원주의를 적극적인 내용으로 하는 '타종교
의 신학'이라는 신학적 작업은 그의 갑작스러운 서거로 말미암아 중단
되었다. 따라서 우리는 조심스럽게 그의 신학사상의 연장선을 그어 보
게 된다. 「타종교와 신학」 논문 말미에서 일아가 예언자적인 열정을 가
지고 설파했던 다음과 같은 말에서 우리는 이러한 탈(脫)오리엔탈리
즘의 맹아를 찾을 수 있다.

"한국의 신학자들이 … 한국의 종교성이라는 요단강과 한국의 고난과
쪼들린 가난이라는 골고다에서 십자가를 지고 죽을 각오만 가진다면
한국교회에는 놀라운 기적이 일어나고야 말 것이다."22)

일아의 사상적 맥락에서 살펴볼 때 그가 말하는 "죽을 각오"란 단순히 수사학적이고 감상적인 차원에서의 발언은 아닐 것이다. 오히려 "죽을 각오"란, 해석학적 모티프를 가지고 동양의 전통종교와의 만남을 시도하는 토착화 신학 자체의 전복을 의미한다고 할 수 있다. 다시 말해서 토착화 신학을 수행하는 자아 자체의 탈구축에서 일아는 새로운 다원주의 신학의 여명을 보았던 것이다. 해석학의 철저화는 결국 해석학적인 자아—이것은 서구신학으로 포장된 자아이다—의 해체이기 때문이다. 문제는 자신의 이야기를 자신의 언어로 말하는 것이다. 어쩌면 일아는 한국에서 종교다원주의의 선구자로 이제 막 한국 종교의 언어를 가지고 한국의 이야기를 하고자 했던 것은 아닐까? 이른바 '탈식민적 신학하기'의 일보(一步) 내디뎠던 일아의 서거가 주는 안타까움의 한 소이가 여기에 있는 것이다.

그렇다면 일아가 추구했던 종교다원주의의 철저한 양태는 무엇인가? 조심스럽게 우리는 그의 유산의 전승을 몇 가지 점에서 고구해 보고자 한다.

첫째, 철저한 종교다원주의는 모든 종교적 경험을 하나의 정점으로 환원하려는 여하한 '중심주의'에 대한 거절에서 찾아야 한다. 타종교를 기독교라는 구원의 틀에서 배제했던 배타주의나 타종교를 기독교적인 구속사의 한 부분으로 치부하는 포괄주의가 '기독론적 제국주의'라는 비판에서 자유롭지 못하다면, 이러한 한계를 넘어서려는 힉과 니터가 제시하는 신중심적 다원주의는 아직까지도 타종교를 기독교와 동일화함으로써 그 존재를 인정하려는 또 다른 양태의 '신중심적 제국주의'에서 벗어나지 못하고 있다는 지적 앞에서 그다지 만족할 만한 답을 주지

---

22) 같은 글, 717면.

못하고 있는 것처럼 보인다. 타종교의 타자성을 철저히 인정하는 곳에서 기독교와의 생산적인 만남이 가능하다면 타종교의 지향점을 기독교의 그것과 일치시키려는 노력은 그다지 현실적이지 못한 것 같다. 다시 말해서 하나의 궁극적인 종교 체험에 대한 상이한 역사적 표현 양태라고 하는 일(一)과 다(多)의 변증법으로는 종교다원주의가 제시하는 새로운 종교성의 개현에는 이르지 못한다는 말이다.

둘째, 앞에서 말했던 '중심주의'의 극복은—해체주의나 포스트모더니즘은 이것을 서구의 '로고스 중심주의'(logocentrism)으로 요약하지만—하나의 중심이 사라지고 난 이후[post] 자각된 다중심을 어떻게 쓸[書] 것인가라고 하는 문제로 연결된다. 주지하는 대로 로고스 중심주의는 신중심주의-인간중심주의-역사중심주의와 맥을 같이하는 '책' 중심주의를 내용으로 한다.23) 책에는—대표적인 책은 성서이다—창조와 구속사와 종말이라는 기독교 역사관이 그대로 반영되어 있다. 따라서 종교다원주의가 제기하는 다중심의 현실이란 그러한 현실을 현실화하는 책이 가지고 있는 일원주의(monism)와 그 일원주의의 근간이 되는 근대주의(modernism)에 대한 극복을 의미한다. 이제 책은 쓰일 무엇을 담고 있는 용기가 아니다. 그러한 '쓰일 무엇' 자체가 다화(多化)됨으로써 그것을 쓰는 책 또한 그 경계가 사라져버렸기 때문이다.

끝으로 일아 변선환 박사님과의 대화 한 가지. 일아는 언젠가 이렇게 말씀하신 적이 있다. "부처님의 손가락이 완전히 닫힌 원이 아니듯이, 선사가 그리는 원—空—이 열려진 것이듯이, 책은 쓰게 되면 폐쇄적이고 닫히게 된다." 방금까지 논했던 차원에서 볼 때 이것은 지극히

---

23) 참조. Mark C. Taylor, *Erring: A postmodern A/theology* (Chicago, 1984); 拙稿, "불타는 책과 각주의 반란", 「상상」7(1995), 266-295면; "동양신학과 탈식민적 글쓰기", 「오늘의 문예비평」17(1995), 124-149면.

신학적인 주장은 아닐까? 그것은 참다운 다원주의란 책이라는 자폐적인 틀 속에 갇히는 것이 아니라 썰물과 밀물 사이에서 흔적을 남기는 것에 불과하다는 깨달음에서 나온 말씀은 아닐까 한다. 이러한 해체적 글쓰기와 그를 통한 참다운 다원적 종교성의 발굴을 일아는 우리에게 과제로 남겨 준 것은 아닐까?

"(해체적 글쓰기를) 우리들은 바람 속에 남겨놓는다. 그것은 우리들을 발가벗겨서 아무런 대지 위에도 발을 디디고 서지 못하도록 한다. 그것은 신비의 無底性(groundlessness)을 향해서 우리들을 노출시킨다. … 그것은 우리들이 여기에서 시작과 중간과 종결을 가지고 있는 '책'(book)을 가지고 있다는 환상을 마감하는 것이다."

제 8 장

분위기, 글, 시간

— 불교적 상상력과 신학적 글쓰기 (1)

“우리는 다르게 쓰기 시작했기에, 다르게 다시 읽지 않으면 안 된다.”

— 자크 데리다

0. 들어가면서

종교와 문학이라는 주제는 실로 다양한 층위를 내포하고 있지만, 일차적인 의미로는 종교적인 주제와 그러한 종교적인 주제를 직접 혹은 간접으로 다루고 있는 문학의 여러 장르와의 관계를 논하는 것을 일컬을 것이다. 예를 들어서 기독교와 문학이라는 주제에는 기독교 신앙의 세계와 그에 대해서 문학적인 양식을 통해서 접근하는 작품들이 논의의 시야에 포함될 것이다. 이런 의미에서는 기독교와 문학이라는 주제는 기독교 문학이라는 주제어와 분리되어서 논의될 수 없을 것이다.

그러나 한편 생각해 보면 종교적인 주제를 직접적으로 다루는 분야에는 종교학, 신학, 불교학, 철학 등이 망라되어 있으므로, 이러한 관점에서 본다면 종교와 문학이라고 하는 주제 설정은 결국 방금 거론했던 제 학문 분야와 문학과의 관계를 논의하는 문제를 의미하게 된다. 그에 따라 당연히 기독교 신학과 문학, 철학과 문학, 불교학과 문학 등의 표제어들이 이에 따라 등장할 것이다.

본고에서 종교와 문학이라는 주제 하에 고찰해 보려고 하는 것은 위와 같은 전형적인 도식에 따른 것은 아니다. 더욱이 종교 일반과 문학 일반에 대해서 논한다는 것은 그 어떤 시도를 통해서도 불가능한 작업일 것이다. 이하에서는 종교 중에서도 기독교적인 주제가 신학과 철학, 그리고 문학 등에서 어떻게 논해질 수 있는가를 살펴볼 것이다. 이처럼 제한된 양식으로 주제를 설정하는 일은 논의의 생산성을 위해서도, 그리고 무엇보다도 필자가 주제넘게나마 생각해 보려고 하는 주제, 즉 "아시아에서 기독교란 무엇인가"라는 주제와의 연관성 때문이다.

1. 관념과 현존

메를로-퐁티(Maurice Merleau Ponty)는 언젠가 「형이상학과 소설」이라는 글에서 다음과 같이 쓴 적이 있다.

"어떤 위대한 작가의 작품은 항상 두어 개의 철학적 관념에 의존하고 있다. 스탕달에 있어서 이들 관념이란 자아와 자유의 개념이며, 발자크에 있어서는 우연한 사건 속에서 의미가 출현하는 것으로서의 역사의 신비요, 프루스트에게는 현재 속에 과거가 내포되어 있는 방식 및 지나간 세월의 현존이다. 작가의 기능은 이들 관념들을 논제화시켜 말하는 것이 아니라, 이들 관념들을 사물이 현존하는 방식으로 우리들에게 현존케 하는 것이다."[1]

즉 문학작품은 우리가 살아가는 현실의 참다운 모습을 어떤 개념이나 이념을 통해서 미리 재단(裁斷)하거나 규정하지 않고, 사물들이 존재하는 방식을 우리에게 제시해 줌으로써 그러한 개념을 "사물이 현존하는 방식으로 우리에게 현존케 한다"는 말이다. 예를 들어서 '아름다움'이라는 관념을 논하기 위해서 작가는 아름다움이라는 개념 자체를 기술하는 것이 아니라 아름다운 백자를 묘사한다든지, 사람들 사이의 아름다운 만남을 묘사한다.

신앙의 충일 체험과 허무의 상관관계를 논하기 위해서 신학자/철학자는 신의 본질이나 철학의 역사를 뒤적이면서 신비주의와 니힐리즘의 계보를 살펴나가겠지만, 소설가는 '바라바'라는 인물에 관한 이야기를 씀으로써 위의 주제가 안개처럼 우리 앞에 떠오르도록, 혹은 우리를 감싸도록 만들 것이다. 1951년 『바라바』라는 작품으로 노벨 문학상을 수상했던 스웨덴의 작가 페르 라게르크비스트(Par Lagerkvist)는 예수를 대신해서 옥에서 풀려났다고 하는 전설적인 인물 '바라바'의 행적을 묘사함으로써 우리의 존재 깊숙한 곳에 내장되어 있는 신앙과 허무 사이의 얇은 막을 노정시킨다. 예수처럼 십자가에 달려서 죽어 가는 바라바는, 예수가 십자가상에서 했던 것과 꼭 같이 "내 영혼을 당신에게 드립니다"라고 부르짖으면서 숨을 거둔다. 그러나 바라바의 이 외침은 우리 안에 잠자고 있던 물음을 다시 불러일으킨다. 바라바가 자신의 영혼을 바쳤던 '당신'은 예수가 의지했던 허무의 극복으로서의 신인가? 혹은 죽음이라고 하는 허무의 나락 그 자체인가? 그렇다면 과연 신과 허무는 무엇이란 말인가? 허무는 신의 배면(背面)인가? 철학과 신학이 개념을 통해서 우리의 사유를 이끌어 간다고 한다면, 소설은

---

1) 모리스 메를로-퐁티, 오병남 역, 『현상학과 예술』(서광사, 1983), 215면.

그러한 개념이 만들어내는 현실적인 분위기와 상황 속으로 우리를 밀어 넣는다. 이런 점에서 본다면 종교에 접근하는 길은 철학이나 신학보다는 오히려 소설 쪽이 어울릴지도 모른다. 왜냐하면, 클리포드 기어츠(Clifford Geertz)도 말했듯이, "종교란 제반 상징과 관념들이 현실속에 만들어 놓는 정서(情緖)요, 마치 물안개처럼 피어올라 우리를 감싸는 분위기(mood)"이기 때문이다. "종교란 작용하는 상징의 체계로 인간에게 강력하고 널리 미치며, 오래 지속되는 분위기와 동기를 성립시키고, 일반적인 존재의 질서개념을 형성하며, 그러한 개념에 사실성의 층을 씌워, 분위기와 동기가 특이하게 현실적인 것으로 보이게 한다."2)

이처럼 문학과—시, 소설 등 그 장르는 여러 가지가 있을 수 있겠으나—형이상학 내지 철학, 신학의 관계에 대해서 생각해 볼 때, "우리는 오랫동안 철학과 문학은 사물을 이야기하는 상이한 방식을 지녀 왔을 뿐만 아니라 그 목적 역시 다른 것처럼 간주되었다"는 비판적 지적을 새로운 논의 출발점의 하나로 삼을 수 있다.

메를로 퐁티는 특히 데카르트 이래의 근대 철학에서 이루어진 사유의 인간학적 전환을 계기로 철학과 문학은 불가분리의 관계로 접어들었다고 지적한다. 다시 말해서 "인간이 이 세계에 대한 경험 곧 세계에 관해 일체의 사유를 선행해서 일어나는 세계와의 접촉을 공식화하는 과제를 스스로 떠맡게 된" 이후로 "인간에게서 형이상학적인 요소는 그것이 어떠한 것이 되었든지 간에 인간의 경험적인 존재 외부의 어떤 것—즉 신이나 의식 일반—으로 돌려질 수가 없다. 인간이 형이상학적인 것은 바로 그 자신의 존재 속에서이며, 사랑을 하거나 증오를 하는

---

2) 클리포드 기어츠, 문옥표 역, 『문화의 해석』(까치, 1998), 115면.

행위에서이며, 자신의 개인적이고도 집단적인 역사 속에서인 것이다."
따라서 메를로-퐁티는 인간이 궁극적으로 추구하는 종교적이고 형이
상학적인 가치는 "심장의 아주 경미한 움직임 속에 현존해 있다"는 파
스칼의 말을 인용하면서 형이상학과 소설의 관계를 기술한다. 따라서
"소설과 연극은 심지어 철학적 어휘가 단 한 마디라도 쓰이지 않더라도
철저히 형이상학적인 것이 될 것이다"라는 그의 말은, 우리가 본고에
서 논의하는 맥락에 따라서 "소설과 연극은 비록 종교적인 어휘가 단
한 마디라도 쓰이지 않더라도 철저히 종교적인 것이 될 것이다"는 말로
옮겨도 무방할 것이다. 이러한 사정은 어떤 특정한 종교적 주제를 명시
적이고 호교적(護敎的)인 차원에서 기술하는 문학을 종교문학으로 규
정하려는 시도로부터 우리를 해방시켜 줄 뿐만 아니라, 기실 종교적
주제를 다루는 형이상학과 철학과 신학이 문학과 함께 "모호성"을 띠
는 것을 오히려 그 특징으로 한다는 사실을 지시해 준다.3)

형이상학과 문학이 공통적인 특징으로 갖는 '모호성'은 종교적 주제
의 불투명성과 차폐성으로 말미암은 것일 뿐만 아니라, 그러한 종교적
주제를 다루는 언어가 "상징성을 지닐 수밖에 없다"는 사실을 생각해
볼 때 오히려 자명한 것으로 적극적으로 받아들여진다. 나아가, 문학
적 언어가 지니는 상징성은 그에 앞서 사물 자체의 상징성에서 발원한
다는 점을 생각해 보면, 오히려 '모호함'은 사물 자체의 초월지향적인
성격을 의미하게 된다.

이런 점에서 형이상학과 문학이 공통적으로 지니는 '모호함'이란 그
들이 구사하는 언사가 결국 독자로 하여금 특정한 지시대상을 명시적
으로 가리키는 것이 아니라 그에 대한 상상력을 불러일으킨다고 하는

---

3) 모리스 메를로-퐁티, 위의 책, 218면.

사실로 받아들일 수 있다. 이 경우 상상력이란 현실을 넘어서는 또 하나의 현실을 현성하는 능력이 된다. 가스통 바슐라르(Gaston Bachelard)는 '물질적 상상력'을 다룬 일련의 작품인 『물과 꿈』에서 상상력에 대해서 다음과 같이 말한다.

"상상력은 그 어원이 암시하는 바와 같이 현실의 이미지를 형성하는 능력이 아니고 현실을 넘어서 현실을 노래하는 이미지를 형성하는 능력이다. 그것은 초인간성의 능력이다. 인간은 그가 초인(超人)인 그 정도에 따라 인간인 것이다."4)

상상력은 이처럼 현실을 구성하기 때문에 그것은 "이미지를 형성하는 능력"일 뿐만 아니라 "지각에 의해서 제공되는 이미지를 변형하는 능력"인 것이다. 그래서 상상력은 현실로부터 우리가 받는 기본적인 이미지로부터 우리를 해방하고 이미지를 변화하는 능력이다.5) 따라서 상상력은, 예를 들어서 詩를 읽음으로써 얻어지는 이미지에 의한 상상력은, 단순한 인식의 차원이 아닌 존재론의 차원에까지 이른다고 바슐라르는 말한다. 그 까닭은 상상력이 어떤 새로움 앞에서 비약을 구하고 다양하고 예기치 않은 것을 즐기는 차원과, 존재의 근원을 파고 들어가 원초적인 것과 영원한 것을 찾아내고자 하는 차원에서 동시에 움직이기 때문이다. 그리고 후자의 것이 이른바 상상력의 원형적인 차원이다. 이미지는 표면을 흔들기에 앞서 깊은 내면을 건드린 것이다.

---

4) 가스똥 바슐라르, 이가림 역, 『물과 꿈 - 物質的想像力에 관한 試論』(문예출판사, 1990), 28면.
5) がストン・バシュラール, 宇佐見英治訳, 『空と夢: 運動の想像力にかんする試論』(法政大学出版局, 1968), 1-2頁.

그리고 이것은 단순한 독자의 경험에서 진실이다. 시의 독서가 우리에게 제공하는 그 이미지가, 다음 순간 바로 우리 자신의 것이 되는 것이다. 그것은 우리 자신의 내부에 뿌리를 내린다. 우리는 그것을 받아들인 것인데, 그런데도 마치 우리 자신이 그것을 창조할 수 있으리라는, 마치 우리 자신이 그것을 창조했으리라는 인상에 눈뜨게 된다. 그것은 우리 자신의 언어의 새로운 존재가 되고, 우리는 그것이 표현하는 것으로 만듦으로써 우리 자신을 표현하는 것이다. 달리 말하자면, 그것은 표현의 생성인 동시에 우리들의 존재의 생성이기도 하다. 이 경우 표현이 바로 존재를 창조하는 것이다.6) 다시 말해서 상상력과 상상력을 구성하는 이미지들은 (인간) 존재의 생성에 관계되기 때문에 상상력과 이미지는 실재의 내적 구성요소가 되는 것이다. 바슐라르는 물질의 4원소인 불, 공기, 물, 흙에 각각 연관되는 물질적 상상력을 차례로 서술하면서 상상력은 단순히 형식에 그치는 것이 아니라 실제적인 실재에 참여해서 변형시키는 것이라고 말한다.

'물질적 상상력' 또는 '구체적 상상력'에 대한 바슐라르의 이와 같은 분석은 상상력이 문학에서 과학에서의 논리와 같은 역할을 한다는 것을 밝혀 주었다는 점에서 큰 의미를 지닌다. 그뿐만 아니라 상상력의 이미지들은 그들의 원형적(archetype) 특성으로 인해서 인간학적인 상수(常數)를 지니고 있으며, 따라서 상상력을 동반하는 이미지에 대한 분석은 보편성을 지니는 것이다. 더욱이 바슐라르는 상상력이 현실을 구성하는 내적 계기가 됨을 밝힘으로써 그것의 존재론적인 의미를 제시했다.

상상력과 이미지에 대한 강조는 종교적인 언어의 본질이 이미지를

---

6) 가스통 바슐라르, 곽광수 역, 『空間의 詩学』(민음사, 1990), 91면.

구성해내는 상징과 메타포로 되어 있다는 사실에서뿐만 아니라 상상력에 대한 분석이 현금의 신학적, 종교적 다원주의의 문화 속에서 신학함에 커다란 의미를 준다는 점에서 클로즈업된다. 미국의 신학자 데이비드 트레이시(David Tracy)는 이 시대에는 "진리에 대한 종교의 참된 주장을 이해하면서도 개별화를 피할 수 있는 새롭고도 절실한 복합적인 신학적 전략의 형성"이 요청된다고 말하면서 "유비적 상상력(analogical imagination)이야말로 의미와 진리의 공동기준에 대한 요청을 잃지 않으면서도 다원성을 허용하며 현실적으로 요청되는 현대의 전략"이 된다고 본다.7) 트레이시에 따르면 신학에서 사용되는 두개의 중심적인 언어는 "유비적인 언어"와 "변증법적 언어"이다. 그런데 그에 따르면, "유비적인 언어란 차이 속의 유사성"을 사유하는 체계화된 관계의 언어이며, 이것은 자아, 타자, 세계, 신들의 실재들 사이의 유비적인 관계를 수립함으로써 실재 전체의 조화를 추구한다. 그러나 이 유비적인 언어는 그것이 기술하는 실재 사이의 차이를 소멸시키지 않는다는 점에서 변증법적 언어를 자체 안에 포함하고 있다. 그래서 유비적인 언어는 신학 자체 내에서뿐만 아니라 기독교 신학이 자기 자신 이외의 분야와 관계를 맺을 때에도 유력한 언어가 될 수 있다. 그뿐만 아니라 트레이시에 따르면 조직신학의 근본적인 입장은 해석학인데 이 해석학적 임무에서 가장 중요한 요소는 하나의 작품에 대한 "생산적인 상상력"이다. 이때 상상력은 "한 작품이 표현해 주는 의미를 언어로 생산해내는 관계적인 강화력"이다. 그래서 상상력은 단지 실재의 희미한 의미만을 그려내는 환상이 아니라, 실재를 이해하는 데 적극적인 요소로 작용하는 것이다.

---

7) David Tracy, *The analogical Imagination: Christian Theology and the Culture of Pluralism* (SCM Press, 1981), pp.ix-x.

유비와 상상력이 실재 이해에서 불가결의 요소이고, 신학적이고 문학적인 언어의 근본 특성이라고 한다면, 결국 신학이나 철학, 그리고 문학에서 중요한 사실은, 이들이 묘사하는 '모호한' 대상을 적확하게 파악하는 데 있다기보다는, 그러한 '모호성'을 실재 자체의 모습으로 직시하는, 투명한 시선에 있다고도 할 수 있다.

2. 대상 없는 글

종교적 개념을 직접적으로 논하는 형이상학—신학, 철학—과 종교적 개념을 사물이 현존하는 방식으로 우리에게 현존케 하는 문학은 모두 글을 통해서 우리에게 제시된다.

중세인 단테는 "세계의 모든 현실이 한 권의 책"으로 집약되는 것을 목도할 수 있었던 사람 중 하나였다. 그는 『신곡』에서 감격어린 어투로 말하고 있다.

"아아, 넘칠 듯 푸짐한 주의 은총이여,

나는 두려움 없이 영원하신 빛을 정시했고,

내 시력을 그럼으로써 충만케 했던 것이다.

그의 빛 깊디깊은 곳에는,

우주에 흩어져 있는 모든 것들이

사랑에 의해 한 권의 책으로 엮어져 있는 것이 보였다."8)

---

8) 단테, 허인 역, 『신곡』(동서문화사, 1975), 646-647면.

단테가 "한 권의 책"을 희구하는 것은 지고의 은총에 대한 간구와 동일한 것이었다. "아아, 지고(至高)하신 빛이여/ 인간 관념의 한계를 넘어/ 높이 솟아오른 빛이여/ 내가 우러러뵈온 당신의 모습을/ 조금만이라도 내 기억 속에 남겨 주시지 않으시려는지/ 당신의 영광된 빛줄기 하나만이라도/ 미래의 백성에게 전할 수 있는 힘을/ 내 혀에다 부여해 주셨으면."

단테의 이러한 간절한 기도는 신을 직접 본 사람의 황홀경으로 이어진다. "지금 돌이켜 생각하지만/ 만약 내가 그 활광(活光)의 예리함을/ 두려워하여 눈을 돌렸더라면/ 나는 어리둥절하여 바른 길을 잃고 말았으리라/ 지금 생각해 볼 때/ 그렇기 때문에 나는/ 감히 그 빛을 바라보았던 것이다./ 그리하여 마침내/ 내 시선을 무한한 하느님의 힘과 만나게 만든 것이다."

빛에 인도되는 "바른 길"을 통하여 "무한한 하느님의 힘과 만난다"는 단테의 메타포는 전형적인 중세의 것으로 인식해도 무방하리라. '현대인'이란은 단테에게서 향수를 느끼지 못하는 사람에게 붙여진 명칭이다. 현대인은, 아니 '현대 이후'[post]의 사람들은 신과의 일치로부터의 일탈에서 오히려 종교성을 인식한다. 데리다가 체코 철학자 얀 파토츠카(Jan Patočka, 1907-1977)의 명제를 해석하면서 말하고 있듯이, 종교란 신과의 합일[一]로부터 타자를 위한 책임성으로 이전하는 곳에서 비로소 시작된다고 그들은 말한다.9) 신과의 일치로부터 타자를 위한 책임성으로의 방향을 전환한 '현대 이후'의 사람들은 '빛 대신 신이 사라지고 난 뒤의 어두운 밤하늘'을 응시하면서 자신이 '바른 길'에서 벗어나 '방황'하고 있다고 느낀다. "이제 우리는 무한한 허무 속을 방황하

---

9) ジャック・デリダ, 広瀬活司・林好雄 訳, 『死を与える』(筑摩書房, 2004).

는 것은 아닌가?"라는 니체의 '미친 사람'의 외침은 '현대 이후' 사람들의 정서를 반영한다. 문제는 이러한 '방황'이 자각된 방랑이라는 점이다.

'방랑'을 스스로의 운명으로 자각하고 있는 사람들에게 글이란 어떤 의미가 있는가?

"사자는 세렝게티 초원에서 나고
같은 초원에서 그런 밤에 죽었다.
사람만은 가끔 자기가 난 곳과는 먼
딴 나라에 가서 오래 외로워하다 죽는다."
(마종기, 「잡담 길들이기5」에서)[10]

위의 시는 외국에 살면서 모국어로 시를 쓰는 마종기의 것이다. 그의 시에는 그러나 단순한 언어 이상의 것들이 노래되고 있다. 그것은 언어를 지닌 채 사는 사람들은—그가 '사자'가 아닌 이상—누구를 막론하고 "딴 나라에 가서 오래 외로워하다가 죽는다"는 사실이다. 언어를 사용하는 한 인간은 "딴 나라에 가서" 살고 있다는 존재론적 규정이 그의 시에서는 배어 나온다. "비엔나 오페른 링의 시월 저녁/ 걸어가는 가늘고 낮은 바람 사이로/ '한 나그네가 다른 나그네를 알아본다'고 시인이 말하고 있는 그대로이다."(마종기, 「열매」에서)

낯선 언어를 자신의 언어로 사용할 수밖에 없는 인간은, 낯선 언어가 여전히 낯선 채 남아 있는 가운데에서, 자신의 모국어 역시 점차 낯선 존재로 다가옴을 자각한다. 그리고 한 걸음을 더 내디딘다면, 언어를 사용하는 인간이 숙명적으로 "딴 나라에 가서" 사는 사람이라고 하

---

10) 마종기, 『새들의 꿈에서는 나무 냄새가 난다』(문학과지성사, 2002).

는 본질 규정에 이르게 되는 것이다. 낯선 언어를 사용한다는 것은 "기호 없는 세계에서 산다는 것"을 의미하고, 그것은 곧 소외됨을 가리킨다. 아래의 헬무트 쿤의 표현은, 적절히 변형해서 읽는다고 한다면, 위와 같은 인간 조건에 대한 적절한 표현이라고 할 수 있다.

"소외된다는 것은 기호 없는 세계에 산다는 것을 의미한다. 바로 표지도 안내자도 없는 외지에 갑자기 나타난 사람의 경악과 비슷한 두려운 체험을 말한다. 사실 기호 없는 세계란 진실한 세계가 아니라 일종의 억지로 달라붙어 있는 사람들의 단순한 결합체와 같은 것이다. 그러니까 문제의 이 체험은 또한 보다 더 신빙성 있고 유의미한 전체의 의미에서 볼 때 세계의 말살로 표현될 수 있다."11)

위의 쿤의 글을 '적절히 변형해서 읽는다'는 말은 "소외"와 "기호 없는 세계"가 세계의 "말살"로서가 아니라 오히려 실재의 실재성을, 다시말해서 실재의 "모호성"을 명징하게 드러내 주는 징표로 수용하는 것이 신학이나 문학에 요청되기 때문이다. "기호 없는 세계"에서 소외감을 느끼던 인간은, 모든 곳에 기호가 없음을 자각하는 순간, 아니 하나의 기호는 또 다른 기호를 가리킬 뿐이어서 모든 기호가 공통적으로 지시하는 대상이 존재하지 않는다는 사실을 자각하는 순간, 사실상 소외라는 말 자체가 무의미한 것임을 알게 되기 때문이다. "보이지 않는 정원사"를 둘러싼 논쟁을 연상시키는 보르헤스의 다음과 같은 말은 '현대 이후'를 살아가는 우리가 글과 책에 대해서 인식하고 있는 바의 것을 적실하게 표현하고 있다.

---

11) 헬무트 쿤, 김종호 역, 『부정된 神과 無』(탐구당, 1981), 52-53면.

"우리는 또한 당대의 또 다른 미신, 즉 '책 인간'에 대한 미신을 알고 있다. (사람들이 추론하기를) 어떤 육각 열람실의 어느 서가에는 '다른 모든 책들'의 암호이자 완벽한 요약인 한 권의 책이 틀림없이 존재하는데, 어느 도서관 사서가 대충 훑어본바, 이 책은 신과 유사하다는 것이다. 이 지역의 언어에는 아득한 옛날의 바로 그 도서관 사서를 숭배했던 흔적이 아직도 남아 있다. 많은 사람들이 '그'를 찾아 돌아다녔다. 그들은 한 세기 동안 숱한 길을 지치도록 헤매고 다녔지만 허사였다. 그 사서가 머물렀던 성스럽고 신비로운 육각 진열실의 소재를 도대체 어떻게 찾아낸다는 말인가? 어떤 사람이 소급적인 방법을 제안했다. 즉 책 A의 소재를 파악하기 위해서 먼저 A의 위치를 지적해 주는 책 B를 참고하고, 책 B의 소재를 파악하기 위해서는 책 C를 참고하며, 이런 식으로 무한히 계속한다는 것이다. 나는 그러한 모험에 내 일생을 탕진하고 허비해왔다."12)

'현대 이후'의 사람들은 단테가 목도했던 "우주에 흩어져 있는 모든 것들을 사랑을 엮어 놓은 한 권의 책"에 대해서는 관심이 없다. 그들은 데리다와 더불어 "글 쓰는 사람의 귀환 없는 즐거운 방랑"에 나서고 있다. 그는 한때 존재하던 그 "한 권의 책"이 오늘날에는 더 이상 발견되지 않는다고 느끼는 것이 아니라, 그러한 책은 원래부터 존재하지 않았다고 말하는 사람이다. 나아가 그는 지금까지의 책이라는 존재는 "이런 가짜 미끼를 기반으로 하여 살아왔다"고 고발한다. "기원, 끝, 선, 고리, 서책, 중심이란 가짜 미끼"에 의해서 책은 "자신의 존립 근거를 주장해 왔다는 말이다."13) 현대의 징후를 대변해 준다고 할 수 있는

---

12) 보르헤스, 김춘진 역, 『보르헤스 단편선: 바벨의 도서관』(도서출판 글, 1992), 107-108면.

포스트모더니즘이나 해체주의(=脫構築主義)에서도 글과 책을 둘러싼 논의는 중심축을 형성하고 있다. 목소리와 글자의 관계에 대한 데리다의 주장이나, 글이 글의 대상을 표상하고 있는가, 글에는 지시대상이 언제나 빗나가고 있는가 등의 논의가 해체주의를 둘러싼 논의의 한 축을 이루고 있다는 사실은, 글이 곧 삶과 동의어임을 간접적으로 말하고 있다고 하겠다. 이는 삶이 그 무엇을 지시하고 있는가, 혹은 삶이 그의 지시대상이라고 여겨지는 것과 어긋나기를 지속하는 가운데 삶으로서 진행되는가 하는 물음과 등가(等價)의 물음이라고 생각되기 때문이다.

글과 글의 대상이 어긋난다고 하는 해체주의의 주장은 원래 글이라는 것이 신을 쓰는 것이라는 전제에서 비롯된 것이다. 좀 더 정확하게 말하면 본래적인 글이란 신이 불러 주는 대로 받아 적은 것을 일컬었다. 신비주의자 힐데가르트(Hildegart von Bingen)가 묘사한 그림에서도 알 수 있듯이, 신앙인이란 신의 음성을 받아 적은 사람을 일컫는다.

그러나 일체의 것이 인간의 경험을 중심을 근거로 논해지기 시작한 근대 이후, 점차 신은 인간의 경험과는 무관한 존재로 추방되기 시작했고, 급기야 "신은 죽었다"고 하는 니체적 선언에 이르러서는 글이 가리키는 대상 자체가 실종되기에 이른 것이다. 곧 해체주의는 '신 죽음의 해석학의 극한'인 셈이다. "포스트모더니즘은 되돌릴 수 없는 상실과 치유 불가능한 방황에 대한 감정과 더불어 시작된다. 이 상처는 죽음에 대한 치명적인 자각에 의해서 입혀진 것이다—이 죽음은 신의 죽음에서 '시작해서' 우리 자신의 죽음으로 '끝난다.' 우리는 아무런 장소도 아닌 장소와 시간 사이에 있다. 우리의 사유는 여기에서 '시작해야' 한다. 이러한 직선적 시간과 장소에서 해체의 철학과 해체 비평은 … 종교적

---

13) 자크 데리다, "생략: 가브리엘 부르노에게 바친다", 「현대시사상」 겨울(1993), 92-94면.

사유를 위해서 풍부한 자료를 제공해 준다. 해체주의의 두드러진 모습 중 하나는 신의 죽음이라는 문제를, 언제나 직접적으로는 아니라고 할지라도, 거리낌 없이 직면하려고 하는 적극성이다. … 해체주의는 신 죽음의 해석학이다. 이것은 포스트모던적인 무/신학(a/theology)을 위한 출발점을 마련해 준다."14) 그렇다면 신에 대한 글쓰기 역시 종전과는 다른 양상을 취할 수밖에 없다. 신이라는 대상이 사라지고 난 뒤 그 빈자리를 쓰는 일은, 소설가 최수철이 말하는 듯이, 끈의 한쪽만을 잡고 상태편이 없는 상태에서 힘껏 잡아당겼을 때와 유사하다. 이런 점에서 최수철이 자신의 글쓰기에 대해서 기술해 놓은 다음의 문장들은, 그의 문학의 해체주의적 종교성을 말해 주기에 충분하다.

"사실 나는 소설 쓰는 나 자신에 관한 무엇인가를 해체시키기 위하여 이 소설을 시작하였고, 그런 의미에서 나는 내가 막 벌여 놓은 그 판 속에서 한동안 편안함과 자유로움을 느낄 수 있었다. … 그런데 솔직히 고백하건대, 무엇인가를 나름대로 조금씩이나마 해체시키고 시작하고 있다는 생각이 들고나서부터, 나는 무엇을 하고 무엇을 하지 않고, 무엇은 그냥 내버려두고 무엇은 계속하여 해나가고 하는 등등의 것들을 결정하는 나의 의지마저 해체되어 버리는 것 같은 위기감에 시달려야 했다. 그리고 그런 상태에서 지금 나는 여기에 이르러 있고, 급기야 이 소설 속에 은근하게 자리 잡은 해체의 운동 속에 나 자신을 전적으로 내맡겨 버리고 있다. … 하여 나의 이야기는, 글은, 이 소설의 꼬리는 단어들로, 음절들로, 손가락의 사소한 움직임으로, 혓바닥과 입술의 미세한 꿈틀거림으로 해체되고 부서져서 급기야 분말화되어 공기 중으로 흐트

---

14) Mark C. Taylor, *Erring: A postmodern A/theology* (Chicago University Press, 1984), p.6.

러져 버리고 말 것이다. 그리고 나는 풍장을 치르듯 내 손바닥에 잠시밖에 머무르지 않는 그 분말들, 재들을 한 줌의 아쉬움도 남기지 않고서 기꺼운 마음으로 바람에 날려 버릴 터이다. … 지금 나는 알몸이 아닌 살점 하나 없는 뼈대로 간신히 버티고 서서 누구의 것인지 분간도 할 수 없는 목소리로 이렇게 중얼거린다."15)

3. 글과 시간

글의 문제는 곧 시간의 문제와 직결된다. 글과 삶이 그의 지시대상이라고 여겨지는 것과 이루는 관계에 대한 물음은 곧 삶과 삶이 지향하는 것과의 관계로서의 시간에 대한 물음으로 설정되기 때문이다.

여기서 우리가 문제로 생각하고 있는 종교와 글쓰기에 있어서 시간에 대한 물음은 대상적으로 표상된 시간에 대한 극복을 위해서 제기된다. 예를 들어서 기독교 신앙이 하느님 나라나 역사의 의미에 대한 종말론적인 물음을 제기할 때, 거기에는 대상적이고 객관적으로 표상된 시간의 극복에 대한 의지가 들어 있는 것이다. 대상적인 시간은 율법적으로 쌓이고 흘러가는 시간이다. 그리고 그와 같은 대상적인 시간은 아무리 쌓여 간다고 하더라도 오직 어두운 허무의 나락으로 인간을 인도할 뿐이다. 종교적 시간이 대상적 시간의 극복을 통해서 자각된다는 사실을 잘 표현해 주고 있는 것은 실존주의 신학자 루돌프 불트만의 아래와 같은 언명이다.

---

15) 최수철, 『알몸과 육성』(열음사, 1991), 232-233면. 최수철의 글쓰기에 대한 해체신학적 읽기에 대해서는 拙著, 『해체적 글쓰기와 다원주의로 신학하기』(시공사, 1998), 113-144면에 실린 "어느 무정부주의자의 글쓰기"를 참조하시오.

"보편사(普遍史) 속에서 네 자신을 살펴지 말아라. 도리어 너는 네 자신의 개인적인 역사의 속을 들여다보라. 항상 네 현재 속에 역사의 의미가 있다. 그리고 너는 그것을 방관자로서 볼 수 있는 것이 아니라, 너의 책임적인 결단에서만 볼 수 있는 것이다. 매 순간 속에 종말론적인 순간이 되는 가능성이 잠들고 있다. 너는 그것을 불러 일으켜야 한다."[16]

대상적인 시간의 극복이란 곧 과거-현재-미래를 따라 직선적으로 흘러간다고 여겨지는 시간에 대해서 죽고, 그러한 대상적인 시간의 근본에 철저해짐을 의미한다. 아무리 시간과 시간 속에서 이루어지는 업(業)을 쌓는다고 하여도 종교적 전통이 가리키는 진리에 도달할 수 없다는 절망감에 철저해질 때, 우리는 직선적으로 흘러가는 일상적 시간과는 다른 시간의 차원에 대해서 눈뜨게 된다. 그것은 곧 시간에 대한 이해가 곧 종교적 전통에 대한 이해로 연결되고, 전통에 대한 이해는 전통 그 자체에 대한 지식이 문제가 아니라 종교적 전통이 감싸고 맴돌고 있는 종교적 사실에 대한 이해로 이어진다는 의미이다. 종교인이 살고자 하는 비대상적인 시간이란 자신의 종교적 전통이 자신에게 전달하고자 하는 바를 자각하는 시간을 가리킨다. 이로써 종교인에게서 시간에 대한 이해는 다름 아니라 전통이 전달하고자 하는 유산의 상속이라는 문제와 직결된다. 인간의 외부에서 인간과는 무관하게 흘러가는 대상적 시간과는 달리, 신앙이 살아가고자 하는 시간은 쌓이지 않는 신의 은총의 시간이다. 신의 은총이 우리의 공덕의 결과가 아닌 것은, 은총은 공덕과 달리 모으고 쌓을 수 없기 때문이다. 삼라만상을 두루 비추어서 본래적인 모습을 드러내는 은총을 어떻게 쌓을 수 있을 것인

---

16) 루돌프 불트만, 서남동 역,『역사와 종말론』(대한기독교서회, 1968), 196면.

가? 삼라만상에 편만하게 비치어 사물의 그림자 속에 숨는 달빛을 모아서 한 곳에 쌓아둘 수 없듯이, 은총 또한 그러하다. 그리고 신의 은총이 집적될 수 없는 것처럼 신의 은총을 우리에게 매개해 주는 종교적 전통 역시 차곡차곡 쌓인 채 우리의 분석을 기다리고 있는 것이 아니다.

종교인은 자신의 신앙 전통의 근원과 언제나 동시적으로 존재한다. 키에르케고르가 말했듯이, 신앙 전통이란 종교인에게 "영원히 과거가 될 수 없는 현재"인 것이다. 자신의 종교적 전통과의 '영원적 동시성'에서 종교인은 자신이 살아가는 일상적이고 대상적인 시간이—그리하여 끝내 그를 절망으로 인도하고야 말 시간이—영원의 차원으로 상통하고, 그러한 영원의 차원은 일상성 속에서 분해된다는 것을 자각하게 된다. 일상적 시간의 성화(聖化)가 거기에서 이루어지게 되는 것이다. 그렇다면 종교에서 유산의 상속은 구체적으로 어떻게 이루어지는가?

그것은 글 읽기와 글쓰기를 통해서 이루어진다. 종교적 유산의 조형은 종교적 전통을 언어로 남기는 행위이며, 그러한 유산의 상속은 언어로 새겨진 전통을 새기는 행위에 다름 아니기 때문이다. '문자로 된 가르침과는 다른 방식으로 이루어지는 유산의 상속〔教外別伝〕을 고집하는 선불교도 여기에서 예외가 될 수 없다. 불성(佛性)의 언표 불가능성을 강조하는 '불립문자'(不立文字)는 '불리문자'(不離文字)와 표리일체를 이루고 있다. 그것은 문자가 성불(成佛)의 장소와 시간임을 의미한다. 그런데 성불이 다름 아니라 불성의 자기표현이기 때문에 문자란 곧 불성이 현성(現成)하는 장소가 되는 것이다. "문자언어는 모두 해탈상(解脫相)이다. 그러므로 문자언어를 떠나서 해탈을 말하지 말라"는 「유마경」(維摩経)의 말은 이러한 의미로 새길 수 있을 것이다.17) "출

---

17) 入矢義高, 신규탁 역, 『禅과 문학』(장경각, 1993), 126면.

신(齣身)은 오히려 쉽지만, 그것을 있는 그대로[脫体] 말하기란 더욱 어렵다"는『조당집』(祖堂集)의 문구도 동일한 사실을 전해 준다.

선사 보우(普雨)의 아래와 같은 경계는 바로 위와 같은 의미를 지니고 있는 종교적 유산 상속의 핵심을 찌르고 있다.

> 긴 봄날 동창 앞에 혼자 앉아
> 아무 마음 없이 옛 글을 읽는다.
> 永日東窓下 無心読古書[18]

시간에 대한 논구는 시간 일반에 대한 객관적인 진술로서가 아니라 종교인과 나아가서는 인간 전체가 가장 구체적으로 살아가는 현실적 시간을 말하는 것이어야 한다. 종교인에게, 그리고 사실은 종교인에게 국한되지 아니하고, 우리 모두에게 가장 몸에 가까운 시간이란 무엇인가? 그것은 보우가 노래하고 있듯이 글을 읽는 시간이라고 말할 수 있다. 종교인이란 글을 읽는 사람이다. 그리고 그가 읽는 글은 '옛 글'[古書]이다. 그는 과거에 쓰인 글을 읽으면서 '긴 봄날'을 지낸다. 그리고 이 긴 독서의 시간에서 그는 자신의 자아가 죽어서 종교적 전통에 닿는 것을 깨닫게 된다. '아무 마음 없이 옛 글을 읽는다'는 말은 일상적 시간을 살아가는 자신의 자아가 죽고, 자신의 종교적 전통과의 영원적 동시성을 살아가는 경지를 잘 드러내 준다.

그런데 '아무 마음 없이 옛 글을 읽는다'는 말은 마음을 비우고서 단아하게 앉아서 경전을 읽는다는 의미가 아니다. 먼저 마음을 비우고 나서 그 다음에 옛 경전을 읽는다는 식으로 푼다면 우리는 아직 종교적

---

18) 김달진 편역,『韓國禪詩』(열화당, 1985), 226면.

유산 상속의 참다운 의미를 이해하지 못하게 된다. 그리고 나아가서는 그러한 종교적 유산 상속의 두 기둥인 글 읽기와 글쓰기에 대해서 피상적인 이해에 그치고 만다.

'아무 마음 없이 옛 글을 읽는다'는 말은 종교인이 책을 읽는 행위[読] 자체가 곧 무심임을 의미한다. 마음을 비우고서 글을 읽는 것이 아니고, 글을 읽는 것이 곧 빈 마음인 것이다. 마음을 비우고서 글을 읽는다면 그 소위 빈 마음에게 글은 여전히 객체로 남아 있을 수밖에 없다. 그리고 글이 빈 마음에 대해서 객체로 남아 있는 한 마음은 여전히 무언가에 의해서 번잡스러움을 경험한다. 만해(万海)의 아래의 시도 이러한 의미에서 읽힐 수 있다.

따슨 빛 등에 지고
유마경(維摩経)을 읽노라니
가볍게 나는 꽃이
글자를 가리운다.
구태여 꽃 밑 글자를
읽어 무삼하리요.19)

여기서 우리가 느끼는 정조(情調) 역시 위의 보우의 마음과 유사하다. 선사는 지금 대승불교의 대표적인 경전인「유마경」을 읽으면서 봄날을 보내고 있다. 그런데 책 위에 떨어진 꽃잎이 글자를 가린다. 그러나 선사는 꽃잎에 의해서 그의 독서가 방해를 받지 않는다. "구태여 꽃 밑 글자를/ 읽어 무삼하리요"라는 말은 선사의 독서가 곧 그의 마음이

---

19)『韓龍雲全集 1』(신구문화사, 1975), 94면.

되었음을 여실히 보여 준다. 독서 이외에 달리 독서하는 마음이 있는 것이 아니다. 만일 그러했다면 글자를 가리는 꽃잎에 의해서 그의 마음 역시 가렸을 것이다.

그렇다면 글쓰기의 문제는 어떠한가? 글을 읽는 것이 종교적 유산 상속의 한쪽 극(極)을 이룬다면, 글을 쓰는 것은 그것과의 대극을 형성 한다. 그렇다고 해서 글을 쓰는 것과 글을 읽는 것을 시간적인 선후의 문제라고 생각해서는 안 된다. 글을 쓰는 것은 읽혀진 글을 베끼는 것 이고, 글을 읽는 것은 또 다른 글쓰기로 이어진다는 점을 감안한다면, 글 읽기와 글쓰기는 시간적 존재로서의 인간의 동일한 존재방식에 대 한 두 이름일 뿐이다. 글을 읽는 것과 글을 쓰는 것은 똑같이 인간이 세계를 이해하는 근본 방식이다. 사르트르의 자서전『말』은 그래서 '글 읽기와 글쓰기'로 이루어져 있다. 글 읽기와 글쓰기는 곧 시간인 것이다.

앞서 말했던 '출신'이라는 것이 종교가 지양하는 세계라면, '탈체'는 그러한 종교가 현실 속에 자리 잡는 문학의 양태라고 할 수 있다. 한국 선풍(禪風)의 신기원을 이룩했던 보조국사 지눌의 일생은 글 읽기와 글쓰기로 이어졌다. '불일보조국사비명'(佛日普照国師碑銘)이 전하는 바에 따르면 그는 세 번에 걸친 깨달음을 모두 책을 읽으면서 도달했 다. 혜능의 글을 읽으면서 자신의 마음이 본래 깨끗함을 깨달았고, 이 통현의『화엄신론』을 읽으면서 선과 화엄의 통로를 발견했으며, 마침 내 대혜종고의『어록』을 읽다가 자기 마음에 여전히 남아 있던 분별지 를 말끔히 씻어내게 되었다.

이러한 보조의 이력에 걸맞게 그의 지은 책의 '서문'은 대부분 다른 경전을 인용하고 참조하면서 시작하고 있다.[20] 그런데 참조란 이미 자기가 알고 있는 것에 대한 참조이며 재확인이다. 새로운 사실은 참조할 수가 없는 것이다. 참조는 어디까지나 자기 자신에 대한 참조이며, 그것은 다른 곳에서 물을 퍼오는 작업이 아니라 자신이라는 우물에서 물을 길어 올리는 작업을 의미한다. 이런 점에서 지눌이 인용했던 경전들은 지눌에게는 타자가 될 수 없다. 지눌은 경전을 읽으면서 실은 자신을 읽었던 것이다. 그의 독서의 시간은 따라서 그의 자기가 모습을 드러내는 시간이었던 것이다.

그런데 지눌이 다른 경전을 인용하면서 자신의 책을 시작한다는 사실은 자신의 깨달음이 다른 경전을 읽는 가운데 이루어졌다는 것과 동시에, 또한 자신의 깨달음을 표현할 수 있는 방법도 다른 경전을 인용하면서 진행될 수밖에 없음을 강하게 드러낸다. 따라서 지눌의 책은 그 자신의 것이라기보다는 다른 경전에서 '베끼기'이고, 깨달음이란 '베끼기'를 통해서 이루어지는 모방적 깨달음[re-awakening]이 아닐 수 없다. 염화시중의 미소와 사자상승(師資相承)은 이러한 중중무진의 베끼기로서의 글쓰기와 베끼기를 통한 깨달음의 다른 표현일 뿐이다. 베끼기는 깨달음의 중층적 연계성과도 연결되어 있는 것이다. 그러므로 종교적 글쓰기로서 베끼기는 "신이 불러 주는 대로 받아쓴다"는 의미에서의 축자영감설을 의미하는 것이 아니라, 글쓰기라는 장에서 신과 인간이 글쓰기의 두 축을 형성해 온다는 사실을 의미한다.

글이란 단순히 종이 위에 붓으로 쓰는 것이 아니며, 따라서 글 읽기라고 해도 그것은 종이 위에 쓰인 글자를 읽는다고 하는 협의의 의미에서 말하는 것이 아니다. 글을 읽고 글을 쓰는 행위는 인간이 자신이 속해 있는 세계를 이해하는 가장 기본적인 행위를 가리킨다.

그래서 읽기와 쓰기 이외에 우리에게 부여된 시간이란 존재하지 않

---

20) 이하의 내용은 拙著, 『해체적 글쓰기와 다원주의로 신학하기』(시공사, 1998), 39-40면을 참조하라.

는다. 그것은 천지창조 이전이거나, 세계의 종말 이후일 것이다. 그리고 거기에는 시간이란 존재하지 않는다. 시간이 없는 곳에 글 또한 없는 것이다.

다시 말해서 글은—책에는 글 읽기와 글쓰기가 포함되어 있다—우리의 삶이 어느 알 수 없는 순간에 시작되어서 미지의 곳에서 종결된다는 사실에 대한 저항이기도 하다. 글은 그러므로 시작도 끝도 지니지 않은 채 사방으로 열려 있다. 이런 점에서 글은, 데리다가 말하고 있듯이, 언제나 머리말에서 시작되어서 저자의 인지(印紙)에서 끝이 나는 자기 완결성을 가지려는 책에 저항한다. 이렇게 본다면 글 읽기와 글쓰기는 인간에게 있어서 영원한 타자로 남아있을 수밖에 없는 죽음의 심연을 밀쳐내려는 몸짓이다. 『아라비안나이트』가 보여 주듯이 이야기가 지속되는 한 죽음의 시각은 지연되기 때문이다. 죽음을 연기시켜서 존재를 구가하기 위해서 우리는 글을 읽고 글을 쓴다.

그러나 비록 글이 삶의 미지성을 극복하려는 시도라고 하더라도 삶을 살아가는 우리의 글 읽기와 글쓰기는 언제나 중도에서 그치고 만다. 그래서 글 읽기란 사실 글을 '읽는다'는 말보다 글을 읽다가 중간에서 '그친다'는 것을 의미한다. 이는 글쓰기에도 그대로 해당된다. 실제로 우리가 손에 드는 책 가운데에서 처음부터 마지막까지 완독하는 책이 드물다는 사실은, 책이라는 것이 원래 시작과 끝의 중간 지점에 존재함을 의미한다.

글 읽기와 글쓰기는 우리의 존재로부터 죽음을 밀어내려는 씨름임과 동시에, 죽음으로 말미암아 우리의 존재가 밀쳐내짐을 당하는 행위이다. 글을 읽고 쓰면서 우리는 자신의 존재를 시간 속에 새기지만, 그것이 언제나 도중에 중단된다는 사실은 우리의 존재를 새겨 주는 시간 자체의 무화(無化)를 의미하기 때문이다. 글 읽기와 글쓰기는 결국 "썰

물과 밀물 사이에 모래 위에 흔적을 남기는 일"이 되며, "우리를 바람
속에 남겨놓는다. … 그것은 우리가 여기에서 시각과 중간과 종결을
지니고 있는 책"을 가지고 있다는 환상을 마감하는 것이다.[21]

4. 나오면서

종교와 문학, 아니 좀 더 세밀히 말한다면 종교를 둘러싼 철학 내지
신학과 문학이 만들어내는 파장은 그들이 특정한 분위기를 형성하면
서, 글이라고 하는 형식을 통해서 시간이라는 인간의 근본 조건과 직면
한다는 사실로 퍼져나간다. '분위기'와 '글'과 '시간', 이 세 가지 범주는
독특한 역사적 제약성을 지니면서 구체적인 종교와 문학으로 형성될
것이다. 이들이 모여서 이루어내는 세계가 다름 아니라 우리의 목전에
펼쳐지는 독특한 '풍경'(風景)인 것이다. 종교와 문학에 대한 논의는 그
러므로 우리가 일상적으로 접하는 풍경에 대한 논의에서 시작해야 한
다. 폐쇄적 공간으로서의 풍경이 아니라, 끝없는 풍화(風化)로서의 풍
경 말이다.

---

21) John Caputo, *Radical Hermeneutics: Repetition, Deconstruction, and the Hermeneutic Project* (Indiana University Press, 1987), p.209.

제 9 장

가을 강은 거울 빛을 열어서

— 불교적 상상력과 신학적 글쓰기 (2)

1. 이해와 글쓰기

인간은 끊임없이 무엇인가를 이해하면서 살아간다. '이해'란 인간이 살아가는 근본적인 삶의 방식에 붙여진 이름이다.

단순히 입만 뻐끔거리고 있는 것처럼 보이는 수조(水槽) 속의 금붕어도 '단순히' 그렇게 하고 있는 것이 아니듯이, 그저 눈만 껌벅이면서 앉아있는 것처럼 보이는 사람도 '그저' 그렇게 하고 있는 것은 아니다. 만사휴의(萬事休矣)의 상태에서 외부세계와의 모든 관계를 차단하고자 할 때에도, 우리는 세상과의 인연을 끊는다는 방식으로 자신과 세계와 관계를 맺고 이해하고 있는 것이다. "모든 인연에서 떨어져 나올수록/ 내게 더 가까이 다가오는 피부의 밤"(마종기, 「밤노래 I」 중에서)[1] 은, 세상과의 거리를 두고자 하는, 아니, 거리를 둘 수밖에 없다고 생각하는 사람이 느끼는 세계이겠지만, 세상에서 멀어지는 것이 자신에게 더 다가가는 길이라고 한다면, 역으로 자기에게서 멀어지고 절망하는

---

1) 『마종기 시전집』(문학과지성사, 1999).

것이 세상에 다가가는 길이라고도 할 수 있다. 그래서 "낚시질을 하다/
찌를 보기도 졸리운 낮"의 권태는 "문득 저 속에서 물고기는 왜 매일
사는 걸까"라는 의문의 단초가 되기도 한다. 아무것도 하기 싫은 권태
가 시인에게 사물의 존재 이유를 묻도록 만들어 준 것이다. 그리하여
시인에게 권태는 이 세상 모든 것이 이해할 수 없는 것으로 다가오도록
만들어 주는 통로가 된다. 세상과의 모든 통로를 무화(無化)해버릴 것
만 같던 백지와도 같은 권태가, 오히려 세상의 의미를 묻도록 해주는
계기가 된 것이다. "물고기는 왜 사는가./ 지렁이는 왜 사는가./ 물고기
는 平生을 헤엄만 치면서/ 왜 사는가."라고 시인은 자신의 주위에 대해
서 물어 나가기 시작한다.

이러한 물음은 무한히 지속되다가 결국에는 시인 자신에게로 그 선
단(先端)이 방향을 틀게 된다. 알 수 없는 것은 세상이 아니라 바로 자
기 자신이었던 것이다. 그래서 시인의 의문은 다음과 같은 탄식에서
더 이상 나아갈 바를 알지 못하고 스스로를 옭아매게 된다.

낚시질하다
문득 온 몸이 끓어오르는 대낮,
더 이상 이렇게 살 수만은 없다고
중년의 흙바닥에 엎드려
물고기 같이 울었다.(마종기, 「낚시질」 중에서)

하지만, 자신에 대한 응시와 그에 따르는 절망이 시인의 목구멍에까
지 가득 차 올라올 때, 그리하여 자신이 절망에 수몰되어버릴 것 같은
상태에까지 다다르게 될 때, 시인은 그러한 절망이야말로 자신을 세상
을 향해서 방류하는 에너지가 됨을 경험한다. 안으로, 안으로만 잠익

(潛溺)을 거듭하던 시인의 영혼은 자신을 둘러싸고 있던 담 장 너머의 세계로 자신이 유출(流齣)되는 것을 목도하게 되는 것이다.

> 그런데 너는 가끔
>
> 어제 오후에도 불쑥 이렇게 묻는다,
>
> 꼭 이렇게 살아야만 되는 건가?
>
> 산다는 것이 꼭 이것뿐인가?
>
> 그러자
>
> 갑자기 괄호가 열리면서
>
> 금 밖의 바깥이
>
> 이름 붙일 수 없는
>
> 하얀 조명을 콸콸 쏟고 있는 느낌이 들면서
>
> 바깥-미지-미래로 연결되는 격렬한
>
> 아름다운 밀물이
>
> 괄호 안의 세상을 수몰시키며
>
> 나를 괄호 밖으로
>
> 밖으로 둥둥 방류시키는 것이었다.(김승희, 「유목을 위하여 4 - 괄호 안의 삶」 중에서)

시인만이 그런 것이 아니다. 우리 모두는 자기 자신과 세계를 이해하면서 살아간다. 인간의 모든 행위는 자신에게 낯선 것으로 머물러 있는 자기 자신과 세계를 이해함으로써 낯익은 것으로 만들려는 노력인 것이다. 직업을 선택한다든지, 친구를 사귄다든지, 또는 거주지를 결정하는 등의 일체의 행위는 이처럼 자기 자신과 세계를 이해하려는 몸짓이다.

이해란 그래서 세계 안에서 살아가는 인간의 근본적인 존재양식이다. 인간은 존재하면서 자기와 세계를 이해하는 것이 아니라, 이해가 곧 그의 존재가 된다. "이해한다. 그러므로 나는 존재한다!" 무언가를 이해하면서 살아나가는 인간에게 가장 일차적인 물음의 대상이 되는 것은 자기 자신이다. 자기 자신은 인간에게 가장 가까운 존재인 동시에 가장 이해할 수 없는 낯선 것이기도 하다. "세상에 이상한 것이 많기는 많지만, 인간만큼 이상한 것은 없도다"라는 소포클레스의 비극『안티고네』의 합창은 자기 자신을 비정하게 응시하는 인간의 탄식과 놀라움을 말해 주고 있다.

비단 자기가 자기 자신에게 이해할 수 없는 낯선 존재로 자각되기 이전에도, 우리는 이미 자기 자신에 대해서 끝없는 관심을 기울이면서 살아간다. 자기란 그러므로 키에르케고르가 말하고 있듯이 "자기의 자기에 대한 관계"이다. 자기가 존재하고 나서 그 자기가 자기와 관계를 맺어 나가는 것이 아니라, 자기와 자기의 관계 자체가 자기라고 하는 이름으로 우리에게 자각되는 것이다. 니시다 기타로(西田幾多郎)가 "우리의 자기는 자기에 대해서 술어가 되지 않으면 안 된다"고 말한 것도 기실 동일한 자각을 표현한 것이다. 자기는 고정되어 있거나 주어져 있는 것이 아니라 오직 자기에 대한 물음과 대답의 관계로서만 존재한다. 자기란 이러한 자기의 자기에 대한 물음과 대답의 관계를 구성하는 양극(兩極)으로서 그때그때마다 현성(現成)하는 것이다. 자기가 자기와 만날 때, 우리의 영혼에는 고운 물결의 파장과 같은 떨림이 일어난다. 바쇼(芭蕉)는 "오래된 연못, 개구리가 뛰어드는 물소리여"(古池や蛙飛び込む水の音)라고 읊었지만, 이 하이쿠(俳句)가 '하이쿠 중의 하이쿠'로 평가되면서 그토록 널리 사람들에게 애호되는 이유는 무엇일까? 그것은 모름지기 개구리가 뛰어들어 적막을 깨는 물소리는, 자기

라고 하는 "오래된 연못"에 자기가 뛰어들음으로써 만들어내는 음향과
파동이기에, 우리에게는 한없이 '낯익은 음향'으로 전달되어 오기 때문
은 아닐까? 그 섬세한 파열음, 자기 속에서 울려나오는 미세한 물결소
리는 자기에게 귀 기울이는 자만이 들을 수 있을 뿐이다. "오래된 연못"
에 자기 자신을 비추어 봄으로써 우리는 비로소 자기 자신을 만나는
것이니, "오래된 연못"이란 자기와 자기가 만나 자기 자신을 확인하는
장소라고 할 수 있다. 그리고 그 장소가 다름 아닌 자기인 것이다. 진각
국사 혜심(慧諶)이 말하는 대로이다.

> 못 가에 홀로 앉았네
> 물 밑 한 사내와 서로 만났네
> 둘이 보며 말없이 미소 짓는 건
> 그 마음과 이 마음 비치는 때문

시인 윤동주는 자기라고 하는 '우물'에 비친 자기의 모습에 안쓰러워
하고 절망하며, 나아가 '추억처럼' 연민을 느끼는 우리 모두의 '자화상'
을 절절히 노래했다.

> 산모퉁이를 돌아 논가 외딴 우물을 홀로 찾아가선 가만히 들여다봅니
> 다.

> 우물 속에는 달이 밝고 구름이 흐르고 하늘이 펼치고
> 바람이 불고 가을이 있습니다.

> 그리고 한 사나이가 있습니다.

어쩐지 그 사나이가 미워져 돌아갑니다.

돌아가다 생각하니 그 사나이가 가엾어집니다.
도로 가 들여다보니 사나이는 그대로 있습니다.

다시 그 사나이가 미워져 돌아갑니다. 돌아가다 생각하니 그 사나이가
그리워집니다. (윤동주, 「자화상」 중에서)

자기가 자기와 관계를 맺는 곳마다, 우리의 영혼은 그 무엇인가에
공명(共鳴)되어 미세한 움직임과 떨림을 감지한다. 우리의 영혼은 매
우 섬세하여 하나의 사물을 보는 경우 대단히 복합적이고 다양한 물결
을 일으키는 것이다.

철판에 쇳조각을 뿌리고 그 반대편에 자석을 대면 자장에 의해서 쇳
가루들이 일정한 무늬를 이루면서 정렬되듯이, 고운 먼지가 앉아 있는
판자를 두드리면 풀썩 하고 먼지가 일었다가 다시 내려앉아 앉은 모양
을 바꾸듯이, 우리의 영혼은 민감하게 자기와 자기의 만남에 대해서
반응한다. 자기가 자기와 관계를 맺는다는 것은, 그러한 관계의 양상
이 바뀌어 감에 따라서 우리의 영혼의 문양(紋樣)이 바뀌면서 수많은
굴곡을 형성해 나가는 과정을 의미한다. 그렇다면 사람마다 독특한 문
체가 있다는 말은 사람마다 자기와 관계하는 방식이 다르고, 이에 따라
서 그의 영혼이 만들어내는 문양이 차이를 보인다는 말로 바꾸어도 무
방할 것이다. 문체(文體)란 바로 우리의 영혼에 새겨진 문양의 자기외
화이다. "글은 곧 그 사람이다"라는 말은 이러한 의미에서 되새김질해
볼 만하다. 평론가 고바야시 히데오(小林秀雄)가 현대문학에서 문체
의 상실을 탄하는 아래의 글에서 우리는 문체의 본령을 짐작할 수 있다.

"문체의 상실은 현대문학의 현저한 특징이다. 문체라는 말은 관찰이라는 말로 대체되어 버렸다. 모두들 정교하게 쓰려고 하기보다는 오히려 정확하게 보고자 한다. 한마디로 해서, 작가들은 독특한 문체대신 정확한 관찰을 택함으로써 언어를 관찰자와 관찰대상의 단순한 중간 항과 같은 것으로 만들어버렸다. … 그들은 문체적 매력을 창조하는 힘을 잃어버렸기 때문에, 오로지 묘사하는 대상 자체가 가진 매력에 의지하고 있다. 대상의 질서를 문체의 질서와 바꾸어버린 것이다."2)

지금까지의 논의의 문맥에서 본다면, 문체의 부재에 대한 고바야시의 위의 지적은 단지 명문(名文)이 더 이상 생산되지 않는다고 하는 표면적인 문제에 그치는 것이 아니다. 그것은 글이 단지 정보를 정확히 전달하기 위한 수단으로 전락해버린 현상에 대한 비판인 동시에, 글에 의해서 글을 쓰는 사람과 쓰이는 현실이 조형되어 간다는 사실을 간과해버린 데 대한 비판으로 읽어도 무방할 것이다. 영혼의 섬세한 떨림으로서의 문체의 골이 마모되고 나면, 남는 것은 밋밋한 종이 위에 인쇄된 정보의 범람뿐이다. 자기가 자기와 관계를 맺을 때 우리의 영혼에 일어나는 파동으로 말미암아, 오랜 세월 동안 퇴적되어 온 지층으로 이루어진—거기에서 심리학자는 원형을 읽어낼 것이다—나의 영혼은 그 사물에 공명하는 동안 지층의 일부가 박편이 되어 떨어져 나올 것이다. 글이란 그러한 박편의 일부일지도 모른다. 무언가를 표현한다는 말은 이처럼 박편이 떨어져 나오는 것을 가리킨다. 표현이란 영어로 익스프레션(expression)이라고 하지만, 이는 무언가를 쥐어짜서 그 안의 것을 내보내는 것을 일컫는다. 글을 쓰는 사람이 자신을 쥐어짜서

---

2) 小林秀雄, 『Xへの手紙 - 私小說論』(新潮社, 1962).

자신 안의 것을 내보일 수도 있겠고, 대상을 쥐어짜서 그 안에 숨어 있는 것을 드러낼 수도 있겠으나, 이는 시대에 따라 다양한 변천을 겪어 온 것이 사실이다. 그러나 무언가를 쥐어짬으로써 거기서 생긴 골을 그대로 드러낸다는 데에는 차이가 없으니, 결국 무언가를 표현한다는 말은 자기 안에 현성된 문양이나 사물에 내재해 있는 문양을 드러내는 작업이다. 그런데 자기와 관계를 맺는 것을 자신의 근본으로 삼는 우리의 자기는 세계와의 관계도 자기와의 관계와 동근원적인 방식을 취할 수밖에 없다. 세계를 보는 눈은 자기가 자기를 보는 눈이 둘이 될 수 없는 까닭이다.

미야자와 겐지(宮澤賢治)는 자신의 시집『봄과 수라』(春と脩羅)에 부친 서문에서 일체의 것은 나라고 하는 현상을 우주를 비치는 조명에 비유한다.

나라고 하는 현상은
가정된 유기교류전등(有機交流電燈)의
하나의 파아란 조명(照明)입니다.
(모든 투명한 유령의 복합체)
풍경과 모두와 함께
분주하게 바쁘게 명멸(明滅)하면서도
정말로 분명하게 불이 켜지는
인과교류전등(因果交流電燈)의
하나의 파아란 조명입니다.3)

<hr>

3) 미야자와 겐지, 고한범 역,『봄과 아수라』(웅진출판, 1996) 참조.

교류전류가 밝음과 어두움의 교대를 통해서 빛을 만들어내듯이, 나라고 하는 현상도 풍경과 모든 이들과 더불어 의식의 명멸을 반복하면서 어두운 우주를 비추는 하나의 발광체인 것이다. 민감한 이는 나라고 하는 현상 속에서 반복되는 어두움과 밝음을 예리하게 구분하여 볼 것이지만, 그 어두움과 밝음이 어우러져서 어두움이 아닌 밝음을 만들어내는 이치 또한 밝히 보게 될 것이다. 우리의 마음은 세상에 대해서 눈을 뜨고 눈을 감는 동작을 극미한 단계에까지 추구하는바, 그 결과 눈은 언제나 세상을 밝게 비추고, 또 조형해 나가는 것이다. 양(陽)과 음(陰)으로 이루어지는 마음의 파동은 그대로 우주를 비춘다. 우주의 파동이 마음에 새겨진 것이라고 한다면 어떨까? 미야자와 겐지가 말하는 바대로, 그 "그림자와 빛의 연결고리 하나하나가/ 그대로 심상(心象) 스케치"이다. 사람과 은하와 수라 등의 일체가 결국 "마음의 하나의 풍물(風物)"이라는 겐지의 말은, 자기와의 관계의 자리에서 세계를 보는 우리들의 자기의 존재양태를 드러내 주는 말이다. 일체의 모든 것은 마음이 만들어내는 것〔一切唯心造〕라는 불가(佛家)의 소식을 굳이 인용할 필요가 없을 정도로—겐지는 독실한 불교신자였다—겐지의 의식 속에는 불교적 영성이 꿰뚫고 있는 것이다. 그러나 여기에서 중요한 것은 자기가 자기와 맺는 관계와 자기가 세계와 맺어 나가는 관계가 등근원적(等根源的)이고 동시적으로 이루어진다는 사실이다. 자기 밖에 세계가 있는 것이 아니듯이, 세계 외에 자기가 따로 존재하는 것도 아니다.

겐지의 또 다른 시를 읽어 보자. 여기서 발견되는 것은 일차적으로는 관념의 움직임이라고도 할 수 있겠지만, 그러한 관념의 움직임이 더 이상 나아갈 바를 알지 못하는 곳에서 드러나는 세계, 곧 물상(物象)이 물상으로 자리 잡는 그 장소의 확연함이 오히려 부각되어 온다고 할 수 있다.

　햇빛으로 따스해지고
　조용히 갈라진다
　그것, 그것이 바위의 마음

　기류에 흔들리고 흐려지고 걱정에 싸인다
　그 자체가 나무의 마음

　우리는 어쩌면 여기까지 읽으면서 시인이 봄볕이 따스하게 내려 쪼이는 바위를 실눈으로 바라보면서 한가로운 자신의 마음의 심경을 바위에 의탁해서 노래하고 있다고 여길 수도 있을 것이다. 혹은 이른바 감정이입을 통해서 시인의 마음이 바위라는 물상에 숨결을 불어넣는다고도 생각할 수도 있겠다. 그러므로 근심에 쌓인 듯 바람에 흔들리는 나무의 마음은 시인의 마음의 투영이라든지 하는 식으로도 읽을 수 있을 것이다. 그리고 물상과 하나가 된 시인의 마음을 읽는 독자의 마음도 시인이 그려내는 상상의 세계와 혼연일체가 되려고 할 것이다.

　그러나 이 시의 마지막 연에 이르게 되면 이러한 독자의 마음은 문득 그 혼연일체가 되고자 한 물상의 마음이나 시인의 마음을 모두 잃어버리게 되고 흩날려버리는 것을 경험한다. 어디에다 자신의 마음을 안착시켜야 할지 그 착지점을 잃어버리는 것이다. 의식의 흐름이 순간 불연속선을 경험하면서, 마치도 계단을 헛딛는 것 같은 비틀거림을 일시적으로 느낄지도 모를 일이다.

　한 그루의 나무는 한 그루의 나무

시인의 마음은, 그리고 시인을 따라왔던 우리의 마음도, 여기에서 나무와 바위에 부딪침으로 인해서 산산이 분해되고 해체된다. 물상의 내면으로부터 시인에게 전달되고서는 다시금 독자에게 전가되었던 그 마음, 혹은 시인의 마음에서 발원해서 물상을 거쳐서 그 유연한 흐름을 이어나가 독자에게 전달된다고 생각했던 마음이 물상의 고체성을 획득하는 동시에 물상의 표피에 고착되어 물상 밖으로 전달되지 못한다고 해도 좋을 것이다. 물상 심층부에서 물상 외부에 있는 시인이나 독자를 향하여 흘러나오던 마음이 물상의 표피에서 증발되어서 사라져버린다고도 할 수 있을 것이다. 어쩌면 목전의 나무나 바위를 보면서 이심전심(以心傳心)이나 감정이입의 방법을 통해서 그 물상을 그렸던 시인의 마음속으로 뚫고 들어가려던 독자의 마음이 물상인 나무나 바위의 표피에서 응고해버렸다고 하는 것이 더 나을지도 모른다. 그리고 이렇게 시인의 마음과 독자의 마음이 더 이상 뚫고 나아갈 수 없는 물상의 표피에서 물상은 자신의 표피가 두 마음이 만날 수 없는 경계를 형성하고 있음을 아는 듯 모르는 듯 무심하게 자리하고 있다. 오직 물상 자체만이 확연하게 자리 잡고 있는 것이다. 그래서 시인은 체념한 듯 잘라서 말할 수밖에 없다.

한 그루의 나무는 한 그루의 나무
규칙이 없는 바위는 단지 그 바위

나무는 나무일 뿐이고, 바위는 그대로 바위일 뿐이다. 규칙[規矩]이란 우리가 제멋대로 나무와 바위에 부가하여 붙인 허명(虛名)에 지나지 않는다. 신이라고 해도, 불(佛)이라고 해도, 그것은 마찬가지일 것이다. 물상이 물상으로 자리하는 장소, 그곳을 직시하면서, 혹은 그 장소가 스스로를 열어 보이는 것을 희구하는 곳에서, 시인은 한 그루의 나무는 한 그루의 나무이고, 아무런 규칙도 붙일 수 없는 바위는 그저 그 바위일 뿐이라고 말할 수 있을 뿐이다. "산은 산이고, 물은 물이다"라고 하는, 불가(佛家)에서 곧잘 회자되는 인용구를 단다면, 지나치게 도식적이라고 나무랄지도 모르겠다. 나무의 마음과 바위의 마음은 시인의 것도 아니고, 물상으로서의 나무나 바위의 그것도 아니다. 독자의 마음은 물론 아니다. 첫째 연과 둘째 연 사이를 흐르던 시인의 마음은 심상화(心象化)되었던 물상이 물상 그 자체로 확립되는 셋째 연에 이르러서는 실종되고, 그 결과 마음 그 자체 역시 해체된다. 여기서는 다만 물상의 세계만이 등장할 뿐이다. 바위의 마음이나 나무의 마음이라는 이(理)의 세계를 통과해서 시인의 마음에 들어오던 물상의 세계가 물상 그 자리에서 물상으로, 사(事)로 복권되는 것이다. 마음이라는 것을 매개로 하나의 연속적 흐름을 이루고 있던 바위와 나무가 이제는 바위와 나무 그 자체로 독립성을 유지한 채 서로에게 걸림이 되지 않는 것이다. 마음의 흐름에서 걸림이 없었다고 한다면, 그것은 바위와 나무라고 하는, 서로 모순 대립되는 물상 그 자체의 모순과 대립 역시 모순과 대립 그 자체에서 서로 걸림이 없음을 의미해야만 한다.

여기에는 바위와 나무를 인간에 비유해서 표현한다는 차원을 넘어서 오히려 바위와 나무의 존재양식으로부터 인간의 마음이 포착된다고 하는 사실이 있다. 이른바 소박한 객관주의와 설익은 주관화 모두를 뛰어넘어서, 사물이 사물로서 자리 잡는 장소에 대한 자각이라고 할 수 있는 것이다.

사물이 사물로서 자리 잡는 장소에서는 시간 또한 모순대립을 스스로의 안에 내포한다. 그래서 현재와 과거, 미래라는 서로 대립하는 시간의 단위는 물상의 현재에서 동시성을 획득한다. 아니, 동시성의 순간에서 서로 대립되는 세 가지 차원의 시간은 생기(生起)하는 것이다. 그래서 물상의 본래 자리가 확연히 드러난 세 번째 연에서 시간의 흐름은 인식되지 않는다. 바라보는 사람을 향해서 흐르던 바위의 마음이나 나무의 마음, 바위나 나무를 향해서 흐르던 사람의 마음의 시간은 거기에서 자신 안에 과거, 현재, 미래의 삼세(三世)를 그대로 안은 채 미동도 하지 않는다. 이른바 절대현재의 시점에서 물상은 자신의 존재 자리에 확고히 서는 것이다. 바위의 마음과 나무의 마음으로 흘러가면서 바위와 나무를 이루던〔成〕 물상의 본성은 삼세가 원융(圓融)한 자리에서 그 본성〔性〕이 확연히 드러나는 것이다. 그리고 그처럼 물상이 물상으로 확연히 자리할 때, 바라보는 사람 역시 비로소 자신의 자리를 확인하게 된다. 그렇다고 바위와 나무와는 독립적으로 바라보는 사람의 자리가 따로 있는 것은 아니다. 셋째 연에서 나무와 바위만이 언급된 것은 나무와 바위, 그리고 그들을 바라보는 사람의 구분이 없어졌기 때문일 것이다.

한 그루의 나무는 한 그루의 나무
규칙이 없는 바위는 단지 그 바위

2. 글을 쓰고 읽는 사람으로서의 종교인

글이란 인간이 자기 자신과 세계를 이해하는 가장 근본적인 방식에 속한다. 글을 읽고 글을 쓰는 행위는 인간이 자신이 속해 있는 세계를 이해하는 가장 기본적인 행위를 가리킨다. 인간은 자기 자신뿐만 아니라 주위를 이해할 때, 가장 일차적으로 글을 읽고 씀으로써 자기 자신과 주위에 접근한다. 이런 맥락에서 본다면, 현대과학의 최첨단이라고 일컬어지는 유전공학이 유전자(DNA)가 자신을 '읽고', '쓰는' 복제 행위 속에서 생명의 연속성을 이해하는 것에는, 단순한 메타포 이상의 의미가 있다고 할 수 있다. 글은, 무릇 살아 있는 존재가 자신과 자신의 주위와 관계하는 근본방식인 것이다.

종교인에게도 사정은 마찬가지이다. 종교인이란 글을 통해서 이른바 종교적 깨달음에 이르려는 사람을 일컫는 말이다. 또한 종교인이 매일 지속하는 행위가 바로 글을 쓰는 행위이다. 그러므로 종교인에게 글 읽기와 글쓰기는 그를 종교적 깨달음으로 인도하는 장소가 되어야 한다. "긴 봄날 동창 앞에 혼자 앉아/ 아무 마음 없이 옛 글을 읽는다"는 보우(普雨)의 노래는 종교인의 삶 그 자체를 묘사하고 있다.

저 옛날, 회소(懷素)라고 하는 선승은 곧잘 자신의 긴 머리칼에 먹을 적셔서 아무 곳에나 글을 썼다고 하고, 스스로를 '초서(艸書)의 도를 통한 성인'이라는 의미에서 '초성'(艸聖)이라고 했다고 하지만, 자신의 몸을 가지고 글을 썼다고 하는 그의 행위는 기실 종교인의 삶과 글의 관계를, 그리고 나아가서는 글을 통해서 자기와 세계를 이해하는 우리 모두의 자화상인 셈이다.

글을 쓴다는 것은 자기와 세계를 드러내는 작업이고, 글을 통해서 우리는 세계 속으로 '방류'된다고 한다면, 글을 쓰고 읽는 작업은 하나의 세계가 우리 앞에 열리는 것을 의미한다. 나아가 이것은 글이라고 하는 것이 무한히 열려 있는 공간이요, 글은 시간의 흐름과 동시에 무한히 지속된다는 말이다. 그러나 종교에서 시간의 무한성이 끝없는 시간의 흐름을 의미하는 것이 아니라 대상적 시간의 극복이라는 사실을 상기한다면, 결국 글쓰기의 무한성은 글쓰기를 통해서 글 쓰는 주체가 스스로의 시간성을 철저히 자각하는 것을 의미하는 동시에, 그러한 자신의 시간성의 자각을 통해서 시간의 대상성을 극복하는 것을 의미한다. 덧없이 흘러가는 시간의 극복은, 시간을 여실히 느끼는 자기 자신의 부정을 통해서만 가능하다. 이는 참다운 글쓰기란 것이 글을 쓰는 주체가 부정됨을 통해서 세계가 자기 자신을 드러내는 끝없는 과정을 의미한다.

붓을 들어 빈 종이에 이르렀다
그 종이 위를 선 하나로 끝없이 흘러간다
선의 흐름 상기도 머물지 못한 곳
어느 샌가 붉은 해는 창을 엿본다

여기에서는 글을 통해서 세계가 스스로를 드러내는 양상과, 글을 쓰는 주체의 시간성에 대한 철저한 자각이 혼연일치가 되어 있음을 알 수 있다. 붓을 들어 쓰는 "빈 종이"는 눈에 보이는 지면이 아님은 분명하다. "빈 종이"는 글이 흘러가는 세계이다. 글은 글의 대상으로서의 세계를 그대로 옮겨 놓거나 반영/재현(re-presentation)하는 것이 아니라 글이 곧 세계이기 때문이다. 또 붓을 들어서 세계에 무언가를 쓰는 것은 어떤 저자도 아니다. 글의 대상이 세계가 아니듯이, 글의 주체도 글을 쓰는 주체가 아니다. 글은 저자를 표현(presentation)하는 것도 아니기 때문이다.

붓을 들어 글을 쓴다는 말은 세계 속에서 세계가 자기 자신을 형성해 나가고, 그 모습을 드러낸다는 의미이다. 이 경우 글의 주체인 저자와 글의 대상이라고 여겨지는 세계라는 경계는 모두 글을 통해서 그 모습을 잠시 드러낼 뿐, 고정된 모습을 지니고 있지 않다. 인식의 주체와 대상이 모두 공이다〔識境俱空〕라고 유식(唯識)에서는 말하지만, 이것은 글쓰기에서도 그대로 통용된다. 아래의 분위기는 글을 쓰는 사람과 그에 의해서 쓰여지는 세계의 관계를 절묘하게 표현한다고 하겠다. 우리가 펜을 잡고 글을 쓸〔書〕 때, 세계는 자신의 그림자를 우리의 마음과 세상이라는 마당을 쓸고〔掃〕 있다. 그러나 거기에는 먼지도 일지 않고, 아무런 흔적도 남지 않는다. 서로 떨어져 있지만, 둘 사이에는 아무런 걸림이 없기 때문이다.

대나무 그림자 마당을 쓸지만 먼지 하나 일어나지 않는다.
달이 연못 밑을 꿰뚫고 있으나
물에는 흔적이 남지 않는다.(冶父)

따라서 빈 종이 위로 붓에 의해서 선 하나가 그려질 때라고 하는 것은 곧 세계가 열리는 순간을 의미한다. 세계가 자기를 여는 순간이다. "가을 강은 거울 빛을 열어서/ 푸른 봉우리 두엇 그려낸다"(鞦江開鏡色 畵齣數青峯)고 청허휴정(淸虛休靜)은 노래했지만, 가을 강이 거울 빛을 열고〔開〕, 그 열림이 곧 푸른 봉우리를 그려내는〔畵〕 행위이듯이, 빈 종이 위를 흘러가는 선은 거울과도 같은 '빈 종이에 비치는' 푸른 봉우리라고 하는 세계인 것이다. 쓰기〔書〕는 여는 것〔開〕에 다름 아니다. 화가와 작가가 세계를 열어 보이는 것을 창작이라고 한다면, 세계가 세계를 열어 보이는 것이 창조이다. 창조란 세계가 우리를 향하여 자기 자신을 열어 보이면서 항상 새로운 모습을 이루어 나가는 과정인 것이다. 그러나 세계가 자기 자신을 드러내는 광경에는 자신의 시간적 유한성을 자각하는 인간의 모습이 포함되어 있다. "선의 흐름 상기도 머물지 못한 곳/ 어느 샌가 붉은 해는 창을 엿본다"는 구절에는 세계가 자신을 드러내는 것이 인간의 시간성의 자각과 동시적임을 보여 주고 있다. 나아가 이는 우리의 시간적 유한성이 단순히 생물체로서 인간의 시간성만이 아니라, 세계가 아직 완전히 자기 자신을 열어 보이지 못하고 있음도 의미한다는 것을 가르쳐 준다. 우리의 시간적 유한성은 오히려 세계가 열리는 과정이 아직도 미완의 것으로 남아 있음을 의미한다. 그렇다고 한다면, 인간의 시간적 유한성을 안타까이 여기는 것은 세계 자신이 아닐까? 자신을 완전히 열어 보이지 못함으로써 인간에게는 유한한 시간밖에 주어지지 못했다고 한다면, 세계는 인간에 대해서 한없는 연민을 품고 있다고 해도 무방하지 않을까? 그런데 글을 통해서 세계가 스스로를 열어 보이려고 한다면, 글에는 아무런 내용도 없어야만 하는 것이다. 아무런 내용도 지니지 않은 무색무미(無色無味)의 글, 시는 그러한 투명성에 붙여진 이름에 다름 아니다.

> 시는 무언(無言)이어야 한다
> 새들이 나는 것처럼 시는 시간 속에 부동(不動)이어야 한다
> 달이 떠오르듯이

공중을 나는 새가 아무런 자취도 남기지 않으면서 시간의 흔적을 허공에 새기어 가듯이, 시는, 글은, 기실 사라져버릴 자취를 시간 선상에 희미하게 새겨 놓는다. 글이 글로 나타나는 것은, 글이 글자로 고체화되는 것은, 그러한 흐름이 일시적이나마 끊어질 때이다. 다음의 두 시를 차례로 읽어 보자.

> 봉우리마다

휴식이 있고
나뭇가지에서는
한줄기 바람결도
느낄 수 없네
새들은 숲속에서 잠들었나니, 기다려라,
그대도 곧 쉬게 되리니.(괴테,「나그네의 밤노래」)

개울은 소리 없이 대밭을 흐르나니
대밭 가 화초는 봄기운에 취했네
풀 집 처마를 보며 진종일 앉아 있나니
새 한 마리 울지 않아 산 더욱 깊네(王安石)

위의 두 시에서 재미있는 것은 새가 울지 않는다는 사실에 대한 서로 다른 이해이다. 괴테의 경우 "새들은 숲속에서 잠들었나니"라고 하는 사실은 나그네의 시간성에 대한 자각으로 이어진다. 자신도 곧 '쉬게 되리라'는 자각은, 여행의 목적지에 도착해서 누리게 될 안식감을 넘어서, 자신의 영원한 고향으로 회귀에 대한 예감으로 이어진다.

그러나 후자의 시의 경우, "새 한 마리 울지 않는다"는 사실은 "산 더욱 깊네"라는 사실을 확연히 해주는 계기가 된다. 다시 말해서, "새 한 마리 울지 않아 산 더욱 깊네"(一鳥不鳴山更幽)라는 구절은 괴테가 "새들은 숲속에서 잠들었나니/ 기다려라/ 그대도 곧 쉬게 되리니"라고 하면서 새의 침묵을 시간에서 영원으로의 안식의 순간으로 받아들였던 것과는 달리, 세상을 세상으로서 깨어나게 하고 있다. 즉 시간에서 영원으로의 비상(飛翔)이 아니라 시간과 영원의 저편에서 세계가 스스로의 모습을 드러내도록 만든다는 말이다. 봄기운에 대한 자각이 시

의 전면에 나온 것으로 보아 글 쓰는 이의 시간성에 대한 자각이 없을
수는 없겠으나, 이러한 시간성에 대한 자각은 곧 시간의 공간화를 통해
서 확대되고, 어떤 의미에서는 희석화된다. 아니, 투명화된다고 하는
편이 나을지도 모른다. 이러한 사실은 시간과 공간이 소리 없음을 통해
서 오버랩되면서 분명해진다. "개울은 소리 없이 대밭을 흐르나니"는
"새 한 마리 울지 않아 산 더욱 깊네"와 어울어지면서 소리 없음과 울지
않음을 시간화, 공간화하고 있다. 흐르는 것은 개울이 아니라 개울의
소리 없음이고, 새의 울지 않음이 산을 더욱 깊어지도록 만들기 때문이
다. 왕유(王維)는 「새 우짖는 물가」라는 시에서 다음과 같이 노래한다.

사람은 한가롭고 계화(桂花)는 지고
밤은 고요하고 봄 산은 비어 있네
달 뜨자 산새 놀라서
봄 물가에서 우짖고 있네

"달 뜨자 산새가 놀라는"〔月齣驚山鳥〕 시점이야말로 시가 글로 현성
해 오는 근원적 시간인 동시에, 글이 유한한 시간과 공간 속에 자리매
김 하는 포인트가 된다.
　다시 앞의 시로 돌아가 보자.

붓을 들어 빈 종이에 이르렀다
그 종이 위를 선 하나로 끝없이 흘러간다
선의 흐름 상기도 머물지 못한 곳
어느 샌가 붉은 해는 창을 엿본다

여기에서 중요한 것은 "선의 흐름 상기도 머물지 못한 곳"이라고 말하듯이, 세계가 자기 자신을 드러내는 일은 무한성을 지닌다는 점이다. 다함없이〔不盡〕 지속되는 선의 돌아감〔一線還〕이란 결국 선이 자폐적으로 닫힐 수 없음을 의미한다. 선의 시작과 끝이 만나지 못하고 열린 공간은 그러나 가을 강이 거울 빛을 여는〔開〕 틈이다. 그래서 선이 닫히지 못하고 열린 틈에서 붉은 해가 선방의 창에 비치면서 시간의 흐름을 인식시켜 주고, 푸른 봉우리도 강에 그려지는 것이다. 선이 세계를 그리고, 세계의 경색(景色)은 강이라는 빈 종이에 자기 자신을 그려 넣는 것이다. 세계가 세계에다가 자기를 그려 넣는 작업, 그리고 그 작업의 다함없음, 이것이 곧 글쓰기에 다름 아니다. 원이 닫힌 곳에서 둘둘 말린 존재로서의 책은 완성되지만, 글쓰기는 자폐적인 것으로 중단되고 만다. 그러므로 여기에는 근본적으로 시간이란 존재하지 않는다. 시간은 원 밖에 나올 때 비로소 존재하기 시작한다. 그러나 원 밖에서, 시간 속에서, 인간은 역설적으로 원의 안쪽, 즉 시간이 멈추어 있는 곳을 동경한다. 구원은 원 밖에서 원 안으로 회귀하는 데 있기 때문이다.

반면 원이 열려진 곳에서 글쓰기는 무한히 지속되고, 완결된 책이란 존재하지 않는다. 따라서 여기서 원의 안과 밖은 구분되지 않으며 시간의 멈춤과 진행도 별개의 문제가 아니다.

그렇다면 글쓰기는 세계의 세계됨〔性〕이 드러나는 장소이자, 세계의 세계됨이 다함없이〔不盡〕 진행되어 나가는 장소이기도하다. 결국 글쓰기란 세계가 드러나 세계의 본성에 대한 깨달음이 일어나는 장소인 것이다.

세계가 자기의 모습을 우리의 마음이라는 빈 종이에 새겨 넣는 것은 곧 세계가 세계에 자기를 써넣어 자기를 드러내는 일이다. 그러므로 우리의 마음이 곧 세계가 되는 경지가 글을 쓰는 일의 궁극적 목표가 아닐 수 없다. 글을 쓰는 이가 눈앞에 마주하는 '빈 종이'는 곧 그의 마음이요, 그 마음은 또한 세계 그 자체가 되는 곳에서 하나의 글은 이루어진다. 곧 하나의 세계가 그 모습을 드러내는 것이다.

참고문헌

小林秀雄,『Xへの才紙 – 私小說論』, 新潮社, 1962.

석지현 편역,『禪詩』, 현암사, 1975.

미야자와 겐지,『봄과 아수라』, 고한범 역, 웅진출판, 1996.

석지현 엮음,『선시감상사전: 중국, 일본 편』, 민족사, 1997.

『마종기 시전집』, 문학과지성사, 1999.

김영민/김승철(대담),「지금, 글쓰기란 무엇인가?」,『오늘의 문예비평』(1995, 봄).

찾 아 보 기

데리다, 쟈크(Derrida, Jacque) 52-53, 55, 63, 80, 347, 356, 359, 360, 369
도오겐(道元) 219
동양신학 337, 339-340

(ㄹ)
렘마(lemma) 20, 24-27, 31-34, 38, 49, 51, 74, 76
로고스 20-28, 31, 32, 36-37, 49, 51, 58, 66, 69, 74, 78, 80, 303
　-로고스 중심주의 28, 49, 53, 55-58, 65, 70, 78-79, 342
　-수육(受肉)한 로고스 303

(ㅁ)
마리아
　-마리아 찬가(fiat) 100, 103
　-마리아 관음(觀音) 119
　-하느님의 어머니(Theotokos) 91, 95, 96, 98, 101-105, 109, 120, 123, 124
마종기(馬鍾基) 357, 373, 374
만해(萬海) → 한용운
무(無)
　-무화(無化) 104, 160, 301, 316, 319, 369, 374
　-절대무(絶對無) 36-37, 47, 50, 74, 78, 151, 203, 229, 238, 280-281, 288, 305, 319, 327
무념(無念) 42, 49, 82, 199
무르티, T. S.(T. S. Murti) 230, 231
무상(無常) 27, 160, 163
무상(無相) 38, 42, 49, 82, 199, 284, 295
무신론 53-55, 61-63, 65, 305
무주(無住) 38-42, 46, 49, 75-78, 82, 199

문체(文體) 378-379
문학 267-270
미야자와 겐지(宮澤賢治) 380-381

(ㅂ)
바르트, 칼(Barth, Karl) 67-69, 246, 261-262, 289, 293, 296
바슐라르, 가스통(Bachelard, Gaston) 352-353
반야(般若, prajna) 35
발덴펠스, 한스(Waldenfels, Hans) 151, 152, 287
방랑 16, 49, 53, 60, 61, 74, 75-82, 357, 359
배타주의 172, 189, 317, 338, 341
벽암록(碧巖錄) 155, 233, 299, 325
변선환(邊鮮煥) 304, 323-342
변증법 22-25, 30-33, 145, 157, 188, 230-231, 261, 268, 342, 354
보급복음신교선교회(普及福音新教宣教会) 263, 264
보드리야르, 쟝(Baudrillard, Jean) 75
보살(菩薩) 37, 39-41, 46-49, 76, 82, 85, 88, 105-110, 111, 114, 116, 157-158, 197-198, 200-204, 307, 311
　-관세음보살(觀世音菩薩) 86, 108, 110, 311, 312
　-관자재보살(觀自在菩薩) 110
　-문수보살(文殊菩薩) 108, 109
　-보살 마리아 118-127
　-보살의 노래 197
　-보살행 237
　-지장보살(地藏菩薩) 118, 309-312
본각사상(本覺思想) 317
불모(佛母) 105, 109-110, 197

불법(佛法) 112, 117, 249

불트만, 루돌프(Bultmann, Rudolf) 133, 134, 284, 362, 363

브라후트, 얀 반(Bragt, Jan Van) 254, 258, 272, 275-276, 285, 290, 313-316

(ㅅ)

사료간(四料揀) 25-27

삼성설(三性說) 77

상상력 21, 71, 194, 351, 352-355
 -물질적 상상력 352, 353
 -불교적 상상력 7, 345, 371
 -유비적 상상력 212, 354

선불교(禪佛敎) 20, 28, 42, 79, 145, 168, 209, 222, 277, 279, 293, 305-306, 317, 326, 364

선시(禪詩) 393

성기(性起) 80, 151, 162

성(誠)의 신학 339

스위들러, 레오나드(Swidler, Leonard) 90

스즈키 다이세츠(鈴木大拙) 18-22, 25, 27, 29-48, 77, 81, 145, 274, 277, 284, 287, 293, 305, 315

스트롤츠, 발터(Strolz, Walter) 149-150, 152

승만경(勝鬘経) 110-118

시간 61, 71-72, 81, 136, 142, 143, 145-150, 158-164, 360, 362-365, 367-370, 385-395

신(神)
 -신국 72, 75, 137, 139-149, 152, 157
 -신의 죽음 16, 55-57, 61-66, 73, 360-361
 -신중심주의 172, 175, 179, 342
 -신의 자기비움(kenosis) 100

신비주의 33, 42, 43, 142, 234, 349, 360

실레시우스, 앙겔루스(Silesius, Angelus) 85, 122, 234-235, 238

실체 23, 53, 59-62, 125-126, 141, 153, 282

심(心) 32, 50, 161

십우도(十牛圖) 207, 209-238

(ㅇ)

아베 마사오(阿部正雄) 36, 50, 152-157, 162, 246

아비토, 루벤(Habito, Ruben) 313

아우구스티누스(Augustinus) 56, 58, 59, 60, 67, 96-97

아키즈키 료오민(秋月龍珉) 30, 33, 38, 293, 305

야기 세이이치(八木誠一) 177, 246, 265, 286, 287, 292-309, 316-320, 325-328

야마우치 도쿠류(山內得立) 22, 24-27, 32, 38, 40

야스퍼스, 칼(Jaspers, Karl) 142, 329, 331

엔도 슈사쿠(遠藤周作) 267-272, 280, 328-330

여래(如來) 30, 39, 40, 42, 111, 113, 115, 118, 199
 -대일여래(大日如來) 249-250
 -여래장(如來藏) 110, 111, 115-116

역사(Geschichte) 28, 41, 49, 52-53, 56-58, 65-66, 67-76, 81, 131-164

열반 47-48, 108, 121, 137-144, 149, 152-153, 155-162, 198-199, 202, 230, 232

연기(緣起) 78-79, 121, 153, 181, 202, 316

무주와 방랑 — 기독교 신학의 불교적 상상력

2015년 1월 27일 인쇄
2015년 2월 3일 발행

지은이 | 김승철
펴낸이 | 김영호
펴낸곳 | 도서출판 동연
편 집 | 조영균 디자인 | 이선희 관리 | 이영주
등 록 | 제1-1383호(1992년 6월 12일)
주 소 | (우 121-826) 서울시 마포구 월드컵로 163-3
전 화 | (02) 335-2630, 4110
팩 스 | (02) 335-2640
이메일 | yh4321@gmail.com

ISBN 978-89-6447-266-8 93200

• 이 도서의 국립중앙도서관 출판예정도서목록(CIP)은 서지정보유통지원시스템 홈페이지
(http://seoji.nl.go.kr)와 국가자료공동목록시스템(http://www.nl.go.kr/kolisnet)에서 이용
하실 수 있습니다.(CIP제어번호: CIP2015001643)